Grammatik verstehen Band 2: Einfacher Satz

Wolfgang Boettcher
Grammatik verstehen
Band 2: Einfacher Satz

Niemeyer

Bibliografische Information der Deutschen Bibliothek
Die Deutsche Bibliothek verzeichnet diese Publikation in der Deutschen Nationalbibliographie; detaillierte bibliografische Daten sind im Internet über http://dnb.ddb.de abrufbar.

ISBN 978-3-484-10892-9

© Max Niemeyer Verlag, Tübingen 2009
Ein Imprint der Walter de Gruyter GmbH & Co. KG
http://www.niemeyer.de

Das Werk einschließlich aller seiner Teile ist urheberrechtlich geschützt. Jede Verwendung außerhalb der engen Grenzen des Urheberrechtsgesetzes ist ohne Zustimmung des Verlages unzulässig und strafbar. Das gilt insbesondere für Vervielfältigungen, Übersetzungen, Mikroverfilmungen und die Einspeicherung und Verarbeitung in elektronischen Systemen.
Printed in Germany.
Gedruckt auf alterungsbeständigem Papier.
Satz: pagina GmbH, Tübingen
Cover design: deblik Berlin
Gesamtfertigung: AZ Druck und Datentechnik, Kempten

Inhalt

Einleitung XI

Satzformen 1

1 Reihenfolge von Satzteilen im einfachen Satz 3
        Satzklammern 4
   1.1 Die Unterscheidung von Stellungsfeldern 5
        Stellungsfelder bei einteiligen Prädikaten 8
        Stellungsfelder bei komplexen Sätzen 9
        Grammatik – Normalität 10
        Markiertheit 11
        Verteilung der Satzglieder auf die drei Felder 12
        Empirische Befunde zur Grundstellung 15
   1.2 Stellung vor dem Vorfeld 17
   1.3 Stellung im Vorfeld 19
        Stellungsentscheidungen bei der Textproduktion 20
        Stellungsanalysen bei der Textrezeption 22
   1.4 Stellung im Mittelfeld 24
   1.5 Stellung im Nachfeld 28
        Nachfeld-Einschränkungen 29
        Nachfeldbesetzungen in der gesprochenen Sprache 31
   1.6 Weitere Stellungsphänomene 34
        Kontrastierung von Satzteilen 34
        Apokoinu-Konstruktionen 36

2 Satzformen und Satzfunktionen 40
        Einige Grundbegriffe 41
        Satzarten im Deutschunterricht 43
   2.1 Stellungstypen und Satzarten 44
        Satzarten innerhalb des Stellungstyps *Finitum-Erststellung* . . . 44
        Satzarten innerhalb des Stellungstyps *Finitum-Zweitstellung* . . . 45
        Satzarten innerhalb des Stellungstyps *Finitum-Letztstellung* . . . 46
   2.2 Beziehungen zwischen Satzarten und Satzmodi 46
        Satzart *Aussagesatz* ↔ Satzmodus *Aussage* 46

   Satzart *Fragesatz* ↔ Satzmodus *Frage* 48
   Satzart *Aufforderungssatz* ↔ Satzmodus *Aufforderung* 51
   Satzart *Ausrufesatz* ↔ Satzmodus *Ausruf* 55
   Satzart *Wunschsatz* ↔ Satzmodus *Wunsch* 57
 2.3 Direkte und indirekte Realisierung von Sprachhandlungen 57
   Ein Beispiel 57
   Zur Funktion indirekter Aufforderungen 58

Satzglieder 62
   Ein Blick auf Satzglieder aus der Vogelperspektive 63
   Zur Abgrenzung der Analyseebenen *Wort* und *Satz* 66

1 Sonderrolle des Prädikats 71
 1.1 Einige Informationen zum Prädikat 71
   Einteilige und mehrteilige Prädikate 72
   Passiv und Passivvarianten 75
   Prädikate mit Modalverben 78
   Prädikate mit reflexiven Verben 79
   Prädikate mit reziproken Verben 81
   Prädikatslose Konstruktionen 83
   Pro-Verben 85

2 Satzglieder abgrenzen 87
 2.1 Proben 87
   Frageprobe 87
   Umstellprobe 89
 2.2 Komplikationen bei der Vorfeld-Probe 91
   ‚Satzgliedverdächtige' Wörter / Wortgruppen sind nicht
   vorfeldfähig 91
   Mehr als ein Satzglied im Vorfeld 92
   Weniger als ein Satzglied im Vorfeld 94
   Diskontinuierliche Satzglieder 95
   Ein Zwischen-Resümee 96
   Methodische Probleme 97

3 Satzglieder klassifizieren 99
   Gesichtspunkte für die Wahl von Satzglied-Bezeichnungen . . . 99
   Restriktivität bei Satzgliedern? 103
 3.1 Dreifachklassifikation 104
   Valenzorientierte Klassifikation 105
   Semantische Klassifikation 105
   Morphologische Klassifikation 107

3.2 Zum Umgang mit der valenzorientierten Klassifikation 111
    Obligatorisch oder fakultativ? 116
    Weglassbarkeit als Ellipse 121
    Adverbialergänzungen 122
3.3 Unterschiedliche Dimensionen der Valenz 124
    Valenz morphosyntaktisch betrachtet 124
    Valenz logisch-semantisch betrachtet 125
    Valenz logisch betrachtet 126
    Valenz syntaktisch betrachtet 127
    Valenz semantisch betrachtet 129
    Valenz pragmatisch betrachtet 130

4 Ergänzungen 131
  4.1 Subjekt (Nominativergänzung) 131
      Subjekte in fremdem morphologischem Gewand 132
      es in Subjektfunktion 133
      Zweite Nominativergänzung 135
      Subjektlose Konstruktionen 136
  4.2 Genitivobjekt (Genitivergänzung) 138
      Adverbialer Genitiv 139
  4.3 Dativobjekt (Dativergänzung) 140
      4.3.1 Dativergänzung oder adverbialer Dativ? 140
            Dativus adhortativus 140
            Dativus ethicus 142
            Dativus iudicativus 142
            Dativ der 'Zuständigkeits-Instanz' 143
            Dativus commodi 143
            Dativus incommodi 144
            Pertinenz-Dativ 144
  4.4 Akkusativobjekt (Akkusativergänzung) 146
      es in der Funktion als Akkusativobjekt 147
      Verben mit zweiter Akkusativergänzung 148
      Adverbialer Akkusativ 152
  4.5 Präpositionalobjekt 153
      4.5.1 Ein Special: Adverbialergänzung und Präpositionalobjekt . . . 154
            Präpositionalobjekte und adverbiale Präpositionalgruppen in
            Sprachbüchern 156
            Ein Blick auf ‚real existierenden' Grammatikunterricht 158
            Ein Klassifikationsverfahren für den Deutschunterricht 160
            Ein sicherer Test auf Präpositionalobjekte? 161
      4.5.2 Präpositionalgruppen in der Kontroverse 162
            Klassifikation bei passivischen Prädikaten 163
            Instrumentale Präpositionalgruppen als Ergänzungen? 163

VIII Inhalt

    4.6 Weitere nicht-prädikative Ergänzungen 164
           Adjektivergänzungen 164
           Adverbergänzungen 165
           Konjunktionalergänzungen 165
    4.7 Prädikative Ergänzungen 165
           Prädikative Ergänzungen zum Subjekt 166
           Prädikative Ergänzungen zum Akkusativobjekt 168
    4.8 Zweitabhängige Satzteile 169

5 Adverbialien (Angaben und Ergänzungen) 173
           Formen von Adverbialien 175
           Funktionen von Adverbialien 176
           Semantische Klassifikation der Adverbialien 177
           Der Koordinationstest als Kategorisierungshilfe 178
           Ein Klassifikationsangebot für Adverbialien 179

6 Zugeordnete Angaben 184
    6.1 Konjunktional zugeordnete Angaben 186
    6.2 Zugeordnete prädikative Angaben 187
           Zuordnungsprobleme 189
    6.3 Resultative prädikative Angaben 190
           Prädikative Angaben zu resultativ erweiterten Verben? 192

7 Spezialisten 194
    7.1 Sachverhalts-Spezialisten 195
           Sachverhalts-Status 195
           Fokussierung 197
           Evaluation 198
           Bewertung 198
    7.2 Aussage-Spezialisten 199
           Aussage-Form 199
           Aussage-Status 200
    7.3 Dialog-Spezialisten 201

8 Satzgliedstellung 203

Attribute 206
           Ein Überblick 206

1 Wie sind Satzglieder intern aufgebaut? 210
           Morphologische Kooperation im Satzglied-Inneren 214

2 Attribute abgrenzen 216

3 Attributstellung 220
   3.1 Attribute im Vorfeld 221
   3.2 Attribute im Mittelfeld 222
        Attributreihenfolge in Nominalgruppen 222
        Attributreihenfolge in anderen Wortgruppen 225
   3.3 Attribute im Nachfeld 226
   3.4 Stellungsbesonderheiten 228

4 Attributstufen 231
        Einbettungstiefe 232

5 Relationen zwischen Attributen 235
   5.1 Attribute im gleichen Stellungsfeld 235
        Syntaktische Subordination 235
        Syntaktische Koordination 236
        Kommasetzung bei Attribut-Mehrfachbesetzungen . . 238
   5.2 Koordination über die Felder-Grenzen hinweg 243

6 Klassifikation von Attributen: morphologisch 246
   6.1 Prototypische Attribut-Formen 246
        Komplikationen bei attributiven Nomen 247
        Komplikationen bei attributiven Genitiven 250
        Sekundäre Attribut-Formen 253
   6.2 Wörter welcher Wortarten sind attribuierbar? 254
        Attribute zu Nomen 254
        Attribute zu Adjektiven 256
        Attribute zur Verbform Partizip 257
        Attribute zu Pronomen 257
        Attribute zu Adverbien 258
        Attribute zu Partikeln 259

7 Klassifikation von Attributen: semantisch 261
   7.1 Bedeutung primärer Attribute 261
        Nicht valenzgebundene Attribute 261
        Valenzgebundene Attribute 264
   7.2 Bedeutung sekundärer Attribute 265
        Negation 266
        Graduierung 267
        Fokussierung 267

Evaluation		268
Bewertung		268
Aussagen-Form		268
Aussagen-Status		268
Dialog-Spezialisten		269

7.3 Bedeutungsprobleme 269
    Attribute zu Komposita 269
    Relativsätze zu attribuierten Nomen 270
    Adverbiale und nicht-adverbiale Lesart adjektivischer Attribute . 270
    Adjektiv-Attribute zu einem Nomen agentis 272

7.4 Restriktive und nicht-restriktive Lesart von Attributen 273
    Betonung und Restriktivität 276

8 Valenzgebundenheit von Attributen 277
    Zur Terminologie 277
    Genitiv-Polyvalenz 278
    Morphologische Entsprechungen zwischen Satzglied und Attribut 283
    Obligatorische valenzgebundene Attribute 286
    Syntaktische Kodierung bei Satzgliedern, Attributen und
    Wortbildungen 286

9 Äquivalenzen zwischen Attribut und Satzglied 289

Kommentare zu den Materialien 295
Quellen 307
Register 309

Einleitung

Dieses Studienbuch richtet sich an Studierende, die Grammatik nicht nur beherrschen können, sondern auch verstehen wollen. Es soll sie dabei unterstützen, Scheu vor systematischer Grammatik abzulegen und stattdessen grammatische Phänomene mit Vergnügen zu erkunden.

Woher stammt die allgemeine Scheu vor Grammatik?

Fast alle Jugendlichen und Erwachsenen finden es wichtig und interessant, Aufbau und Funktionieren der eigenen physiologischen Organe – des Auges, des Gehörs usw. – zu untersuchen und zu verstehen. Fast niemand aber findet es interessant, das eigene 'Sozialorgan' *Sprache* zu untersuchen und in seinem Funktionieren und seinen Störungen zu verstehen. Warum ist das so? Wieso kämpfen Lehrwerke, Lehrerinnen und Lehrer mit allen möglichen Tricks, um Lernende – wenn sie sie schon nicht interessieren können – wenigstens zum Stillhalten zu bewegen, wenn die grammatische Dimension der Sprache thematisiert wird? Wodurch verlernen Schülerinnen und Schüler die kindliche Neugier auf die Beschäftigung mit der eigenen Sprache?

Ab einem bestimmten Punkt der Sprachbeherrschung beginnen Kinder, über Sprache nachzudenken und über sie zu sprechen. Dieses sprachreflexive Verhalten ist eine zentrale Komponente der sich weiterentwickelnden Sprachkompetenz. Während diese Beschäftigung mit Sprache bei kleinen Kindern noch positiv besetzt ist und experimenteller Umgang mit Sprache (z. B. eigene willentlich produzierte sprachliche Spontanbildungen) eine der kognitiven Lustquellen darstellt, führt schulischer Grammatikunterricht bei den meisten Kindern zu einem Einbruch dieses Sprachvergnügens.

Zum einen steht dahinter die schlechte Gewohnheit, Grammatikunterricht – auch in der Muttersprache – vorrangig als Normenkontrollinstanz für den Erwerb 'richtiger' sprachlicher Strukturen zu sehen. Dadurch wird Grammatikunterricht von Lehrenden und Lernenden fest mit Falsch-Richtig-Entscheidungen, mit Fehlermachen / Fehlerahnden assoziiert und demzufolge als feindliches Gebiet wahrgenommen. Zum anderen ist es wohl auch die Hastigkeit schulischen Grammatikunterrichts, seine Zentrierung auf Fachbezeichnungen, seine oft verfrühte Systematik, die Isolierung grammatischer Formen aus komplexen funktionalen Fragestellungen, die fachliche Unsicherheit der Lehrpersonen selber usw., die diesen Einbruch verursachen.

Meine Erfahrungen mit Germanistik-Studienanfängern zeigen leider nach wie vor, dass die Mehrzahl von ihnen die Schule mit der Einstellung verlassen hat, Grammatik sei ein schwieriges und zugleich uninteressantes Terrain. Ihre Einstellung gegenüber grammatischer Analyse: Ehrfurcht und Langeweile. Viele der Studierenden vermeiden deshalb, so weit es die Studienordnungen zulassen, die Auseinandersetzung mit Grammatik. Daher entdecken viele Lehramtsstudierende erst im Studienabschnitt des Master of Education oder gar erst im Referendariat, dass sie wenig auf die Pflicht vorbereitet sind, Grammatikanalyse für Schülerinnen und Schüler anzubieten. Umso unprofessioneller greifen sie später in ihrem Unterricht auf die eigenen innerlich abgelehnten Erfahrungen mit einem meist wenig funktionalen Grammatikunterricht zurück und verlängern so das eigene Problem ins nächste Glied.

Grammatik neu entdecken

Wenn dieser Teufelskreis des eigenen als negativ erlebten Grammatikunterrichts durchbrochen werden soll, brauchen insbesondere Lehramtsstudierende eine Umstellung von einem scheubesetzten auf einen neugierigen Umgang mit grammatischen Fragestellungen. Deshalb richtet sich dieses Studienbuch ganz besonders an sie.

Diese Grammatik soll ihnen ermöglichen, grammatische Reflexion Schritt für Schritt ohne Ergebnisdruck noch einmal für sich neu zu entdecken. Und sie soll ihnen helfen zu verstehen, was einen Sprecher oder Schreiber vielleicht dazu bewegt, eine Sprachnorm zu durchbrechen. Wer jetzt oder später die deutsche Sprache oder Reflexion über die deutsche Sprache lehrt, braucht die Fähigkeit, hinter die Kulissen des Fehler-Machens zu blicken, um Lernenden eine produktive, diagnostisch fundierte Achtung vor ihren Fehlern entgegenzubringen und ihnen zugleich eine Alternative anbieten zu können.

Die vorliegende Grammatik verstehe ich als *meine Grammatik*, in dem Sinne, dass sie an vielen Stellen die *individuelle* Perspektive eines Autors erkennen lässt, der mit Vergnügen und Hartnäckigkeit auf sprachliche Strukturen und ihre Funktion schaut. Mit dieser persönlichen Art von grammatischer Erkundung und ihrer Darstellung möchte ich besonders angehende Lehrerinnen und Lehrer ermuntern, einen *eigenen* grammatischen Erkundungsgang zu beginnen und *ihre* Grammatik zu entwickeln. Nur wer eine eigene Perspektive auf grammatische Phänomene entwickelt hat, kann später Lernende dabei begleiten, mit Interesse grammatische Fragestellungen zu verfolgen und sie eigenständig kompetent zu bearbeiten.

Grammatik neu verstehen

Nach Aussage vieler Studierender ist eine ihrer großen Schwierigkeiten mit Grammatiken, dass sie dort vielen und oft eindrucksvollen Wissensbeständen von Profis gegenüberstehen, sich aber nicht am Prozess der Entwicklung und der Organisation dieses Wissens beteiligt sehen. Daher versuche ich in dieser Grammatik die ihnen nicht ganz unbekannten schulischen Grammatikgegenstände noch einmal durchzuarbeiten: etwas langsamer, in einer angemessenen Komplexität und mit dem Versuch, ihnen einen nachvollziehbaren Zugang zu der grammatischen Analyse und den dabei gewonnenen Kategorien zu verschaffen. Dabei darf die Analyse grammatischer Phänomene ruhig als komplex und anspruchsvoll wahrgenommen werden, das ist sie nämlich; sie soll aber zumindest gleichrangig als interessant und sinnvoll erlebt werden, das ist sie nämlich auch – oder kann es sein.

Interessante grammatische Fragestellungen ergeben sich überall dort, wo Sprache in gewisser Weise schiefläuft:

Mit Interesse schauen wir vor allem dann auf Sprache und Sprachgebrauch, wenn die Sprache poetisch aus der Reihe tanzt, wenn sie Pannen liefert, wenn sie Witzpointen ermöglicht oder wenn jemand durch strategischen Sprachgebrauch Einfluss auf die Sicht anderer zu nehmen versucht.

Irritiert schauen wir auf Sprache überall da, wo sie mit unserem vertrauten Sprachgebrauch kontrastiert: angesichts einer fremden Sprache, gegenüber einem für uns neuen Dialekt, gegenüber Fachsprachgebrauch (z.B. juristischer Fachsprache), gegenüber dem Sprachgebrauch von kleinen Kindern, angesichts des Sprachgebrauchs in bestimmten sozialen Situationen (z.B. Prüfungsgespräch) und von bestimmten sozialen Gruppen (z.B. Jugendsprache).

Mit Sorge schauen wir auf den Sprachgebrauch von uns selber oder von anderen, an deren Erziehung oder Ausbildung wir beteiligt sind: z.B. auf Regel-Unsicherheiten bei dem Versuch, einen korrekten Text zu schreiben. (*Muss* ein Komma an der eben unterstrichenen Stelle stehen? – Nach den Amtlichen Regeln: Ja!) Oder wir sorgen uns bezogen auf unsere Normen-Unsicherheit gegenüber grammatischen Formen, die uns falsch scheinen, aber offenbar üblich sind oder es allmählich werden (Ich komme nicht mit, weil ich muss noch arbeiten). Um solche und andere grammatische Zweifelsfälle zu erkunden und zu verstehen, werden in diesem Buch grammatische Analysen möglichst oft unter funktionaler Perspektive durchgeführt. Ob eine grammatische Form korrekt oder angemessen ist, hängt ja davon ab, in welchem Kontext man sie anschaut und welche Funktionen sie in der Verständigung hat. Welche strukturellen Vorgaben und welche Spielräume wir in der Grammatik unserer Sprache vorfinden, wird deshalb an vielen konkreten Beispielen demonstriert: an literarischen und alltagsweltlichen Textauszügen, an normativen Unsicherheiten, an sprachlichen Pannen, an Witzen.

Zu dieser funktionalen Ausrichtung gehört auch der Blick auf andere europäische Sprachen; Ziel ist, allmählich eine Orientierung zu gewinnen, wie die eigene deutsche Sprache im Konzert der anderen (europäischen) Sprachen einzuschätzen ist, wie ähnlich sie ihnen ist und wie anders als sie.

Grammatik und gesprochene Sprache

Diese Grammatik macht keine besonderen Anstrengungen, mündlichkeitsnah zu sein: Reflexion über Sprache und dabei über ihre grammatische Strukturiertheit wird vor allem bei der Rezeption von Texten und bei der Überarbeitung von eigenen und anderer Leute Texten aktiviert und entwickelt. Ansprüche an die sichere Nachvollziehbarkeit von sprachlichen Produktionen werden vor allem an schriftliche Texte und die Sätze in ihnen gestellt, besonders etwa im Rahmen gesellschaftlich relevanter Textsorten wie z. B. in juristischen oder wissenschaftlichen Texten.

Ich denke: Wenn eine Grammatik grundsätzlich auf funktionales Verstehen scharf stellt und die Vielzahl von Varianzen und normativen Irritationen innerhalb der Schriftsprache interessiert anschaut, dann hat sie das Zeug dazu, sich angemessen auf mündliche Sprachverwendung einzulassen. Dabei muss sie allerdings die anderen Produktionsbedingungen berücksichtigen: Anders als beim Schreiben findet mündliches Formulieren direkt vor den Ohren der Zuhörenden statt und erlaubt keine Überarbeitungen, bevor es rezipiert wird.

Synchrone Grammatik mit diachronen Einschüben

In dieser Grammatik geht es um eine synchronische Analyse des *gegenwärtigen* Sprachgebrauchs und dessen Regularitäten. Dennoch spielen auch *sprachhistorische* Aspekte in viele Einzelfragen hinein. Ein kurzer Blick in die Sprachgeschichte soll helfen, heutige Zustände sprachlicher Strukturen, Formen, Einheiten verständlich zu machen. Unsere heutige Sprache ist ein Zwischenzustand zwischen gestern und morgen. Daher kann der Verstoß von heute die Regel von morgen ankündigen.

Zum Aufbau des Buches

Die klassischen Gegenstände der Grammatik habe ich in drei Komplexitätsstufen gegliedert: Band 1 behandelt die Komplexitätsstufe *Wort* mit den beiden Kapiteln *Wortarten* und *Wortbildung*. In Band 2 geht es um die Komplexitätsstufe *einfacher Satz* mit den drei Kapiteln *Satzformen*, *Satzglieder* und *Attribute*. Band 3 handelt von der Komplexitätsstufe *komplexer Satz* mit den beiden Kapiteln *erweiterter Satz* und *zusammengesetzter Satz*.

Bezugnahme auf Sekundärliteratur

An einigen Stellen deute ich Kontroversen in der Sekundärliteratur an. Ich führe in dieser Grammatik aber keine expliziten Auseinandersetzungen mit der grammatischen Position von einzelnen Kolleginnen und Kollegen; eine solche Auseinandersetzung müsste angemessen ausführlich und angemessen repräsentativ sein. Das ist Alltags-Geschäft von Hochschulseminaren. *Diese* Grammatik soll Studierende zunächst einmal dafür gewinnen, ihre eigenen handwerklichen und sprachreflexiven Fähigkeiten an sprachlichen Phänomenen weiter auszubilden.

Deshalb habe ich kein Literaturverzeichnis vorgesehen. Was ich hier dennoch nennen möchte, sind ein paar derjenigen Bücher zur Grammatik, die ich schätze und die hier exemplarisch für je spezifische Studienzwecke stehen:

- Peter Gallmanns und Horst Sittas „Schülerduden-Grammatik", die eine grammatische Basisorientierung auf klare und zugewandte Art bietet;
- Peter Eisenbergs zweibändiger „Grundriss der deutschen Grammatik", der das Hirn grammatiktheoretisch in Schwung bringt und auf Trab hält;
- Judith Macheiners „Grammatisches Varieté" – als Beispiel für das grammatische Vergnügen, das man sich (und anderen) mit einer interessierten und genauen Analyse grammatischer Phänomene bereiten kann;
- Wilhelm Köllers „Funktionaler Grammatikunterricht. Tempus, Genus, Modus: Wozu wurde das erfunden?" – als früher Versuch, eine funktionale Sprachreflexion für schulische Leser zu etablieren;
- das von Rudolf Otto Wiemer herausgegebene „Bundesdeutsch – Lyrik zur Sache Grammatik", das einen bequemen ersten Zugriff auf anregendes Material zu 'Grammatik und Poesie' ermöglicht, bis man sich daran gewöhnt hat, die Überfülle sprachreflexiven Materials in der eigenen sprachlichen Umgebung selber zu sehen und zu nutzen (und dann auch die Lerner zu solchen eigenen Entdeckungen anzuregen).

Hinweise zur Benutzung der Grammatik

Diese Grammatik ist als *Studienbuch* gedacht: Sie kann Grundlage oder flankierende Lektüre zu einer Veranstaltung sein; sie ermöglicht zudem ein Selbststudium des klassischen Gegenstandsbereichs von Grammatik. *Übungen* mit *Lösungen* biete ich online auf der Homepage des Verlags an (www.niemeyer.de/boettchergrammatik).

Ein Hinweis für Hochschullehrende: Diese Grammatik kann zugleich als *Kursmaterial* strukturiert werden für eine Lehrveranstaltung mit insgesamt vier Kreditpunkten, und zwar in Form einer 3-wöchigen tutorienunterstützten Kompaktveranstaltung in der vorlesungsfreien Zeit (z. B. als 'Sommerschule' vor Eintritt in den Studienabschnitt Master of Education) oder auch als 3st. wöchentliche Lehrveranstaltung. Sie würde dann in 45 Portionen – drei Wochen à 15 Portionen bzw. 15 Wochen à 3 Portionen – gegliedert: Wortarten und Wortbildung in der ersten Woche, Satzglieder und Attribute (und vorab ggf. Satzformen) in der zweiten, erweiterter Satz und zusammengesetzter Satz in der dritten. Vorschläge zu einer solchen Kurskonzeption werden auf der Webseite des Verlags angeboten (www.niemeyer.de/boettchergrammatik).

In jedem Band findet sich ein *Register* zu relevanten Fachbegriffen. Ein Gesamtregister zu allen drei Bänden wird online angeboten (www.niemeyer.de/boettchergrammatik). Ich erläutere die Fachbegriffe fremdsprachlicher Herkunft zumindest an *einer* Stelle.

In diesem Text werden keine *fachsprachlichen Abkürzungen* verwendet, es gibt daher kein Abkürzungsverzeichnis.

Verweise innerhalb desselben Bands haben die Form (→ 183); Verweise auf einen der beiden anderen Bände erhalten zusätzlich den Band-Hinweis (→ Bd. 3: 38).

In den durchlaufenden *Haupttext* sind öfters Absätze mit *Zusatztext* in kleinerer Schrift eingebaut. In ihnen führe ich die vorher begonnene Diskussion noch ein Stück weiter oder ich ergänze Beispielsanalysen. Manchmal werden diese Exkurse auch angekündigt mit „Ein Special" oder ähnlich. Solche in kleiner Schrift gedruckten Textstellen können übersprungen werden, ohne dass man in der Hauptargumentation etwas Zwingendes verpasst.

In den laufenden Text habe ich kleine *Textfunde* (grammatische Leckerbissen) eingebaut, die auf ihre thematische Umgebung abgestimmt sind. Sie dienen der mentalen Erfrischung und sind zugleich Stimulans für grammatisches Nachdenken. Zugleich werbe ich mit solchen Textfunden für die Erkenntnis, dass Sie selber Anlässe und Materialien für eine funktionale Sprachreflexion zuhauf auf der Straße finden können, wenn Sie sich interessiert umschauen.

Zu diesen Textfunden gebe ich erst am Ende des Buchs kurze *grammatische Kommentare*, da ich davon ausgehe, dass Sie die meisten der grammatischen Pointen selber entdecken werden. Im Einzelfall sind diese Funde aber auch gleich an Ort und Stelle erläutert; dann brauchte ich sie dort als Erläuterungshilfe für das grammatische Phänomen, um das es gerade geht.

Danksagungen

Diese Überschrift klingt feierlich. Das ist gut so.

Ich danke meinem Freund und langjährigen Kollegen Horst Sitta für die Zugewandtheit und die Hartnäckigkeit, mit der er mich dazu ermuntert und dabei unterstützt hat, diese Grammatik zu schreiben.

Ich danke meinen Kollegen Heinz Menge und Klaus-Peter Wegera für spannende fachliche Diskussionen und Anregungen.

Mein Dank gilt vielen Bochumer Studierenden – allen voran Tim Meier –, die mir nach ihrer Test-Lektüre zahlreiche Anregungen zur Überarbeitung gegeben haben.

Mein Dank gilt Ingrid Furchner, die mir mit ihrer professionellen Textberatung sehr geholfen hat.

Ich danke Gabriela Ruhmann: Dass diese Einleitung so schlank und lesbar geworden ist, ist allein ihr Verdienst.

Ich danke Birgitta Zeller-Ebert und Susanne Mang vom Niemeyer Verlag – die Zusammenarbeit mit ihnen war mir ein Vergnügen.

Aachen / Bochum, den 5. Januar 2009 *Wolfgang Boettcher*

Satzformen

Worum es in diesem Kapitel geht:

Generelles zur Wortstellung
Satzklammer und Stellungsfelder
Reihenfolgen in Vorfeld, Mittelfeld, Nachfeld
Satzformen und Satzfunktionen
Die fünf Satzarten
Satzarten und Satzmodi
Satzarten und indirekte Sprachhandlungen

In den beiden *bisherigen* Kapiteln – Wortarten und Wortbildung – standen die Einzelwörter im Mittelpunkt. Es ging dabei vorrangig um ihre morphologische Beweglichkeit (Flexion und Wortarten) und darum, ob und wie sie aus anderen Wörtern gebildet worden sind und ihrerseits zur Bildung weiterer Wörter beitragen.

Im *nächsten* Kapitel – Satzglieder – wird es um die Kooperation von Wortgruppen bzw. Wörtern um bestimmte Verbformen herum gehen, also um das Funktionieren von Sätzen. Dabei spielen neben der *morphologischen* Markierung von Wörtern (z. B. durch Flexionsmerkmale) auch *Intonation* (= inkl. Betonung / Akzent) und *Reihenfolge* eine Rolle.

Zu den Mitteln der Intonation gehört insbesondere der Akzent. Man unterscheidet Wortakzent und Satzakzent. Mittel der Akzentgestaltung sind Länge, Lautstärke und Tonhöhe der Akzent tragenden Silbe eines Wortes; für das Deutsche ist insbesondere die *Tonhöhe* ausschlaggebend.

Die Intonation kann in mündlicher Kommunikation Reihenfolge-Effekte ersetzen:

Paul kommt wahrscheinlich àbends zu uns.

oder

Wahrscheinlich àbends kommt … / Àbends wahrscheinlich kommt …

oder durch 'Fern-Steuerung' mittels Intonations-Bogen:

Wahrschèinlich kommt Paul àbends zu uns.

⌐

Sagt die alternde Opernsängerin nach dem Konzert zu ihrem Verehrer:
„Ich glaube, dieses Mal habe ich nicht sehr gut gesungen." –
„Oh, meine Gnädigste, Sie haben noch nie besser gesungen!"

⌐

In *diesem* Kapitel geht es zunächst um *Reihenfolgen* von Wortgruppen bzw. Wörtern, dann um *Satzformen*. Die Erkundung der Bedingungen, von denen die Reihenfolge in einem Satz abhängt, ist unter mehreren Gesichtspunkten wichtig:

Erstens werden Satzformen vor allem danach unterschieden, wo im Satz welche Satzteile stehen können; es geht dabei insbesondere um das Prädikat bzw. seinen finiten Teil (Finitum) und die Bedingungen für einen Platz-Wechsel:

<u>Meldet</u> er sich heute noch bei uns?
<u>Melden</u> Sie sich bitte unbedingt noch bei uns!

Er <u>meldet</u> sich sicher heute noch bei uns.
Dass er sich nicht bei uns <u>meldet</u>!

Zweitens sind Reihenfolgen und insbesondere ihre Beschränkungen wichtige Indikatoren für syntaktische Besonderheiten einer Struktur. Dies gilt satzintern wie satzgliedintern und auch gesamtsatzintern (→ Bd. 3: 436); Umstellungsversuche sind daher ein wichtiges *Testverfahren:*

Sie ist ja eine merkwürdige Frau.
≠ Ja ist sie eine merkwürdige Frau.

Der Hund meines Bruders mit dem weichen Fell …
≠ Der Hund mit dem weichen Fell meines Bruders …

Ich finde deinen Vorschlag doof, um ganz ehrlich zu sein.
= Um ganz ehrlich zu sein, ich finde deinen Vorschlag doof.
≠ Um ganz ehrlich zu sein, finde ich deinen Vorschlag doof.
Zwar kann man auch dieser Äußerung einen Sinn zuordnen, es ist aber nicht der gleiche wie bei der Ausgangsäußerung, wo es darum geht, die eigene Bewertung *offenzulegen* (→ Bd. 3: 467).

Schließlich ist die gezielte Änderung der Reihenfolge eine für Textproduktion wichtige *Text-Operation,* mit der wir Bedeutung, Eindeutigkeit und Stil steuern können.

1 Reihenfolge von Satzteilen im einfachen Satz

In der deutschen Sprache ist die Reihenfolge der Satzbausteine vergleichsweise wenig geregelt.

Es gibt einige *feste* Vorgaben. *Innerhalb* dieser festen Vorgaben gibt es *Normal*-Abfolgen. Und *spezifische* Abfolgen kann man unter bestimmten Gesichtspunkten selbst wählen.

Feste Vorgaben gibt es insbesondere für die Reihenfolge des Prädikats und der Satzglieder innerhalb eines Teilsatzes sowie für die Reihenfolge der Satzgliedteile innerhalb eines Satzglieds. In beiden Fällen kann man *Stellungsfelder* aufstellen.

Hier geht es zunächst nur um die Reihenfolge der Satzteile im *einfachen* Satz; die Reihenfolge der Satzgliedteile *innerhalb* eines Satzglieds wird im Kapitel *Attribute* (→ 519 ff.) behandelt, die Reihenfolge der Teilsätze innerhalb eines *Gesamt*satzes im Kapitel *Zusammengesetzter Satz* (→ Bd. 3: 434 ff.).

Reihenfolge-Regelungen werden oft unter dem Terminus *Wort*stellung behandelt; dies ist ungenau, weil es um die unmittelbaren Konstituenten – also *Bausteine* – von Sätzen, Satzgliedern, Gesamtsätzen geht, die zwar manchmal aus genau einem *Wort* bestehen, meist aber nicht.

Der fremdsprachliche Terminus *Topologie* (von griechisch topos = Ort) ist demgegenüber passend: Er bedeutet die Lehre der Anordnung von (hier: sprachlichen) Elementen im Raum (hier: Text-Raum bzw. bei gesprochener Sprache: Zeit-Raum); er bezieht sich nicht auf eine bestimmte Größenordnung wie Wort oder Satzteil.

Der Terminus Topologie fokussiert die Platzierung des *einzelnen* Bausteins innerhalb eines sprachlichen Ganzen, der Terminus Reihenfolge das Nacheinander *aller* Bausteine eines bestimmten sprachlichen Ganzen.

Für Sprachen, die wie das Deutsche *prädikats*zentriert gebaut sind, ist die Stellung des Prädikats der Bezugspunkt für die Anordnung der weiteren Satzteile.

Paul frisst leidenschaftlich gern Herzkirschen.
Frisst Paul Herzkirschen?
Dass er ausgerechnet Herzkirschen frisst!

In der deutschen Sprache gibt es dabei gegenüber den meisten europäischen Schulfremdsprachen eine Besonderheit, die für Lerner des Deutschen als Fremdsprache eine zusätzliche Komplikation darstellt: Viele der Prädikate sind zwei- oder mehrteilig und können – je nach Satzform – auf *zwei unterschiedliche* Orte im Satz verteilt werden:

Paul *hat* Herzkirschen *gefressen.*
Hat Paul Herzkirschen *gefressen?*
Dass er ausgerechnet Herzkirschen *gefressen hat!*

6   Zur Terminologie: Ich spreche bei dem ersten Beispiel von *Finitum-Zweitstellung*, bei dem zweiten von *Finitum-Erststellung* und beim dritten von *Finitum-Letztstellung*. Statt Finitum-*Letzt*stellung wird auch der Begriff Finitum-*End*stellung benutzt. Ich bevorzuge Finitum-Letztstellung, weil es lexikalisch besser zu *-erst-* und *-zweit-* passt; Finitum-*End*stellung würde dann besser passen, wenn es statt Finitum-*Erst*stellung Finitum-*Anfangs*stellung hieße.

Manchmal werden auch Kurzformen verwendet: F-1, F-2 und F-L.

7   In vielen Grammatiken wird stattdessen von *Verb*-Erststellung, *Verb*-Zweitstellung und *Verb*-Letztstellung gesprochen. Das ist aber unpräzise (und für Lerner verwirrend), weil es um die Position des *Finitums*, nicht irgendwelcher (anderer) Verbformen geht. Ein Satz wie

> Gegessen hat er heute noch nichts.

hätte ja *zwei* Verbformen, eine in Verb-Erst- und eine zweite in Verb-Zweitstellung; relevant für die Festlegung des Stellungstyps ist aber nicht die Verbform gegessen, sondern das Finitum hat: also Finitum-Zweitstellung. Die beiden Sätze

> Hat er heute noch nichts *gegessen*?
> Er hat heute noch nichts *gegessen*.

haben beide eine Verbform in Verb-Letztstellung. Relevant für die Unterscheidung der Satzart (= Fragesatz oder Aussagesatz?) ist aber nur die erste Verbform – das Finitum.

Probleme dieser Art entstehen häufig, wenn Fachtermini von Profis in Umlauf gebracht und dann in der Schule sorglos übernommen werden: Wenn die Lehrperson diese Unterscheidung von *Verb* und *Finitum* nicht sich selber und dann den Lernern klarmacht, werden mit solchen Begriffen wie *Verb-Erststellung* leicht Wortartebene und Satzteilebene (also *kategoriale* und *relationale* Begriffe) vermischt.

Satzklammern

8   Solche mehrteiligen Prädikate bilden sogenannte *Satzklammern*:

> Ich *habe* sie gestern *gesehen*.
> Er *wird* von ihr *unterstützt*.
> Ich *hole* sie später *ab*.
> Ich *muss* ihr *helfen*.
> Ich *lerne* dich allmählich *kennen*.

Für die Satzklammern in diesen Beispielen sind unterschiedliche Regularitäten verantwortlich:

9   – In den beiden ersten Beispielen entstehen die Satzklammern, weil die Prädikate in einem bestimmten Tempus (Perfekt) bzw. im Passiv stehen, denn diese Prädikatsformen können im Deutschen (im Unterschied etwa zum Lateinischen) nur mit sog. Hilfsverben gebildet werden: haben, sein, werden. Ändert man im ersten Beispiel das Tempus, wird das Prädikat einteilig: Ich *sah* sie gestern. Setzt man das zweite Beispiel ins Aktiv, verschwindet die Mehrteiligkeit ebenfalls: Sie *unterstützt* ihn.

10 – Im dritten Beispiel entsteht die Satzklammer auch in den Tempora Präsens und Präteritum (und dort auch im Genus Verbi Aktiv, weil bei Verben mit Verbzusatz

wie abholen (→ 161) dieser Verbzusatz abgetrennt wird und ans Satzende tritt. Ändert man dieses Beispiel ins Passiv, entsteht zwar ebenfalls ein Satz mit *zwei*teiligem Prädikat (Sie *wird* später von mir *abgeholt*), aber nun aus dem anhand des *zweiten* Beispiels erläuterten Grund; das trennbare Verb selbst bleibt im *Passiv* und in allen *anderen* Tempora zusammen.

– Im vierten und fünften Beispiel entstehen *grundsätzlich* Satzklammern, weil hier die Verben in fester Kooperation *mit einem zweiten Lexem* (Modalverb oder einem weiteren Vollverb) auftreten, das seinerseits ans Satzende tritt. Hier hängt von dem jeweiligen Tempus und von der Aktiv- oder Passivform des Prädikats nur ab, ob das Prädikat zwei- oder *mehr*teilig ist; setzt man z. B. das vierte Beispiel ins Futur, wird das Prädikat *drei*teilig: Ich *werde* ihr *helfen müssen*.

Diese Satzklammern hängen mit der Konstruktion der *Prädikate* zusammen; insofern kann man sie alle drei als *Prädikatsklammern* spezifizieren. Dabei entsteht in den beiden ersten Beispielen der Klammereffekt durch die mehrwortige Bildung der Tempora Perfekt / Plusquamperfekt / Futur I und II und des Passivs, im vierten und fünften Beispiel durch die *lexikalische* Mehrwortigkeit des Prädikats unabhängig von Tempus- und Passiv-Bildung. Die Prädikatsklammer im dritten Beispiel kann man nochmals als *Verb*klammer spezifizieren, weil sie hier – bei den Tempusformen Präsens und Präteritum in der Handlungsform Aktiv – durch die morphologische Charakteristik des prädikatsbildenden *Verbs*, nicht die analytische Bildung des *Prädikats* verursacht ist.

Demgegenüber entsteht die Satzklammer im folgenden Beispiel durch die in Nebensätzen häufig vorliegende Konjunktion und die damit gekoppelte Endstellung aller Prädikatsteile:

Weil er heute nicht mehr *kommt*, ... / Weil er heute nicht mehr *kommen wird*, ...

Hier könnte man spezifizierend von einer *Konjunktionalklammer* sprechen.

Auf solche Konjunktionalklammern mit Finitum-Letztstellung bezieht sich Mark Twain in seinen spöttischen Aussagen über die Struktureigentümlichkeiten der deutschen Sprache:

> Jedesmal, wenn der literarkundige Deutsche in einen Satz taucht, bekommt man ihn nicht wieder zu sehen, bis er auf der anderen Seite seines Atlantischen Ozeans mit dem Verb zwischen den Zähnen wieder auftaucht.
> (Aus „A Connecticut Yankee in King Arthur's Court", Kap. XXII. Im englischen Original:)
> Whenever the literary German dives into a sentence, that is the last you are going to see of him till he emerges on the other side of his Atlantic with his verb in his mouth.

1.1 Die Unterscheidung von Stellungsfeldern

Bei topologischen Untersuchungen gehe ich von *einfachen* Sätzen aus (also Sätzen mit einem einzigen Prädikat), nicht von zusammengesetzten Sätzen; sonst hat man von vornherein im Nachfeld einen beliebig umfangreichen Rattenschwanz von Teilsätzen, die den Blick auf die Nachfeldbesetzung innerhalb eines um ein Prädikat gruppierten Satzverbandes eher verstellen als aufhellen. Bei diesen einfachen Sätzen wähle ich solche mit *mehrteiligen* Prädikaten; sie eröffnen ein Feld *mehr* als Sätze mit einteiligem Prädikat. Zudem wähle ich Sätze mit Finitum-*Zweitstellung* (= Sätze in der *Aussagesatz-Form*), weil es hier auch Satzglieder *vor* dem Finitum gibt; zudem sind es die prototypischen Satzformen von einfachen Sätzen. Von diesen Sätzen aus kann man dann auf Stellungsfelder in anderen Satzformaten schauen: in Sätzen mit Finitum-*Erst*- oder -*Letzt*stellung, in Sätzen mit *einteiligem* Prädikat und in *zusammengesetzten* Sätzen.

Bei der näheren Untersuchung der Satzgliedreihenfolge *innerhalb* des Mittelfelds wählt man demgegenüber Beispiele mit Finitum-Letztstellung, weil dann alle Satzglieder hintereinander zu stehen kommen und in ihren Reihenfolge-Optionen betrachtet werden können.

15 In solchen Sätzen kann man bezogen auf die beiden Plätze der Prädikatsteile *vier* Felder unterscheiden: vor dem Finitum das *Vorfeld*, nach dem infiniten Teil des Prädikats (einschließlich ev. Verbzusätze) das *Nachfeld*, zwischen den beiden Prädikatsteilen das *Mittelfeld*. Vor dem Vorfeld können bestimmte Konjunktionen stehen; sie zählen nicht zum Vorfeld – man kann hier von *Vorvorfeld* sprechen.

(Denn) | sie | hat | gestern ihrem Freund ein Buch | geschenkt | nach langem Überlegen.

Hier steht sie im Vorfeld, nach langem Überlegen im Nachfeld, gestern ihrem Freund ein Buch im Mittelfeld. Die beiden Prädikatsteile – das Finitum hat und der infinite Prädikatsteil geschenkt – bilden die Satzklammer (hier: eine *Prädikats*klammer).

In manchen Grammatiken werden die beiden Teile der Satzklammer als *linke Satzklammer* und *rechte Satzklammer* bezeichnet und in die Felder eingereiht – dann ergibt sich ein 6-Felder-Modell. Das kann man graphisch verdeutlichen:

Vorvorfeld	Vorfeld	linke Klammer	Mittelfeld	rechte Klammer	Nachfeld
(Denn)	sie	hat	gestern ihrem Freund ein Buch	geschenkt	nach langem Überlegen.

16 Die Unterscheidung von Feldern hilft bei der Orientierung, welche Reihenfolge-Vorgaben die einzelnen Sprachen – je nach Satzart – machen. Dabei ist zum einen der Sprachenvergleich interessant (und im Deutschunterricht auch eine wichtige Hilfe, um die unterschiedlichen Stellungsvorgaben der schulischen Fremdsprachen zu erkennen und im eigenen Schreiben und dann Sprechen zu berücksichtigen). Zum andern ist die Reihenfolge der Satzglieder innerhalb eines Feldes interessant (sofern dort mehr als ein Satzglied steht), weil diese Reihenfolge Hinweise auf kommunikative Wichtigkeit gibt; dazu weiter unten.

> *Wilhelm Busch*
> Aber Moritz aus der Tasche
> Zieht die Flintenpulverflasche

Im Vorfeld steht in der Regel genau *ein* auf das Prädikat bezogener Satzteil (= Satzglied). Im Mittelfeld können null bis viele Satzglieder stehen. Auch im Nachfeld kann entweder kein Satzglied stehen oder eins wie im obigen Beispiel oder auch zwei wie in

Paul ist nach Berlin gefahren <u>mit seiner Frau</u> <u>am letzten Sonntag</u>.

oder mehr, je nach den Äußerungsbedingungen der jeweiligen Gesprächssituation:

Paul ist nach Berlin gefahren mit seiner Frau am letzten Sonntag nach langen quälenden Diskussionen.

In dem Ausgangsbeispiel steht vor dem Vorfeld (sie) noch eine nebenordnende Konjunktion (denn). Die zählt nicht als Satzglied; daher wäre dieses Vorvorfeld nicht mit den drei anderen Feldern gleichrangig. Zudem gehen solche Feld-Einteilungen ohnehin von *prototypischen* Sätzen aus, die möglichst kontext*frei* sind; damit fällt eine nebenordnende Konjunktion wie denn weg, die nur kontext*bezogen*, d. h. innerhalb einer Satz*folge* bzw. eines *Textes* eine Funktion hat.

17

Die Unterscheidung von Feldern, in denen die Satzteile stehen (können), geht auf Drachs *Grundgedanken der deutschen Satzlehre* von 1937 zurück.

18

Drach verstand allerdings unter Mittelfeld die Zentralstellung des Finitums: Er ging grundsätzlich von Sätzen mit *ein*teiligem Prädikat aus, und bei ihm war das Finitum selbst Teil dieser drei Felder, nicht wie hier vorgeschlagen lediglich *Bezugspunkt* für ihre Definition.

Ein Blick auf die in diesem Zusammenhang üblichen Fachausdrücke:

19

Statt *Satz mit Finitum-Erststellung* wird auch der Terminus *Stirnsatz* verwendet, statt *Satz mit Finitum-Zweitstellung* auch *Kernsatz*, statt *Satz mit Finitum-Letztstellung* auch *Spannsatz*. Diese metaphorischen Bezeichnungen sind – wie alle Metaphern – als Fachtermini problematisch: Zum einen beziehen sich *Stirnsatz* und *Kernsatz* offenbar ausschließlich auf die Position des Finitums, nämlich beim *Stirnsatz* vorn, beim *Kernsatz* umhüllt, der Terminus *Spannsatz* bezieht sich demgegenüber auf die Position von Finitum *und* Konjunktion und die dadurch gegebene Satzklammer. Dazu kommt, dass die Bildbereiche von *Stirnsatz* und *Kernsatz* nicht aufeinander abgestimmt sind: *Stirnsatz* bezieht sich auf die Lage im Gesicht, *Kernsatz* bezieht sich auf Schalenfrüchte. Zudem sind diese Termini stark an die deutsche Sprache gebunden und für internationale Wissenschaftsverständigung nicht geeignet.

In anderen Grammatiken wird statt *Kernsatz* von *Grundfolge* bzw. *Grundstellung* gesprochen. Diese beiden Termini deuten bereits darauf hin, dass in diesen Grammatiken die Finitum-*Zweit*stellung als *Grund*stellung, die beiden anderen als Nebenstellungen angesehen werden; dahinter steht (wohl) die Annahme, dass Sätze dieses Typs die kommunikative Grundfunktion des Aussagens leisten. Zudem kann man nur mit diesem Satztyp außer Aussagen auch zwei weitere kommunikative Grundfunktionen realisieren: Fragen und Aufforderungen.

In der Tradition der generativen Transformationsgrammatik wird der Satztyp Finitumletztsatz als Grundtyp genommen; er gilt zum einen – aufgrund der Häufigkeit von untergeordneten Nebensätzen – als statistisch häufigster Satztyp, zum anderen eignet er sich für die Bearbeitungszwecke der Transformationsgrammatik offenbar am besten.

Auch bei der kontrastiven Behandlung unterschiedlicher Sprachen und bei dem Versuch, übereinzelsprachliche, d. h. universale sprachliche Strukturen zu identifizieren, spielt die Grundreihenfolge (engl.: *basic word order*) eine zentrale Rolle.

1 Reihenfolge von Satzteilen im einfachen Satz

Stellungsfelder bei einteiligen Prädikaten

20 Wenn in einem Finitumzweitsatz das Prädikat *einteilig* ist wie in

Paul fährt nach Berlin mit seiner Frau am nächsten Sonntag,

dann fehlt die eindeutige Grenzziehung zwischen Mittelfeld und Nachfeld, die bei Paul ist nach Berlin gefahren mit seiner Frau am letzten Sonntag der infinite Prädikatsteil leistet. Daher halte ich es für sinnvoll, bei einteiligen Prädikaten nur zwei Felder zu unterscheiden – Vorfeld und Nachfeld.

Wo wollte man in dem Ausgangsbeispiel denn auch die Grenze ziehen zwischen den Satzgliedern, die zum (fiktiven) Mittelfeld gehören, und denen, die das Nachfeld besetzen?

21 Was an Paul fährt nach Berlin mit seiner Frau am nächsten Sonntag auffällt, ist die Reihenfolge der drei Satzglieder nach dem Finitum. *Unauffällig* wäre:

Paul fährt mit seiner Frau am nächsten Sonntag nach Berlin.
Paul fährt am nächsten Sonntag mit seiner Frau nach Berlin.

Direktionale Adverbialien wie nach Berlin stehen bei *unmarkierter* Reihenfolge nämlich am rechten Rand.

Nun kann man entweder doch mit der Unterscheidung von Mittel- *und* Nachfeld arbeiten und sagen, dass das *Direktionale* nach Berlin das Ende des Mittelfelds bildet und die beiden letzten Satzglieder im Ausgangsbeispiel daher zum Nachfeld zählen. Oder man bleibt (wie ich) bei dem Verzicht auf ein Mittelfeld bei einteiligen Prädikaten und sagt: Im ersten wie im zweiten Beispiel liegt eine markierte Satzgliedreihenfolge vor.

22 In Aufforderungssätzen – also Sätzen mit Finitum-*Erst*stellung – gibt es bei Prädikaten mit *trennbaren* Verben (in Präsens und Präteritum Aktiv) ebenfalls eine Grenzziehung zwischen Mittel- und Nachfeld:

Nimm gefälligst den Kaugummi *raus* in meiner Gegenwart!

Bei *untrennbaren* Verben fehlt sie demgegenüber in der Regel, weil die Verbformen meist im Präsens stehen, da sich der Modus Imperativ meist auf die nahe Zukunft bezieht: Komm jetzt endlich! Allenfalls in wenigen, grammatisch grenzwertigen Fällen kann man sich einen passenden pragmatischen Rahmen ausdenken, in dem zweiteilige Imperativformen funktional wären, wie z. B. in

Bitte, Klaus, *sei* du das nicht gewesen gestern abend!!

(= Bei dem Verdacht, der eigene Ehemann hätte auf seiner gestrigen Rückfahrt sturzbetrunken einen Unfall verursacht, an den er keine Erinnerung mehr hat)

oder in der für Mündlichkeit möglichen to-do-Konstruktion:

Tu du gefälligst deinen Freunden helfen in einer solchen Situation.

Bei Prädikaten mit fest integrierten *zusätzlichen* Lexemen wiederum liegt eine 3-Felder-Struktur mit klar identifizierbarem Nachfeld vor:

Lass ihn doch einfach sitzen mit seiner blöden Tante!

Stellungsfelder bei komplexen Sätzen

Wenn man ein Stellungsfelder-Modell für komplexe Sätze entwickeln will, dann werden Nebensätze bzw. satzwertige Infinitive zunächst in dem funktional äquivalenten Feld untergebracht und anschließend in ihrer teilsatz*internen* Felderverteilung noch einmal separat gegliedert:

> Denn weil Paul das Geld, das er für sein Motorrad braucht, nicht hat, hat er beschlossen, seine Freundin anzupumpen.

	Vorvorfeld	Vorfeld	linke Klammer	Mittelfeld	rechte Klammer	Nachfeld
Gesamtsatz	Denn	weil ... hat,	hat	er	beschlossen,	seine ... anzupumpen.
untergeordneter Teilsatz 1				seine Freundin	anzupumpen	
untergeordneter Teilsatz 2			weil	Paul das Geld, das ... braucht, nicht	hat	
untergeordneter Teilsatz 3		← das[?] →		er für sein Motorrad	braucht	

Die linke Klammer wird hier nicht immer durch ein Finitum, sondern wahlweise auch durch eine unterordnende Konjunktion gebildet; bei Infinitivgruppen ohne erweiterte Infinitivkonjunktion (also ohne um zu ... / ohne zu usw.) bleiben Vorfeld und linke Klammer leer; bei den Relativbeziehungen entsteht das Problem, ob man das Relativum primär als *Konnektor* und daher als *linke Klammer* sieht oder primär als *Satzglied* und daher zum *Vorfeld* rechnet – im vorliegenden Beispiel ist diese Entscheidung offen gelassen und mit einem Fragezeichen in eckigen Klammern markiert. (Entsprechendes gilt für indirekte Fragesätze mit Interrogativum.)

Wenn man wie hier Gesamtsätze in das Feldermodell einordnen will, gibt es Probleme mit einer Reihe von Nebensätzen (und satzwertigen Infinitiven):

> *Was auch immer er tut,* ich bleibe hier.
> *Um die Wahrheit zu sagen,* ich bin sauer auf dich!

In beiden Beispielen kann man die untergeordneten Teilsätze (bzw. teilsatzwertigen Infinitivgruppen) nicht als Vorfeldbesetzung ansehen – das ist bereits durch ich blockiert. Und in einem Beispiel wie

> Er war zu spät gekommen, *was ich ziemlich schade fand.*

kann der weiterführende Teilsatz nicht als Auslagerung einer Satzglied- oder Attributstelle im Hauptsatz angesehen werden und ist daher keine reguläre Nachfeldbesetzung.

Da ich den Mehrgewinn eines auf *komplexe* Sätze bezogenen Feldermodells nicht sehe, wohl aber seine Komplikationen, verfolge ich diese Version des Feldermodells nicht weiter.

> Rainer Maria Rilkes Übersetzung von
> Giacomo Leopardi (1798–1837):
>
> L'infinito
>
> Immer lieb war mir dieser einsame
> Hügel und das Gehölz, das fast ringsum
> ausschließt vom fernen Aufruhn der
> Himmel den Blick. Sitzend und schauend bild ich unendliche
> Räume jenseits mir ein und mehr als
> menschliches Schweigen und Ruhe vom Grunde der Ruh.
> (= 1. Strophe)

Grammatikalität – Normalität

25 Es gibt Stellungen, die *grammatisch* nicht korrekt sind:

> *Gestern habe dir mein Buch ich gegeben.

Innerhalb des Mittelfelds muss ein *pronominales* Subjekt offenbar *vor* den Objekten stehen.

Stellungen wie

> Vor seiner Hütte ruhig im Schatten sitzt
> Der Pflüger ...
> (Friedrich Hölderlin: „Abendphantasie" (1800))

sind grammatisch nicht korrekt, weil hier drei Adverbialien (vor seiner Hütte + ruhig + im Schatten) im Vorfeld stehen.

Man kann zwar *zwei* davon als ein einziges komplexes lokales Adverbiale ansehen, das im Vorfeld stehen kann (Im Schatten vor seiner Hütte saß ...), aber die Kombination aus *modalem* (ruhig) und *lokalem* Adverbiale im Vorfeld ist nicht korrekt.

Solche grammatisch inkorrekten Abfolgen können aber dennoch *akzeptiert* sein, zumal in dem Wissen, dass hier im Kontext poetischer Sprachverwendung absichtsvoll eine besondere Konstruktion gewählt wird.

Zwischen den Kriterien 'grammatisch korrekt' und 'akzeptabel' besteht also eine Spannung.

26 Es gibt demgegenüber Stellungen, die zwar grammatisch korrekt, aber dennoch 'nicht (ganz) *normal*' sind und entsprechend stilistisch nicht in allen Textsorten akzeptiert würden:

> Er hat das Buch deinem Freund gegeben nach meiner Erinnerung.

Hier ist die Stellung im Nachfeld nicht ohne Weiteres akzeptabel; Satzglieder wie nach meiner Erinnerung, die die Aussagenquelle angeben und insofern den Wahrheitsgehalt der Aussage betreffen, werden in der Regel ankündigend – also im Vorfeld – platziert oder im Mittelfeld direkt vor dem fokussierten Aussageteil (hier: deinem Freund); in diesem Beispiel aber steht es im Nachfeld, gewissermaßen nachgeliefert (z. B. weil man während der Formulierung unsicher wird, ob die Aussage stimmt).

*Satzbau und Wortstellung im frühkindlichen Spracherwerb
(und im Sprachgebrauch des Vaters):*

(1) *Matthias – 1 Jahr, 10 Monate:*
V: „Willst du mal ein bisschen erzählen, was du da siehst im Eisenbahnbilderbuch?"
M: „Kran! Kran!"
V: „Ein großer Kran."
M: „Tank! Tank!"
V: „Ein großer Tankwagen."
M: „Leiter."
V: „Eine Leiter."
M: „Mann Leiter. Leiter Mann. Leiter. Mann Leiter."
V: „Ist der Mann die Leiter hochgeklettert, ja?"
M: „Hoch!"
V: „Hochgeklettert ist der Mann die Leiter?"

(2) *Matthias – 2 Jahre:*
„Matti Wasser – Matti haben – Mami helfen – Matti Becher – Matti das – das haben – Matti Schaum – viel viel – genug – teuer is – noch mal haben – Matti bauen – Turm bauen – (...)" [unterstrichen = betont]

(3) *Matthias – 2 Jahre, 4 Monate:*
„Morgen Omi da is – Kartoffel heiß – viel Rauch raus – da Matti drehen – Matti haben mal – lieber Tee haben – da rein kippen – Matti das haben – Matti auch Gurke – das Mami haben – Matti mags nicht – [bezogen auf das Radio:] hier da angeht – drehen – hier nicht – Matti Soße haben – kalte Hände – (...)"

Markiertheit

Neben dieser Linie *grammatisch nicht korrekt – grammatisch korrekt* gibt es eine weitere Unterscheidung: die von *markiert* und *unmarkiert* (oder auch *neutral*).

Als *unmarkiert* gilt eine Satzgliedstellung, die in allen (bzw. den meisten) Kontexten verwendet werden kann, die also z. B. ohne besondere syntaktische Bedingungen – etwa ohne besondere Betonung – möglich ist.

Man kann die Definition auch umgekehrt ausrichten: Unter einer Normal-Abfolge versteht man diejenige Reihenfolge, bei der durch bloße Akzent-Verschiebung die meisten unterschiedlichen Fokussierungen erreicht werden können.

Von den beiden grammatisch korrekten Beispielen

Er hat seiner Freundin sein Àuto geschenkt.
Er hat sein Auto seiner Frèundin geschenkt.

ist die Satzgliedstellung im ersten Beispiel die *un*markierte, im zweiten die *markierte*. Im ersten Beispiel bleibt die Satzgliedstellung nämlich auch bei schrittweiser Reduktion der beiden Bekanntheits-Indikatoren (= Ersetzung der Possessiva seiner/sein durch die unbestimmte Artikel einer/ein, ohne ersatzweise den Akzent zu verlagern) durchgängig korrekt:

Er hat seiner Freundin sein Auto geschenkt.
→ Er hat einer Freundin sein Auto geschenkt.
→ Er hat seiner Freundin ein Auto geschenkt.
→ Er hat einer Freundin ein Auto geschenkt.

Führt man die gleichen Veränderungen beim zweiten Beispiel durch, ist nur eines der drei Umformungsergebnisse korrekt:

Er hat sein Auto seiner Freundin geschenkt.
→ *Er hat ein Auto seiner Freundin geschenkt.
→ Er hat sein Auto einer Freundin geschenkt.
→ *Er hat ein Auto einer Freundin geschenkt.

Die erste und die dritte dieser Umformungen sind nicht korrekt – es sei denn, ein wird (versehentlich) nicht mehr als unbestimmter Artikel, sondern als Kardinalzahl verstanden (und entsprechend betont).

29 Das Konzept der *Markiertheit* wurde ca. 1936 von R. Jakobson, dem Initiator der strukturalistischen Bewegung in der Sprachwissenschaft, entwickelt – zunächst für die Beschreibung des *phonologischen* Systems, doch ist der Begriff auf syntaktische (und lexikologische und pragmatische) Verhältnisse gut übertragbar. Generell sind markierte Formen merkmalsreicher und daher abhängiger von Kontextbedingungen.

30 Diese beiden Kategorien – Grammatikalitätsgrad und Markiertheitsgrad – sind bei der Erkundung und Bewertung von Stellungsregularitäten zu berücksichtigen.

Aussagen über Grammatikalität und erst recht über Markiertheit sind schwierig und daher nur behutsam vorzunehmen. Bei der schulischen Textüberarbeitung und bei der Analyse von Texten anderer sollen Lehrende nicht vorschnell normativ, sondern empirisch und funktionssensibel vorgehen (also z. B. Stellungsauffälligkeiten im mündlichen Sprachgebrauch probehalber auf ihre kommunikative Bedeutung zurückführen und auch bei Textproduktionen der Schüler vorsichtig zwischen deren ev. stilistischem Anspruch und topologischer Unsicherheit zu unterscheiden versuchen).

31 Die Einzelsprachen unterscheiden sich sehr deutlich in Art und Ausmaß ihrer Stellungsoptionen. In Sprachen wie dem Englischen, die morphologisch relativ karg sind (z. B. weitgehend fehlende Kasusmerkmale), muss die Satzgliedstellung neben den angedeuteten Markierungsfunktionen auch die syntaktische Identifikation leisten, z. B. die Unterscheidung von Subjekt und Akkusativobjekt in The girl loves the boy, während im deutschen Pendant Das Mädchen liebt den Jungen diese Identifikation auch bei Umstellung zu Den Jungen liebt das Mädchen durch das Kasusmerkmal des Artikels den eindeutig ist. Freilich ist auch das Deutsche – etwa im Vergleich zum Lateinischen – in seinen Kasusmarkierungen bereits stark reduziert; mit einem Neutrum oder einem Femininum statt des Maskulinums Junge entstehen auch hier Mehrdeutigkeiten: Das Mädchen liebt das Kätzchen (Wer liebt wen?).

Verteilung der Satzglieder auf die drei Felder

Aus der „Donau-Zeitung":

Entlaufenes Rind erlegt Hubschrauber im Einsatz

(„Der Spiegel" 23/2008, S. 184 – „Hohlspiegel")

In diesem Abschnitt geht es um die Verteilung der Satzglieder auf Vor-, Mittel- und Nachfeld und um Restriktionen dabei.

Wenn Subjekt *und* Objekt im Mittelfeld platziert werden, geht es um ihre Reihenfolge innerhalb des Mittelfelds (dazu weiter unten mehr). Wird eines der beiden im Vorfeld platziert, dann gilt für das Deutsche als *Grundstellung* Subjekt vor Objekt, also Subjekt ins Vorfeld, Objekt ins Mittelfeld:

> Ich esse gerne Kuchen.

Eine Objekt-Prädikat-Subjekt-Reihenfolge wie 32

> Kuchen esse ich gern.

ist also keine Grundstellung, sondern eine *besondere* – sie ist markiert, auch wenn sie in einem bestimmten Kontext *normal* erscheint, z. B. als zweiter Satz einer Satzfolge wie

> Paula hat mir eine riesige Torte geschenkt. Kuchen esse ich für mein Leben gern.

Hier übernimmt der zweite Satz das 'Neue' des *vorausgehenden* Satzes (= eine riesige Torte) in verallgemeinernder Form (= Kuchen) als Ausgangspunkt für das Neue *dieses* Satzes (nämlich ... esse ich für mein Leben gern). Die Platzierung des Objekts im Vorfeld dient hier also dazu, das *Thema* der anschließenden Aussage ins Vorfeld zu stellen.

Solche Abweichungen von der Grundstellung kann man freilich im schriftlichen Sprachgebrauch nur dann nutzen, wenn die beteiligten Satzglieder morphologisch identifizierbar sind. Wenn dies nicht der Fall ist – wie z. B. bei Headlines –, entstehen durch Abweichungen von der Grundstellung relativ häufig Doppeldeutigkeiten.

> Aus der „Wilhelmshavener Zeitung":
> Polizei geht Fahrraddiebin ins Netz
> („Der Spiegel" 26/2008, S. 170 – „Hohlspiegel")

Diese markierte Reihenfolge Objekt-Prädikat-Subjekt wird in Grammatiken teilweise als *Ausdrucksstellung* oder auch als *Kontraststellung* bezeichnet.

Um eine solche *Ausdrucks*-Stellung handelt es sich in folgendem Beispiel mit Objekt-Prädikat-Subjekt-Reihenfolge:

> Kùchen will ich haben!

Hier ist Kuchen selber das Neue; die Vorfeldstellung des Akkusativobjekts zeigt hier Ausdrucksintensität an. Und in folgendem Beispiel liegt *Kontrast*-Stellung vor:

> Kúchen will ich nìcht haben (, sondern lieber was Kaltes zum Trìnken).

Die markierte Reihenfolge Objekt-Prädikat-Subjekt selber ist aber nicht auf solche 33 speziellen kommunikativen Funktionen festgelegt, sondern sie dient – je nach vorausgehendem und nachfolgendem Satz (und je nach Aussageabsicht) – sowohl der anknüpfenden 'Thematisierung' von Bekanntem wie auch der Hervorhebung von relevantem Neuen.

> *Aus einem Programmheft:*
>
> Interpretinnen:
>
> N. N.
> Sie absolvierte ihr Klavierstudium in Köln bei Prof. A. B. und in Dortmund bei Prof. C. D. Nach der Reifeprüfung besuchte sie Meisterkurse bei E. F., G. H., I. J. und K. L.
> 	Zahlreiche Konzerte gab sie als Solistin, Liedbegleiterin und im Klavierduo. Tourneen machte sie in Europa gemeinsam mit namhaften Chören. Bei Uraufführungen der Komponisten M. N., O. P. war sie Mitwirkende.

34 Es gibt in der Grammatikforschung drei Begriffs-Tandems, die diese funktionale Arbeitsteilung zwischen Thema und darauf bezogener Aussage ansprechen:
- *Thema – Rhema:* Rhema ist das (relativ) Neue einer Äußerung (… esse ich für mein Leben gern), Thema das bereits (relativ) Bekannte dieser Äußerung (Kuchen …). Man könnte also die Platzierung von Kuchen im Vorfeld als *Thematisierungs-Stellung* bezeichnen.
- *topic – comment:* Dieses Begriffspaar geht davon aus, dass in einer satzförmigen Äußerung häufig ein im Vorfeld stehender Teil des Satzes das *Stichwort* präsentiert, auf das sich der Rest als Kommentar bezieht, der dann das Neue in der Gesamtaussage dieses Satzes liefert. Es ist dem Begriffspaar Thema-Rhema grundsätzlich äquivalent (insofern spricht man bei dem o. g. Beispiel auch von *Topikalisierungs-Stellung*).
- *Hintergrund – Fokus:* Als Fokus wird der Teil einer (satzförmigen) Äußerung bezeichnet, der die im Mittelpunkt stehende neue Information enthält. Der Rest der Äußerung ist demgegenüber Hintergrund. Gegenüber den Begriffspaaren Thema – Rhema und topic – comment wird bei Hintergrund – Fokus also nicht ein bestimmter begrenzter Teil der Äußerung als Hintergrund ausgewiesen, sondern der Rest der Äußerung insgesamt. Man verwendet vor allem den Begriff Fokus, auch um z. B. die Fokussierungsleistung von *Akzentverteilungen* oder spezifischen *Lexemen* oder bestimmten *Stellungen* zu bezeichnen:

    Paul hat mir sein Auto geliehen.
    Paul hat nur mir sein Auto geliehen.
    Mir hat Paul sein Auto geliehen.

35 Solche funktional begründbaren Stellungsregularitäten waren Gegenstand der *Funktionalen Satzperspektive* (= eines Analyse-Konzepts der sog. *Prager Schule*, das von V. Mathesius 1929 und 1939 entwickelt wurde) – ein früher textlinguistischer Ansatz, der die einzelnen Sätze hinsichtlich ihrer Informationsfunktion im Textablauf untersucht und die Dichotomie Thema – Rhema entwickelt hat.

Die Prager Schule hat sich aus dem von V. Mathesius 1926 initiierten „Prager Linguistenkreis" entwickelt. Ihr Publikationsorgan war „Travaux du Cercle Linguistique de Prague" (8 Bände 1929–39). Programmatisch sind insbesondere die Thesen des Prager Linguistenkreises zum I. Internationalen Slawistenkongress 1929: Sprache wurde als zielgerichtetes System von Ausdrucksmitteln gesehen; damit sollte sowohl Saussures Trennung von Langue und Parole (und seine System-Fixierung) wie auch die Trennung von Synchronie und Diachronie (und die Synchronie-

Fixierung) überwunden werden. Prominent waren N.S. Trubeckoy und R. Jakobson mit ihrer Phonologie und ihrer „funktionalen Satzperspektive", aber auch die Analysen der Dichtungssprache von J. Mukařovský.

Empirische Befunde zur Grundstellung

Es gibt Hinweise darauf, dass die Reihenfolge Subjekt – Finitum – Objekt auch *hirnphysiologisch* als Grundstellung angesehen werden kann:

Pechmann und Zerbst präsentierten ihren Versuchspersonen zwei unterschiedliche Wort-Blöcke mit Nomen 1, Verb (im Infinitiv) und Nomen 2 und forderten sie dann auf, schnellstmöglich einen Satz zu sprechen, der die drei angegebenen Wörter in der im Block vorgegebenen Reihenfolge enthält. Wurde bei diesem Experiment als Nomen 1 das semantisch/pragmatisch als *Subjekt* in Frage kommende Wort präsentiert (= Block A)

Hanna
kaufen
Perlen,

dann wurde der Satz Hanna kauft Perlen signifikant schneller produziert, als zu Block B mit einem Nomen 1, das nur als *Akkusativobjekt* in Frage kommt

Perlen
kaufen
Hanna,

der Satz Perlen kauft Hanna gebildet wurde.

Offenbar ist die unmarkierte Reihenfolge Subjekt-Prädikat-Objekt präferiert, weil sie gewissermaßen *umstandslos* bereitliegt (vgl.: Thomas Pechmann/Dieter Zerbst (1995): Zum Einfluß der syntaktischen Struktur auf den Zeitverlauf von Sprachproduktionsprozessen. In: Sprache & Kognition, 2, S. 64–74).

Generell führt die Verwendung z.B. von Objekt-Prädikat-Subjekt-Reihenfolgen zu einer Verzögerung der angemessenen Rezeption, weil versuchsweise zunächst das *Vorfeld* als Realisierung des Subjekts gelesen wird und die anschließende Reorganisation des Verstehens Zeit erfordert.

Als Beispiel eine Formulierung aus dem Homepage-Text einer Universität zu den neuen gestuften Studiengängen:

> Die Modularisierung des Studienangebots und studienbegleitende Prüfungen helfen, die Studiendauer für Lehramtskandidaten zu verkürzen: In der zehn Semester umfassenden Regelstudienzeit sind Abschlussprüfungen und Praktika bereits inbegriffen. *Die internationale Vergleichbarkeit von Studienleistungen gewährleistet die Bewertung nach dem European Credit Transfer System (ECTS).*

In dem kursiv gesetzten Satz ist morphologisch nicht erkennbar, welches der beiden Satzglieder – also die internationale Vergleichbarkeit von Studienleistungen oder die Bewertung nach dem European Credit Transfer System (ECTS) – das Subjekt ist. Da aber im vorhergehenden Satz kein Bedarf für ein solches Vorfeld-Objekt geschaffen worden ist, kann man von der Normalstellung her das im *Vorfeld* stehende Satzglied als Subjekt erwarten; dies führt hier aber in die Irre: Vor dem Finitum steht hier das *Akkusativobjekt*. Viele werden diesen Satz also zunächst falsch verstehen und müssen dann ihr Verstehen revidieren. Und wer sich in der Sache nicht auskennt, erkennt nicht einmal die Fehl-Rezeption.

Also hätte man hier sinnvollerweise eine Passivversion wählen sollen:

> Die internationale Vergleichbarkeit von Studienleistungen wird durch die Bewertung nach dem European Credit Transfer System (ECTS) gewährleistet.

Sie belässt die Vorfeldstellung, ordnet diesem Satzglied nun aber *Subjekt*status zu – damit werden die beiden Gesichtspunkte 'Standardreihenfolge' und 'kommunikative Wichtigkeit' ausbalanciert.

38 Diese feste Erwartung der Grundstellung kann freilich durch vorausgehende Sprachmuster beeinflusst werden (man spricht von *Priming*): Wenn man einen Satz einer bestimmten Struktur hört und anschließend selbst einen Satz produzieren soll, dann hängt die dafür gewählte Struktur mehr als zufällig von der des vorher gehörten Satzes ab. Testpersonen, die zum Beispiel den Satz

> Die Schulleiterin schrieb einen langen Brief an die Eltern.

hören und anschließend ein Bild beschreiben sollen, auf dem ein Junge einem Mädchen einen Apfel gibt, wählen also häufiger als Testpersonen *ohne* den vorher mündlich dargebotenen Satz Beschreibungsformate der Art

> Der Junge reicht den Apfel an das Mädchen.

anstatt

> Der Junge reicht dem Mädchen den Apfel.

Das Kurzzeitgedächtnis hält die gerade aktualisierten Sprachmuster als Formulierungsoptionen noch eine Zeit lang bereit.

39 Bei der Regulierung der Satzgliedstellungen wirken also mehrere Bedingungen zusammen, u. a.:

1. In der Deutschen Sprache ist die Reihenfolge Subjekt – Prädikat – Objekt(e) die Grundstellung. Abweichungen davon sind möglich, insbesondere unter dem folgenden Gesichtspunkt.
2. Im Vorfeld stehen (bei unauffälliger Betonung und ohne besonderen Kontext) in der Regel Sachverhalte, die als bekannt vorausgesetzt werden oder im vorangehenden Satz eingeführt worden sind; im Mittelfeld stehen – bevorzugt gegen Ende – neu(artig)e Sachverhalte. Dem entspricht u. a. die Zuordnung von bestimmtem und unbestimmtem Artikel.

   > Dass die Platzierung gegen Ende einer Äußerung dem betreffenden Aussageteil besondere Aufmerksamkeit sichert und dass er dadurch außerdem für das Kurzzeitgedächtnis leichter zu behalten ist, wurde schon im Zusammenhang mit dem Aufbau des Wortinnern angesprochen.
   >   Der erste Satzteil einer Äußerung erhält zwar ebenfalls besondere Aufmerksamkeit, hat aber keine günstige Behaltenschance. Man nutzt die besonderen Eignungen dieser beiden Plätze im Satz, indem man dem Vorfeld grundsätzlich die Aufgabe der *Thematisierung* und dem Ende des Mittelfelds die Aufgabe der Relevanz-Lieferung zuweist.

3. Durch Betontheit kann diese Zuordnung von *Stellungsfeld* und kommunikativer Funktion jederzeit verändert werden; Betonung setzt sich also gegenüber den Bedingungen von 1. und 2. durch.

Abweichungen von der Grundstellung werden – sofern sie grammatisch korrekt, also Optionen sind – als *funktionale* Abweichungen betrachtet; sie sind ein kostbarer Gegenstand der funktionalen Stilistik und ein Gestaltungsmittel bei der Überarbeitung eigener (und fremder) Texte.

Eine wichtige Rolle spielt dabei auch die Option, zwischen Aktiv und Passiv zu wechseln, weil man dadurch die gewünschte Fokussierung leichter erreichen kann. In dem folgenden Satz z. B. steht Wasser in Rhema-Position:

> Dieses Verfahren spart *Wasser.*

Durch den Wechsel von Aktiv zu Passiv (durch den ein zweiteiliges Prädikat entsteht) tritt das prädikatsbildende Verb sparen mit in den Fokus:

> Bei diesem Verfahren wird *Wasser gespart.*

Umgekehrt kann man – z. B. bei Übersetzungen oder Umformulierungen – den Wechsel vom Passiv

> Wasser wird bei diesem Verfahren nicht gespart.

ins Aktiv nutzen, wenn man Wasser stärker fokussieren will:

> *Wásser* spart dieses Verfahren nicht.

Durch die Vorfeldplatzierung des Akkusativobjekts Wasser wird dessen Fokussierung noch einmal topologisch verstärkt.

Die Entscheidung für spezifische Reihenfolgen hängt also mit der (gewünschten) Informationsstruktur eines (Teil-)Satzes (innerhalb eines Gesamtsatzes und ggf. innerhalb einer Satzfolge in einem Text) zusammen.

Angemessene Reihenfolge-Entscheidungen spielen sowohl bei der Produktion eigener Texte wie auch bei kontextadäquaten Übersetzungen aus einer anderen Sprache eine wichtige Rolle (z. B. ist das Englische, das – auch aufgrund seiner weniger deutlichen morphologischen Markierungen – eine festere Stellungsvorgabe hat, in seinen Umstellungsmöglichkeiten weniger kontextsensitiv als das Deutsche).

Eine Reihe von Stellungsbesonderheiten wird im Kapitel Satzglieder behandelt.

> Aus dem „Senioren-Ratgeber":
>
> Mehr als 10 000 Deutsche sind bereits 100 Jahre und älter – von Monat zu Monat steigt die Zahl der rüstigen über 90-Jährigen, die ihre Kinder im Altersheim besuchen.
> („Der Spiegel" 13/2008, S. 190 – „Hohlspiegel")

1.2 Stellung vor dem Vorfeld

Der Terminus *Vorvorfeld* hat zwei Lesarten:

Die eine ist analog zu vorvorgestern: So wie dieses mit vorgestern und gestern drei gleichrangige 'Tagefelder' eröffnet, eröffnet *Vorvorfeld* mit *Vorfeld* und *Linke Satzklammer* drei gleichrangige Stellungsfelder.

In der anderen Lesart ist mit Vorvorfeld alles das gemeint, was links vom Vorfeld steht, ohne dass es sich dabei um ein gleichrangiges Stellungsfeld handeln muss – drastisch-bildlich gesprochen: ein topologischer Vorhof für diejenigen Satzteile, die nicht regulär in das Feldermodell integriert sind.

Bei diesem Verständnis wäre es angebracht, von *Vorvorfeld* zu sprechen oder – wie ich es hier tue – von der Platzierung vor dem Vorfeld.

43 Ein Komma-Special: Von dieser Diskussion der topologischen Zugehörigkeit nebenordnender Konjunktionen aus kann man einen ersten Blick auf die Kommaregelung bei zusammengesetzten Sätzen werfen, in denen eine nebenordnende Konjunktion ein nachfolgendes Satzgefüge eröffnet (→ Bd. 3: 437 ff.):

> Bei schönem Wetter gehen wir picknicken, und wenn es regnet, bleiben wir hier.

Hier ist die Platzierung des ersten Kommas durch die Amtlichen Regeln so geregelt, dass es nicht vor dem Beginn des konditionalen Nebensatzes wenn es regnet stehen (und mit dem zweiten Komma diesen untergeordneten Teilsatz einschließen) soll, sondern vor die nebenordnende Konjunktion und gesetzt werden muss, die – in meiner Sicht – zwischen dem ersten Hauptsatz (Bei ... picknicken) und dem mit Nebensatz eröffneten nachfolgenden Satzgefüge steht und beide gleichrangig verbindet.

Ich rolle diese Betrachtung von dem einfachen Satz mit der *Vor*vorfeld-Konjunktion und her auf:

> *Und* bei Regen bleiben wir einfach hier!

Wo setzt man das Komma, wenn dieses konditionale *Satzglied* durch einen konditionalen *Gliedsatz* ersetzt wird:

> Und wenn es regnet, bleiben wir einfach hier!

Die Konjunktion und wird also, obwohl sie nicht den konditionalen Nebensatz einleitet, interpunktorisch in diesen Nebensatz einbezogen (= würde also mit zum Vorfeld genommen, das durch diesen Nebensatz besetzt ist). Im Vergleich dazu das entsprechende Beispiel in *Mittelfeldstellung*

> *Und* wir bleiben bei Regen einfach hier!

und die Umwandlung von bei Regen in einen Konditionalnebensatz:

> → *Und* wir bleiben, wenn es regnet, einfach hier!

Während hier der untergeordnete Teilsatz wenn es regnet wie üblich durch paariges Komma abgetrennt wird, steht in dem vorhergehenden Beispiel vor dem konditionalen Teilsatz – also *nach* und und *vor* wenn – *kein* eröffnendes Komma.

Dazu kann man zwei Positionen vertreten: *Entweder* man argumentiert, die Kommaregelung sei hier schlicht syntaktisch unangemessen; die nebenordnende Konjunktion gehöre nicht zum konditionalen Teilsatz, der müsse also so interpungiert werden:

> Und, wenn es regnet, bleiben wir einfach hier!

Und weitergehend: Die Konjunktion gehöre nicht einmal zum Satz, sondern – gewissermaßen als sprachliches Plus-Zeichen – in das Zwischenfeld *zwischen* zwei Sätze:

> Bei schönem Wetter gehen wir picknicken und bei Regen bleiben wir einfach hier.

Würden hier die konditionalen Satzglieder durch Gliedsätze ersetzt, resultiere daraus:

> Wenn schönes Wetter ist, gehen wir picknicken und, wenn es regnet, bleiben wir hier.

Oder man argumentiert: Die Kommaregelung (die zwischen der nebenordnenden Konjunktion und dem Teilsatzanfang *kein* Komma erlaubt) folgt einer *gespürten* Zugehörigkeit des und, das sich gewissermaßen an den nachfolgenden Teilsatz anlagert. Daher muss dann ein eröffnendes Komma *vor* dieser nebenordnenden Konjunktion stehen, wenn ein hauptsatzförmiger Teilsatz vorausgeht:

> Bei schönem Wetter gehen wir picknicken, und wenn es regnet, bleiben wir einfach hier.

Dass die Kommaregeln – früher wie heute – eine solche eventuell 'gespürte' Zugehörigkeit zum zweiten Satz nicht strukturell erläutern, ist eine andere Sache.

Linksherausstellungen wie in 44
>   Mein Freund kommt nachher.
>   → *Mein Freund, der* kommt nachher.

berühren in meiner Sicht nicht die Felderstruktur, sondern sind satzgliedinterne Komplexitäten, und der Ausdruck Mein Freund, der besetzt *als Ganzes* das Vorfeld. Sie sind dementsprechend mit nebenordnenden Konjunktionen kombinierbar:
>   Und mein Freund, der kommt nachher.

Linksherausstellungen werden in einigen Grammatiken als Besetzungsmöglichkeiten für das *Vorvorfeld* angesehen. Dabei wird diese spezifische Konstruktion zerlegt in den herausgestellten Teil mein Freund, der dem Vorvorfeld zugerechnet wird, und den pronominal wiederaufnehmenden Teil der, der als Vorfeldbesetzung angesehen wird. Diese Auflösung der komplexen Konstruktionseinheit mein Freund, der finde ich nicht angemessen.

Ich erläutere solche Herausstellungen im Rahmen des *erweiterten* Satzes (→ Bd. 3: 4ff.).

Auch die folgenden Konstruktionen sind keine regulären Satzteile, die ein Vorvorfeld 45 besetzen können, sondern Satzteil-Spezialisten, die mit Komma aus dem regulären Satz herausgehalten werden:

– Einschübe (hier z. B. Anredenominativ):
>   *Meine Damen und Herren*, hier befinden Sie sich im schönsten Saal des Schlosses.

– Kommentar-Adverbialien wie
>   *Kurzum*, ich komme nicht mit!
>   *Mit Verlaub*, Sie spinnen!

Solche Adverbialien entsprechen Teilsätzen der Kommentarstufe II (→ Bd. 3: 466–468):
>   *Wenn Sie mir meine Direktheit nicht übelnehmen* – Sie spinnen!

Solche Fälle werden ebenfalls beim *erweiterten Satz* behandelt.

1.3 Stellung im Vorfeld

Das Vorfeld kann *leer* bleiben, wenn es sich um elliptische Aussagesätze handelt. 46 Dabei gibt es zwei unterschiedliche Möglichkeiten:

Ein vorfeldgeeigneter Satzteil kann weggelassen werden, wenn ein Aussagesatz sich *direkt* auf den entsprechenden Satzteil in der *vorangehenden* Äußerung bezieht; dies ist eine ökonomische Form der *Kürzung:*
>   „Hilfst *du* mir nachher im Garten?" – „Kann heute nicht" (= *Ich* kann heute nicht).
>   „Schau mal, hier ist *frischer Kräuterquark* für dich." – „Mag ich nicht!" (= *Den* mag ich nicht).
>   „Die Paula ist aber wirklich *nett!*" – „(Bin) ich auch!" (= *Das* (bin) ich auch. / *Nett* (bin) ich auch).
>   „Ich bin morgen *in Berlin.*" – „Ach, (bin) ich auch!" (= *Da* bin ich auch. / *In Berlin* bin ich auch).
>   „*Schlaf* jetzt endlich!" – „Will (ich) nicht" (= *Das* will ich nicht. / *Schlafen* will ich nicht).

47 Aber auch ohne direkten Rückbezug auf die vorangehende Äußerung kann das Vorfeld leer bleiben, wenn die weggelassenen Satzteile prototypische (und daher im Einzelfall fest erwartbare) Vorfeldbesetzungen sind; diese Äußerungen sind dann geduldete *Fragmente*:

> Fehlt nur noch, dass das Auto nicht anspringt! (= *Es* ... = Korrelat-*es*);
> Mein Gott! Schneit mal wieder! (= *Es* ... = unpersönliches Subjekt).

Manche Typen von Satzteilen können *nicht* im Vorfeld stehen:
- Einstellungspartikeln wie aber oder halt; dies hängt auch damit zusammen, dass sie nicht betonbar sind (→ Bd. 1: 506–508).
- das Personale *es* in der syntaktischen Rolle als Akkusativobjekt:
  > Ich habe es längst gewusst. → *Es habe ich längst gewusst.
  > Mit Demonstrativa ist das dagegen mühelos möglich: Das habe ich längst gewusst.

Welche Satzteile – unter welchen Bedingungen – *regulär* ins Vorfeld gestellt werden, wird im Folgenden für schriftsprachliche Produktionen etwas näher erläutert.

Stellungsentscheidungen bei der Textproduktion

48 Wenn man *schreibt* (und Zeit zum Überarbeiten hat), dann folgt man bei der Wahl der Satzgliedreihenfolge (in einem einfachen Satz in Hauptsatzform und in der Satzart Aussagesatz) vor allem den folgenden drei Prinzipien:

1. Das Neue des Satzes steht im Mittelfeld, das schon Bekannte im Vorfeld. Das macht Sinn, weil das schon Bekannte in der Regel direkt an den vorhergehenden Satz anschließt und darum der Zusammenhang so am mühelosesten verstanden werden kann; zudem ist das zuletzt Gelesene (= das am rechten Ende des Mittelfelds Stehende) im Kurzzeitgedächtnis noch besonders präsent.
2. Die Normalstellung (oder auch Grundstellung) ist: 'Subjekt im Vorfeld, Objekte im Mittel- bzw. Nachfeld'. Das hängt möglicherweise damit zusammen, dass im Subjekt oft der Handlungs- oder Geschehensträger steckt, dessen frühe Kenntnis das Verstehen des restlichen Satzes erleichtert.
3. Um eine Information besonders auffällig zu machen, kann man sie auch ins Vorfeld stellen. Diese Auffälligkeit entsteht nur, wenn man damit gegen Prinzip 1 bzw. 2 verstößt:
  > Den ganzen Kuchen hat der Hund gefressen!

  Denn in der geschriebenen Sprache hat man nicht die Kontrastmittel Lautstärke und Tonhöhenverlauf zur Verfügung, mit denen man (fast) jedes Satzglied in jeder Stellung betonen kann.

49 Wenn man diese drei Prinzipien koppelt, ergeben sich folgende Stellungsmöglichkeiten:
- Wenn es – z. B. in ersten Sätzen eines Textes – noch nichts Bekanntes gibt, hält man das Vorfeld frei, indem man ein *es* als Satzgliedplatzhalter einfügt:
  > Es war einmal *ein König*. ...

Das Subjekt wird dadurch verzögert, der Teilsatz gestreckt.

> Es ritten drei Reiter zum Tor hinaus,
> Ade!
> Feins Liebchen schaute zum Fenster hinaus,
> Ade!
> [...]
> (Aus der Liedersammlung „Des Knaben Wunderhorn" (1806), Bd. 1)

- Entsprechendes gilt für einen Satz innerhalb eines Textes, bei dem es kein Satzglied gibt, das nicht etwas Neues enthielte; auch dann platziert man oft ein *es* als Platzhalter ins Vorfeld:

  Es klopfte an der Tür. Die Tür öffnete sich. Es trat ein uralter trauriger Mann ein.

- Wenn das Bekannte im Akkusativobjekt enthalten ist und das Neue im Subjekt wie in

  Müllers kaufen *ein neues Haus*. Dieses Haus hat *ein berühmter Architekt* gebaut. Es war erstaunlich billig.

  dann kann man, um in der *Grundstellung* zu bleiben, eine *Passivform* wählen. Aus dem Akkusativobjekt wird dann das Subjekt, das – passend zu Prinzip 1 *und* 2 – im Vorfeld steht:

  Müllers kaufen *ein neues Haus*. Dieses Haus ist *von einem berühmten Architekten* gebaut worden. ...

  Prinzip 2 – das Prinzip der Grundstellung – ist freilich erheblich schwächer als das Prinzip einer angemessenen Thema-Rhema-Anordnung (= Prinzip 1). Insofern ist das Ausgangsbeispiel im Aktiv nicht als grammatisch inkorrekt zu beurteilen, sondern als *markierte* Reihenfolge.

- Wenn die im *Prädikat* steckende Information besonders hervorgehoben werden soll, dann gibt es zwei Möglichkeiten: (1) Handelt es sich um ein zweiteiliges Prädikat wie in

  Paul hat heute zum ersten Mal den Spargel gegrillt,

  dann wird der *infinite* Teil ins Vorfeld gestellt:

  Gegrillt hat Paul den Spargel heute zum ersten Mal.

  (2) Handelt es sich um ein einfaches Prädikat wie in

  Ich trinke heute nichts mehr,

  dann wird dieses mithilfe einer tun-Paraphrase 'künstlich' in ein zweiteiliges Prädikat verwandelt, dessen infiniten Teil man dann ins Vorfeld stellen kann:

  Trinken tu ich heute nichts mehr.

  Solche tun-Umschreibungen sind also keineswegs immer 'kindliche' Formulierungsmuster, sondern manchmal auch Topikalisierungsinstrumente. Statt mit *tun* kann ein mehrteiliges Prädikat auch mithilfe von *Modalverben* erzeugt werden:

  Trinken *will* ich heute nichts mehr.

  Oder man wählt, wo es passt, das *Futur:*

  Trinken *werde* ich heute nichts mehr.

1 Reihenfolge von Satzteilen im einfachen Satz

51 Neben dieser Nutzung für Stellungsanpassungen kann man die tun-Umschreibung auch als ein flexions-*ökonomisches* Verfahren ansehen, das einem erspart, von jedem Verb die Flexionsformen zu bilden – stattdessen bildet man diese nur von tun: Ich tu essen, du tust essen usw.

    Einen solchen flexionsaufwands-reduzierenden Gebrauch von tun machen auch andere europäische Sprachen, u. a. das Irische mit déan (= tun) als Hilfsverb wie z. B. in
Rinne tú an fear a fheiceáil (= Du sahst den Mann).
(wörtlich: Tatest du den Mann zu sehen).

Solche tun-Umschreibungen werden vor allem mit *seltenen* Verben gebraucht, um deren Flexion zu vermeiden.

Eine methodische Folgerung daraus wäre, Stellungsregularitäten nicht am *isolierten* Satz, sondern innerhalb einer Satz-*Folge* zu untersuchen.

52 Einzelne Sprach-/Arbeitsbücher tun dies: Sie lassen Satzglied-Stellungen auf ihre funktionale Eignung hin nicht am isolierten Satz beurteilen, sondern an einem *Folge*satz nach einem vorgegebenen Erstsatz. – Manchmal wäre es darüber hinaus sinnvoll, die Satzgliedstellung eines Satzes *zwischen zwei* anderen Sätzen beurteilen zu lassen; denn die Satzgliedstellung in dem mittleren von drei Sätzen richtet sich nicht nur nach dem vorausgehenden Satz (= hinsichtlich Thema-Rhema-Verteilung), sondern auch nach der guten Anschließbarkeit des nachfolgenden Satzes, wie das oben angeführte Beispiel deutlich macht:

    Müllers kaufen *ein neues Haus*. Dieses Haus hat *ein berühmter Architekt* gebaut. Es war erstaunlich billig.

Die Mehrzahl der Sprach-/Arbeitsbücher diskutiert demgegenüber Satzgliedstellungen nur unter dem stilistischen Aspekt von „lebendiger" Formulierung, meist verstanden als ʼabwechslungsreichʼ. Dies wird der vorrangig funktionalen Stellungsordnung nicht gerecht.

Stellungsanalysen bei der Textrezeption

53 Literarische Texte bieten in der Regel eine Fülle interessanter Stellungsbesonderheiten, u. a. Vorfeldbesetzungen. So auch der folgende Auszug, noch einmal aus „Die Füße im Feuer" von Conrad Ferdinand Meyer (1825–1898):

[…]

Drei Jahre sindʼs … Auf einer Hugenottenjagd …
Ein fein, halsstarrig Weib … ʼWo steckt der Junker? Sprich!ʼ
Sie schweigt. ʼBekenn!ʼ Sie schweigt. ʼGib ihn heraus!ʼ Sie schweigt.
Ich werde wild. D e r Stolz! Ich zerre das Geschöpf …
Die nackten Füße pack ich ihr und strecke sie
Tief mitten in die Glut … ʼGib ihn heraus!ʼ … Sie schweigt …
Sie windet sich … Sahst du das Wappen nicht am Tor?
Wer hieß dich hier zu Gaste gehen, dummer Narr?
Hat er nur einen Tropfen Bluts, erwürgt er dich."
Eintritt der Edelmann. „Du träumst! Zu Tische, Gast …"
Da sitzen sie. Die drei in ihrer schwarzen Tracht
Und er. Doch keins der Kinder spricht das Tischgebet.
Ihn starren sie mit aufgerißnen Augen an –
Den Becher füllt und übergießt er, stürzt den Trunk,
Springt auf: „Herr, gebet jetzt mir meine Lagerstatt!
Müd bin ich wie ein Hund!" Ein Diener leuchtet ihm,
Doch auf der Schwelle wirft er einen Blick zurück
Und sieht den Knaben flüstern in des Vaters Ohr …

> Dem Diener folgt er taumelnd in das Turmgemach.
> Fest riegelt er die Tür. Er prüft Pistol und Schwert.
> Gell pfeift der Sturm. Die Diele bebt. Die Decke stöhnt.
> Die Treppe kracht … Dröhnt hier ein Tritt? Schleicht dort ein Schritt? …
> Ihn täuscht das Ohr. Vorüberwandelt Mitternacht.
> Auf seinen Lidern lastet Blei und schlummernd sinkt
> Er auf das Lager. Draußen plätschert Regenflut.
> Er träumt. „Gesteh!" Sie schweigt. „Gib ihn heraus!" Sie schweigt.
> Er zerrt das Weib. Zwei Füße zucken in der Glut.
> Aufsprüht und zischt ein Feuermeer, das ihn verschlingt …
> […]

Die nackten Füße pack ich ihr … – diese *Satzglied*-Reihenfolge fokussiert das Objekt, die Füße der Frau; man kann eine ikonisch motivierte Satzgliedstellung annehmen: erst das *Objekt*, später erst das Subjekt, als Analogie zu der visuellen Fixierung auf das Objekt der *Folterhandlung*. Das Subjekt wird hier nicht als Agens präsentiert, das als *Ausgangspunkt* der Handlung auch im *Vorfeld* steht, sondert es werden die Füße ins Blickfeld gerückt, auf die sich seine Handlung dann richtet.

Ihn starren sie mit aufgerißnen Augen an …: Die Vorfeldstellung des Akkusativobjekts fokussiert dieses Objekt; man kann das als topologisches Pendant zu der Szene ansehen, in der sich der Sprecher von den anderen Figuren bedroht fühlt.

Dem Diener folgt er … – auch hier kann man die Reihenfolge als *ikonisch* motiviert ansehen: Der Diener übernimmt – in der Szene wie in der syntaktischen Konstruktion – die Führung.

Drei Mal wird im Text der Verbzusatz trennbarer Verben ins Vorfeld gestellt: 54

> Eintritt der Edelmann.
>
> Vorüberwandelt Mitternacht.
>
> Aufsprüht und zischt ein Feuermeer, das ihn verschlingt.

Nach heutiger Rechtschreibung würde man die Verbzusätze *getrennt* geschrieben ins Vorfeld setzen:

> Ein tritt der Edelmann.

Diese *standard*sprachlich gesehen *grenzwertigen* Satzteil-Stellungen und ihre poetische Nutzung kann man mit Schülerinnen und Schülern in einer Kombination grammatischer und interpretatorischer Analysen gut untersuchen.

Man könnte nun einwenden, einige der Meyerschen Stellungsbesonderheiten seien *rhythmisch* bedingt: Würde man z. B. die Zeile

> Vorüberwandelt Mitternacht.

topologisch normalisieren, würde das *jambische* Versmaß in ein *daktylisches* wechseln:

> Die Mitternacht wandelt vorüber.

Ein solcher Einwand (ganz abgesehen davon, dass er dem Autor wenig Professionalität unterstelle) übersähe aber zwei Sachverhalte: Zum einen könnte man auch eine topologische *Standard*version an dieser Textstelle verwenden; so ergäbe z. B. für das Original

> *Fest* riegelt er die Tür …

die *normalisierte* Version das gleiche jambische Versmaß:

> Er riegelt *fest* die Tür …

Es gab für Meyer also auch die Option auf *unmarkierte* Reihenfolgen; insofern wird er die markierten nicht aus poetischer Not gewählt haben.

Zum andern wären diese topologischen Standardversionen in zweierlei Hinsicht langweiliger: Sie ziehen nicht in derselben Weise wie die *topologischen* Abweichungen die Aufmerksamkeit auf sich, und sie bieten nicht mehr die zusätzliche *intonatorische* Spannung, die in den Originalversionen durch den Widerspruch zwischen dem grundsätzlich unbetonten jambischem *Auftakt* und seiner Besetzung mit dem Lexem *fest* entsteht, das grundsätzlichen Anspruch auf Betonung erhebt; dadurch entsteht eine schwebende Stimmführung: Fést rìe-.

55 Interessant ist ein Vergleich mit aktueller Literatur. Z. B. wird in den beiden ersten Romanen von Andrea Maria Schenkel – „Tannöd" und „Kalteis" – häufig eine markierte Reihenfolge gewählt; hier ein Auszug aus „Kalteis":

> Da sieht sie sie, die Frau. Hübsch ist sie. Nicht älter als der Chauffeur. Ein Kleid trägt sie und darüber eine Strickjacke. Die dunkelblonden Haare kurz geschnitten. Arm in Arm gehen sie. Vertraut sehen die beiden aus, wie sie an ihr vorbeigehen.

Hier steht also im zweiten Beispielsatz das Prädikativum *hübsch* im Vorfeld (mit der Folge, dass das Subjekt am rechten Rand steht), im vierten das Akkusativobjekt (die dunkelblonden Haare), im letzten die prädikative Ergänzung (vertraut).

In der Kritik ist umstritten, ob diese stilistischen Besonderheiten poetisch funktional eingesetzt sind (um Affekt-Momente zu markieren oder Personen zu charakterisieren) oder ob sie als funktional leerlaufend und insofern ‚gewollt' (möglicherweise als derzeitiges stilistisches ‚Markenzeichen' der Autorin) einzuschätzen sind.

Oder war „Die Füße im Feuer" das Lieblingsgedicht der Autorin?

1.4 Stellung im Mittelfeld

56 In diesem Abschnitt geht es um die Stellung *innerhalb* des Mittelfelds, denn im Regelfall treffen nur im Mittelfeld mehrere Satzglieder aufeinander.

Wenn man bei der Untersuchung der Reihenfolgen von Teilsätzen in Finitum-Letztstellung ausgeht, hat man alle Satzglieder im Mittelfeld beisammen, auch das, das bei Finitum-Zweitstellung im Vorfeld stünde.

Man arbeitet sinvollerweise durchgängig mit indefiniten Satzbeispielen, sodass die Vorerwähntheit und damit die Kontextbindung der Test-Beispiele möglichst gering ist. Und man muss bei den Stellungs-Experimenten das anfangs gewählte Intonationsmuster (= Akzentverteilung, Stimmführung) konstant halten.

In Bezug auf die Reihenfolge der einzelnen Satzglieder lassen sich folgende *Tendenzen* feststellen:

57 1. Subjekt (sofern es das Agens enthält) vor anderen Ergänzungen:

> Wenn Lehrer Schülern Noten geben, ...

Wenn das Subjekt *nicht* das Agens ist, dann steht häufig das agenshaltige Satzglied vor dem Subjekt:

> Wenn deinem Freund der Arm wehtut, ...
> Weil mich der Schuh drückt, ...

Hier ist das Subjekt der Arm bzw. der Schuh nicht 'autonom Handelnder', sondern es geht um das Schmerzempfinden der im Dativ (= deinem Freund) bzw. Akkusativ (mich) kodierten Person. Vgl. demgegenüber das gleiche Verb mit *agensfähigem* Subjekt:

Wenn <u>dein Freund</u> meinem Bruder wehtut, …
Weil <u>ich</u> den Hebel gedrückt habe, …

2. *Nominales* Dativobjekt vor *nominalem* Akkusativobjekt: 58

   Wenn Lehrer Schülern Noten geben, …

   Wenn aber das *Dativobjekt* das *Rhema* ist, kann es *nach* dem Akkusativobjekt stehen

   Wenn Paul *das Buch* <u>seiner Frau</u> schenkt, …,

   ausgenommen das Akkusativobjekt ist *infinit* (= mit unbestimmtem Artikel oder ohne Artikel):

   *Wenn Paul *ein Buch* <u>seiner Frau</u> schenkt, …

3. *Pronominales* Dativobjekt vor *pronominalem* Akkusativobjekt (*außer* wenn dieses ein *Personale* ist): 59

   Wenn Paul <u>ihr</u> das (/ etwas) vorschlägt, … / Wenn Paul <u>uns</u> den (/ jemanden) vorstellt, …
   Wenn Paul es <u>ihr</u> vorschlägt, … / Wenn Paul <u>ihn</u> uns vorstellt, …

   In einigen Grammatiken wird global angegeben, dass die Reihenfolge 'Dativobjekt – Akkusativobjekt' bei *pronominaler* Satzgliedfüllung umgedreht werde. Das gilt aber nur, wenn das Akkusativobjekt durch das *Personale* (ihn / sie / es mit den entsprechenden Pluralformen) realisiert ist. Bei allen anderen Pronomen bleibt die Reihenfolge 'Dativ vor Akkusativ' aufrechterhalten. Offenbar wurde mit einseitigen Beispielen gearbeitet.

4. *Pronominales* Akkusativobjekt (sofern es ein *Personale* ist) vor *nominalem* Dativ- 60
   objekt:

   Wenn Paul <u>ihn</u> (/ es) seiner Schwester schenkt, …
   Wenn Paul <u>seiner Schwester</u> etwas (/ das / nichts) schenkt, …

   Auch hier geben einige Grammatiken global an, dass grundsätzlich die Reihenfolge 'Pronomen vor Nomen' gelte. Sie gilt aber nur, wenn das Akkusativobjekt durch das *Personale* (ihn / sie / es mit den entsprechenden Pluralformen) realisiert ist. Ist es dagegen durch ein *anderes* Pronomen – z. B. ein Demonstrativum oder Indefinitum – gefüllt, dann steht ein *nominales* Dativobjekt weiterhin *davor*.

5. *Genitivobjekt* nach *Akkusativobjekt* (bei nominaler *und* pronominaler Füllung): 61

   Wenn Paul meine Schwester <u>dieses Diebstahls</u> bezichtigt, …
   Wenn Paul meine Schwester <u>dessen</u> bezichtigt, …
   Wenn Paul sie <u>dessen</u> bezichtigt, …

6. *Präpositional*objekt nach Akkusativ- und Dativobjekten (bei nominaler *und* pronominaler Füllung):

   Wenn Paul seine Freundin <u>von dieser Idee</u> überzeugt, …
   Wenn Paul seine Freundin <u>davon</u> überzeugt, …

Wenn Paul sie davon überzeugt, ...
Wenn Paul seiner Freundin von diesem Brief erzählt, ...
Wenn Paul seiner Freundin davon erzählt, ...
Wenn Paul ihr davon erzählt, ...

7. Satzglieder, die auf ein *anderes* Satzglied bezogen sind (→ 434 ff.), *nach* dem Bezugsausdruck (der ist hier immer Paul):

Wenn *Paul* in diesem Fall als Vorsitzender einen Beschwerdebrief schreibt, ...
Wenn *Paul* den Apfel im Schlafrock serviert, ...
Weil *Paul* Handwerker ist, ...

Die Reihenfolge der Adverbialien *untereinander* wird hier nicht erläutert; sie wird im Kapitel *Satzglieder* behandelt, nach der semantischen Ausdifferenzierung der Satzglieder (→ 481 ff.).

62 Diese Bedingungen hängen zum Teil miteinander zusammen – sie gelten gemeinsam bzw. verstärken sich.

Sie wurden zudem einleitend als *Tendenzen* bezeichnet. In einigen Fällen lassen sich aber *feste* Reihenfolgeregeln formulieren, bei denen Abweichung zu Nichtgrammatikalität führen würde.

Sind zum Beispiel Subjekt und Objekt beide pronominal, dann *muss* das Subjekt vor dem Objekt stehen:

Abends sehe ich ihn. / *Abends sehe ihn ich.

Das gilt auch für die oben angeführten Fälle, wo das Subjekt nicht das Agens enthält:

Wenn deinem Freund der Arm wehtut, ...
→ Wenn er ihm wehtut, ... / → *Wenn ihm er wehtut, ...

63 Man kann Reihenfolge-Tendenzen auch unspezifischer (= weniger auf Satzglied-Typen bezogen) formulieren; dann wird ihr funktionaler Sinn leichter erkennbar:

– Akzenttragende Satzglieder stehen nach akzentfreien:

Weil Paul uns mit dem ganzen aufwändigen Verfahren nèrven wollte.
Weil Paul mit dem ganzen aufwändigen Verfahren ùns nerven wollte.

Dies entspricht der oben angesprochenen Tendenz, dass das Rhema weiter rechts, das Thema weiter links steht.

– 'Belebt' steht vor 'unbelebt':

Paula schenkte ihm ein Buch.

Da relativ häufig im Dativobjekt Belebtes kodiert wird und im Akkusativobjekt Unbelebtes, kann die Reihenfolge Dativobjekt – Akkusativobjekt auch mit dieser prototypisch unterschiedlichen Charakteristik 'belebt – unbelebt' zusammenhängen.

– Ikonische Reihenfolge:

Paula schob den Schrank aus dem Flur in ihr Arbeitszimmer.

Die Reihenfolge der beiden direktionalen Adverbialien richtet sich nach dem Ortswechsel in der realen Handlung selbst.

Man könnte auch die Anfangsstellung des Subjekts (sei es wie hier im Vorfeld oder wie bei Finitum-Letztstellung am linken Rand des Mittelfelds) damit plausibilisieren, dass es das Agens enthält, von dem die weiter rechts stehende Handlung ihren Ausgang nimmt.
- Längere Satzglieder stehen nach kürzeren:
    ..., weil Paula hier mit allen ihren alten und neuen Freunden feiern möchte.
    ..., weil Paula mit uns in ihrer neuen und gerade frisch renovierten Wohnung feiern möchte.

Einige dieser Bedingungen hat bereits Otto Behaghel 1932 in seiner Deutschen Syntax formuliert: Das sog. „Zweite Behaghelsche Gesetz" besagt, dass das Wichtigere näher am Satzende stehen soll als das weniger Wichtige, weil es sich am Satzende besser einpräge (= Kurzzeitgedächtnis). Im Durchschnitt sind die wichtigen – die rhematischen – Satzglieder länger als die schon bekannten – die thematischen. Daher passt zu dieser Einsicht Behaghels auch das, was er schon vorher in seinem „Gesetz der wachsenden Glieder" formuliert hatte: dass nämlich längere Satzglieder nach kürzeren stehen.

Einige dieser Tendenzen lassen sich – mit aller Vorsicht – noch einmal *semantisch* zusammenfassen: *Schwerere* Satzglieder stehen nach *leichteren*. *Schwerer* kann dabei heißen: *informatorisch* schwerer (= rhematischer), *morphologisch* schwerer (= länger), *kontextuell* schwerer (= Demonstrativum gegenüber Personale), *tonal* schwerer (= akzenthaltiger).

Auch *syntaktisch* lassen sich einige dieser Tendenzen zusammenzufassen: Je enger ein Satzglied auf das prädikatsbildende Verb bezogen ist, desto näher steht es in Teilsätzen mit Finitum-Letztstellung bei ihm (diese Analyse sieht also die Finitum-Letztstellung als *Grundstellung* im Deutschen).

Ist dies so zu verstehen, dass verbnahe Satzglieder auf eine verbnahe Stellung *angewiesen* sind, damit sie richtig interpretiert werden können? Das wäre eine riskante Hypothese, denn wenn man umgekehrt von der Finitum-Zweitstellung und Beispielen mit einteiligem Prädikat ausgeht, dann würden die verbnahen Satzglieder ja gerade verbfern stehen; man müsste dann die entgegengesetzte Hypothese diskutieren: Je verbnäher ein Satzglied ist, desto eher kann es sich eine verbferne Platzierung leisten, weil sein Verständnis durch die Verbvalenz auch über eine größere Distanz hinweg gesichert ist.

Unter diesem Gesichtspunkt ist das (agenshaltige) Subjekt verbfern und geradezu Antipode des Verbs; das Akkusativobjekt ist verbnäher als das Dativobjekt; das Präpositionalobjekt verbnäher als das Akkusativobjekt.

Dazu passt die Beobachtung, dass unter den Adverbialien die *direktionalen* am weitesten rechts stehen, weil sie Adverbial-*Ergänzungen*, also in der Verbvalenz angelegt, sind (→ 364 ff.):
    ..., weil Paul gestern mein neues Auto mit seinen Freunden leise in den Wald getragen hat.

Solche Reihenfolge-Tendenzen bestimmen auch die Verteilung von Satzgliedern auf Vorfeld, Mittelfeld und Nachfeld:
    Sehr umfangreiche Adverbialien werden oft im Nachfeld platziert, sodass sie das Mittelfeld nicht beschweren:
    Ich habe ihn nach diesen mühseligen und für mich kränkenden Debatten nicht mehr angerufen.
    → Ich habe ihn nicht mehr angerufen nach diesen mühseligen und für mich kränkenden Debatten.

Eine Reihenfolge wie die eben angesprochene (Subjekt – Dativobjekt – Akkusativobjekt – Präpositionalergänzung) gilt nur für *prototypische* Verben (= bei denen das

Subjekt Agens-Träger ist, die passivfähig sind usw.). Bei anderen – z. B. Verben wie *etwas ärgert jemanden* (im Kontrast zu *jemand ärgert jemanden*) – gibt es *andere* unmarkierte Reihenfolgen:

> Ihn ärgerte diese Entwicklung.

Hier ist die Vorfeldstellung des Akkusativobjekts *unauffällig*, im Unterschied zu

> Ihn ärgerte das Kind dauernd.

oder

> Ihn fraß ein Löwe,

bei denen sie *auffällig* ist. Dies liegt daran, dass in der Valenzstruktur von *etwas ärgert jemanden* im ersten Beispiel nicht das Subjekt Agens ist, sondern das Akkusativobjekt agenshaltig gelesen wird; im zweiten Beispiel sieht demgegenüber die Valenzstruktur *jemand ärgert jemanden* das *Subjekt* als Agens vor (Gleiches gilt auch für *jemand ärgert sich über etwas / jemanden*), entsprechend bei fressen im dritten Beispiel.

68 Analoges gilt für das Dativobjekt im Vorfeld. Diese ist im folgenden Beispiel unauffällig:

> Ihm machte diese Entwicklung Sorgen.

Hier ist die im Dativobjekt angegebene Person 'Träger' der Sorgen, ist also agenswertig. Bei Verben wie geben, die das Agens klar im *Subjekt* kodieren, wäre hingegen ein Dativobjekt im Vorfeld auffällig (und würde daher nur bei Topikalisierung Sinn machen):

> Ihm gab meine Freundin das Buch.

1.5 Stellung im Nachfeld

69 In Sätzen mit *mehrteiligem* Prädikat, in denen daher *drei* Stellungsfelder angelegt sind, gibt es bei der Interpretation des Nachfelds Komplikationen: Steht hier ein Satzteil im Nachfeld, wird dies in vielen Stillehren und in manchen Grammatiken als *Ausklammerung* bezeichnet. Dieser Begriff markiert die Nachfeldplatzierung also als etwas Besonderes oder gar Abweichendes. Nun ist zwar im Unterschied zum Mittelfeld, in dem *jedes* Satzglied stehen kann, die Stellung im Nachfeld auf bestimmte Satzglieder beschränkt, und sie ist auch deutlich stärker eingeschränkt als die Vorfeld-Position. Aber es gibt Satzteile, die nicht nur im Nachfeld genauso unauffällig stehen können wie im Mittelfeld, sondern die sogar *bevorzugt* dort platziert werden:

> Sie hat das sehr viel *besser* gemacht *als ihr großer Bruder.*

Im Vergleich zur Mittelfeldplatzierung des konjunktional zugeordneten Satzglieds

> Sie hat das sehr viel besser als ihr großer Bruder gemacht.

erscheint – jedenfalls mir – die Nachfeldstellung im ersten Beispiel als die syntaktisch 'klügere' Position: Der Komparativ und der infinite Prädikatsteil, die beide zum Rhema gehören, werden *nicht* von dem konjunktionalen Satzglied unterbrochen; die Zuordnung dieses konjunktionalen Satzglieds zum Komparativ bleibt auch über die

Distanzstellung hinweg klar erkennbar, weil der Komparativ einen solchen Vergleichsmaßstab erwartbar und die Konjunktion diese Zuordnung eindeutig macht; zugleich wird das Mittelfeld von zu großer 'Schwere' entlastet.

Insofern müsste man umgekehrt das zweite Beispiel als markierte Satzstellung einschätzen und von 'Einklammerung' sprechen.

Wenn es weiter unten um Nachfeldbelegungen in gesprochener (also im Regelfall: dialogischer) Sprachverwendung geht, werden noch weitere Funktionen des Nachfelds deutlich.

Wie für die möglichen Besetzungen des Vorfelds wird auch für die des Nachfelds nur die Stellung *regulärer* Satzglieder betrachtet, nicht die von *Erweiterungen* des einfachen Satzes wie den folgenden: 70

- Rechtsherausstellungen:
  Die ist richtig toll, deine neue Freundin!
- Appositionen (in Distanzstellung):
  Deine Kritik habe ich an Frau Dr. Paulsen weitergeleitet, die Vorsitzende des Vereins.
- Nachträgen:
  Sie wollte abends noch ausgehen, und zwar mit mir.
- Einschüben (hier z. B. einem Anredenominativ):
  Ich werde Ihnen jetzt das teuerste Bild der Welt zeigen, meine Damen und Herren.
- Elliptischen Teilsätzen:
  Sie haben mir gekündigt, eine Schweinerei ersten Ranges! (= ..., [das ist] eine Schweinerei ...)

Hier kann man die Interpunktion als Indikator nehmen: Alle diese Erweiterungen werden durch einfaches oder (bei einer Weiterführung des Satzes) paariges Komma aus dem regulären Satzverband herausgehalten. Solche Phänomene werden im Rahmen des *erweiterten Satzes* behandelt.

Ausgebaute *Teilsätze* und ihre Stellungsoptionen sind Thema im Rahmen des *zusammengesetzten Satzes*.

Nachfeld-Einschränkungen

In Sätzen mit *mehrteiligem* Prädikat sind nicht alle regulären Satzglieder nachfeldfähig. Für die Besetzung des Nachfelds gibt es zum einen klar formulierbare *syntaktische* Regeln (z. B. keine Subjekte im Nachfeld), zum andern Stellungsvarianten mit graduell unterschiedlicher Akzeptanz: 71

Sie hat das viel besser gemacht *als ihr Bruder.*
Sie hatte noch lange mit ihm gesprochen *bei ihrem letzten Besuch* (= präpositionales Adverbiale).
Sie hatte noch lange gedacht *an ihn* (= präpositionale Ergänzung).
(*)Sie hatte noch geschrieben *ihrem Freund* (= Dativergänzung).
*Gestern ist gekommen *ihr Freund* (= Subjekt).

Zur Nachfeldfähigkeit des *Subjekts*: Bei *einteiligen* Prädikaten – bei denen es nur zwei Felder (Vor- und Nachfeld) gibt, nicht drei (Vor-, Mittel- und Nachfeld) – kann das Subjekt im Nachfeld die letzte Satzgliedstelle bilden; dies ist natürlich eine *markierte* Stellung: 72

1 Reihenfolge von Satzteilen im einfachen Satz

> Zu uns spricht jetzt Horst Sitta!

Bei *zweiteiligen* Prädikaten kann das Subjekt regulär *nicht* im Nachfeld (= Nachfeld innerhalb einer 3-Felder-Struktur) stehen:

> *Darüber hat mit mir gesprochen nur Horst.

Stellung an letzter Satzgliedstelle ist nur dann möglich, wenn man die infiniten Prädikatsteile – ggf. mit weiteren Satzgliedern – ins Vorfeld umstellt:

> Mit mir darüber <u>gesprochen</u> hat bislang nur Horst!

Mit diesem Verschiebe-Trick entsorgt man gewissermaßen den rechten Teil der Prädikatsklammer ins Vorfeld. Dadurch wird aus der *Drei*-Felder-Struktur eine *Zwei*-Felder-Struktur; in der kann das Subjekt markiert an letzter Stelle stehen.

73 Solche Umstellungen haben einen sehr starken Topikalisierungseffekt, sie rücken das an letzter Stelle stehende Subjekt ins Rampenlicht. Im Kontext von Rundfunk-Nachrichten werden solche Verfahren häufiger genutzt:

> „Mit uns am Telefon aus Jerusalem zugeschaltet ist Mouin Rabbani ..."
> „Mit uns telefonisch verbunden ist Noam Chomsky ..."
>
> (http://209.85.129.104/search?q=cache:XK45cBONjZUJ:zmag.de/artikel/Israel-Palaestina-Interview-mit-Noam-Chomsky-und-anderen+%22uns+ist+zuge-schaltet%22&hl=de&ct=clnk&cd=7&client=safari)

Man kann solche Sätze entweder so analysieren, dass das Vorfeld in besonderer Weise erweitert ist (= infiniter Prädikatsteil mitsamt den von ihm abhängigen bzw. auf es bezogenen Satzgliedern) oder dass hier eine besondere Finitumstellung vorliegt, nämlich eine Finitum-*Viert*stellung im ersten bzw. eine Finitum-Letztstellung im zweiten Beispiel. Mir erscheint es sinnvoller, von einem komplexen Vorfeld und weiterhin von Finitum-Zweitstellung auszugehen.

Ohne diese Verschiebe-Tricks könnte bei einer *Drei*-Felder-Struktur das Subjekt nur in 'pathetischem' mündlichem Sprachgebrauch (wie z. B. bei der Ankündigung der Kämpfer in einem Boxkampf) und an der Grenze zur Korrektheit ins Nachfeld gestellt werden:

> (*)Zu uns wird jetzt sprechen (–) Hórst Sítta!

74 Die Akzeptabilität einer Nachfeldbesetzung hat unter anderem zu tun mit
– dem Satzglied*typ:* Relativ gut möglich sind Umstands*angaben* wie

> Ich habe viel an dich gedacht in den letzten Tagen,

nicht ohne Weiteres dagegen Umstands*ergänzungen:*

> *Ich habe das Handtuch gelegt in den Schrank;

relativ gut möglich sind *Präpositional*objekte wie

> Ich habe in den letzten Tagen viel geredet mit ihm,

nicht ohne Weiteres aber *andere* Objekte:

> *Ich habe in den letzten Tagen öfter gesehen deine Schwester.

- dem Satzgliedumfang: *Umfangreiche* Satzglieder wie
    Ich werde dich sicher besuchen im Verlauf der nächsten drei Wochen.
  sind eher möglich als wenig umfangreiche:
    *Ich werde dich sicher besuchen *morgen*.

In anderen Sprachen wie z. B. dem Italienischen kann auch bei *mehrteiligen* Prädikaten das Subjekt (wenn es Rhema sein soll) mühelos an den rechten Rand gestellt werden, weil (hier) die Prädikatsteile grundsätzlich zusammenbleiben und keine Satzklammer bilden, durch die ein Mittelfeld und ein Nachfeld entsteht:
    Questo ha fatto *mio padre*.
Entsprechend z. B. auch im Russischen:
    Oboí nakleíl *moj soséd*.
    wörtlich: *Die Tapeten hat geklebt *mein Nachbar*.
Im Deutschen kann das Subjekt bei 3-Felder-Struktur regulär nur im Mittelfeld stehen
    Die Tapeten hat mein Nàchbar geklebt,
und auch dort nur, wenn es Rhema ist und durch die Intonation als solches markiert wird (daher im Schriftlichen nicht realisierbar).

Nachfeldbesetzungen in der gesprochenen Sprache

Im *Gesprächszusammenhang* ist die *Regulierung* des Nachfeldes erheblich komplexer, weil man nicht in Ruhe und überarbeitend, sondern spontan formuliert. Dabei geht es nicht nur darum, dass man 'im Eifer des Gefechts' manchmal den geplanten Satzbau vergisst oder dass man eine Äußerung nicht vorausschauend genug geplant hat und deshalb Informationen nachliefern muss. Vielmehr geht es darum, dass ich eine Äußerung ja grundsätzlich vor den Ohren der anderen Gesprächsteilnehmenden formuliere, die mit verbalen und nonverbalen Höreraktivitäten ihre Einstellung zu dem von mir Gesagten zeigen und mich damit natürlich in meiner noch laufenden Produktion beeinflussen. Ich kann auf solche Bekundungen der Hörenden mit Nachbearbeitungen reagieren, und dadurch kann insbesondere das Nachfeld umfangreich werden, und manchmal gerät die anfangs geplante Konstruktion dabei völlig durcheinander.

Ein Beispiel aus einer Hochschulsprechstunde:

Die gegen Ende chaotisch werdende Satzstruktur wird transparent, wenn man die parallelen Sprechaktivitäten (= Hörrückmeldungen) des Gesprächspartners (hier: des Professors) berücksichtigt:

Legende:
– (o) bedeutet Pause unter 1 Sekunde;
– unterstrichen sind simultane Äußerungen der beiden Teilnehmer.

	Professor:	Studentin:
14		Eh (0) ja ich möcht en Thema für ne Linguistik-
15	Ja	Hauptseminararbeit mit Ihnen abspre<u>chen</u>.
16		Ich komm gerade aus Ihrem Hauptseminar und
17	Hm	möchte gerne (0) an Transkripten arbei<u>ten</u> oder

18	Hm	anderem Textmaterial auf jeden Fall und (0) und
19		nur in möglichst geringem Umfang Fachlitera-
20		tur hinzuziehen (0) *aus verschiedenen Gründen*
21	Hm. Ja	*also so wie Sie meinen dass es eh nötig is*
22	[lacht]	*natürlich selbstverständlich* [lacht]

Die Studentin weiß, dass ihr Wunsch, eine Hauptseminararbeit möglichst ohne Auseinandersetzung mit Fachliteratur zu schreiben, angesichts der üblichen Leistungsanforderungen eines Dozenten ein Affront ist (ihr Zögern und (0) und in Zeile 18 deutet darauf hin). Als die (von der Intonation her zustimmenden) Hörrückmeldungen, die ihr Gesprächspartner vorher nach jeder ihrer Informations-Portionen gegeben hat, in Zeile 20 nun erstmals ausbleiben, beginnt sie mit *aus verschiedenen Gründen* ... ihren Vorschlag nachzubearbeiten, um den drohenden Konflikt zu entschärfen.

Dieses kausale Adverbiale *aus verschiedenen Gründen* ist also nicht ein *vorab* eingeplantes Nachfeld, sondern eine *unterwegs* notwendig werdende Nachbearbeitung. Syntaktisch wirkt sich diese Nachbearbeitung aus wie ein übermäßig angereichertes Nachfeld nach hinzuziehen (= der rechten Satzklammer bzw. dem infiniten Prädikatsteil).

Regeln wie die einer möglichst sparsamen Nachfeldbesetzung, die am *schrift*sprachlichen Gebrauch entwickelt wurden, gelten also nicht ohne Weiteres für mündliche Sprachverwendung.

78 Das Nachfeld wird manchmal noch aus einem anderen Grund durch weitere Satzglieder (oder auch durch ganze Teilsätze) ausgebaut: Wenn der Gesprächspartner die Sprecherrolle nicht an der vom aktuellen Sprecher vorgesehenen Stelle übernimmt und dieser keine auffällige Schweigephase (oder gar Metakommunikation über diese Nichtübernahme) riskieren will, dann kann er den eigenen Redebeitrag wieder aufnehmen und seine Äußerung verlängern – dies ist oft nur an einer kleinen Pause erkennbar.

Als Beispiel ein Auszug aus einer Magisterprüfung (mit Vorsitzendem, Prüfer, Protokollant und Kandidatin) im Nebenfach Neuere deutsche Literaturgeschichte; es geht um Heines Reise- und Naturpoesie. Der Auszug beginnt kurz nach dem eröffnenden Statement der Kandidatin.

Legende:
- Simultanes Sprechen wird durch Unterstreichen in beiden Spalten markiert.
- Zahlen in runden Klammern „(0,6)" entsprechen Pausen / Schweigephasen in Sekunden.
- „⟨schreibt⟩" oder „⟨das telefon klingelt⟩" usw. entspricht nonverbalen Parallelaktivitäten einer nicht sprechenden Person oder gesprächsexternen Auffälligkeiten. Ihre Reichweite wird durch „⟨ ⟩" in beiden Spalten markiert.
- „[lachend:] Idiot|" usw. bedeutet, dass die genannten para- oder nonverbalen Phänomene die verbalen bis zum Punkt „|" begleiten. Entsprechendes gilt für die Sprechweise: „[laut:] oder etwa nicht|"
- Sehr auffällige Akzentuierungen werden durch Großbuchstaben der betreffenden Silbe markiert, also „GROSSartig".
- „:" oder „::" oder „:::" entspricht einer Dehnung je nach deren Dauer und wird direkt hinter den gedehnten Laut gesetzt.

1.5 Stellung im Nachfeld

	Prüfer:	*Kandidatin:*
24	[leise:] was (merken Se dabei)	das is viel konkreter;
25	geNAU (0,6) genau wenn wirs POsitiv schrei/ sagen es is	
26	konkreter und wenn wirs NEgativ sagen was glaub ich leichter	
27	is in diesem falle [atmet deutlich hörbar ein] es ist (0,3) obs	
28	am ENde das is weiß nich; [schnell:] aber in einem	ERSten	
29	schritt (aber erst mal) NICH symbolisch (0,6)	[leise:] mhm
30	(0,3) nicht wie (0,3) WARte balde ruhest du auch [schnell:] also dass		hm,	
31	dass sozusagen (0,4) die ru:he über den über den wipfeln in	
32	der abendstille (0,3) ein emblem wird für unsern tod (0,5) das	hmh
33	is ja eine [laut:] ganz andere	be/ bearbeitung (oder) behand-	
34	lung des naturmotivs [leiser werdend:] als er das da macht	hm;
35	(0,7) und da sind wa ja schon mit sensualismus [leise:] und	
36	(0,7) und spiritualismus	[schnell:] könnten Se das	noch en	
37	bisschen weiter so (0,5) germanistisch auf(0)DRÖ:seln (0,5)	[vorsitzender lacht leicht]
38	(1,3) [leise:] am text (1,2) was das bedeutet dieser TYpische	
39	heine-stil	[schnell:] (ich mein) manche dinge ich nenne die		
40	behandlung des verses; also ⟨dass er⟩ keine reime hat (0,5)	⟨leises geschirrklappern⟩
41	und dass kein vorgegebenes VERSschema [leise:] sich da (so)	
42		schnell (drin) ab/ eh zubilden scheint (0,3) das is glaub ich	
43	spi/ [leise:] eh spezifisch für diesen text das können wa glaub	
44	ich mal n bisschen außer acht lassen	(0,3) (1,3) [noch leiser:]	hm,
45	könnten Sie das noch mal beschreiben,	(2,9) was SIEHT er	
46	denn vom meer (3,3) [leise:] (das is) ja nich selbstverständlich	
47		[leise, schnell:] man könnt auch was anderes sehen	(1,9)	
48	[leise:] wenn Sie mal an barock gedichte denken (wenn) (1,0)	
49	(hat) ja auch über das meer gehandelt (oder)	SCHILler nicht	
50	das is zwar kein meer sondern bloß der luzerner see [leise:]	
51	oder was das da für einer is	(0,9) der sieht doch was ganz an-	
52	res (0) was SIEHT er denn (0,7) wenn er aufs meer [schnell:]	
53	wenn er das	meer beschreibt oder lässt er uns sehen (0,7)	
54		die wellen; (0,7)

In Zeile 36–37 bietet der Prüfer – im Format eines Fragesatzes – der Kandidatin die Übernahme der Sprecherrolle (= des Turns) an:

könnten Se das | noch en bisschen weiter so (0,5) germanistisch auf(0)DRÖ:seln (0,5) (1,3)

Dabei bezieht er sich mit dem Demonstrativum das auf die von ihm zuvor eröffneten Perspektiven (= Heines poetologischer Umgang mit Natur-Themen sei ein anderer als z. B. der von Goethe); diese Überlegungen soll die Kandidatin nun weiter ausführen. Sie übernimmt den Turn an dieser Stelle aber nicht; nach knapp zwei Sekunden Schweigen übernimmt der Prüfer den Turn wieder und schließt mit einer Umstandsangabe an seine vorherigen Ausführungen an

[leise:] am text (1,2),

als hätte er nur eine turn*interne* Pause gemacht und würde nun das Nachfeld (= nach dem rechten Teil der Satzklammer aufdröseln) füllen. Mit dieser unauffälligen Rückübernahme des Turns entlastet er die Kandidatin (in ihren Augen und in denen Dritter) von dem Verdacht, unvorbereitet zu sein. Sie erhält zugleich eine zweite Gelegenheit zur Turnübernahme; doch auch in der nachfolgenden Schweigephase von 1,2 Sekunden übernimmt die Kandidatin den Turn nicht. Der Prüfer verlängert erneut, dieses Mal mit einem anderen syntaktischen Mittel:

1 Reihenfolge von Satzteilen im einfachen Satz

was das bedeutet dieser TYpische heine-stil

Während das Demonstrativum das in Zeile 36 ein anaphorischer *Rückbezug* auf die Aussagen in Zeile 25 bis 35 war, wird es *jetzt* nachträglich zu einem vorausweisenden (also kataphorischen) *Korrelat* umfunktioniert, das nun durch einen Teilsatz (einen indirekten Fragesatz) gefüllt wird. Das das in Zeile 38 ist seinerseits ein vorausweisendes Korrelat zu der nachfolgenden Rechtsherausstellung dieser typische heine-stil. Ich kontrastiere noch einmal die anfängliche und die nachträgliche Konstruktion der Prüferaufforderung:

*Ausgangs*version:
Könnten Sie das [von mir Angedeutete] noch ein bisschen weiter germanistisch aufdröseln?
Umgebaute Version:
Könnten Sie (das) noch ein bisschen weiter germanistisch aufdröseln, was dieser typische Heine-Stil bedeutet?

Hinter dem syntaktisch konzipierten Begriff *Nachfeld* stehen also in dialogischem Sprachgebrauch zahlreiche kommunikative Funktionen, die gesprächsverlaufssensitiv untersucht werden müssen.

1.6 Weitere Stellungsphänomene

Die beiden folgenden Stellungsbesonderheiten sind nicht an eines der Stellungsfelder gebunden, daher werden sie hier ergänzend angesprochen.

Kontrastierung von Satzteilen

80 Wenn in einer Aussage zwei (oder mehrere) Kontrastierungen vorgenommen werden, gibt es zusätzliche Bedingungen für Stellungsverhalten (und Stimmführung). Zunächst eine kontrast*freie* Aussage:

Paul isst an Werktagen abends meist Pàsta.

In diesem Satz ist Paul Thema, Pasta ist Rhema; es liegt keine auffällige Stimmführung und keine auffällige Satzgliedstellung vor. Der Satz macht eine spezifizierende Aussage über Pauls Essgewohnheiten. Wenn in diesem Satz diese spezifizierende Information zusätzlich mit anderen Essgewohnheiten kontrastiert wird, verändern sich zunächst einmal die Stimmführungskonturen:

Pà↑ul isst an Werktagen abends meist ↓Pàsta.
Kontrastierungshinsicht: Paul – Paula; mögliche Weiterführung: *Pà↑ula (dagegen)* ↓*Bràtkartoffeln.*
Paul isst an Wèrk↑tagen abends meist ↓Pàsta.
Kontrastierungshinsicht: Werktag – Wochenende; mögliche Weiterführung: *am Wòchen↑ende (dagegen)* ↓*Bràtwurst.*
Paul isst an Werktagen àb↑ends meist ↓Pàsta.
Kontrastierungshinsicht: abends – mittags; mögliche Weiterführung: *mit↑tags (dagegen)* ↓*Pfànnkuchen.*

1.6 Weitere Stellungsphänomene

Durch den Kontrastierungsrahmen (im ersten Beispiel: *Pauls* Essgewohnheiten gegenüber *Paulas*, im zweiten: seine Essgewohnheiten an den unterschiedlichen Tagen, im dritten: zu unterschiedlichen Tageszeiten) wird auch die spezifizierende Information (hier: Pasta) mitkontrastiert (= mit Bratkartoffeln bzw. Bratwurst bzw. Pfannkuchen).

Die jeweilige Kontrastierung ist in *diesen* drei Beispielen nur durch Intonationsmuster realisiert: die Kontrastierungshinsicht durch steigende Intonation (↑), die spezifizierende Information durch fallende (↓). Erstere kann auch *zusätzlich* durch Vorfeldstellung verdeutlicht werden:

81

> An Wèrk↑tagen isst Paul abends meist ↓Pàsta, am Wòchen↑ende (dagegen) ↓Bràtwurst.

Auch hier muss der Kontrast nicht ausgeführt sein:

> An Wèrk↑tagen isst Paul abends meist ↓Pàsta.

Möglich ist auch eine Kontrastierung unter *zwei* Hinsichten – beide durch steigende Intonation markiert:

> À↑bends isst Paul an Wèrk↑tagen meist ↓Pàsta.
> Mögliche Weiterführung: sònn↑tags dagegen ↓Bràtkartoffeln, und mìt↑tags isst er an Wèrk↑tagen meist Ge↓müse und sònn↑tags ↓Fisch.

Denkbar sind auch drei (oder mehr) Kontrastierungs-Hinsichten, freilich sind sie im Alltag kaum noch überschaubar und daher wenig sinnvoll:

> À↑bends isst Pà↑ul an Wèrk↑tagen meist ↓Pàsta [, ...].

Dabei werden *alle* benutzten Kontrastierungs-Hinsichten gewissermaßen *ein*gefädelt in ein einheitliches *steigendes* Intonationsmuster und *zusammen* auf das am Satzende mit *fallender* Intonation markierte rhematische Satzglied ↓Pàsta bezogen.

Bisher ging es um Kontrastierung von Satz*gliedern;* analog können auch Satzglied*teile* – *Attribute* – kontrastiert werden: In einem Satz wie

82

> Paul isst am liebsten weiße Pfirsiche.

ist das Attribut (hier: weiß) Rhema. Wenn diese spezifizierende Information in einen Kontrast Paul – Paula eingebracht werden soll, wählt man die eben angeführten Mittel (= Paul wird in den Intonationskontrast einbezogen):

> Pà↑ul isst am liebsten ↓wèiße Pfirsiche [, Pà↑ula dagegen ↓ròte].

Soll die Kontrastierungshinsicht aber ein anderer Teil *desselben* Satzglieds sein – also Pfirsiche (im Kontrast zu anderen Obstsorten) –, greift *dieses* Kontrastierungsverfahren *nicht*. Denn Rhema und Kontrastierungshinsicht liegen zu dicht nebeneinander und sind Teil derselben Konstituente; zudem ist die für Kontrastierung sinnvolle Reihenfolge – nämlich *erst* die Hinsicht, *dann* die auf diese Hinsicht bezogene Differenzierungs-Information – hier gerade *nicht* eingehalten.

83

In diesen Fällen wird das rhematische Attribut ans Satz*ende* (= in die klassische Rhema-Position) abgespalten und tritt damit *nach* Nennung der Kontrastierungshinsicht auf. Dadurch kann dann das o.g. Intonationsmuster (↑ – ↓) analog angewendet werden:

> Pfir↑siche isst Paul am liebsten ↓weiße [, Trauben (dagegen) rote].

Eine entsprechende kontrastive Abspaltung ist auch für andere Satzglied-Teile möglich, z. B. für präpositionale:

> Er isst am liebsten Weintrauben aus Sizilien.
> → Wèin↑trauben isst er am liebsten aus Si↓zilien [, Tomaten dagegen aus Kalabrien].

Durch diese Kontrastierung von Satzglied-Teilen entstehen also zusätzliche Komplikationen in der Satzteil-Reihenfolge.

84 Die beschriebenen Attributstrukturen unterscheiden sich von einer *prädikativen* Konstruktion durch Flektiertheit:

> Pfirsiche isst er am liebsten weiche.
> Pfirsiche isst er am liebsten weich.

Die beiden Sätze haben zwar einen ähnlichen Inhalt, aber der zweite realisiert diesen mittels eines prädikativen Adjektivs, das unflektiert bleibt.

Nimmt man die oben beschriebene kontrastive Abspaltung mit einem *Pronomen* (hier dem Indefinitum kein) vor, dann muss dieses *stark* flektiert werden:

> Es ist leider kein Geld mehr da.
> → Geld ist leider keines mehr da.

Apokoinu-Konstruktionen

85 Quer zu der Frage nach der Verteilung der Satzglieder auf die drei Stellungsfelder gibt es eine – aus schriftsprachlicher Sicht auffällige – Konstruktion, bei der *ein* Satzglied für *zwei* Prädikatsrahmen benutzt wird und dabei in der Regel in der Mitte steht. Diese Konstruktion wird als „Apokoinu"-Konstruktion bezeichnet (von griechisch koinon = das Gemeinsame).

86 Schriftsprachlich werden solche 'syntaktischen Dreiecksverhältnisse' im *gegenwärtigen* Deutsch nicht verwendet; in *früheren* Sprachstufen – z. B. auch dem Mittelhochdeutschen – waren sie vergleichsweise häufig. Hier ein Beispiel aus dem Spielmanns-Heldenepos (Kudrun 538, l):

> dô spranc von dem gesidele her Hagene alsô sprach.
> wörtlich: da sprang von dem Sitz Herr Hagene so sprach.

In einer heutigen standardsprachlichen Übersetzung würde man das Apokoinu beseitigen und in eine Zweifachbesetzung umformen:

> Herr Hagene sprang vom Sitz *und* (Herr Hagene) sprach folgendermaßen.

Man kann Apokoinu-Konstruktionen als Spezialfall von Ellipsen ansehen. Sie sind zudem verwandt, nicht aber identisch mit dem sog. Zeugma (von griechisch zeugma = Joch, Zusammengefügtes; auch als Syllepse bezeichnet, von griechisch syllepsis = Zusammenfassung), bei dem häufig *ein und dasselbe Prädikat* in zwei einander nebengeordneten Teilsätzen in unterschiedlicher Grundbedeutung verwendet wird, oft mit (beabsichtigt) witzigem Effekt:

> Er schlug erst die Fensterscheibe und dann den Weg zum Schloss ein.

Hier wird die Pointe durch Doppelnutzung eines mehrdeutigen Prädikats erzeugt (und dieses Koinon steht in der Regel nicht in der Mitte), während bei Apokoinu-Konstruktionen gerade das Prädikat – spiegelbildlich zum Koinon angeordnet – *doppelt* konstruiert wird.

Manchmal wird auch der Anfang des Nibelungenliedes als Beispiel für eine Apokoinu-Konstruktion angeführt:

> Uns ist in alten mæren • wunders vil geseit •
> von heleden lobebæren, • von grôzer arebeit, •
> von freude und hôchgezîten, von weinen unde klagen, •
> von küener recken strîten • muget ir nu wunder hœren sagen. •

Die regulären Interpunktionszeichen sind von der Herausgeberin eingefügt. Im handschriftlichen Original ist der Text mit • in Einheiten gegliedert. Diese für den *mündlichen Vortrag* orientierenden Zeichen stellen aber keine Interpunktionszeichen im heutigen Sinne dar, die uns helfen könnten, den *syntaktischen* Aufbau der Strophe zu verstehen.

In dieser Strophe konkurrieren zwei Prädikate – uns *ist* ... vil *geseit* und ir *muget hœren sagen* – um die unterstrichenen Satzglieder. Zwei Interpretationen sind denkbar:
– Es liegt eine Apokoinu-Konstruktion vor: Alle unterstrichenen Satzglieder sind – als Koinon – von beiden Prädikaten genutzt.
– Es liegt *keine* Apokoinu-Konstruktion vor, sondern zwei regulär nebengeordnete Teilsätze. Dabei gibt es mehrere mögliche Grenzpunkte der Prädikats-Territorien; besonders plausibel ist, dass der erste Teilsatz nach arebeit, also mit dem Zeilen*ende*, endet (in heutiger Interpunktion wiedergegeben):

Uns ist in alten mæren wunders vil geseit
von heleden lobebæren, von grôzer arebeit.

Von freude und hôchgezîten, von weinen unde klagen,
von küener recken strîten muget ir nu wunder hœren sagen.

Denkbar ist aber auch, dass er nach klagen endet (oder nach lobebæren).
Für die *zweite* Sichtweise spricht die Opposition der Erzähl-Quellen: anfangs in alten mæren, am Ende demgegenüber nu.

Als doppelt genutzter Satzteil kommen vorrangig Subjekte und Akkusativobjekte in Frage, seltener auch präpositionale Ergänzungen, ganz selten Genitiv- und Dativobjekte.

Mit Attributen ist keine Apokoinu-Konstruktion möglich. Dies würde ja voraussetzen, dass ein solches doppelt genutztes Attribut nach dem ersten und vor dem zweiten Bezugswort platziert ist, also z. B.:

*Vor dem Haus lag der Hund seiner Schwester Auto stand in der Garage.

Keine Apokoinu-Konstruktion liegt in Fällen wie dem folgenden vor, einem Hölderlin-Auszug aus „Brod und Wein" (in seiner damaligen Interpunktion und Rechtschreibung):

leer steht von Trauben und Blumen, und von Werken der Hand ruht *der geschäfftige Markt.*

Hier handelt es sich um eine reguläre Doppelbesetzung mit Ellipse des Subjekts im ersten Teilsatz; das und ist das Verbindungsmittel in dieser Doppelbesetzung. Eine Umstellung macht die Konstruktion zusätzlich deutlich:

der geschäfftige Markt steht leer von Trauben und Blumen und (*der geschäfftige Markt*) ruht von Werken der Hand.

90 In *mündlicher* Kommunikation gibt es (insbesondere regionale) Varianten dieser Apokoinu-Konstruktionen:

Und *da sag ich zum Paul sag ich:* Du kommst mir nimmer rein!

Im Unterschied zu den *schriftsprachlich* vorgefundenen Apokoinu-Beispielen werden hier in der Regel *identische* oder sehr ähnliche Verben verwendet (sagen – sagen); zudem wird die Konstruktion streng *spiegelbildlich* durchgeführt.

Solche Konstruktionen findet man in Erzählsituationen, also teils infolge geringer Formulierungs-Kontrolle (z. B. bei starker Erregtheit), teils auch zur Markierung von Wichtigkeit.

Ein mögliches Gespräch an einer Fleisch- und Wurstheke eines Supermarktes im Ruhrgebiet:

Verkäuferin:	Kundin:
Moin, Frau Kozlowski, wie isset?	Alles in Ordnung so weit, Frau Petermeier, hörnse ma, is kalt geworden, ne?
Ja genau, ich *sach* schon heut morgen zu mein Mann, boh, *sarich*, watt is datt kalt geworden; waat ma app, wir kommen noch am Streuen, un datt im März! – Watt daawet denn heute sein?	
	Ihr happt doch die Pfötkes [= Schweinepfoten] im Angebot, davon so 300 Gramm; hach, die schmäcken mein Mann so gut, dä is immer so gerne die Zehkes am Knabbern aams beim Fernseh, da lässt dä die Nüsskes für stehn!
Sonz noch'n Wunsch?	Ja, Fleischwurst, abba mit Knopplauch!
Wollnse en ganzen Kringel, is ja dann günstiger?	Nä, nä, nich son Apparello, den kriegen wir doch gaanich auf, en halben Kringel reicht, ja, un en Viertel Aufschnitt, abba ohne Sülze, dafür mit viel Mottadella!
Blutwurst hamwer billich, is datt nix für euch?	Nä, nur nich, ich *sach* immer zu mein Junge: Watt nix kost, datt is auch nix. – Happich schon erzählt, er hat ja jezz Mittlere Reife, da hatter sich Rattatulli gewünscht. Watt gehört denn da eintlich alles rein?
Ja, also Zwiebeln, Zukkini, Paprika, Auberginen, Tomaten, Knopplauch, und – ich glaup – Wein zum Dünsten.	Wie? Datt is ohne Fleisch, jezz kannich abba nich mehr, wir sin doch keine Veterinäre. Nä, lassense ma; da mach ich Schnitzel wie immer un tu da en bisken Wein dran. Geht doch auch, odder? – Datt waret dann schon.
Schön, Frau Kozlowski, watt macht denn eintlich die Gesundheit?	Besser, hörnse ma, ich waa jezz bei so ein Züchiater, weil ich waa doch immer so bange für allein nach Karstadt zu

	gehen un so, ne? Datt happich jezz von den Tabletten wech!
Ja klasse, Frau Kozlowski, denn Tschüsskes!	
	Bis die Tage, Frau Petermeier!

(Aus: Karl-Heinz Henrich: „Ruhrdeutsch – die Sprache des Reviers")

Anders einzuschätzen sind spiegelbildliche Konstruktionen nach *Selbstreparaturen*, über denen gelegentlich die begonnene Konstruktion außer Kontrolle gerät, sodass man *nach* der Reparatur die vorher begonnene Konstruktion vorsorglich noch einmal *neu* zu Ende führt:

Ich hab das dem eh der na seiner Frau – der Paula hab ich das gegeben.

Solche Apokoinu-artigen Konstruktionen sind aber *prozessual* bedingt und ganz anders zu rekonstruieren als die oben angesprochenen historisch älteren *schriftsprachlichen* Apokoinu-Konstruktionen – dort liegt eine *planvolle* Doppelnutzung vor, die nicht Folge einer *spontanen* Produktion sein kann.

2 Satzformen und Satzfunktionen

Carlo Manzoni

Der Pinsel

Signor Veneranda trat auf den Genossen Pljuschkin zu, der im Parteiblatt die „Letzten Nachrichten" las, und klopfte ihm auf die Schulter.
„Entschuldige, Genosse Pljuschkin", sagte Signor Veneranda, „hast du einen Pinsel?"
„Einen Pinsel?" erwiderte Genosse Pljuschkin aufschreckend und dann die Stirn runzelnd.
„Nein, ich habe keinen."
Signor Veneranda zog einen Pinsel aus der Innentasche seiner Jacke und reichte ihn dem Genossen Pljuschkin.
„Da hast du einen", sagte Signor Veneranda, „der ist für dich."
Genosse Pljuschkin nahm den Pinsel und betrachtete ihn verblüfft.
„Nanu", frage er, „was soll ich mit dem?"
„Tun, wozu du Lust hast", sagte Signor Veneranda. „Für gewöhnlich verwendet man Pinsel zum Malen oder zum Anstreichen oder zum Lackieren. Aber wenn du ihn dir lieber ins Nasenloch stecken willst, kannst du's ruhig tun. Die Partei verbietet es dir gewiß nicht." [...]

92 In der Interaktion lassen sich verschiedene soziale Handlungen unterscheiden, z. B. jemanden trösten, etwas fragen, jemanden zu etwas auffordern.

Eine Handlung wie beispielsweise eine Aufforderung kann man nonverbal ausführen, etwa indem man einer anderen Person mit einer herrischen Geste einen Platz zuweist, oder / und man kann es sprachlich tun. (Einige) Beispiele für entsprechende sprachliche Äußerungen sind:

Stehenbleiben!
Du kommst jetzt her!
Wir wollten doch nett sein.
Bleibst du jetzt sitzen?!
Bleib bitte sitzen.

Unter diesen Äußerungen sind alle außer der ersten satzförmig (= mit mindestens einem finiten Verb). Unter diesen satzförmigen Äußerungen ist die letzte eine auf Aufforderungen *spezialisierte* Satzart mit der finiten Verbform *Imperativ*. Diese Satzart wird als *Aufforderungssatz* bezeichnet.

Im Folgenden geht es um das Zusammenspiel zwischen den Formen und den (möglichen) Funktionen von Sätzen.

Zunächst einige begrifflich-terminologische Klärungen.

Einige Grundbegriffe

Satz*form* ist ein *offener* Begriff für die morphologische Charakteristik von Sätzen. Beschreibt man die Form von Sätzen, dann unterscheidet man u. a. nach dem *Stellungstyp*, dessen drei Optionen weiter oben aufgeführt wurden (Finitum-Erststellung, Finitum-Zweitstellung und Finitum-Letztstellung). Weiterhin unterscheidet man Sätze nach spezifischen Einleitungswörtern wie Konjunktionen und W-Wörtern. Und soll die Beschreibung vollständig sein, müsste man auch über Intonations- und Körpersprache-Besonderheiten des jeweiligen Satzes sprechen.

Von den möglichen Satzformen sind fünf spezielle Satz-*Formate* herausgestellt worden; sie werden unter der Bezeichnung *Satztyp* bzw. – besonders in der Schulgrammatik – *Satzart* geführt: Aussagesatz, Fragesatz, Aufforderungssatz, Wunschsatz und Ausrufesatz.

Satz*funktion* ist das pragmatische Pendant zu Satzform; es ist ein *offener* Begriff für den Handlungswert und die kommunikativen Zwecke einer satzförmigen Äußerung.

Von den vielen möglichen sprachlichen Handlungen sind fünf spezielle Sprachhandlungs-*Formate* herausgestellt worden; sie werden in *wissenschaftlichen* Grammatiken oft unter der Bezeichnung *Satzmodus* geführt: Aussage, Frage, Aufforderung, Wunsch und Ausruf.

Ähnlich wie bei der Verbflexion in dem Kategorienbündel *Modus* drei Arten unterschieden werden, wie man sich auf Wirklichkeit beziehen kann (= Indikativ, Konjunktiv und Imperativ), werden hier also fünf Grundformen des Sich-Äußerns unterschieden.

Die Satz*arten* sind also spezielle Formate auf der *Form*-Seite, die Satz*modi* spezielle Formate auf der *Funktions*-Seite.

Die *Form*-Seite wird mit *-satz* markiert; die Fachbegriffe sind also Komposita: *Aufforderungssatz* usw. Die *Funktions*-Seite wird durch Verb-Derivate markiert; die (Fach-)Begriffe sind also lexikalische Konversionen *(Wunsch, Ausruf, Aussage, Frage)* bzw. Suffixbildungen *(Aufforderung)* – oder man verwendet als Bezeichnungen die Sprachhandlungsverben (*auffordern* usw.) bzw. deren syntaktische Konversionen (*Auffordern* usw.).

Die einzelnen Satzarten stellen *prototypische* Formen für die entsprechenden Satzmodi zur Verfügung: *Aussagen* werden prototypisch mittels *Aussagesätzen* realisiert, *Fragen* mittels *Fragesätzen* usw. Aber weder sind die Satzarten an die jeweils prototypisch zugeordneten Satzmodi gebunden noch die Satzmodi an ihre prototypische Satzart: *Auffordern* z. B. kann man auch mithilfe von *Aussage*sätzen (Du kommst jetzt her!) und *Frage*sätzen (Kommst du jetzt endlich her?!). Im Grammatikunterricht wird diese grundsätzliche Trennung zwischen Formseite (Satzarten) und Funktionsseite (Satzmodi) oft nicht gesehen oder aus Gründen der Vereinfachung nicht berücksichtigt. Deshalb ist in Sprach- bzw. Arbeitsbüchern zwar die Bezeichnung Satzart etabliert, nicht aber die Bezeichnung Satzmodus; vielmehr wird mit Satzart 'irgendwie' *beides* bezeichnet.

Die Unterscheidung der fünf *Satzarten* verdeutlicht man in der Regel anhand *einfacher* (also *nicht* zusammengesetzter) Sätze. Hier zunächst einige nähere Informationen zu den oben aufgeführten fünf Satzarten:

2 Satzformen und Satzfunktionen

- Aussagesatz (auch: Deklarativsatz, von lateinisch declarare = aussagen):
  Der Hund ist bissig.
- Fragesatz (auch: Interrogativsatz, von lateinisch interrogare = fragen), und zwar in drei Versionen:
  - Entscheidungsfragesatz:
    Kommst du heute zum Essen?
  - Alternativfragesatz (= Ausbaustufe zum Entscheidungsfragesatz):
    Kommst du heute *oder* lieber erst morgen?
  - Ergänzungsfragesatz:
    Wann kommst du?
- Aufforderungssatz (auch: Befehlssatz oder Imperativsatz, von lateinisch imperare = befehlen):
  Komm mal her!
- Ausrufesatz (auch: Exklamativsatz, von lateinisch exclamare = ausrufen):
  Du bist aber schön!
  Bist du aber schön!
  Was du schön bist! Was bist du schön!
- Wunschsatz (auch: Desiderativsatz, von lateinisch desiderare = wünschen, oder Optativsatz, von lateinisch optare = wünschen):
  Hätte ich doch mehr Zeit für Musik!
  Möge es dir gut gehen!
  Wenn ich nur mehr Zeit für Musik hätte.

97 Das erste Kriterium zur Unterscheidung der Satzarten ist die Finitumstellung: Im Aussagesatz und im Ergänzungsfragesatz steht das Finitum an zweiter Stelle, im Aufforderungssatz und im Entscheidungsfragesatz an erster Stelle.

Zur Unterscheidung der Satzarten innerhalb der drei Stellungstypen muss man noch weitere Kriterien heranziehen:

- die modale Prägung des jeweiligen Finitums (Imperativ, Konjunktiv), z.B. zur Unterscheidung von Aufforderungssatz und Wunschsatz:

  Nimm du jetzt endlich deine schmutzigen Sachen mit in dein Zimmer!

  gegenüber

  Nähmst du doch endlich deine schmutzigen Sachen mit in dein Zimmer!

- ggf. vorhandene Funktionswörter ('Fragewörter', 'Exklamativ-Wörter'), z.B. zur Unterscheidung von Fragesatz und Ausrufesatz:

  Was hast du (denn) gemacht?

  gegenüber

  Was hast du *bloß* (wieder) gemacht!

- die jeweilige Intonation; z.B. wird bei den eben genannten Beispielen beim Ausrufesatz oft das Finitum akzentuiert;
- weitere syntaktische Bedingungen, z.B. fehlendes (bzw. fakultatives) Subjekt bei Aufforderungssätzen.

Die Satzarten sind *prototypische* Formen für die Realisierung der Satzmodi Aussage bzw. Frage bzw. Aufforderung bzw. Ausruf bzw. Wunsch.

Wenn nur diese fünf Satzmodi angesetzt werden, dann bedeutet dies natürlich nicht, dass es nur fünf kommunikative Funktionen von Äußerungen gäbe.

Zum *einen* steht auch hinter jedem Satzmodus noch einmal eine Vielzahl unterschiedlicher sprachlicher Handlungstypen: Innerhalb des Modus Aussage lassen sich z. B. Versprechen, Drohung, Behauptung, Meinung, Bewertung usw. unterscheiden. Und es kann sogar derselbe Satz verschiedene Satzfunktionen haben: Beispielsweise kann der Satz

> Ich komme morgen.

- eine (prognostische) *Aussage* machen;
- *warnen* (falls ich Freund und zugleich Steuerprüfer bin);
- ein *Versprechen* abgeben (z. B. vor einem Umzug).

Diese unterschiedlichen Sprachhandlungstypen kann man aber nicht anhand von *Form*merkmalen unterscheiden, sondern man muss auf die semantisch-syntaktischen Merkmale der jeweiligen Verben und auf Sprachhandlungsbedingungen in der jeweiligen Kommunikationssituation eingehen.

Zum *andern* lassen sich die einzelnen Satzarten – insbesondere Aussagesatz und Fragesatz – auch für einen anderen als den prototypisch zugeordneten Satzmodus nutzen: So kann man mit einem Aussagesatz auch Fragen oder Aufforderungen realisieren; eine Aufforderung in diesem Format wird oft als *indirekte* Aufforderung bezeichnet (→ 128 ff.).

Wenn man *zusammengesetzte* Sätze beschreibt, dann kann man den jeweiligen *Hauptsatz* ebenfalls nach dem Gesichtspunkt der Satz*art* bestimmen:

> Ich weiß genau , wann er kommt. = Aussagesatz;
> Weißt du denn , dass er kommt? = Fragesatz;
> Finde gefälligst heraus , ob er kommt! = Aufforderungssatz;
> Wäre ich doch schon so alt , dass ich Auto fahren darf! = Wunschsatz;
> Bist du mal wieder sàuer , weil ich mich mal kurz um mich kümmere! = Ausrufesatz.

In diesen Sätzen ist der Hauptsatz zugleich der Matrixsatz (→ Bd. 3: 207 f.). Der *Modus* des jeweiligen Matrixsatzes legt die Funktion des Satzes *insgesamt* fest: Der erste Satz ist insgesamt eine Aussage, der zweite insgesamt eine (Entscheidungs-)Frage usw.

Satzarten im Deutschunterricht

In der schulischen Tradition werden oft nur *drei* der fünf Satzarten unterschieden: Aussagesatz, Fragesatz und Aufforderungssatz.

Diese drei Satzarten werden mit den entsprechenden zentralen Satzmodi – Aussagen, Fragen, Aufforderungen – kurzgeschlossen und dabei noch mit Interpunktionsregeln für die drei Satzschlusszeichen (Punkt, Ausrufe- und Fragezeichen) gekoppelt. Schüler finden – insbesondere in älteren Sprachbüchern – dann folgende Vorgaben vor:

> 'Aussagesätze sind zum Aussagenmachen da – sie werden mit Punkt abgeschlossen.'
> 'Aufforderungssätze sind zum Auffordern da – sie werden mit Ausrufezeichen abgeschlossen.'
> 'Fragesätze sind zum Fragen da – sie werden mit Fragezeichen abgeschlossen.'

Oft wurden erst in späteren Kapiteln differenzierende Hinweise gegeben, dass man mit Aussagesätzen auch andere als die hier prototypisch zugeordneten Sprachhandlungen realisieren kann und dass dem dann auch die Satzschlusszeichen angepasst werden können.

Man kann (satzförmige) Äußerungen also unter zwei Gesichtspunkten betrachten: unter dem Gesichtspunkt der mit ihnen vollziehbaren sprachlichen Handlungen und unter dem Gesichtspunkt ihrer grammatischen Form. Dabei muss doppelt differenziert werden,
– *form*bezogen: zwischen Stellungstypen und Satzarten;
– hinsichtlich des Bezugs zwischen *Form* und *Funktion:* zwischen Satzarten und Satzmodi.

2.1 Stellungstypen und Satzarten

Unter dem Gesichtspunkt der grammatischen *Form* muss differenziert werden zwischen Stellungstypen (= Sätzen mit Finitum-Erst-, -Zweit- und -Letztstellung) einerseits und 'Satzarten' andererseits. Wie die einzelnen Satzarten den drei Stellungstypen zugeordnet sind, zeigt die folgende Aufstellung.

Satzarten innerhalb des Stellungstyps *Finitum-Erststellung*

Bei *einfachen* Sätzen weisen die folgenden *Satzarten* Finitum-Erststellung auf:
– Elliptische Versionen von Aussagesätzen (→ 46 f.):

   Dies können Kürzungen *mit* Rückbezug auf den entsprechenden Satzteil in der *vorangehenden* Äußerung sein

   „Hilfst du mir nachher im Garten?" – „Kann heute nicht." (= Ich ...)

   oder Fragmente *ohne* direkten Rückbezug auf die vorangehende Äußerung, wenn die weggelassenen Satzteile prototypische (also im Einzelfall *erwartbare*) *Vorfeld*besetzungen sind:

   Fehlt nur noch, dass das Auto nicht anspringt! (= Es ...)

– Fragesatz (Variante *Entscheidungsfragesatz*):

   Kommst du heute?

– Aufforderungssatz:

   Komm einmal her!

   Ein vorsorglicher Hinweis: Vor dem Finitum können bestimmte *partnerbezogene* Ausdrücke wie Bitte oder Jetzt stehen wie z. B. in

   Jetzt sei nicht so beleidigt!

   Bitte gib dem Paul morgen den Teddy wieder zurück!

   Sie regulieren die Aufforderung innerhalb der dialogischen Beziehung, sind also *nicht* Teil der Sachverhaltsbeschreibung. Ich gehe auch bei solchen speziellen 'Vorfeld'-Phänomenen wei-

terhin von der Erststellung des Finitums aus. Diese Stellungsoption gibt es für die an der Sachverhaltsdarstellung beteiligten Satzglieder wie

(*)Morgen gib dem Paul bitte ...

nicht, zumindest halte ich sie für grenzwertig. Wechselt man vom Imperativ in die Aussagesatzform, werden sie unauffällig:

Morgen gibst du dem Paul den Teddy zurück!

– Ausrufesatz:

Bist du aber spießig!

– Wunschsatz:

Möge es euch allen gut ergehen!
Käme sie doch bloß noch!

Bei *komplexen* Sätzen können die folgenden Typen von Teilsätzen Finitum-Erststellung aufweisen:

– uneingeleitete Konditionalsätze (→ Bd. 3: 154, 352 ff.):

Regnet es, (dann bleiben wir zuhause).

– uneingeleitete Konzessivsätze (→ Bd. 3: 154, 359 ff.):

Ist Paul auch ein netter Mensch, (so kann ich ihn dennoch nicht einstellen).

– Teilsatz der Adverbialbeziehung *Plausibilität* (→ Bd. 3: 338):

Paul ist sehr klug, hat er *doch* drei dieser schweren Aufgaben alleine gelöst.

Diese Teilsätze sind nicht Matrixsätze. Insofern können sie nicht unter dem Aspekt Satzart bestimmt werden.

Satzarten innerhalb des Stellungstyps *Finitum-Zweitstellung*

Bei *einfachen* Sätzen weisen die folgenden *Satzarten* Finitum-Zweitstellung auf:

– Aussagesatz:

Er kommt heute noch.

– Fragesatz (Variante *Ergänzungsfrage*):

Was tust du denn jetzt?

– Aufforderungssatz mit Vorfeldbesetzung:

Jetzt komm schon!
Das Auto lass mir aber unbedingt hier!

– Ausrufesatz:

Was ist das für ein Sauwetter!
Du bist aber spießig!

– Wunschsatz:

Gott sei dir gnädig!

Bei *komplexen* Sätzen gibt es im folgenden Fall Teilsätze, die Finitum-Zweitstellung aufweisen:

Paul sagt, er sei an diesem Angebot nicht interessiert.

Dies ist eine der Formen der *indirekten Rede*. Der zweite Teilsatz ist ein abhängiger Hauptsatz (→ Bd. 3: 155 f., 229). Beide Teilsätze in diesem Beispiel sind Aussagesätze.

Satzarten innerhalb des Stellungstyps *Finitum-Letztstellung*

105 Bei *einfachen* Sätzen weisen die folgenden *Satzarten* Finitum-Letztstellung auf:
- Ausrufesatz:
    Dass er das nicht kapiert!
- Wunschsatz:
    Wenn er doch bloß noch käme!

Bei *komplexen* Sätzen gibt es in folgenden Fällen Teilsätze, die Finitum-Letztstellung aufweisen: Es sind alle abhängigen Teilsätze in *Relativ*beziehungen, in *Adverbial*beziehungen (außer den unter Finitum-Erststellung genannten drei Fällen) und in *Ergänzungs*beziehungen (außer dem unter Finitum-Zweitstellung genannten Fall):
    ..., den ich gestern gesehen habe.
    Weil es regnet, ...
    ..., ob ich heute kommen darf.

Diese Teilsätze sind keine Hauptsätze. Insofern können sie nicht unter dem Aspekt Satzart bestimmt werden.

2.2 Beziehungen zwischen Satzarten und Satzmodi

106 Die Beziehung zwischen Satzform und Satzfunktion muss erheblich stärker differenziert werden, als es die traditionelle Schulgrammatik und die ihnen folgenden Sprachbücher tun. Diese komplexen Beziehungen sind ein interessantes Feld für längerfristige Erkundungen; sie sind nicht in einem einzigen sprachreflexiven (Gewalt-)Akt zu 'erledigen'.

Die einzelnen Satzarten sind – in unterschiedlicher Weise – offen für die Realisierung verschiedener Satzmodi; umgekehrt kann man für die Realisierung eines Satzmodus meistens mehrere Satzarten und zudem weitere sprachliche Mittel nutzen. Diese wechselseitige Nutzung soll im Folgenden ausgeführt werden.

Satzart *Aussagesatz* ↔ Satzmodus *Aussage*

107 Mit Aussage*sätzen* kann ich
- indirekt dazu *auffordern*, das Fenster zu schließen (oder ähnliche Ausgleichshandlungen auszuführen):
    Es ist kalt.
- im Verbund mit Modalverben versuchen, andere auf eine von mir gewünschte Handlung zu verpflichten:
    Wir *wollen* jetzt das Sprachbuch rausnehmen.

2.2 Beziehungen zwischen Satzarten und Satzmodi

Da ich über Wünsche anderer keine zuverlässigen Aussagen machen kann, sind solche – oft auch im Unterricht von der Lehrperson verwendeten – Formulierungen mit *wir* der Form nach diagnostische Übergriffe. Ihre Funktion ist die Integration der anderen in die eigene Handlungsabsicht.

Vielleicht *sollten* wir da einsteigen.

Dieser Aussagesatz stammt aus der Eröffnungsphase einer Leistungsnachweisprüfung zu einem theologischen Seminar:

```
        Prüfling:                              Prüfer:
05      ja                                     herr simpson. [0] Sie haben das [0] interdiszi-
06      ja                                     plinäre seminar [Seminarname] besUCHT, [1]
07                                             hat es thematische SCHWERpunkte gegeben
08                                             [0] die Ihr intrESse in besonderem MAße ge-
09                                             FESselt haben.
10      JA auf jeden fall besonders die themen zu
11      beGINN [0] der baalszyklus und das ganze    ja
12      ugaritische pantheon (fand ich) se:hr span- gut
13      nend                                       vielleicht sollten wir DA einsteigen
14      können wir JA                              [0] können Sie: äh mir n bisschen über den
15                                                 baalszyklus erZÄHlen wie der aufgebaut ist
16                                                 was vorkommt und was man darin [0] über das
17      ja                                         ugaritische pantheon erfährt.
```

Mit solchen Formulierungen setzen Prüfer häufig eigene Gliederungswünsche durch. Der Form nach handelt es sich um eine für den Prüfling mitformulierte kollektive Selbstverpflichtung; durch das aussagenkommentierende Adverb *vielleicht* (13) wird diese Verpflichtungshandlung zu einem Vorschlag abgeschwächt. In der Regel intervenieren Prüflinge nicht mit expliziter Zustimmung oder Ablehnung darauf und Prüfer erbitten dann auch ihrerseits keine Zustimmung, sondern beginnen mit dem von ihnen indirekt gesetzten Thema. Hier gibt der Prüfling (auffälligerweise) eine *explizite* Zustimmung (können wir JA); sie wird vom Prüfer aber nicht sichtbar honoriert (etwa durch gut oder Dann fange ich damit an). Dies mag ein Anzeichen sein, dass er auch gar nicht mit einer Ratifizierung des Studenten gerechnet hatte.

- besonders strikte Versionen des *Befehlens* realisieren:
  Du kommst jetzt her!
  Wir nehmen jetzt das Sprachbuch raus.

Denn das *künftige* Verhalten eines anderen Menschen kann ich nur dann prognostizieren, wenn ich einen sicheren Zugriff auf dessen Handlungen habe oder zu haben glaube.

Mit Aussage*sätzen* kann ich weiterhin   108
- eine Entscheidungsfrage wie
  Du bist müde?

  oder eine Ergänzungsfrage stellen:
  Du hast wa↑nn Geburtstag?
  (Der Ton steigt ab dem Pfeil bis zum Äußerungsende.)

- eine – vorher im Dialog von einer anderen Person gemachte – Aussage in Frage stellen

Er ist interessant??

bzw. zurückweisen:

Er soll interessant sein??

109 Umgekehrt kann man *Aussagen* – außer durch die für Aussagen prototypischen *Aussage*sätze – auch realisieren durch
- *Frage*sätze:

  Sind wir nicht alle Gottes Kinder?

  Solche Äußerungen werden oft als *rhetorische Fragen* bezeichnet.

Satzart *Fragesatz* ↔ Satzmodus *Frage*

110 Fragesätze sind im Vergleich zu Aussagesätzen auf eine deutlich kleinere Bandbreite von sprachlichen Handlungen festgelegt. Mit Frage*sätzen* kann man folgende Spielarten von Frage*handlungen* realisieren:
- *Wissensfragen:* Mit ihnen gleicht man eigene Wissensmängel aus:

  Brauche ich eigentlich zum Oxydieren Brom?

  Wie spät ist es jetzt?
- *Wissenskontrollfragen:* Die Gefragten sollen mir durch Demonstration ihres Wissens einen Eindruck von ihrem Wissensstand vermitteln:

  Braucht man zum Oxydieren Brom? (= in einer Chemie-Prüfung).

  Wie viel Uhr ist es jetzt? (= in Sachkunde, 1. Schuljahr).

  Man nennt Wissensfragen oft *echte* Fragen und Wissenskontrollfragen demgegenüber *Prüfungsfragen*. Aber natürlich sind auch Wissenskontrollfragen *echt*; ihre Funktion ist eben eine andere als die von Wissensfragen. Insofern ist das Reden von *echten* und *unechten* Fragen irreführend.
- *Regiefragen:* Man gibt Zuhörenden / Lernenden Arbeitsimpulse, indem man ihnen relevante Perspektiven vorgibt:

  Was könnte sich Werther in dieser Situation denken?
- *Rhetorische Fragen:* Damit legt man den Zuhörenden die *eigene* Meinung nahe, ohne ihnen Gelegenheit zu Nachdenken und Stellungnahme zu geben:

  … Wer möchte nicht einen solchen Freund haben? …

  ⌐

  Leutnant zum neuen Rekruten:
  „Warum soll man nicht mit einer brennenden Zigarette über den Appellplatz gehen?"
  Rekrut: „Recht haben Sie, warum soll man nicht!"

  ⌐

  Während man mit Wissens- und Wissenskontrollfragen auf Antwort des Angesprochenen zielt und daher die Übernahme der Sprecherrolle beansprucht, will man bei rhetorischen Fragen die Sprecherrolle gerade behalten, um die eigene Einflussnahme weiterführen zu können.
- *Echofragen:* Damit kommuniziert man – durch die starke Fokussierung des überraschenden Ausschnitts – Erstaunen über eine Äußerung des anderen (was oft eine

Wiederholung oder auch eine Umformulierung der betreffenden Aussage auslöst):

„Gestern hab ich mit Paul gesprochen" – „Mit wèm hast du gesprochen!!?"
(auch mit Interrogativum im *Mittel*feld: Du hast mit wèm gesprochen!!?)

Mit Fragesätzen kann man auch weitere Sprachhandlungen realisieren:
- Vorwürfe:

Was soll ich denn noch alles tun!?
Was hab ich denn damit zu tun!?
Solche Fragesätze zielen nicht auf eine entsprechende Auskunft, sondern auf Beschwichtigung bzw. Rücknahme von Ansprüchen. Insofern sind sie *rhetorisch*.

- Vorwurfshaltige Aufforderungen:

Was sollen denn deine alten Socken hier auf dem Tisch?!
Was habe ich eben gesagt!!?
Auch solche Fragesätze zielen nicht auf eine Antwort, sondern auf eine Folge*handlung*. Insofern könnte man sie als Varianten bei den rhetorischen Fragen unterbringen.

Gast: „Herr Ober, was macht denn die Fliege in meinem Bierglas?"
Ober: „Sieht aus wie Rückenschwimmen."

- *Indirekte* Aufforderungen:

Könnten Sie mir den Weg zum Bahnhof sagen?

Lehrperson:	*Schülerin / Schüler:*
[...] Wer weiß ein Adverb? (1) Ein Ortsadverb. (2) Niko bitte.	
	„Martina verliebt sich *dort*"?
„Verliebt sich dort". Könnt man sagen. (6 [schreibt an]) [...]	

Niko bietet seinen Beitrag mit einer am Ende schwebend gehaltenen ('fragenden') Intonation an. Seine Äußerung ist ein Aussagesatz (Finitum-Zweitstellung), den er – erkennbar an der leicht ansteigenden Intonation – der Lehrperson zur Evaluation vorlegt; es handelt sich also nicht um eine einfache Frage, sondern um eine zweischrittige Äußerung, die man folgendermaßen paraphrasieren könnte: Martina verliebt sich *dort, oder?*

Die Lehrperson ratifiziert seinen Vorschlag durch ein sog. Lehrerecho, markiert ihn dann eher zögerlich als richtig und schreibt ihn auf. Erst durch die Zustimmung der Lehrperson (die mit einem Lob verbunden sein kann) wird also aus der probeweisen Aussage des Schülers eine gültige Antwort. Mit dieser Ratifizierung der Lehrperson wird die Schüleraussage zugleich als für die ganze Klasse relevante – und damit zukünftig vom Lehrer als verfügbar erwartbare – Lerninformation 'freigegeben'.

Umgekehrt kann man *Fragen* außer durch die für Fragen prototypischen Fragesätze auch realisieren durch

- einen Aussagesatz:
  Du bist wànn gekommen?
  Du bist müde?
- einen Finitumletztsatz:
  - als *Zweit*version einer Ausgangsfrage nach kommuniziertem Nichtverstehen des Hörers:
    Variante Entscheidungsfrage:
    [„Kommst du heute mit ins Kino?" – „Bitte?" –] *„Ob* du mit ins Kino kommst!"
    Diese Zweitversion kann als Konstituentensatz einer elliptischen Ergänzungsbeziehung aufgefasst werden (dazu passt auch die *fallende* Intonation am Ende):
    „(Ich hab gefragt,) ob du mit ins Kino kommst!"
    Variante Ergänzungsfrage:
    [„Was will denn Paul von dir?" – „Bitte?" –] *„Was* Paul von dir will!"
  - als Überschrift in Gebrauchsanweisungen, Ratgebern u. Ä.:
    Wie man einen Drachen baut.
    Diese Satzform kann als Konstituentensatz einer elliptischen Ergänzungsbeziehung aufgefasst werden (dazu passt auch die fallende Intonation am Ende):
    [Im Folgenden geht es darum,] wie man einen Drachen baut.
- Fraglichkeits-Äußerungen, in denen man über etwas räsonniert, das einem fraglich erscheint:
  - Variante Entscheidungs-Fraglichkeit:
    Ob Paul (wohl) noch kommt?
    Das wohl markiert die Annahme als eher *wahrscheinlich,* wirklich (Ob Paul *wirklich* noch kommt?) würde sie eher als *un*wahrscheinlich markieren. Man kann dies als abhängigen Fragesatz mit weggelassenem Fragerahmen auffassen: (Ich frage mich,) ob Paul wohl noch kommt.
  - Variante Ergänzungs-Fraglichkeit:
    Was Paul wohl gerade tut?

113 Nicht mehr Gegenstand der klassischen Grammatik, sondern der Gesprächsforschung ist die Frage, auf welche (sprachlichen) Folgehandlungen eine Frage den Gesprächspartner verpflichtet und wie dieser in der entsprechenden Situation mit solchen 'Antwort'-Verpflichtungen umgeht bzw. umgehen könnte:
- responsiv:
  (Unterricht:) „Wie bestimmt man denn die Wurzel von X?" – „Indem man ..."
- respons-suspendierend durch Klärung der Voraussetzungen:
  (Unterricht:) „Wie bestimmt man denn die Wurzel von X?" – „Kann ich das einfach an einem Beispiel zeigen?"
- teilresponsiv durch Rahmenklärung:
  (Unterricht:) „Wie bestimmt man denn die Wurzel von X?" – „Herr Meier, wir hatten die Wurzel noch gar nicht, weil Frau Müller im letzten Schuljahr ab Ostern krank war!"
- nonresponsiv durch Rahmenwechsel:
  (Unterricht:) „Wie bestimmt man denn die Wurzel von X?" – „Frau Meier, ich muss mal aufs Klo!"
- nonresponsiv durch 'Übergehen' (= Außer-*Kraft*-Setzen):
  (Angestellter zur Chefin:) „Kann ich mit Ihnen mal über einen neuen PC sprechen?" – „Machen Sie Ihre Arbeit jetzt endlich fertig!"

Der Anspruch des Angestellten auf eine Antwort gilt weiterhin. Die Chefin bricht diesen Anspruch durch kommunikative *Gewalt.*

- nonresponsiv durch 'Ebenenwechsel' (= Außer-*Geltung*-Setzen):
  (Psychotherapie-Sitzung:) Klient: „Finden Sie das schlimm, was ich zu meiner Frau gesagt habe?" – Therapeutin: „Was ist jetzt daran wichtig für Sie, wie *ich* über Ihr Verhalten denke?"

  Bei bestimmten therapeutischen Schulen besteht kein Anspruch des Klienten auf eine Antwort, sondern auch Fragen sind diagnostisches Material für die problemaufdeckende Arbeit des Therapeuten, die er im Auftrag des Klienten leistet. Basis dieses Verhaltens des Therapeuten ist also ein entsprechender *Kontrakt* mit dem Klienten.

Während Frage-*Verben* spezifische *Valenz*muster in Kraft setzen, setzen Frage*handlungen* spezifische prozessuale *Interaktions*muster in Kraft. Z.B. bleibt der Antwort-Anspruch bei der Respons suspendierenden Gegenfrage aufrechterhalten: Nach der Antwort auf die Gegenfrage muss die Antwort auf die Ausgangsfrage gegeben werden.

Satzart *Aufforderungssatz* ↔ Satzmodus *Aufforderung*

Aufforderungssätze sind morphologisch komplexer konstruiert als Aussage- oder Fragesätze: Sie kombinieren spezifische *Flexionsformen* des prädikatsbildenden Verbs mit Besonderheiten der *Satzgliedausstattung* und mit *Stellungsbesonderheiten*.

114

Spezifische *Flexions-Formen* gibt es im Deutschen nur für die sog. vertrauliche Form des Imperativs im Singular, z.B. *Lass* das! Für die vertrauliche Form im Plural wird die Indikativform der 2. Person Plural mitgenutzt (*Lasst* das!) und für die sog. Distanz-Form oder auch Höflichkeitsform – im Singular wie im Plural – die Indikativform der 3. Person Plural.

Für die sog. Adhortativ-Variante (von spät-lateinisch: adhortativus = ermahnend), bei der der Sprecher sich selbst mithilfe der 1. Person Plural einbezieht, wird bei dem Verb sein die Konjunktivform mitbenutzt, bei den restlichen Verben – die in der 1. Person Plural keine vom Indikativ abweichende Konjunktivform haben – die Indikativform:

  Seien wir ruhig ungeduldig mit unseren Chefs!
  Gehen wir einfach weg!

Im Deutschen gibt es wie in allen indogermanischen Sprachen keine eigene Flexionsform für diese adhortative Variante. Das Ungarische z.B. hat dafür eine eigene Flexionsform.

Die Imperativformen entsprechen überwiegend der Stammform – mit oder ohne -e. Sie sind mit den Indikativformen der 1. Person *weitgehend* identisch:

115

  Lauf(e) nicht so schnell!
  Angel(e) / Angle dir doch einfach eine Millionärin!

Aber sie bleiben deutlich von denen der 2. Person unterschieden (läufst, angelst), mit denen sie ja konkurrieren würden.

Eigene Imperativ-Wortformen gibt es nur bei einer Reihe von Verben wie geben, nehmen, lesen (nicht aber z.B. bei heben): Gib! Nimm! Lies! (aber Heb(e)!).

Der heute vorliegende Stammvokal e von Verben wie geben ist durch Umlautung aus einem gotischen i entstanden, die Umlautung wurde aber in den Präsensformen nur für die 1. Person Singular sowie für alle Pluralformen vollzogen, nicht auch für die 2. und 3. Person Singular: gibst, gibt.

Dagegen gehen Verben wie heben durch Umlautung auf ein gotisches a zurück; der heutige Stammvokal e der Präsensformen ist durch *alle* Personen hindurch konstant.

116 Eine Besonderheit in der *Satzgliedausstattung* hat der Imperativ in den Singular- und Pluralformen der vertraulichen Form des Imperativs: Hier entfällt in der Regel die auf die angesprochene(n) Person(en) bezogene Form des Personalpronomens. Sie kann aber zur Erhöhung des Nachdrucks gesetzt werden:

    Räum jetzt endlich die Küche auf!
    Räum du jetzt endlich die Küche auf!

Um eine eindeutige Adressierung zu erreichen, wird sie oft mit entsprechendem Blickverhalten und/oder Gesten gekoppelt:

    Räumt ihr [mit gleichzeitigem Anblicken der Angesprochenen] jetzt die Küche auf, und du [mit Blickzuwendung zu dem Angesprochenen] kommst mit mir in den Garten.

In der adhortativen Variante 1. Person Plural *muss* das Personalpronomen wir stehen, ebenso *muss* bei den Distanzformen in Singular und Plural das (großgeschriebene) Personalpronomen Sie stehen.

117 *Stellungsbesonderheiten* betreffen vertrauliche und Distanz-Formen des Imperativs. Sofern die angesprochene Person bzw. Personengruppe durch ein Personalpronomen angegeben ist, steht dieses direkt nach dem Finitum:

    Räum du jetzt bloß die Küche auf!
    *Räum jetzt du bloß die Küche auf!
    Räumen Sie jetzt bitte unbedingt die Küche auf!
    (*)Räumen jetzt bitte Sie die Küche auf, und Sie kommen mit mir in den Garten.

Durch diese Stellungsvorgabe ist im Deutschen zwischen adhortativem Aufforderungssatz und Aussagesatz klar zu unterscheiden:

    Gehen wir jetzt!
    Wir gehen jetzt!

Im Italienischen, wo pronominale Subjekte fehlen können, ist dagegen der Status eines Satzes wie

    Andiamo fuori [= Wir gehen hinaus / Gehen wir hinaus!]

nicht ohne Weiteres entscheidbar. Im Schriftsprachlichen hilft dabei das Ausrufezeichen, im Mündlichen die Stimmführung.

118 *Aufforderungssätze* sind sehr stark auf eine bestimmte Sprachhandlung spezialisiert: auf Aufforderungen (in dem ganzen Spektrum zwischen vorsichtiger Bitte und drastischem Befehl). Man kann damit außer bitten, auffordern und befehlen allenfalls noch *fluchen:*

    Scheiß drauf!

Das ist keine Aufforderung. Es kann natürlich als solche beantwortet werden, dies ist dann ein strategisches Missverständnis als Teil eines *unernsten* Modus:

    A: „Scheiß drauf!"
    B: „Ungern!"
    A/B: [Lachen]

2.2 Beziehungen zwischen Satzarten und Satzmodi

Umgekehrt kann man *Aufforderungen* – außer durch den dafür prototypischen Aufforderungssatz – auf vielfältige Weise realisieren: durch

- Fragesatz:
  Kommst du jetzt endlich her!?
- Aussagesatz in der Art einer Handlungsprognose:
  Jetzt wird geschlafen!
  Du kommst jetzt her!
  Die beiden Varianten – also die passivische agensfreie Form wie auch die aktive agenshaltige – funktionieren (wie in 107 bereits angesprochen) auf gleicher Basis: Ich kann das künftige Verhalten eines anderen Menschen nur dann prognostizieren, wenn ich sein Verhalten zuverlässig steuern kann – das setzt in der Regel informelle oder formelle Macht über ihn voraus. Insofern ist diese prognoseförmige Version eine besonders strikte Form des Befehlens.
- Aussagesatz in der Art einer Sachverhaltsbeschreibung:
  Es ist (mir) zu laut hier.

Auch diese Mängelbeschreibung wird in einem Rollenkontext, wo die sie äußernde Person über Einfluss bzw. Macht verfügt, als indirekte Aufforderung genommen (und ggf. befolgt).

- Aussagesatz in Form einer Normenbehauptung:
  Paul, man isst nicht mit aufgestütztem Ellbogen!
- Aussagesatz + Modalverb wollen:
  Wir wollen jetzt ganz ruhig sein!
  (Diese Aufforderungsform wird nach wie vor manchmal von Lehrern im Grundschulunterricht verwendet, obwohl sie nicht nur rollenunklar, sondern auch wirkungsschwach ist.)
- Aussagesatz + Modalverb sollen:
  Ihr sollt jetzt aufhören damit!

  In dieser Weise können auch Aufforderungen an *nicht*-anwesende Personen formuliert sein:
  Sie sollen nachher alles gründlich aufräumen!

  Diese Aufforderung setzt die Weiterleitung durch Mittelsleute voraus.
- Finitumletztsatz:
  Dass du mir diesmal besser auf dein Schwesterchen aufpasst!

  Diese Konstruktion kann als Konstituentensatz einer elliptischen Ergänzungsbeziehung aufgefasst werden (dazu passt auch die *fallende* Intonation am Ende): Ich will / verlange, dass …
- Einbau in eine Aufforderungs-Formel:
  Lasst uns jetzt gehen.

  Es geht bei diesem doppeldeutigen Aufforderungssatz nicht um die Bedeutung
  Bitte lasst uns jetzt frei,
  sondern um eine Art von Selbstveranlassung, also eine reflexive Anwendung von jemanden veranlassen, etwas zu tun. Hier liegt eine interessante Verschmelzung vor: Das Veranlassungs-Verb lasst adressiert die Aufforderung formell an die *anderen* Anwesenden; mit dem uns schließt der Sprecher sich selbst aber ein. Es gibt – in vergleichbarer Bedeutung – die beiden Optionen
  Gehen wir! und Lasst uns gehen!

120 In der Form satz*wertiger*, aber nicht satz*förmiger* Ausdrücke können Aufforderungen realisiert werden durch
– Partizip II:
Stillgestanden!
Aufgepasst!
Aufgestanden!
Diese Formen können als elliptische Versionen zu
Es wird stillgestanden / ... aufgepasst / ... aufgestanden!
verstanden werden. Diese Konstruktion ist begrenzt auf bestimmte Verben – mit transitiven Verben wie aufessen (*Aufgegessen!) ist sie zum Beispiel nicht möglich –, und sie ist insgesamt bei relativ wenigen Verben etabliert.
– Infinitiv:
(Bitte) nicht aus dem Fenster lehnen!
Solche infinitivischen Aufforderungen gelten als weniger höflich als direkt adressierte, da sie gewissermaßen das Subjekt 'beseitigen', an das sie adressiert sind.
Alle sofort aufstehen!
Ich verstehe dies als eine elliptische Version zu
Alle sollen sofort aufstehen!
Wenn mit dieser Aufforderung eine Einzelperson angesprochen wird, ist eine Adressierung wie die folgende grenzwertig:
(*) Paul bitte sofort aufstehen!
Gut möglich ist in diesem Fall die Adressierung in Form eines Anredenominativs (mit Komma abgetrennt).
Sofort aufstehen, Paul!
Paul, sofort aufstehen!
– *direktionale* Ausdrücke wie
Raus mit dir!
In den Keller mit deinem ganzen Zeug!
Her zu mir!
– weitere Ausdrücke (die sich als Ellipsen rekonstruieren lassen) wie z. B.
Hilfe! (= Ich brauche Hilfe!)
Leiser! (= Sei / Seid leiser!)
Nicht so! (= Mach(t) das nicht so!).

121 *Verbote* sind Unterlassungs-Befehle, also ein Sonderfall von Aufforderungen. Für ihre Formulierung gibt es im Deutschen keine morphologischen Spezialformen; es werden Aufforderungssätze mit Negation benutzt:
Geh weg! → Geh nicht weg!
Gehen Sie bitte weg! → Gehen Sie bitte nicht weg!
In einigen der Schulfremdsprachen gibt es demgegenüber *morphologische* Besonderheiten:
Im *Englischen* z. B. werden *Aussage*sätze mit dem Verb to be + Nominativ- / Adjektivergänzungen *ohne* to-do-Umschreibung verneint:

You are our looser. → You are not our looser.
You are loud. → You are not loud.

In einem *Aufforderungs*satz wird demgegenüber die Verneinung *mit* to-do-Umschreibung gebildet:

Be our looser! → Don't be our looser! (nicht *Be not our looser!)
Be loud! → Don't be loud! (nicht *Be not loud!)

Im *Italienischen* kann ein Unterlassungs-Befehl – in der *vertraulichen* Version gegenüber einer *Einzel*person – nicht wie im Deutschen durch Verneinung eines 'positiven' Befehlssatzes erfolgen, sondern nur mit der verneinten *Infinitiv*form:

Apri la finestra! → Non aprire la finestra! (nicht *Non apri la finestra!)
wörtlich: Öffne das Fenster! Nicht öffnen das Fenster! (*Nicht öffne das Fenster!)

In der *Höflichkeits*version ist demgegenüber wie im Deutschen die flektierte Form möglich:

Non apra la finestra! / Non aprite la finestra!
wörtlich: Nicht öffnen Sie das Fenster! / Nicht öffnet das Fenster!

("Quick")

Satzart *Ausrufesatz* ↔ Satzmodus *Ausruf*

Ausrufesätze dienen der Kommunikation von Erstaunen. In einem Ausrufesatz sind alle drei Stellungstyp-Varianten möglich:

Du bist *aber* groß geworden! (= Finitum-Zweitstellung);
Bist du (aber) groß geworden! (= Finitum-Erststellung);
Wie groß du geworden bist! (= Finitum-Letztstellung).

Ob es sich dabei um *freudiges* oder *verärgertes* Erstaunen handelt, wissen wir in der Regel aufgrund unseres 'sozialen Betriebswissens'. Groß werden z. B. gilt in unserer Kultur – jedenfalls bei Jungen bzw. Männern – eher als erfreulich. In *gesprochener* Sprache wird dies durch Stimmführung und Mimik in der Regel eindeutig kommuniziert.

In der Schriftsprache ist die Abgrenzung eines Ausrufesatzes mit Finitum-*Zweitstellung* von einem Aussagesatz *morphologisch* nicht gesichert. Erstaunen ist (= im ersten

Beispiel) schriftsprachlich daher nur durch Einstellungspartikeln wie z. B. aber (sowie ggf. am Ausrufezeichen) erkennbar. In gesprochener Sprache ist eine solche Partikel nicht unbedingt nötig; hier reicht auch ein auffälliger Akzent auf dù (oder / und auf gróß) und ein spezifischer Tonhöhenverlauf, nämlich eine Tonhöhenabsenkung hinter dem (letzten) akzenttragenden Wort:

Dù ↓bist groß geworden.

Bei Finitum-*Erststellung* wie im zweiten Beispiel wird die Abgrenzung gegen formgleiche Entscheidungs-Fragesätze in der Schriftsprache durch das Fragezeichen geleistet, in der gesprochenen Sprache stimmlich: durch einen auffälligen Akzent (meist auf du, eventuell auch auf bist oder auf groß) und durch auffällige Tonhöhenabsenkung:

Bist dù ↓ aber groß geworden!

124 Anstelle der Partikel aber kann auch ein einleitendes was die Kodierung von Erstaunen übernehmen. Es ist in dieser Funktion *unflektiert* und stellungsfest:

(Was) bist du groß geworden!
(Was) hat der mich eben beschimpft!!

In solchen Ausrufesätzen markiert was ein 'erstaunliches Ausmaß', während es in vergleichbaren Sätzen *ohne* diese Ausruf-Charakteristik eine *kausale* Bedeutung hat:

Was hat der mich eben eigentlich so beschimpft!?

Möglicherweise fokussieren beide Gebrauchsweisen nur Variationen einer gemeinsamen Bedeutung: Erstauntsein und Grübeln über die Gründe für das erstaunliche Ereignis sind kontingente mentale Zustände.

In folgender Verwendung

Was du alles weißt!

ist was Teil der Akkusativergänzung und damit flektiert / flektierbar, vgl.

Wen du alles kennst!

125 Gelegentlich werden Ausrufesätze mit Finitum-Letztstellung, die 'w-Wörter' wie was oder wie oder worüber enthalten, wie

Wie groß du geworden bist!

als *Frage*sätze klassifiziert. Ich halte dies für einen Irrtum. Es liegen zwar die gleichen Lexeme (wen, wie, wodurch usw.) vor wie bei entsprechenden Fragesätzen, aber sie werden hier nicht als Interrogativ-Pronomen bzw. Interrogativ-Adverbien gebraucht, sondern als Exklamativa. Das zeigt auch die Ersetzbarkeit des *wie* groß durch *dass ... so* groß:

Wie groß du geworden bist!
→ Dass du so groß geworden bist!

Ausrufesätze in Nebensatzform wie die beiden letzten Beispielsätze kann man auch als Ellipsen von *faktischen Ergänzungsbeziehungen* (→ Bd. 3: 426 f.) rekonstruieren:

(Es *wundert* mich,) wie groß du geworden bist.
Dass du so groß geworden bist(, *wundert* mich).

Indem die Ausrufesätze als Nebensätze in *komplexe* Sätze integriert werden, verschwindet ihr Status als Ausrufesatz. Die Hauptsätze in diesen komplexen Sätzen sind ihrerseits Aussagesätze. Das Verb wundern macht sie ja nicht zu Ausrufesätzen (das wäre eine Verwechslung von Semantik und Syntax).

Wenn man die Hauptsätze aber zu *Ausrufe*sätzen umformuliert, dann ist das ganze Satzgefüge insgesamt ein Ausrufesatz:

> Alle wundern sich immer, wie groß du geworden bist
> → *Dass sich immer alle wundern,* wie groß du geworden bist!!

Ausrufe kann man – außer durch Ausrufesätze – auch durch satzwertige Wortgruppen realisieren:

> Du und anderen helfen! (Dass ich nicht lache!)

Satzart *Wunschsatz* ↔ Satzmodus *Wunsch*

Die Satzart Wunschsatz gibt es in zwei Stellungstypen:

> Wenn er bloß noch käme! (= Finitum-Letztstellung);
> Käme er doch endlich! (= Finitum-Erststellung).

Solche Wunschsätze kann man möglicherweise als Ellipse von konditionalen Adverbialbeziehungen rekonstruieren:

> Wenn er noch käme(, dann wäre ich froh).
> Käme er noch(, dann wäre mir geholfen).

Wünsche kann man – außer durch Wunschsätze – auch durch infinite Wortgruppen realisieren:

> Ein Mal in der Sonne sitzen!

2.3 Direkte und indirekte Realisierung von Sprachhandlungen

Wie in den letzten Abschnitten dargestellt, stehen für die Realisierung einer Sprachhandlung außer der dafür prototypischen Satzart weitere Satzformate zur Verfügung. Dadurch entstehen mehrere Optionen, zwischen denen wir – im Rahmen *allgemeiner* gesellschaftlicher Konventionen auf die *besondere* Situation eingehend – wählen können.

Ein Beispiel

Indirekt realisieren wir vor allem Aufforderungen:

> *Beifahrerin zu ihrem Kollegen am Steuer:*
> „Das ist eine der gefährlichsten Kreuzungen in Aachen."

Die Beifahrerin stellt hier eine verkehrsempirische *Behauptung* auf; diese kann wahr oder falsch sein. In der Perspektive des *Fahrers,* der selber Aachener ist, gewinnt diese Aussage durch ihre bloße Behauptung noch keine Relevanz (es sei denn, es ist eine Smalltalk-Situation und das Wetter war schon Thema). Er ordnet ihr probehalber zusätzliche Relevanz zu: die einer Warnung. Und da die Sprecherin selber im Auto sitzt, interpretiert er ihre Äußerung als die Aufforderung, langsamer bzw. behutsamer zu fahren. Die Aussage verliert dadurch nicht ihre wörtliche Bedeutung, sondern sie erhält zusätzliche Lesarten. Diese Lesarten sind im Unterschied zur wörtlichen Bedeutung nicht grammatisch-lexikalisch gesichert, sondern pragmatisch: Es sind naheliegende Unterstellungen kooperationserfahrener Gesprächspartner derselben Sprachgemeinschaft.

Ob die Sprecherin, indem sie diese Aussage tätigt, darüber hinaus auch warnen und auffordern *wollte*, ist zunächst nicht klar. Und würde der Fahrer darauf ärgerlich erwidern

> Ich kenne Aachen und fahre seit 35 Jahren unfallfrei,

könnte sie sich auf die wörtliche Bedeutung zurückziehen und die weitergehenden Bedeutungsunterstellungen zurückweisen.

129 Wenn die Beifahrerin mit ihrer Äußerung im Satzformat Aussagesatz eine Warnung und/oder eine Aufforderung realisieren wollte, dann nennt man solche Realisierungsformen *indirekt*. Das verweist darauf, dass die Aufforderung nicht durch die wörtliche Bedeutung der Aussage realisiert wird, sondern durch Schlussfolgerungen des Hörers auf der Basis dieser wörtlichen Bedeutung.

Würde diese Äußerung vom *Fahrer* gesprochen, könnte sie nicht dieselben Zusatzbedeutungen gewinnen (allenfalls den Status einer Warnung mit der Aufforderung, sich gut festzuhalten und ggf. das Kreuz zu schlagen).

Wäre die Beifahrerin die Leiterin der Straßenbaubehörde in Aachen, die mit ihrem Regensburger Berufskollegen durch Aachen fährt, dann wäre die verkehrstechnische Information an sich bereits genügend relevant. Der andere würde dann vermutlich nicht nach weiteren Bedeutungen suchen.

Eine mögliche *direkte* Aufforderung in dieser Situation wäre:

> Fahren Sie (bitte) langsamer!

Diese Aufforderung ist insofern direkt realisiert, als die Äußerungsform grammatisch (= durch die Flexionsform Imperativ) die Bedeutung Aufforderung trägt.

Zur Funktion indirekter Aufforderungen

130 In vielen gesellschaftlichen Situationen werden Optionen nicht-direkter Aufforderungen genutzt. Sie haben gegenüber direkten Versionen *zwei* Vorteile: Zum *einen* lassen sie die Folgehandlung des Gesprächspartners als *freiwillig* erscheinen

> *Könnten* Sie (bitte) ein bisschen langsamer fahren?
> (= die wörtliche Bedeutung fokussiert die Kompetenz*voraussetzungen* der erbetenen Verhaltensänderung)

oder als *selbst*initiierte Handlung, z. B. *Rücksichtnahme* wie bei

> Ich krieg immer *Angst*, wenn jemand so schnell fährt.

oder eine *kluge* Schlussfolgerung wie bei

> Das ist eine der *gefährlichsten* Kreuzungen in Aachen.

oder eine Orientierung am Verhaltens*standard* wie bei

> Sie fahren *aber* schnell! (= mit aber wird das Tempo als *überraschend* hoch markiert).

Mit einer direkten Aufforderung hingegen wird offenbar die Gleichrangigkeit gestört: Der Angesprochene wird als Empfänger von Vorgaben eines anderen in seinem Autonomieanspruch beschädigt. In hierarchischen Beziehungen und in Erwachsenen-Kind-Beziehungen muten wir einander solche Herabstufungen leichter zu. Die Kollegin im Ausgangsbeispiel hat weder den Rang noch das Alter, um *direkt* aufzufordern.

Die Ratgeberliteratur zur Gesprächsführung bezieht sich in einigen ihrer Empfehlungen genau auf diese Indirektheit sprachlicher Handlungen.

Nach dem sog. 4-Ohren-Modell von Schulz v. Thun beispielsweise enthalten Äußerungen grundsätzlich Informationen in den vier Dimensionen „Sachbezug", „Selbstkundgabe", „Beziehungssicht" und „Appell" und sollten entsprechend auch unter allen diesen Gesichtspunkten gehört bzw. verstanden werden. Dieses Konzept ist eine – in der Fortbildungsszene recht erfolgreiche – Kreuzung der Watzlawick'schen Kontrastierung von „Inhaltsaspekt" und „Beziehungsaspekt" mit der viel älteren sprachpragmatischen Theorie von Bühler, nach der (sprachliche) Zeichen im Hinblick auf drei Funktionen konstituiert (und daher auch rezipiert) werden: Ausdruck – Darstellung – Appell. Das gleiche Modell läuft auch – von Oswald Neuberger unter diesem Terminus gestartet – unter dem Kürzel „TALK"-Modell (T = Tatsachendarstellung, A = Ausdruck, L = Lenkung, K = Kontakt).

In dem 4-Ohren-Modell richten sich drei der vier 'Ohren' auf die Differenz zwischen dem an der verwendeten Satzart orientierten wörtlichen Verständnis und den 'versteckten' Appell- und Beziehungsdimensionen.

> *Ein Beispiel für ein Trainingsangebot aus diesem Kontext:*
>
> „Lesen Sie die folgenden Aussagen und stellen Sie sich vor, wie Sie reagieren würden, wenn Sie vornehmlich auf dem Beziehungs-, dem Appell- oder Selbstoffenbarungsohr hören. […]
> Stellen Sie sich vor, dass eine Kollegin in Ihr Büro kommt und etwas wichtigtuerisch sagt:
> „…, puhhh, morgen muss ich vor […] einem besonders wichtigen, aber auch schwierigen Kunden präsentieren."
> Mögliche Reaktionen wären, wenn Sie vornehmlich mit einem der jeweils angesprochenen „Ohren" hören würden:
> – Appellohr: „… soll ich dir bei der Vorbereitung helfen?"
> – Beziehungsohr: „… na toll! Glaubst du etwa, ich würde das nicht auch schaffen?" als negative Reaktion oder „Das finde ich gut, dass du mir das sagst" als positive.
> – Selbstoffenbarungsohr: „… da bist du jetzt sicher schon ganz nervös, oder?"
> (Aus v. d. Heyde / v. d. Linde: Gesprächstechniken für Führungskräfte, München 2007)

Der *zweite* Vorteil nicht-direkter Aufforderungen ist die Möglichkeit, sich auf die wörtlichen Lesarten zurückzuziehen, wenn man vom Gesprächspartner abschlägig beschieden wird oder er darauf gar mit Ärger oder Ähnlichem reagiert. Die Bedeutung einer *direkten* Aufforderung kann man demgegenüber nicht leugnen.

133 Indirekte Aufforderungen sind uns aus der alltagsweltlichen Kommunikation hoch vertraut:

> Könnten Sie mir den Weg zum Bahnhof sagen?

Sie ersetzen eine direkte *Bitte* um Wegauskunft durch eine *Frage*, die die Handlungsvoraussetzungen des Gesprächspartners für die Bitte klären hilft; die eigentliche Bitte um Wegauskunft bleibt dabei ausgespart. Sie gilt beiden Gesprächsbeteiligten aber als 'stillschweigend' mitgestellt: Bei einem negativen Bescheid auf diese Frage äußert der andere in der Regel zusätzlich eine Entschuldigung als Ausgleich für die indirekt geäußerte Bitte, die er nicht erfüllen kann:

> Könnten Sie mir den Weg zum Bahnhof sagen? – Nein, *tut mir leid!*

Diese indirekte Vorgehensweise ermöglicht einem Gesprächspartner, der den Weg nicht beschreiben kann, eine sozial unproblematischere Version des negativen Bescheids: Es ist weniger problematisch, auf die Frage nach den Ortskenntnis-Voraussetzungen wie

> Kennen Sie sich hier aus?

mit Nein (leider nicht) zu antworten, als eine direkt geäußerte Bitte wie

> Bitte sagen Sie mir den Weg zum Bahnhof!

mit Nein, ich kenne mich hier nicht aus abschlagen zu müssen.

134 Neben der Nutzung von Fragesatz oder auch Aussagesatz dienen auch Abtönungspartikeln wie vielleicht und Flexionsmittel wie Tempus

> Ich wollte Sie mal nach Literaturtipps fragen.

oder Modus

> Ich würde gerne ….

der Reduktion des Anspruch-Drucks, den solche Bitten um Unterstützung auf die angesprochene Person auslösen können. Auch stimm- und körpersprachliche Mittel gehören in dieses Verhaltensschema 'Höflichkeit': ein eher heller und leiser Stimmklang sowie Lächeln und verschiedene Formen des Sich-kleiner-Machens (= den Kopf schräg halten, den Oberkörper zum Angesprochenen hin beugen).

Die indirekten Formen der Realisierung von Aufforderungen – also ohne Nutzung der für Auffordern prototypischen Aufforderungssätze – überwiegen heute gegenüber den direkten Formen der Aufforderung. Historisch hat sich das sprachliche Repertoire indirekter und höflicher Formen vermutlich in der höfischen Kultur seit dem Mittelalter entwickelt. Es handelt sich also wohl nicht um linguistische oder soziale Universalien.

135 Missverständnis des Zusammenspiels von Satzart und Satzmodus ist eine der produktivsten 'Maschinen' für die Erzeugung von Witzen:

> A: „Verzeihen Sie, Sie schulden mir noch 50 Euro."
> B: „Schon verziehen."

Das Verzeihen Sie stellt ein Zugänglichkeitsritual dar, das die auf Imageebene heikle Aufforderung, die Schulden zurückzuzahlen, abschwächen soll. B bezieht sich lediglich auf dieses aufforderungsförmige Ritual und übernimmt mit seiner Antwort sogar die Rolle des Großzügigen.

Und noch zwei weitere 'blanko':

> Der Arzt nach der Untersuchung zu seinem Patienten:
> „Trinken Sie?"
> Die Augen des Patienten leuchten auf:
> „Gern, Herr Doktor, wenn Sie einen kleinen Klaren dahaben?"

> Kommt ein Mann zum Arzt: „Herr Doktor, mir hat ein Hai den Arm abgebissen!" – Darauf der Arzt: „Ja ja, das machen die."

Satzglieder

Worum es in diesem Kapitel geht:

Die Satzglieder als 'Team'
Das Prädikat als 'Spinne im Netz'
Wie man abgrenzt, was ein 'Satzglied' ist
Morphologische, semantische und valenzorientierte Klassifikation
Allerlei zum Valenzbegriff
Vertraute (und unvertraute) Ergänzungen
Zweitabhängige und zugeordnete Satzteile
Die 'Spezialisten'
Zur Satzgliedstellung

136 Gegenstand dieses Kapitels sind Satzglieder (also Satzteile, die *unmittelbar* auf das prädikatstragende *Verb* bezogen sind). Sie werden vorrangig anhand einfacher, kommafreier Sätze in Aussagesatzform analysiert.

Alle komplexeren grammatischen Konstruktionen, zu deren Regulierung Kommas erforderlich sind, werden im Kapitel *erweiterter Satz* behandelt, z. B. Linksherausstellungen wie

Dein neuer Freund, *den* finde ich doof.

Dort geht es dann teilweise auch schon um Phänomene an der Grenze zum *zusammengesetzten Satz* wie z. B. teilsatzwertige Partizipialkonstruktionen:

Von der schweren Krankheit geschwächt, konnte sie das Kind nicht mehr festhalten.

137 *Sätze* sind das syntaktische Basis-Format, in dem wir uns sprachlich äußern – über uns, über andere, über 'die Welt'. Sie sind die Standardeinheit in *schrift*sprachlicher Produktion. Dort produzieren und rezipieren wir sie nach relativ strikten grammatischen und stilistischen Normen.

Äußerungen sind die Grundeinheit in *mündlicher* Sprachverwendung. Sie sind oft satzförmig, aber ihre jeweilige Struktur und Form variiert erheblich nach den Zielen und Bedingungen der Kommunikationssituation.

138 Wir *erwerben* unsere grammatische Kompetenz und ein erstes, weitgehend implizites Sprachwissen fast ausschließlich anhand von mündlichen Äußerungen. Wir *schulen* unsere grammatischen Kenntnisse und Analysefähigkeiten dann aber vorrangig anhand schriftsprachlicher Produkte, also überwiegend 'ordentlicher' Sätze.

Wenn wir Äußerungen in Gesprächen (oder auch Reden) untersuchen wollen, müssen wir daher die grammatischen Einsichten, die wir anhand schriftsprachlich produzierter Sätze gewonnen haben, umsichtig anwenden, damit wir nicht schriftsprach-borniert an Mündlichkeit herangehen.

Ein Blick auf Satzglieder aus der Vogelperspektive

(Aus: Manfred von Papen, „Hinz und Kunz", Ullstein Verlag, Berlin, 1979)

Als Orientierungshilfe für die Ausführungen in diesem Kapitel und zugleich als ein kleines Resümee biete ich hier zunächst einen Überblick über die Struktur einfacher Sätze. Um Lernern den Zugang zu diesem Gebiet zu erleichtern, verwende ich dabei für die Satzglied-Typen zusätzlich metaphorische Bezeichnungen aus dem betrieblichen Milieu.

Ein (einfacher) Satz besteht aus einem Prädikat mit darum herum angeordneten Satzgliedern:

> Ihr Mann hat gestern den Kuchen mit Vergnügen gegessen.

Das Prädikat ist das syntaktisch-semantische Zentrum des Satzes – metaphorisch gesprochen: der 'Leiter'; ohne das prädikatsbildende Verb + ggf. Hilfsverben/Modalverben läuft (fast) nichts. Das Prädikat eröffnet maximal drei Stellungsfelder: das *Vorfeld* (= vor dem Finitum), das *Mittelfeld* (= zwischen dem Finitum und den oft vorhandenen infiniten Prädikatsteilen – Verbzusatz eingeschlossen) und das *Nachfeld* (= nach den infiniten Teilen).

In dieser Grammatik wird der Begriff *Prädikat* im engen Sinn verstanden (nur hat + gegessen). Früher wurde in der Tradition der Logik (die noch heute diese Begrifflichkeit benutzt) unter Prädikat alles außer dem Subjekt verstanden, in dem Beispiel oben also hat den Kuchen gegessen. Dahinter stand die bereits von Aristoteles benutzte logik-orientierte Unterscheidung, nach der über etwas etwas ausgesagt wird; in der aristotelischen griechischen Begrifflichkeit: *hypokeimenon* (= das [einer Aussage] zugrunde Liegende/Gelegte) und *kategorumenon* (= das darüber Ausgesagte); in der Übersetzung ins Lateinische: *subiectum* und *praedicatum;* in der späteren deutschen Übersetzung: *Satzgegenstand* und *Satzaussage*. Diese Zweiteilung ist aus dependenztheoretischer

Sicht problematisch; hier geht man vom valenzhaltigen Verb aus, das ein Tableau gleichrangiger Satzbausteine vorsieht.

140 Das prädikatsbildende *Verb* eröffnet entsprechend seiner Valenz Satzgliedstellen, die realisiert sein *müssen* (= obligatorische Valenzen wie hier ihr Mann) oder fehlen können (= fakultative Valenzen wie im Ausgangsbeispiel den Kuchen).

Unter diesen valenzgebundenen Stellen (= *Ergänzungen*) hat das Subjekt (hier ihr Mann) insofern eine besondere Rolle, als es dem Finitum Person und Numerus vorgibt. Zudem gibt es in fast allen Sätzen ein Subjekt.

Weitere valenzgebundene Satzglieder sind die *Objekte* (Genitiv-, Dativ-, Akkusativ- und Präpositionalobjekte – im Ausgangsbeispiel ein Akkusativobjekt: den Kuchen). Auch die begriffliche Gegenüberstellung von Subjekt und Objekt hat einen logikgeschichtlichen Hintergrund: Ein Objekt (von lateinisch obiectum = das Entgegengesetzte) ist in seiner lateinischen Bedeutung das dem Subjekt Gegenübergestellte.

Paula erinnerte sich ihrer Zusage.
Paula hat mir doch nicht geholfen.
Paula liebt mich sehr.
Paula wundert sich manchmal über mich.

141 Dazu kommen oft Nominativ- und Adjektivergänzungen (auch *Prädikatsnomen*) wie

Paula ist Bundeskanzlerin.
Paula ist schön.

sowie gelegentlich Adverbergänzungen wie

Paula ist drüben.

und bei einigen Verben auch Adverbialergänzungen wie

Paula wohnt in Berlin.

Diese unterschiedlichen Ergänzungen sind die 'Gründungsmitglieder'; sie bilden die Grundausstattung eines Satzes.

142 Zu den an das prädikatsbildende *Verb* gebundenen Satzgliedern (= den Ergänzungen) treten auf das *Prädikat* bezogene Satzglieder (= *Angaben*, auch als *Umstandsbestimmungen* bezeichnet), die für die situationsbezogene semantische Ausstattung eines Satzes sorgen. Sie sind die 'Sachbearbeiter'. In einigen schulischen Grammatiken und Arbeitsbüchern für den Deutschunterricht unterscheidet man oft nur vier 'Sachgebiete':

– temporal:
   am frühen Abend / gestern;
– lokal:
   hier / auf dem Berg;
– kausal (im weiteren Sinne: inklusive konditional, final, konsekutiv, konzessiv):
   wegen seines Hungers / bei Regen / zum Kochen / zum Heulen / trotz schlechten Wetters;
– modal (inklusive instrumental usw.):
   mit zitternder Stimme / ängstlich / mit einem Hammer.

Ein Grammatikunterricht nach Lehrwerken mit einer solchen *reduzierten* Systematik bietet keinen Zugang zu den vielen unterschiedlichen Bedeutungen und Nuancen der Angaben, die die Lernenden an sich aus ihrem Sprachgebrauch zur Verfügung haben; er wirkt dann wahrscheinlich desensibilisierend, also gerade nicht Sprachbewusstheit fördernd.

Ich plädiere daher für eine demonstrative Öffnung dieser Systematik: Es geht weiter unten (→ 421 ff.) auch um Sachgebiete wie z. B.
- Empfänger: Er trug ihr mein Radio ins Zimmer.
- Bemessungsinstanz: Für mich ist das zu laut.
- Quellenangabe: Meines Wissens ist sie Lehrerin.
- Bemessungsbezug: Für einen 14-Jährigen ist er ziemlich selbstständig.
- Kontrast: gegenüber X / im Unterschied zu X;
- Ersetzung: statt X.

Bei bestimmten Verben (u. a. den direktionalen Verben wie werfen, legen sowie einigen weiteren wie wohnen) ist ein Gründungsmitglied zugleich Sachbearbeiter, syntaktisch formuliert: eine Adverbial*ergänzung* (auch: Umstandsergänzung) (→ 364 ff.):

  Paul *wohnt* in Berlin.

Umgekehrt sind einige der Satzglieder, die auf den ersten Blick wie Gründungsmitglieder aussehen, 'nur' Sachbearbeiter, syntaktisch formuliert: *adverbiale* Genitive / Dative / Akkusative (→):

  Eines Abends ging Paula …
  Dass du mir nachher ja dem Paul beim Aufräumen hilfst!
  Er trug den Koffer den ganzen Weg.

Gründungsmitglieder und Sachbearbeiter zusammen sind das *'Stammpersonal'*.

Gelegentlich spielen *Assistenten* eine unterstützende Rolle. Das sind Satzteile, die sich nicht *direkt* auf das Prädikat beziehen (insofern keine regulären Satzglieder), sondern einer Ergänzung oder einer Angabe *zugeordnet* sind (andererseits aber topologisch zu selbstständig, als dass es reguläre Attribute wären); einige von ihnen sind präpositional bzw. konjunktional geprägt:

  Paul aß den Apfel ungewaschen (vermutlich den Apfel zugeordnet, nicht Paul).
  Paula isst Äpfel immer mit dem Kerngehäuse (Äpfel zugeordnet).
  Paula ist schneller gelaufen als ihr Mann (schneller zugeordnet).

Und schließlich mischen oft noch *'Spezialisten'* mit, die in ihrem (Stellungs-)Verhalten teilweise ziemlich eigenwillig sind. Diese Satzteile für besondere Aufgaben sind oft keine regulären Satzglieder. Ich unterscheide drei Gruppen dieser Spezialisten:
- *Sachverhalts-Spezialisten:* Sie dienen der spezifischen Präsentation der Sachverhaltsdarstellung unter den Gesichtspunkten

  Sachverhalts-*Status:* Eben bin ich *fast / nicht* eingeschlafen.
  Fokussierung: Vor allem habe ich Hunger.
  Evaluation: Wir sind vergeblich gekommen.
  Bewertung: Ich bin leider krank.

- *Aussage-Spezialisten:* Sie kommentieren die Sachverhaltsaussage hinsichtlich ihres *Status*

  Angeblich aß der Mann einen vergifteten Kuchen.

  oder hinsichtlich ihrer *Form*

  Paul war regelrecht versunken in den Umzugskartons.

– *Dialog-Spezialisten:* Sie sollen die Wirkung der Äußerung auf den Hörer steuern und sind daher besonders häufig im *mündlichen* Sprachgebrauch zu finden (der Wortart nach: Einstellungspartikeln):

Dein Freund kann doch nicht den ganzen Kuchen essen!

147 Hier noch einmal in Kurzform ein Überblick über das 'sprachliche Personal', das bei der Gestaltung von Sätzen / Äußerungen mitwirkt:

Leiter: *das Prädikat;*
Stammpersonal:
– Gründungsmitglieder:
   – *das Subjekt* (zugleich: Juniorpartner des Leiters);
   – *die weiteren Ergänzungen* (im Einzelfall zugleich Sachbearbeiter);
– Sachbearbeiter:
   – *die Angaben* (im Einzelfall mit dem Status eines Gründungsmitglieds);
zusätzliches Personal:
   – Assistenten: *(konjunktional) zugeordnete Satzteile;*
   – Spezialisten:
      – Sachverhalts-Spezialisten;
      – Aussage-Spezialisten;
      – Dialog-Spezialisten.

Einzelne Satzteile können zudem aus dem einfachen Satz ausgelagert und durch Teilsätze und teilsatzwertige Infinitive übernommen (und dabei 'professionell' ausgebaut) werden – gewissermaßen ein syntaktisches Outsourcing; dies führt u. a. zur Kooperation mit Nachbarsätzen, die innerhalb von Texten aufeinander angewiesen sind:

Paula hatte freundlicher Weise für ihn mit eingekauft.
→ Paula hatte für ihn mit eingekauft, das war sehr freundlich.

Zur Abgrenzung der Analyseebenen *Wort* und *Satz*

148 In Sätzen wie

Wahrscheinlich frisst das Kätzchen als typisches Raubtier die Maus abends roh.

haben wir die vorkommenden Wörter bislang „Wort für Wort" betrachtet. Zum einen haben wir ihre Zugehörigkeit zu bestimmten *Wortarten* bestimmt:
– wahrscheinlich als Adjektiv;
– frisst als Verb;
– das als bestimmten Artikel (= innerhalb der Wortartgruppe der 'Pro-Nomen');
– Kätzchen als Nomen;
– als als Konjunktion (= innerhalb der Wortartgruppe der 'nicht flektierbaren Wörter');
– abends als Adverb (= innerhalb der Wortartgruppe der 'nicht flektierbaren Wörter').

Bei der Bestimmung der Wortarten haben wir oft auch schon auf die Rolle der betreffenden Wörter im Satz 'geschielt' oder auch offiziell geschaut:
- Innerhalb der Wortartgruppe der *nicht* flektierbaren Wörter haben wir Wörter wie und als Konjunktionen klassifiziert, weil sie Sätze oder Satzteile miteinander verbinden.
- Wörter wie roh haben wir als *Adjektive* klassifiziert mithilfe der Prüfung, ob sie in prototypischen Adjektivkontexten vorkommen können:
  1. das x-ig*e* A (z. B. das rohe Fleisch);
  2. Sie ist x-ig (z. B. Sie ist roh).
  3. Er a-t x-ig (z. B. Er verhält sich roh).

  Diese Kontexte sind *Satz*kontexte (2 und 3) bzw. *Satzglied*kontexte (1).
- Wörter wie ja, wohl haben wir wegen ihres spezifischen *Stellungs*verhaltens (= sie stehen nicht im Vorfeld) und wegen ihrer besonderen kommunikativen Funktion in Sätzen als *Einstellungspartikeln* klassifiziert.

Daher ist die Unterscheidung von Wortarten nicht eine bloß *morphologische*, also eine nach der grammatischen Form, sondern sie beruht auf *syntaktischem* Wissen darüber, wie sich Wörter im Satzrahmen verhalten.

Eine Wortgruppe bzw. ein einzelnes Wort als Satzglied zu klassifizieren ist immer nur in Relation zur Satzstruktur insgesamt möglich. So kann man das Wort Hunde zwar unter dem Wortartaspekt isoliert als Nomen bestimmen; als Satzglied aber kann es Subjekt sein wie in

    Hunde riechen gut.

oder Akkusativobjekt wie in

    Ich liebe Hunde.

Man kann also keine Subjekte sammeln, wie man Nomen sammeln kann: Der Begriff Satzglied ist eine *relationale* Größe, der Begriff Wort eine *kategoriale*.

Und die Präpositionalgruppe auf dem Matterhorn kann Präpositional*objekt* sein wie in

    (Sie stritten sich lange, wo sie klettern gehen wollten:) Er *bestand* auf dem Matterhorn.

oder Präpositional*angabe* wie in

    Sie *aßen* ihren Kuchen auf dem Matterhorn.

oder adverbiale Präpositional*ergänzung* wie in

    Sie *wohnten* auf dem Matterhorn.

oder überhaupt kein Satzglied, sondern ein Präpositional*attribut* (wie in Ihr Haus auf dem Matterhorn ...).

Zum anderen haben wir uns mit der *Wortbildung*, dem 'Innenleben' von Wörtern, befasst und das Zusammenspiel der Wort-Bausteine *innerhalb* des *einzelnen Wortes* untersucht:
- Kätzchen als Suffigierung von Katz[e] mittels -chen;
- Raubtier als Determinativkompositum von raub[en] + Tier.

Auch bei der Analyse der Wortbildung haben wir syntaktisches 'Betriebswissen' benutzt:
- Zur näheren Analyse von Komposita haben wir Paraphrasen verwendet, die aus einem Kompositum spezifische Satz*teile* oder auch Teil*sätze* machen:
  - Zuckerwürfel = Würfel aus Zucker;
  - Baumkuchen = Kuchen wie ein Baum;
  - Raubtier = Tier, das ... raubt.

– Wir haben zudem die Äquivalenz von Wortbildungsprodukten wie Unternehmensberaterin und Satzteilen wie Beraterin eines Unternehmens oder auch ganzen Sätzen wie Sie berät ein Unternehmen festgestellt.

Insofern ist die Unterscheidung von Großgebieten der Grammatik – nämlich *Morphologie* (zu der die Wortarten-Lehre als sog. *Flexions*-Morphologie und die Wortbildungs-Lehre als sog. *Wortbildungs*-Morphologie gerechnet werden) und *Syntax* (um die es bei der Analyse von Satzgliedern (und Satzglied-Teilen) geht) – eine *weiche* Grenzziehung. Man könnte Wortbildung als 'wortinterne' Syntax ansehen.

Wenn wir im Folgenden Sätze auf ihre Satzglied-Struktur hin untersuchen, geht es also um (eine bestimmte Art von) *Satz*bausteine(n) – bei Wortarten und Wortbildung ging es um *Wort*bausteine.

> Pohlemann geht in ein Textilgeschäft. „Ich möchte ein Paar Unterhosen."
> Der Verkäufer verbeugt sich und fragt: „Lange, mein Herr?"
> Pohlemann empört: „Ich will die Hosen kaufen, nicht mieten!"

151 Sätze sind – auch wenn das Schriftbild eine lineare Kette aus einzelnen Wörtern suggeriert – nicht Wort für Wort gebaut, sondern aus (ein- oder mehrwortigen) Satzbausteinen. Das merkt man schnell, wenn man in einem Satz wie

Das Kätzchen meiner alten Schwester frisst als typisches Raubtier die kleine Maus abends mit großem Vergnügen roh.

versucht, Einzelwörter wegzulassen: Das geht bei abends und bei alten, nicht aber bei meiner oder Schwester, während meiner alten Schwester insgesamt weggelassen werden kann; mit kann nicht weggelassen werden, ohne dass großem Vergnügen ebenfalls weggelassen wird, und auch als kann nicht weggelassen werden, ohne dass typisches Raubtier ebenfalls getilgt wird, sonst entstehen ungrammatische Konstruktionen. Die um das Prädikat frisst herum angeordneten Wörter sind also syntaktisch offenbar zu folgenden Satzbausteinen *gruppiert*:

Das Kätzchen meiner alten Schwester frisst als typisches Raubtier die kleine Maus mit großem Vergnügen abends roh .

Mit solchen Weglass-Tests (und weiteren Verfahren wie z.B. der Ersatzprobe) kann man in diese Wortgruppen gewissermaßen 'Tiefenschärfe' bringen und die Wörter innerhalb einer Wortgruppe auf unterschiedliche Abhängigkeitsstufen verteilen:

```
0  Das Kätzchen              frisst als      Raubtier     die       Maus mit      Vergnügen abends roh.
1              meiner Schwester       typisches                 kleine        großem
2                     alten
```

Man kann diese Stufung innerhalb der Wortgruppen auch durch Klammern andeuten:

Das Kätzchen [meiner [alten] Schwester] *frisst* als [typisches] Raubtier die [kleine] Maus mit [großem] Vergnügen abends roh.

Für diese Einheiten innerhalb eines Satzes gibt es verschiedene Bezeichnungen, die jeweils unterschiedliche Gesichtspunkte fokussieren:

Satzbaustein bezieht sich wie das aus dem Lateinischen abgeleitete Pendant *Konstituente* (von constituens = das Errichtende) auf die handwerkliche Perspektive, dass man aus kleineren Einheiten größere baut.

Satzteil fokussiert umgekehrt die Zerlegbarkeit der größeren Einheit in kleinere.

Wortgruppe fokussiert vorrangig die Zusammengehörigkeit mehrerer nebeneinander stehender Wörter. Der Nachteil der Bezeichnung Wort*gruppe* im Unterricht ist, dass es Schülern zunächst schwerfällt, sie auch auf *ein*-wortige Konstituenten wie abends anzuwenden.

Phrase (von griechisch frasis = sprachlicher Ausdruck) ist eine *neutrale* Bezeichnung; sie ist freilich ein fremdsprachliches Wort, dessen Bedeutung für Schüler / Studierende angesichts der abwertenden Bezeichnung 'Phrase' für 'leeres Gerede' wenig offensichtlich ist.

In dem Beispielsatz oben sind die unterstrichenen Wortgruppen Satzbausteine, die direkt vom prädikatsbildenden Verb fressen *abhängig* (z. B. die kleine Maus) bzw. direkt auf das Prädikat *bezogen* sind (z. B. abends). Solche *unmittelbaren* Satzbausteine werden in diesem Kapitel als Satzglieder näher untersucht.

Einige dieser Satzglieder enthalten – wie die Klammerversion zeigt – untergeordnete, eingebettete kleinere Satzbausteine: Beispielsweise enthält

Das Kätzchen [meiner [alten] Schwester]

den Satzbaustein

meiner [alten] Schwester;

und dieser enthält wiederum den Satzbaustein

alten.

Auch der könnte noch einen untergeordneten Satzbaustein erhalten:

[überdurchschnittlich] alten

und weiter zu

[weit] überdurchschnittlich.

Solche eingebetteten – also *nicht* unmittelbaren – Satzbausteine werden im Kapitel *Attribute* näher untersucht.

In den überwiegend mehrwortigen unmittelbaren Satzbausteinen – also den Satzgliedern – ist jeweils genau *eine* Wortform die (syntaktisch bzw. semantisch) maßgebliche Instanz für das Verhalten der anderen Wortformen; man bezeichnet sie je nach Grammatik bzw. grammatiktheoretischer Orientierung als *Kern* oder als *Kopf* (oder man arbeitet mit beiden Begriffen im Tandem). Ich arbeite im Folgenden mit dem Begriff *Kopf* (vgl. dazu Attribute, S. 500 ff.).

Bei die kleine Maus ist das akkusativisch geprägte Nomen Maus der Kopf. Nach der Wortartzugehörigkeit des jeweiligen Kopfes wird die Wortgruppe insgesamt klassifiziert; die kleine Maus ist also eine *nominale* Wortgruppe, im Folgenden abgekürzt zu *Nominalgruppe* oder NG (man spricht auch von Nominal*phrase* und kürzt in dem Fall mit NP ab). Die akkusativische Prägung des Kopfes Maus ist durch das *Prädikat* vorgegeben; der Kopf gibt aber seinerseits den restlichen Wörtern der Wortgruppe – hier dem Artikel die und (im Zusammenspiel mit diesem) dem Adjektiv kleine – die morphologische Prägung vor, nämlich Genus und Numerus (die Kasusprägung übernehmen Artikel und Adjektiv im Gefolge von Maus vom Prädikat).

Entsprechend gibt es Präpositionalgruppen (wie mit großem Vergnügen), Adverbgruppen (wie abends), Adjektivgruppen usw.

155 Die Analyse von Sätzen muss also mindestens auf zwei Fragen Antwort geben:
– Welche Wörter bzw. Wortgruppen bilden einen Baustein *(Segmentierung)*?
– Wie bilden diese Bausteine in stufenförmiger Anordnung den Satz *(Konstituenz)*?
– Wie sind die Bausteine innerhalb des Satzes aufeinander bezogen, sodass in diesem Zusammenspiel die Satzbedeutung verstanden werden kann *(Dependenz)*?
– Welchen semantischen Beitrag leisten die einzelnen Bausteine in diesem Zusammenspiel *(Klassifizierung)*?

Konstituenz und *Dependenz* sind zwei Pflicht-Aspekte von Satzanalysen.

156 Wir untersuchen Sätze daher unter folgenden Fragen:
– Welches sind die Satzbausteine in einem gegebenen Satz?
– Um welche Typen von Satzbausteinen handelt es sich?
– Welche Rolle haben sie im Zusammenspiel innerhalb des gesamten Satzes?
– Welche Stellungsregularitäten gelten für diese Satzbausteine?

Ansatzweise befassen wir uns außerdem mit der Frage:
– Welche Intonationsbedingungen (Akzent, Tonhöhe usw.) gelten dabei?

Um vergleichbare Fragen ging es auch in Bezug auf einzelne *Wörter:*
– Aus welchen Wortbausteinen besteht ein Wort wie Unternehmensberaterin?
– Was sind das für Wortbausteine: Was ist Flexions-Morphem, was ist Wortbildungsmorphem, was ist Fugenelement? Und um welche Wortbildungsmorpheme handelt es sich dabei: Suffix? Stamm? Präfix?
– Handelt es sich um ein Determinativ- oder um ein Kopulativ-Kompositum? Dies bestimmt das Zusammenspiel der beiden unmittelbaren Konstituenten.
– Wie ist die Reihenfolge von Flexions- und Wortbildungsmorphemen im Wort (z. B. von Grund- und Bestimmungswort)?
– Wie sind die Betonungen bei Präfixverben verteilt: mit Erstbetonung (ànfangen) oder mit Zweitbetonung (verlìeren)?

1 Sonderrolle des Prädikats

Der verbal geprägte Satz*teil*, das *Prädikat* (frisst in Er frisst heute viel), wird in der Regel nicht als Satz*glied* bestimmt, und zwar aus drei Gründen:
1. Man müsste im Beispiel

    Er *hat* gestern nichts *gefressen.*

    gefressen neben hat als eigenes Satzglied behandeln, das regulär ins Vorfeld umgestellt werden kann wie in

    Gefressen hat er gestern nichts,

    obwohl z. B. bei einem bloßen Tempuswechsel aus den zwei 'Satzgliedern' gefressen und hat ein einziges würde:

    Gestern *fraß* er nichts.

2. Für diese verbalen Satzteile gelten spezifische Stellungsregularitäten, die ihre freie Umstellbarkeit einschränken:

    Er *nahm* ihm das Buch *ab.*

    In einem solchen Aussagesatz steht das Finitum nahm *grundsätzlich* in Zweitstellung, der Verbzusatz ab meist in Endstellung (beide gemeinsam bilden dadurch eine sog. Satzklammer); Satz*glieder* werden aber gerade durch ihre Stellungs*beweglichkeit* definiert.

Und für dependenz- bzw. valenzorientierte Konzepte (denen ich folge und die auch in der schulischen Grammatiklehre eine wichtige Rolle spielen) gilt:
3. Unter strukturellen Gesichtspunkten ist dieser verbale Satzteil das 'Satzzentrum', das über die Besetzung und die Bedeutung einiger weiterer Satzglieder entscheidet.

Insofern unterscheide ich in einem Satz diesen verbalen Satz*teil* als (ein- oder mehrteiliges) Prädikat (im engeren Sinn) von den anderen Satzteilen als den eigentlichen Satz*gliedern*.

1.1 Einige Informationen zum Prädikat

In einem Satz wie

   Der dicke Hund frisst gerne schlanke Mäuse.

ist das Prädikat frisst semantisches und syntaktisches Zentrum. frisst ist eine der Flexionsformen des Verbs fressen; diese Flexionsform gibt durch ihre Merkmale Hinweise auf die zeitliche Einordnung (frisst und nicht fraß – also Präsens, nicht Präteritum), den Sprecherbezug (frisst, nicht fresse – also 3. Person, nicht 1.), die Zahl der 'Fresser' (frisst, nicht fressen – also Singular, nicht Plural) und die Sicherheit der Aussage (frisst, nicht fresse / fräße – also Indikativ, nicht Konjunktiv).

Man nennt diese flektierte Form eines Verbs *Tempusform* (auch *Zeitform*) oder *Personalform*, d. h. nach einer der beiden für Verben prototypischen und differenziert ausgebauten Flexionskategorien (also *nicht Numerusform* oder *Modusform*); oder man verwendet das lateinische Fachwort *Finitum* (dieser Terminus bezieht sich ganz allgemein auf Flektiert*heit*, nicht auf eine spezifische Flexions*kategorie*).

160 In der *deutschen* Sprache, in der durch das (fast immer obligatorische) Subjekt Person und Numerus eindeutig genug definiert ist, würde es reichen zu sagen

- Ich komm.
- Du komm.
- Er komm.
- Wir komm.
  usw.

bzw.

- Ich käm.
- Du käm.
- Er käm.
- Wir käm.
  usw.

In Sprachen wie dem *Italienischen*, in denen *pronominale* Subjekte *wegfallen* können, wäre demgegenüber die Personal-Form notwendig:

Ven*go* piu tardi (= Ich komme später).

oder – mit pronominalem Subjekt –

Io ven*go* piu tardi (= Ìch komme später).

Historisch kann man die Personalendung im Italienischen als angehängte und schließlich angeschmolzene (= grammatikalisierte) Personalpronomina rekonstruieren.

Dass im Deutschen zusätzlich zu Personalendungen pronominale Subjekte obligatorisch sind, liegt wohl daran, dass die Formen der Personalendungen entdifferenziert wurden: ich ging / er ging, wir komme*n* / sie komme*n*.

Im Folgenden werden einige Basisinformationen zum Prädikat gegeben, die für die weiteren Analysen benötigt werden.

Einteilige und mehrteilige Prädikate

Prädikate sind einteilig oder mehrteilig.

161 Einteilige Prädikate bilden keine (sichtbare) Satzklammer:

Der dicke Hund *frisst* Kuchen.

Zwei- und mehrteilige Prädikate bilden Satzklammern (→ 8ff.). Prädikate können aus drei Gründen mehrteilig sein:

(1) Prädikate mit sog. trennbaren Verben (Verben mit *Verbzusatz*) sind zweiteilig, wenn sie im Präsens (Aktiv) oder Präteritum (Aktiv) vorliegen:

Der dicke Hund rennt schnell weg. / Der dicke Hund rannte schnell weg.

Das Prädikat besteht aus dem Finitum und dem an den rechten Rand gerückten Verbzusatz.

Dies ist für Lerner immer ein Stolperstein: rennt ... weg ist unter dem *Wortart*-Aspekt *ein* Lexem, unter dem *Satzteil*-Aspekt sind es *zwei* Prädikatsteile.

Die Satzklammer ist hier im engeren Sinn eine *Verb*klammer (d. h. die Klammerbildung hat mit der Morphologie des Verbs zu tun).

⌐

Jürgen Henningsen

Gesätz

Alle Staatsgewalt geht vom Volke. Aus. ⌐

(2) Prädikate (gleich ob mit trennbaren oder nicht trennbaren Verben) sind zwei- oder mehrteilig, wenn sie – wie im Perfekt, Plusquamperfekt, Futur I und II und / oder im Passiv – *analytisch* gebildet sind, also aus einem Finitum und Infinitiv und / oder Partizip(ien) II bestehen.

Bei Prädikaten im Perfekt oder Plusquamperfekt wird in der Handlungsform Aktiv je nach den semantischen und syntaktischen Eigenschaften des Verbs ein Finitum des Hilfsverbs haben oder sein benutzt. Die meisten Verben – darunter transitive Verben (essen, lernen usw.), reflexive Verben (sich wundern usw.) und Modalverben – fordern das Hilfsverb haben; eine Reihe nicht transitiver Verben – darunter die sog. Kopula-Verben (sein, bleiben, werden) – fordern das Hilfsverb sein. Einige Verben (wie schwimmen) haben je nach Verwendung beide Optionen (Ich habe lange nicht mehr geschwommen – Ich bin durch den ganzen See geschwommen). Im süddeutschen Sprachraum werden zudem einige Verben (wie sitzen, stehen) mit sein verwendet (Ich bin lange bei ihm gesessen), die sonst die Perfekt- und Plusquamperfekt-Formen eines Prädikats mit haben bilden.

Die Satzklammern sind hier im engeren Sinn *Prädikats*klammern (d. h. die Klammerbildung hat nichts damit zu tun, ob das jeweilige Verb ein trennbares ist).

Das Prädikat umfasst dann ein Finitum und ein bis maximal drei an den rechten Rand gerückte infinite Prädikatsteile (Infinitiv bzw. Partizip II):
– *Zwei*teiliges Prädikat (= mit *einem* infiniten Prädikatsteil):

   Der dicke Hund hatte Kuchen gefressen (= Aktiv – Plusquamperfekt).
   Der dicke Hund ist dann weggerannt (= Aktiv – Perfekt).
   Der dicke Hund wird vielleicht sterben (= Aktiv – Futur I).
   Der dicke Hund wurde ärztlich behandelt (= Passiv – Präteritum).
   Der dicke Hund wird morgen operiert (= Passiv – Präsens).

– *Drei*teiliges Prädikat (= mit *zwei* infiniten Prädikatsteilen):

   Der dicke Hund war vorgestern behandelt worden (= Passiv – Plusquamperfekt).
   Der dicke Hund ist gestern wieder entlassen worden (= Passiv – Perfekt).
   Der dicke Hund wird bis morgen Mittag gründlich gehungert haben (= Aktiv – Futur II).
   Der dicke Hund wird morgen operiert werden (= Passiv – Futur I).

   Das Partizip II von werden wird ohne das Präfix ge- gebildet (= worden), wenn es als 'Hilfsverb' zur Bildung mehrteiliger Prädikate dient. Vgl. die *Passiv*-Perfekt-Bildung mit dem *Hilfs*verb werden in

Der Schrank ist verrückt worden.

gegenüber dem *Aktiv*-Perfekt mit dem *Voll*verb werden in

Der Mann ist verrückt geworden.

- *Vier*teiliges Prädikat (= mit *drei* infiniten Prädikatsteilen):

    Der dicke Hund wird morgen erfolgreich operiert worden sein (= Passiv – Futur II).

164 Die Reihenfolge der Prädikatsteile mehrteiliger Prädikate ist syntaktisch geregelt: Bei jeder neuen Komplexitätsstufe wird ein bereits vorhandener Prädikatsteil in zwei neue zerlegt; einer davon wird umgeformt und an den rechten Rand verschoben, und zwar, sofern dort schon ein Infinitum steht, rechts von diesem. Die dort schon stehenden infiniten Prädikatsteile rücken also schrittweise nach links:

Jemand operiert den dicken Hund.

Aus dem Finitum operiert wird bei der nachfolgenden Passivbildung ein neues Finitum wird + eine *infinite* Form von operiert, nämlich das (wortformidentische) Partizip II operiert:

Der dicke Hund wird *operiert*.

Aus dem Finitum wird wird bei der nachfolgenden Futur-I-Bildung ein neues Finitum wird + eine *infinite* Form von wird, nämlich der Infinitiv werden:

Der dicke Hund wird operiert *werden*.

Aus dem infiniten Prädikatsteil werden wird bei der nachfolgenden Futur-II-Bildung ein neues Infinitum sein (= Infinitiv) + eine *neue* infinite Form von werden, nämlich das (präfixlos gebildete) Partizip II worden:

Der dicke Hund wird operiert *worden sein*.

Es handelt sich gewissermaßen um eine stufenweise komplexere Integration.

165 Das Niederländische arbeitet wie das Deutsche bei mehrteiligen Prädikaten mit einer Satzklammer. Die Reihenfolge der infiniten Prädikatsteile ist aber der im Deutschen genau entgegengesetzt:

Der Kanzler lässt seinen politischen Gegner stolpern[1].
Der Kanzler will seinen politischen Gegner stolpern[1] lassen[2].
Der Kanzler wird seinen politischen Gegner stolpern[1] lassen[2] wollen[3].

gegenüber

De kanselier lat zijn politieke tegenstander struikelen[1].
De kanselier will zijn politieke tegenstander laten[2] struikelen[1].
De kanselier zal zijn politieke tegenstander willen[3] laten[2] struikelen[1].

166 Bei Futur I Passiv und bei Futur II (Aktiv wie Passiv) stehen zwei bzw. drei infinite Prädikatsteile hintereinander, der letzte ist jeweils ein Infinitiv:

Der dicke Hund wird *operiert werden*.
Der dicke Hund wird *operiert worden sein*.

Mir scheint es nicht sinnvoll, in diesen Fällen von *mehrteiligen Infinitiven* zu sprechen, denn die gleichen Einbettungsverhältnisse liegen vor, wenn zwei Partizipien hintereinanderstehen wie beim Perfekt Passiv:

Der dicke Hund ist *operiert worden*.

Da müsste man dann analog von *mehrteiligen Partizipien* sprechen (das tut aber, soweit ich sehe, niemand).

(3) Prädikate sind mehrteilig, wenn sie fest integrierte *lexikalische* Prädikatsteile enthalten:
- Nomen:
    Er *fuhr* abends gerne Rad.
- Adjektive:
    Sie lachte sich schief.
- Verben:
    Sie *lernte* mich in Italien kennen.
- feste Präpositionalgruppen:
    Die Schüler *brachten* eine frühe Komödie von Schröder zur Aufführung.
    Die Verordnung *gelangte* zur Durchführung.

Man bezeichnet solche festen Verbindungen aus Verben wie kommen, bringen, finden (die in dieser Funktion auf *ein* semantisches Merkmal reduziert sind) und syntaktisch 'starren' Präpositionalgruppen als *Funktionsverbgefüge*.

Die Präpositionalgruppen in solchen Funktionsverbgefügen sind nicht (mehr) veränderbar: Die Verschmelzung aus Präposition + bestimmtem Artikel (zur) ist nicht auflösbar, daher ist weder ein unbestimmter Artikel wählbar (*zu einer Aufführung) noch eine Pluralversion (*zu mehreren Aufführungen), noch ist eine pronominale Verneinung möglich (*zu keiner Aufführung); das Nomen ist nicht attribuierbar (*... zur unterhaltsamen Aufführung), nicht pronominal ersetzbar (*zu ihr) und nicht erfragbar (*zu wem?).

Die Verben in solchen Funktionsverbgefügen sind semantisch gesehen 'Schatten' der entsprechenden Vollverben: Ein Verb wie (etwas zur Aufführung) bringen übernimmt von (etwas von einem Ort zu einem bestimmten anderen) bringen nur das Merkmal 'vollständige Handlungsausführung'. Ansonsten sind diese Verben nur Träger der Flexionsmarkierungen. Darum werden sie als *Funktionsverben* bezeichnet.

Funktionsverbgefüge kommen in Gesetzessprache und Verwaltungssprache häufig vor. In standardsprachlichen Texten gelten sie als stilistisch unbeholfen und werden entsprechend negativ auch als *Streckformen* bezeichnet, also als unnötig verlängerte Varianten (z. B. etwas zur Aufführung bringen als Streckform zu etwas aufführen). Freilich sind nicht alle Funktionsverbgefüge angemessen in solche 'Normalformen' rückführbar (z. B. etwas zur Verfügung stellen).

§ 2050 BGB Ausgleichungspflicht für Abkömmlinge als gesetzliche Erben

(1) Abkömmlinge, die als gesetzliche Erben zur Erbfolge gelangen, sind verpflichtet, dasjenige, was sie von dem Erblasser bei dessen Lebzeiten als Ausstattung erhalten haben, bei der Auseinandersetzung untereinander zur Ausgleichung zu bringen, soweit nicht der Erblasser bei der Zuwendung ein anderes angeordnet hat.

Passiv und Passivvarianten

In einigen Grammatiken wird mit der Konzeption des sog. *Zustandspassivs* (auch: sein-Passiv) gearbeitet. Es geht um das Nebeneinander von Konstruktionen wie
    Der Brief wird geschrieben. / Der Brief ist geschrieben worden.
    Der Brief ist geschrieben.

Während der Terminus Zustandspassiv die *semantische* Charakteristik solcher Konstruktionen fokussiert, verweist der Terminus sein-Passiv auf die *morphologische* Charakteristik dieser Konstruktion unter Bezug auf die Konstruktion des Passivs. Beide Bezeichnungen binden diese Konstruktion an das Passiv als dessen regelhafte Variante.

169 Genau damit habe ich Probleme: Ich sehe die resultative Charakteristik dieser Konstruktion; sie ist mit den Partizipien II eines *Teils* der Verben möglich, die ein Prädikat im Passiv bilden können. Diese Konstruktion fokussiert das Resultat, nicht den Vorgang des Zustandekommens dieses Resultats. Insofern ist die Konstruktion *zustands*bezogen, aber sie ist nicht *passivisch*. Etwas tendenziös formuliert: Der Brief ist fertig, nicht das Opfer eines Schreibtischtäters.

Diese resultative Ausrichtung lässt sich hinreichend gut auf der Plattform prädikativer Konstruktionen beschreiben: Kopula (und verwandte Verben) + Partizip II. Diese Konstruktion ist auch in anderen prädikativen Versionen möglich wie z. B.

Der Brief gilt als geschrieben.
Wir betrachten den Vertrag jetzt als abgeschlossen.

Auch in folgendem komplexerem Fall halte ich das Konzept Zustandspassiv nicht für nötig und nicht für förderlich:

Paul ist von dem Entführer geschlagen worden.
*→ Paul ist geschlagen.

Hier ist die resultative Konstruktion Kopula + Partizip II wegen der Verb-Semantik nicht möglich. Ein Resultat wäre – im schlimmeren Fall – etwa: Paul ist verletzt. Die zweite Verbbedeutung erlaubt demgegenüber eine solche resultative Kopula-Konstruktion:

Paul ist beim gestrigen Rennen geschlagen worden.
Paul ist geschlagen.

Hier ist interessant, dass die *vorgangsbezogenen* Angaben – hier: beim gestrigen Rennen – nicht mehr zulässig sind:

*Paul ist *beim gestrigen Rennen* geschlagen.

Es gibt auch einen dritten Eintrag für geschlagen: Es ist reguläres Adjektiv:

Paul ist *mit seiner Chefin* geschlagen.

Den 'institutionellen' Zustand Pauls kann man angeben mit: Er ist schlecht dran mit seiner Chefin. geschlagen ist hier nicht mehr als Verbform, sondern als eigener Adjektiveintrag zu sehen (historisch: ein lexikalisiertes Partizip II).

170 Eine passivnahe Konstruktion ist mit dem Verb sein möglich:

Das ist (für uns) zu schaffen (= *kann* geschafft werden).
Das ist (für uns) noch zu tun (= *muss* noch getan werden).
Das ist nicht zu unterschätzen (= *darf nicht* unterschätzt werden).

Sie sind äquivalent einem von drei Modalverben + Passivkonstruktion. Diese infinitivhaltigen Konstruktionen werden dementsprechend auch – ich denke: wenig transparent und daher wenig hilfreich – als *modaler* Infinitiv bezeichnet.

Zu der ersten dieser drei Konstruktionen gibt es eine ähnlich konstruierte, aber bedeutungsdifferente:

>Das ist zu schaffen (= Das kann geschafft werden).
>Das ist schwer zu schaffen (= Es ist schwer, das zu schaffen. / Das zu schaffen ist schwer).

Während die erste Konstruktion gut verdeutlichend unter Bezug auf Passiv paraphrasiert werden kann, geht es bei dieser zweiten um einen sachverhalts*bewertenden* Kommentar; eine modale Paraphrase mit müssen wäre unangemessen. Die Konstruktion ist *keine* Passivvariante.

Syntaktisch handelt es sich bei der zweiten Konstruktion um die Stauchung eines komplexen Satzes: Das Subjekt des Subjektsatzes (= das) wird in die Subjektposition das Hauptsatzes übernommen. Aus dem Satzgefüge wird dadurch ein einfacher Satz.

Eine Konstruktion wie

>Für diese tolle Idee *gehörst* du *geküsst*.

kann man mithilfe des Modalverbs sollen + Passiv äquivalent umformen:

>Für diese tolle Idee *solltest* du (eigentlich) *geküsst werden*.

Man kann sie auch syntaktisch entflechten zu

>Es gehört(e) sich (eigentlich), dass du geküsst wirst.

Auch diese Ausgangskonstruktion Jemand gehört ge-x-t ist syntaktisch gesehen eine Teilsatz-*Stauchung*: Die beiden Teilsätze sind in *einen* Teilsatz zusammengeschoben (in musikalischer Metaphorik: eine *Engführung*).

Interessant ist in diesem Zusammenhang das sog. *Rezipienten*-Passiv: Zu

>Ich verkaufe / schenke / besorge / … ihm ein Auto.

gibt es außer dem regulären Passiv

>Ihm wird von mir ein Auto verkauft / geschenkt / besorgt / …

auch eine zweite passivartige Konstruktion mit bekommen / kriegen:

>Er bekommt / kriegt von mir ein Auto verkauft / geschenkt / besorgt / …

In dieser Konstruktion wird die *Dativergänzung* – rollenpragmatisch gesehen also der neue Nutznießer – zum *Subjekt*. Interessant ist daran, dass diese Konstruktion mit Verben wie überreichen oder aushändigen oder stiften oder (jemandem etwas) verehren möglich ist, *nicht* aber mit einem Verb wie geben, obwohl das unter dem Aspekt *syntaktischer Valenz* analog strukturiert ist. Dem Verb geben fehlt ein semantisches Merkmal, das das Rezipienten-Passiv mit kriegen / bekommen / erhalten voraussetzt: dass die Person, der etwas gegeben wird, damit zum *Nutznießer* wird. Dies ist bei aushändigen (und erst recht bei überreichen) der Fall, bei geben offenbar nicht.

1 Sonderrolle des Prädikats

> *Aus der Hamburger Vergleichsstudie (Aspekte der Lernausgangslage und der Lernentwicklung – Klassenstufe 9 (LAU 9) – Ende des 8. Schuljahrs, September 2000 durchgeführt):*
>
> Beispielaufgabe 3: In welchem Satz steht die Form von ‚werden' nicht im Passiv?
> (a) Gegen Abend wurde dieser Edelmann erschossen.
> (b) Einer meinte, es sei besser, dass ein Schuldiger freigesprochen werde, als dass elf Unschuldige verhungerten.
> (c) Er wandte alles daran, Geschworener zu werden.
> (d) Gericht wurde gehalten.
>
> Diese Aufgabe hat den Rasch-Skalenwert 128 (liegt also deutlich über dem durchschnittlichen Schwierigkeitsgrad der auf das Sprachverständnis bezogenen Aufgaben, der bei 112 lag). 26,6 Prozent der Schülerinnen und Schüler haben diese Aufgabe richtig gelöst.

Prädikate mit Modalverben

174 In Konstruktionen mit Modalverben wie

Paul *will* bis 16 Uhr benachrichtigt werden.

rechnet man das Modalverb (hier: wollen) in der Regel zum Prädikat; man kann diese Modalkonstruktion als eine *zusätzliche* 'Modalverpackung' zum Basisprädikat Paul *wird* bis 16 Uhr *benachrichtigt* ansehen.

175 Man kann sowohl diese Modalverpackung wie auch das Basisprädikat unabhängig voneinander in formenkomplexere Tempora und Aktionsarten bringen.

Zunächst setze ich den *Modalrahmen* in mehrteilig gebildete Tempora. Dabei werden die Modalverben bei den Tempusprägungen Perfekt und Plusquamperfekt in der Standardsprache nicht in ihrer Verbform *Partizip II* verwendet (obwohl sie über eine solche Form verfügen), sondern in ihrer *Infinitiv*form; man spricht hier auch von *Ersatzinfinitiv*:

Paul *wollte* bis 16 Uhr anrufen.
Paul *hat* bis 16 Uhr anrufen *wollen*. Also nicht: *Paul *hat* bis 16 Uhr anrufen *gewollt*.
Paul *wird* (vermutlich) bis 16 Uhr anrufen *wollen*.
Paul *wird* (vermutlich) bis 16 Uhr anrufen *gewollt* haben.

176 Parallel dazu kann man auch das *Basisprädikat* in eine stufenweise komplexere Tempusprägung bringen; die zum Modalrahmen gehörenden Prädikatsteile sind kursiv gesetzt, die zum Basisprädikat gehörenden unterstrichen:

Paul *wollte* bis 16 Uhr <u>anrufen</u>.
Paul *wollte* bis 16 Uhr <u>angerufen</u> <u>werden</u>.
Paul *wollte* bis 16 Uhr <u>angerufen</u> <u>worden</u> <u>sein</u>.
Paul *hat* bis 16 Uhr <u>angerufen</u> <u>worden</u> <u>sein</u> *wollen* [wollen ist hier Ersatzinfinitiv zu gewollt].
Paul *wird* (vermutlich) bis 16 Uhr <u>angerufen</u> <u>worden</u> <u>sein</u> *wollen*.
Paul *wird* (vermutlich) bis 16 Uhr <u>angerufen</u> <u>worden</u> <u>sein</u> *gewollt haben*.

Die insgesamt drei Teile der Modalkonstruktion und die insgesamt drei Teile des Basisprädikats ergeben also zusammen ein *sechs*teiliges Prädikat. Mehr Komplexität ist im Deutschen 'nicht drin'.

1.1 Einige Informationen zum Prädikat

Wem das noch nicht reicht: Im Niederländischen ist zusätzlich zu der Modalverpackung noch eine mehrfache Einbettung von satzwertigen Infinitiven möglich, mit teilweise anderer Reihenfolge als im Deutschen. Ein – zugegebenermaßen etwas extremes – Beispiel: 177

Ik had jou (weleens) hebben willen zien durven blijven staan kijken.
wörtlich: Ich hätte dich (gern) haben wollen sehen wagen bleiben stehen gucken.
frei: Ich hätte (gern) sehen wollen, dass du dich getraut hättest, stehen zu bleiben und zuzuschauen.

In der niederländischen Konstruktion finden wir also die Modalkonstruktion in Form des Plusquamperfekt-Konjunktivs had hebben willen, das Basisprädikat besteht aus dem Infinitiv zien, von dem dann weitere satzwertige Infinitivkonstruktionen in drei Stufen abhängen: Von zien hängt durfen ab, von durfen dann blijven staan und von staan schließlich kijken.

Werbung der SEB-Bank (das schwedische Stammhaus wurde 1856 gegründet):
Italiener können küssen. Schweden können Konten.

Ein Konter der indischen ICICI-Bank:
Inder können zinsen.

Jetzt auch in Aachen 2008:
Wir können Aachen.
(= Plakatwerbung von NetCologne mit dem Untertext NetCologne: der Kommunikationsprofi vor Ort)

Prädikate mit reflexiven Verben

Reflexive Verben (von lateinisch reflectere = zurückbeziehen) sind Verben wie [sich] schämen. 178
Solche Verben verlangen ein Reflexivpronomen. Im Deutschen dient als Reflexivum in der *dritten* Person – für Dativ und Akkusativ – ein auf Reflexivität spezialisiertes Lexem sich, für die *erste* und *zweite* Person werden die Personalia mitbenutzt. Reflexivpronomen haben keine lexikalische Bedeutung, sind nicht vorfeldfähig und nicht betonbar und werden zum Prädikat gerechnet, also nicht als eigenes Satzglied angesehen.

In Grammatiken werden die reflexiven Verben manchmal als *echt* reflexive Verben bezeichnet, reflexiv *benutzbare* Verben entsprechend als *unecht* reflexiv. Dieses Gegenüber von *echt* und *unecht* ist metaphorisch irreführend und suggeriert gleichsam einen 'Betrugsversuch' der unecht reflexiven Verben. Sinnvoller wären die Bezeichnungen *inhärent reflexiv* und *lexikalisch reflexiv*. Aber im Grunde reicht es vollkommen aus, von reflexiven *Verben* zu sprechen und demgegenüber bei anderen Verben von ihrem reflexiven *Gebrauch*.

Diese Reflexivpronomen besetzen zwar *syntaktisch* die Stelle eines Akkusativobjekts 179 (seltener – bei Verben wie [sich] etwas einbilden – auch eines Dativobjekts), aber sie sind semantisch ähnlich leer wie das *formale Subjekt* es in Es regnet. Man kann sie daher fest zum prädikatsbildenden Verb rechnen (freilich nicht etwa als eine Art Verbzusatz), statt ihnen als Satzglied eine eigene syntaktisch-semantische Bedeutung zuzuschreiben.

Interessant ist der Vergleich der reflexiven mit den entsprechenden nicht-reflexiven Valenzmustern. In *Sie* ärgert mich wieder einmal z. B. wird der Affektzustand des Verärgertseins als *fremd*verursacht präsentiert: Ich bin Opfer *ihrer* Handlungen. Die reflexive Variante präsentiert meinen Affektzustand als von mir selber initiiert (und verantwortet): Ich ärgere *mich*. Bei dieser gewissermaßen wörtlichen Lesart wird das Reflexivpronomen als semantisch bedeutungsvoll unterstellt. – Diese nicht-reflexiven Varianten gibt es für viele der reflexiven Verben mit einem akkusativischen Reflexivpronomen: wundern (*etwas* wundert mich – *ich* wundere mich), aufregen, empören, erschrecken, ängstigen, fürchten (ich fürchte ihn – ich fürchte mich vor ihm).

180 Gegenüber reflexiven Verben werden bei *reflexiv benutzbaren* Verben wie (sich) waschen die im Einzelfall vorkommenden Reflexivpronomen als eigenes Satzglied gerechnet:

Er wusch mich / dich / <u>sich</u> / uns / …

Diese Satzglieder sind erfragbar und betonbar und sie sind vorfeldfähig:

Er wusch sich immer zuallerletzt.
→ Sich wusch er immer zuallerletzt.

Bei Plural-Subjekten ist je nach Verb (und dem darauf bezogenen Weltwissen) eine *reziproke* Lesart wahrscheinlicher als eine *reflexive:*

Die beiden liebten <u>sich</u> sehr.

Die *wahrscheinlichere* Lesart ist:

Sie liebten *einander* sehr.

Nicht ausgeschlossen ist freilich auch:

Jeder von beiden liebte *sich selber* sehr.

Eine reziproke Lesart gibt es verständlicherweise nur bei reflexiv *gebrauchten*, nicht bei *reflexiven* Verben.

181 Das Reflexivum bezieht sich auf die unmittelbare dominierende Basis. Solange es nur *eine* Person gibt, ist die Verwendung des Reflexivums unproblematisch:

<u>Paul</u> kauft sich^p / *ihm^p / ihm$^{f/w}$ einen Krimi.

Sobald mehrere Personen infrage kommen – im Folgenden Paul^p, Fritz^f, Werner^w, Richard^r und ein Detektiv^d – muss erkennbar sein, wie Reflexivum und Personale auf referenzidentische Satzteile verteilt sind:

Pauls Bruder <u>Fritz</u> kauft sich^f / *sich^p / *ihm^f / ihm^p einen Krimi.
Paul und Fritz kaufen sich^{p+f} / *ihnen^{p+f} / ihnen^{w+r} einen Krimi.
Paul lässt <u>Fritz</u> sich^f / *sich^p / *ihm^f / ihm^p einen Krimi aussuchen.
Paul hat *Fritz* einen von sich^d / *sich $^{f/p}$ / *ihm^d / ihm$^{f/p}$ voll überzeugten <u>Detektiv</u> besorgt.
Fritz lässt sich von *Paul* einen von sich^d / *sich $^{f/p}$ / *ihm^d / ihm$^{f/p}$ voll überzeugten <u>Detektiv</u> besorgen.

182 Einige Verben sind *reflexiv* und *nicht-reflexiv* benutzbar:

Jemand öffnete die Tür. / Die Tür wurde geöffnet.

gegenüber

Die Tür öffnete sich.

In der reflexiven Version wird der Vorgang *ohne* Thematisierung des Täters im Aktiv dargestellt.

Ganz auf den täterlosen Aspekt spezialisiert sind Verben wie aufgehen (Die Tür geht auf); hier kann kein Täter angesprochen werden, auch nicht durch von oder instrumental.

In den folgenden Beispielen geht es nicht um spezifische *Verben* mit einer reflexiven Variante, sondern um unspezifische Verben, die in einer spezifischen reflexiven *Konstruktion* verwendet werden können:

> Ihre Bilder verkaufen sich gut.
> Das sagt sich so leicht.
> Dieses Fleisch schneidet sich ja völlig mühelos!

Hier wird ein Akkusativobjekt in Subjektposition gesetzt, das Reflexivpronomen ist semantisch leer. Solche syntaktischen Konstruktionen gibt es mit zahlreichen *transitiven* Verben. Äquivalente Konstruktionen sind

> Ihre Bilder *lassen* sich mühelos verkaufen.

oder

> *Man kann* ihre Bilder mühelos verkaufen.

oder

> Ihre Bilder *können* mühelos verkauft werden.

Bei *intransitiven* Verben wird ein formales Subjekt (es, seltener: das) herangezogen:

> Mit diesen Carvings läuft es sich mühelos.
> Das lebt sich ja toll hier.

Äquivalent sind

> Mit diesen Carvings *kann man* mühelos laufen.

oder auch

> Damit *ist* mühelos laufen.

Diese Konstruktion findet sich in der Regel in Verbindung mit einem *modalen* Adverbiale.

Ähnliche Konstruktionen gibt es auch in den romanischen Sprachen: im Italienischen z. B.

> si costruisce ... (= Man konstruiert ...; wörtlich: sich konstruiert [es]).

> Konjugation eines Egozentrikers
>
> Ich liebe mich
> Du liebst mich
> Er liebt mich
> ...

Prädikate mit reziproken Verben

Reziprok (von lateinisch reciprocus = auf gleichem Wege zurückkehrend) sind Verben, die eine Handlung von zwei (oder mehreren) Personen als wechselseitig darstellen.

Es gibt *inhärent* reziproke Verben wie heiraten und sich anfreunden

> Paul und Paula heiraten.
> Paul und Paula haben sich angefreundet.

und reziprok *benutzbare* Verben wie küssen:
- *reziprok* gebraucht:
    Paul und Paula küssen sich
    (= ziemlich eindeutig *reziprok* gebraucht und nicht etwa *reflexiv*, weil man sich nicht gut selber küssen kann).
- *nicht*-reziprok gebraucht:
    Paul küsst Paula, und Paula küsst Peter (= Dreiecksbeziehung?).

186 Unter den inhärent reziproken Verben gibt es zum einen Verben wie heiraten, die *implizit* reziprok sind, d.h. die auch ohne Reflexivum bzw. Reziprokum (einander, wechselseitig, gegenseitig) reziprok verstanden werden müssen:
    Paul und Paula heiraten (= einander).
    Paul heiratet Paula (und damit heiratet Paula natürlich auch Paul).
    Paul heiratet (Missis N. N. oder – neuerdings – Mister N. N.).

Auch wenn im zweiten Beispiel der reziproke Vorgang nur aus der Perspektive des einen – nämlich Paul – formuliert ist, gilt auch hier die reziproke Grundstruktur: Er heiratet sie und („auf gleichem Wege zurückkehrend") sie ihn. Im dritten Beispiel gilt diese Wechselbeziehung zwischen Paul und N.N.

Ein Satz wie
    Paul und Paula heiraten (beide) am gleichen Tag.
kann nur bedeuten, dass die beiden jemand Drittes und Viertes heiraten, die hier nicht genannt werden (zwischen diesen nicht genannten Personen und Paul bzw. Paula liegt dann aber die vom Verb vorgegebene Wechselseitigkeit vor).

187 Zum anderen gibt es Verben wie [sich] anfreunden, [sich] einigen, die *explizit* reziprok sind, bei denen die Reziprozität also lexikalisch sichtbar vorgezeigt wird:
    Paul hat sich <u>mit</u> Paula *angefreundet*.
    Paul und Paula haben sich <u>mit</u> den Nachbarn angefreundet.

Dieser Satz kann aufgrund der Verb-Bedeutung nur heißen, dass die Nachbarn sich auch mit Paul und Paula angefreundet haben.

Wenn die obligatorische Präpositionalergänzung *fehlt* wie in
    Paul und Paula haben sich angefreundet,
dann wird das Reflexivum notwendigerweise als Reziprokum verstanden, weil sonst die obligatorische Ergänzung anders besetzt werden müsste, z.B.
    Paul und Paula haben sich mit ihren jeweiligen Arbeitskollegen angefreundet.

Auszug aus einer Lehrveranstaltung (Deutsch im 2. Jahr) einer italienischen Hochschule:

Legende:
– Auffällige Betonung wird durch Großbuchstaben der entsprechenden Silbe markiert, also „GROSSartig".
– Abbruch im Wort (z.B. vor Selbstkorrektur) wird durch Schrägstrich ohne Leerzeichen markiert („Ich werde bald anf/ anfangen").

- Zahlen in runden Klammern „(3)" stehen für Pausen / Schweigephasen in Sekunden; (o) = Pause unter 1 Sekunde, (1) = Pause zwischen 1 und 2 Sekunden usw.
- Angaben zu para- oder non-verbalen Auffälligkeiten stehen in eckigen Klammern: „[lacht]".
- Der von Deutsch sprechenden Italienisch-Erstsprachlern häufig an konsonantisch endende deutsche Wörter angehängte Schwa-Laut wird mit „ɛ" wiedergegeben, weil dieser beim Lesen schneller identifizierbar ist als „ə".

Dozentin:

ja (0) okay gut das REICHT mir eigentlich schon (0) eh möchten / möchten Sie eigentlich eines tages HEIraten ham Sie sich damit schon mal auseinANdergesetzt (1) JEder von Ihnen soll mir jetzt seine MEInung sagen und sie beGRÜNden dazu sollen Sie einen NEbensatz bilden (1) mit WEIL (0) okay paola wollen SIE eines tages HEIraten

Studierende:

paola: ja ich will mich heiraten ehm weil eh ehm ichɛ weil für mich heiraten de/ sehr importan/ sehr wichtig ISTɛ und ehm ich eh möchte mich heiraten weil eh (0) ichɛ mit eine EHRliche person leben will

ja: okay lisa ham Sie vor eines tages zu heiraten?

lisa: eh ja gerne (0) eh ichɛ heirate MICH weil ichɛ

sie heiraten SICH? (1)

eh

also auf deutsch [lachend:] erinnern Sie sich bitte daran dass das wort / (0) das verb heiraten NICHT reflexiv IST

Prädikatslose Konstruktionen

In einigen der modernen europäischen Sprachen wie z. B. im Russischen oder im Türkischen gibt es regulär kopulalose Konstruktionen. In manchen Sprachen gibt es dabei Beschränkungen auf Aussagen in der dritten Person. Ein Beispiel aus dem Arabischen: [188]

هي هناكَ   (hiya hunāka) = Sie [ist] dort.

Solche Konstruktionen werden als *Nominalsätze* bezeichnet. Dieser Terminus ist angemessen, weil in diesen Sprachen der Satzbegriff nicht wie für das Deutsche an das Vorliegen eines Prädikats mit davon abhängigen bzw. darauf bezogenen Satzgliedern gebunden ist.

Im Deutschen und in weiteren europäischen Sprachen, die solche Nominalsätze *nicht* vorsehen, gibt es zwar einige *Redewendungen,* die prädikatlos operieren: [189]
- im Italienischen z. B. traduttore traditore (= Ein Übersetzer [ist] ein Verräter);
- im Deutschen z. B. Ein Mann – ein Wort (= Ein Mann [bedeutet] ein Wort).

Und es gibt *elliptische* Konstruktionen, z. B. in psychischen 'Extremsituationen' wie
> Dù hier!??

bzw. in Handlungssituationen mit hohem Zeitdruck:
> Paul in den ersten Stock, du hinter die Garage, wir restlichen aufs Dach (= gehen).
> Du diesen großen Karton, Paul die beiden Vogelkäfige, wir den restlichen Krimskrams (= nehmen / tragen).

Nominalsätze wie der oben angeführte aus dem Arabischen stellen demgegenüber aber hinsichtlich Affekt oder Situationsbezogenheit *neutrale, unmarkierte* Optionen dar.

190 Im Deutschen gibt es *grammatikalisierte* Kopula-Ellipsen, die *im Rahmen* von regulären (komplexen) Sätzen operieren können: *satzteil*bezogene Nachträge wie
> Sein Vater, ein älterer Handwerker, hat ...
> (= Sein Vater – er ist ein älterer Handwerker – hat ...),

*teilsatz*bezogene Nachträge wie
> Paul hatte – eine Frechheit ersten Ranges – uns nicht Bescheid gegeben
> (= Paul hatte – das war / ist eine Frechheit ersten Ranges – ...)

und auch Thematisierungskonstruktionen wie
> Was er nicht gesagt hat: dass er ... (= Was er nicht gesagt hat, ist, dass er ...).

191 Im Deutschen gibt es – in gesprochener Sprache – zudem die Möglichkeit, die Wortformen der Subjekte zu *reduzieren:*
> Um zwölf simma längst zurück!
> Wemma wollen, kömma schnell hin.

Das Personalpronomen in Subjektfunktion kann dabei unterschiedlich weit schwinden und lagert sich entsprechend eng an das vorausgehende Wort an – im ersten Beispielsatz an das Finitum sind, im zweiten an die Konjunktion wenn bzw. das Finitum können; dabei verändern auch diese vorausgehenden Wörter 'entgegenkommend' ihren rechten Lautrand:
> Um zwölf sind wir / sind wə / sinwə / simma längst zurück!

In der ersten Person Singular ist eine solche Reduktion standardsprachlich nicht möglich:
> Um zwölf bin ich / binich längst zurück!

In der zweiten Person Singular führt das Dentalsuffix des Finitums dazu, dass der Subjektrest gänzlich verschwindet bzw. nicht mehr identifizierbar ist:
> Gehst du heute weg? / Gehste heute weg? / Gehst heut weg?

192 Solche enklitischen Schwundformen gibt es ausgeprägt im Österreichischen: In der Kärntner Varietät z. B. ist das formreduzierte Subjekt (gemma) so regulär in das vorausgehende Wort integriert, dass es nicht mehr als Subjekt realisiert wird: Bei einer S-P-O-Stellung (= S-P-Ö-Stellung?) wird daher das volle pronominale Subjekt im Vorfeld noch einmal *dazu*gesetzt:
> Mer gemma ham. (= Wir gehen wir heim.)

1.1 Einige Informationen zum Prädikat

Das Tableau für alle Personalformen sieht dann so aus: I gehi ham, du gehst ham, er gehta ham, mir gemma ham, ihr gehts ham, sie gehens ham!

Das können die Bayern auch:

> Bayern des samma mir!
> (http://der-bayern-blog.blogspot.com/2007/05/bayern-des-samma-mir.html)

Solche Formauffälligkeiten werden in Internet-Foren relativ häufig diskutiert. Ein Beispiel von vielen:

> *Aus einem blog des Verbands der freien Lektorinnen + Lektoren (VFLL):*
>
> **Seids krank?**
> Das las ich gestern auf einem Luftballon im Fernsehen: in Österreich, an die Regierung gerichtet. Ich mag ja so was – in der Zwischenzeit habe ich mir erklären lassen, dass es sich dabei um einen *umgangssprachlichen Sprosskonsonant* handelt, das Personalpronomen wird dafür weggelassen: Seids (ihr) krank? Im Singular heißt es "Bist krank?"
> *4 Reaktionen zu "Seids krank?":*
> *(1) A. A. (am 8. Juli 2008 um 18:32 Uhr):*
> Sprosskonsonant – ah, eine Epenthese also. Fein. Ist es nicht auch ein Klitikum? Die 2. Person Plural Nominativ von »ihr« lautet im Bairischen »ià« bzw. »es/-s«. Betontes Vollpronomen: »Seid ià krank?« oder »Seid es krank?« Reduzierte klitische, unbetonte Form: »Seids krank?« – Wenn ich drüber nachhöre, sagen die hier auch (doppeldgmoppld oder aufranand, weil betont UND unbetont): »Seids es krank?« Die alleinige (rhetorische) Antwort auf die Frage ist: »Naa, du?«
> *(2) B. B. (am 9. Juli 2008 um 09:50 Uhr):*
> http://www.seidskrank.at – vielleicht kann der österreichischen Regierung hier auch geholfen werden?
> *(3) C. C. (am 17. Juli 2008 um 16:02 Uhr):*
> Inzwischen habe ich noch gehört, "Seids krank?" sei – unter Hinweglassung des Personalpronomens "es" (= "ihr") – die trivialostmittelbairische Herleitung aus dem standardostmittelbairischen "Seids es krank?"
> *(4) D. D. (am 17. Juli 2008 um 22:18 Uhr):*
> Mit der Hilfe für die österreichische Regierung wars wohl nix! Noch ein Wort zu "Seids es krank?": Das ist dann schon die Variante aus der "unteren Schublad", "seids krank" ist vom Niveau her ab bisserl höher anzusiedeln – sagt eine gebürtige Wienerin.
> (http://blog.vfll.de/2008/07/08/seids-krank/)

Pro-Verben

Bei der Analyse von Prädikaten und den von ihnen abhängigen bzw. auf sie bezogenen Satzgliedern muss man manchmal elliptische Konstruktionen berücksichtigen:

A: Ich hab mir gestern ein neues Auto gekauft.
B: Ich auch.

In der Antwort von B werden mithilfe eines Beitritts-Indikators (auch) *alle* Satzteile außer dem Subjekt ich übernommen (weil dieses ich eine andere Person anzeigt).

Diese Kürzung ist nur möglich unter Bezug auf das Format der unmittelbar vorausgehenden Äußerung. Sie ist dann verstehenserleichternd, insofern sie nur das gegenüber der Vorlage Neue formuliert und dieses dadurch leichter rezipierbar macht.

1 Sonderrolle des Prädikats

194 Man kann aber auch *einzelne* Aussageportionen mithilfe von Pro-Formen verkürzend übernehmen:

> A: Ich hab mir gestern ein neues Auto gekauft.
>
> B1: *Das* hab ich gestern auch *getan*
> (tun = Pro-Verb, das = anaphorisches Demonstrativum für mir ein neues Auto kaufen).
>
> B2: Das hab ich auch getan (tun = Pro-Verb, das = mir gestern ein neues Auto kaufen).
>
> B3: Das hab ich gestern auch (Das = mir ein neues Auto gekauft).
>
> B4: Das hab ich auch (Das = mir gestern ein neues Auto gekauft).

Dabei können einzelne Satzteile *ersetzt* werden:

> B: Das hab ich schon *vorgestern!* (Das = mir ein neues Auto gekauft).

Die Akkusativergänzung kann man dabei nicht *wiederholen:*

> B: *Ich (mir) auch ein neues Auto.

Man kann sie aber *ersetzen:*

> B: Und ich ein neues Rennboot! (Ätsch!)

Das liegt daran, dass *ein neues Auto* kaufen Rhema ist. In dem Augenblick, wo dieses Rhema *modifiziert* wird, z. B. zu ein neues Auto *leasen,* kann die Akkusativergänzung wiederholt werden:

> B: Und ich mir ein neues Auto *geleast*.

2 Satzglieder abgrenzen

> Gast: „Bringen Sie mir bitte einen Wein zum Essen!"
> Ober: „Haben wir nicht, wir haben nur Wein zum Trinken."

Die Analyse von Sätzen in Satzglieder erfolgt zunächst anhand *einfacher* Sätze in *Aussageform*. Die Übertragung auf einfache Sätze in *anderer* Satzform (*Frageform, Aufforderungsform* usw.) und auf *erweiterte* Sätze (und dann auf *zusammengesetzte* Sätze) ist ein – nicht immer einfacher – Folgeschritt.

Bevor man untersuchen kann, wie Satzglieder im Satz miteinander kooperieren, muss man zunächst identifizieren, welche einzelnen Wörter bzw. welche Wortgruppen überhaupt ein Satzglied darstellen.

2.1 Proben

Es gibt verschiedene Verfahren, mit denen man Satzbausteine aus der Wortfolge eines Satzes abgrenzen kann. Dabei ist auch zu überlegen, welche dieser Satzbausteine wir als *Satzglied* bestimmen wollen.

Frageprobe

Im schulischen Grammatikunterricht wird von der Grundschule bis in die ersten Klassen der Sekundarstufe I als erstes durchzuführendes Verfahren die *Frageprobe* vorgeschlagen.

Bei einem Satz wie

> Der alte Hund meiner Schwester frisst wegen seiner Allergie abends Möhren.

werden üblicherweise folgende Fragen gestellt:

1. „*Wer* frisst wegen seiner Allergie abends Möhren?" – „*Der alte Hund meiner Schwester.*"
2. „*Wen* oder *was* frisst der Hund abends wegen seiner Allergie?" – „*Möhren.*"
3. „*Wessen* Hund frisst wegen seiner Allergie abends Möhren?" – „*(Der Hund) meiner Schwester.*"
4. „*Was tut* der alte Hund meiner Schwester?" – „*(Er) frisst abends wegen seiner Allergie Möhren.*"

Die Fragen helfen also Bausteine aus dem Satz auszugrenzen, die unterschiedlich umfangreich sind und auf unterschiedlichen Abhängigkeitsstufen operieren:

2 Satzglieder abgrenzen

- Mit der Frage „Wer ...?" erhält man grundsätzlich ein einzelnes Satzglied: in den meisten Fällen (wie auch hier) das Subjekt, in seltenen Fällen (wie bei „Das hier ist Paul Meier." – „Wer?" – „Paul Meier!") die Nominativergänzung.
- Mit „Wen oder was ...?" erhält man entweder (wie hier) ein einzelnes Satzglied, nämlich das Akkusativ*objekt*, oder (wie bei „Ein uns heftig beschimpfender alter Mann ..." – „Wen?" – „Uns!") das *sekundäre* (= an das attributive Partizip beschimpfende gebundene) Akkusativ*attribut* (uns).
- Mit „Wessen ...?" erhält man entweder (wie hier) ein Genitiv*attribut* oder (wie bei „Sie hat gestern ganz gerührt ihres verstorbenen Gatten gedacht." – „Wessen?" – „Ihres Gatten!") ein *Satzglied*, nämlich das Genitivobjekt.
- Mit „Was tut ...?" erhält man 'alles außer dem Subjekt'.

Nach der klassischen Logik-Tradition, die Sätze als Produkte von Aussage-Zuordnungen (Prädikationen) sieht, wäre dies das *Prädikat* (im *weiten* Sinne; heute werden mit *Prädikat* meist im engeren Sinne das finite Verb und ggf. die ihm zuzuschlagenden anderen Prädikatsteile bezeichnet). Wegen seiner Größenordnung zwischen Satzglied und Satz wird es manchmal auch als *Phrase* bezeichnet; nach der Schule der generativen Transformationsgrammatik ist es als *Verbalphrase* einer der beiden *primären* Teile des Satzes (neben dem Subjekt als der *Nominalphrase*). Dass diese Zweiteilung auch strukturell motiviert ist, sieht man z. B. an der Infinitiv-Probe (auch als Kochbuch-Probe bezeichnet, weil Kochanleitungen oft infinitivisch formuliert sind); sie zerlegt die Sätze in solche zwei Konstituenten: abends wegen seiner Allergie Möhren fressen (der alte Hund meiner Schwester).

198 Mit der Frageprobe erhält man also keine Satzbausteine derselben Größenordnung – es sei denn, man weiß bereits, dass man bei dem obigen Beispielsatz *nicht* die „wessen"-Probe verwenden darf. Insofern bereiten die „w"-Fragen – wenn sie nicht nur zur Identifizierung von *Kasus*, sondern zur Suche nach dem Subjekt und den Objekten in einem Satz verwendet werden – mehr Probleme, als sie lösen helfen.

In einer Klassenarbeit haben die Schülerinnen und Schüler die Aufgabe, zunächst vorgegebene Satzanfänge wie u. a.

„Er freute sich auf die ..."

zu ergänzen und dann die „von ihnen ergänzten *Satzglieder*" mithilfe der Frageprobe zu bestimmen. Viele von ihnen ordnen den von ihnen ergänzten *Satzteil* als *Akkusativobjekt* ein, z. B. eine Schülerin den folgenden:

Er freute sich *auf die Wanderung*.

Zum einen glauben sie nämlich mit der „wen"-Frage („*Auf* wen freute er sich?" – „*Auf* die Wanderung") ein akkusativisches *Satzglied* zu identifizieren, während sie in Wirklichkeit mit ihr nur einen *Kasus* Akkusativ zu fassen kriegen, der hier innerhalb eines *präpositional* eingeleiteten Satzglieds steht. Und zum anderen hat sie hier auch die Aufgabenstellung verführt, die „von ihnen ergänzten Satzglieder" zu bestimmen, obwohl sie hier lediglich den nominalen *Kern* der präpositionalen Satzglieder ergänzt haben.

199 Auch in DAF-Lexika werden Präpositionen oft als so eng mit dem Verb verbunden präsentiert („sich freuen *über*, warten *auf*, ..."), dass die Lerner leicht glauben, die Präposition gehöre zum Verb, während sie bereits der Beginn des *Satzglieds* ist.

Natürlich enthält diese 'Verklebung' einen richtigen Hinweis darauf, dass solche Präpositionen vom *Verb* selektiert werden, keine autonome Bedeutung haben und den vom *Verb* bestimmten Kasus an die nachfolgende Nominalgruppe (warten auf ... einen Freund) durchreichen. Aber dieser Hinweis kann in dieser impliziten Weise nicht verstanden werden.

Umstellprobe

ludwig harig

das ist was

das was ist
was ist das
ist das was

Als zweites Verfahren zur Bestimmung der Satzglieder wird die *Umstellprobe* (auch *Verschiebeprobe*) verwendet.

Zur terminologischen Orientierung dient folgende Unterscheidung (→ 14 ff.): Man unterscheidet drei Stellungsfelder: *Vorfeld, Mittelfeld* und *Nachfeld*. Diese Unterscheidung bezieht sich auf Sätze mit *zwei*teiligem Prädikat, diese zwei Teile bilden eine sogenannte Satzklammer:

Sie hat am Abend gelesen.

Vor dem Finitum hat liegt das Vorfeld, nach gelesen das Nachfeld, zwischen den beiden das Mittelfeld.

Sie hat abends mehr gegessen als ich.

Bei *ein*teiligen Prädikaten wie Sie las abends noch kann man nur zwei Felder unterscheiden: Vorfeld und Nachfeld. Dieser Unterschied zwischen 3-Felder-Sätzen und 2-Felder-Sätzen spielt für die Abgrenzung von Satzgliedern keine große Rolle, weil es hier vor allem um die Verschiebung ins Vorfeld geht. Das gibt es in beiden Fällen.

Auf der Basis der Umstellprobe ergibt sich eine schrittweise modifizierte Definition von *Satzglied*:

– *1. Schritt:* Wörter bzw. Wortgruppen, die nur gemeinsam an einen anderen Platz im Satz verschoben werden können, gelten als Satzglied.

Die graue Katze meiner Schwester trinkt wegen des Regens Rum.

→ Rum trinkt die graue Katze meiner Schwester wegen des Regens.

oder

→ Wegen des Regens trinkt die graue Katze meiner Schwester Rum.

Also sind Rum, wegen des Regens und die graue Katze meiner Schwester je ein Satzglied.

– *2. Schritt:* Um eine syntaktisch korrekte, aber semantisch nicht passende Umstellung wie

Die graue Katze trinkt wegen des Regens Rum meiner Schwester.

auszuschließen, müssen wir die Definition unter (1) durch einen Zusatz ergänzen: ... ohne dass sich die Satzbedeutung ändert.

– *3. Schritt:* Mit diesem Zusatz ist die Definition unter (2) zu grob geraten; denn natürlich liegt in

Die graue Katze trinkt Rum.

eine etwas veränderte Bedeutung vor, nämlich eine andere Fokussierung als in

Rum trinkt die graue Katze.

Bei solchen Fokusänderungen spielen Umstellungen mit Akzentverteilung und Tonhöhenverlauf zusammen; Akzent- und Stimmmarkierungen können dabei die Fokuseffekte der Umstellung kompensieren, sie sind wirkungsstärker.

Daher wird der Zusatz nachdifferenziert: ... ohne dass sich die Satzbedeutung *grob* verändert, oder: ... ohne dass sich die *Sachverhalts*bedeutung ändert.

– 4. *Schritt:* Die unter (3) erreichte Definition ist für einige Beispiele wie das folgende noch nicht trennscharf genug:

Die Katze trinkt wegen des Regens.

Hier ist auch die Umstellung

Die Katze trinkt des Regens wegen.

möglich, danach wären wegen und des Regens jeweils ein eigenes Satzglied. Dies widerstrebt aber unserem 'Sprachgefühl'; zudem zeigt sich, dass zwar diese lokale Umstellung möglich ist, aber keine Trennung der beiden Satzteile oder die Verschiebung eines von beiden an den Satzanfang:

*Wegen trinkt die graue Katze des Regens.
*Des Regens trinkt die graue Katze wegen.

Für solche Fälle (= Präposition / Postposition) hilft als weitere Präzisierung: Wörter bzw. Wortgruppen, die nur gemeinsam an einen anderen Platz im Satz verschoben werden können und dabei *beide* Nachbarn wechseln, ...

– 5. *Schritt:* Die unter (4) gewonnene Definition ist freilich insgesamt zu eng, denn für Sätze wie

Die alte Katze mit dem traurigen Blick trinkt.

gibt es überhaupt nur *eine* Umstellungsmöglichkeit, und die verändert die Satzbedeutung erheblich, nämlich von 'Aussage' zu 'Frage':

Trinkt die graue Katze mit dem traurigen Blick?

Daher muss man eine Zusatzklausel anhängen: ...; wobei im Einzelfall auch die Sachverhaltsbedeutung *kontrolliert* von 'Aussage' in 'Frage' verändert werden darf.

Die mehrfach überarbeitete Definition heißt also:

Unter einem Satzglied verstehen wir Einzelwörter bzw. Wortgruppen, die nur gemeinsam an einen anderen Platz im Satz verschoben werden können (und dabei *beide* Nachbarn wechseln), ohne dass sich die *Sachverhalts*bedeutung ändert (außer im Einzelfall kontrolliert von 'Aussage' zu 'Frage' oder umgekehrt).

Diese Definition ist jetzt zwar einigermaßen präzise, aber nicht sehr benutzerfreundlich.

Daher erscheint eine zweite Version der Umstellprobe – jedenfalls auf den ersten Blick – erheblich einfacher: die sog. *Vorfeld-Probe*. Als vorläufige Definition schlage ich vor:

Als Satzglied bezeichnen wir diejenigen Einzelwörter bzw. Wortgruppen, die im Vorfeld *stehen* bzw. ohne gravierende Änderung der Sachverhalts-Bedeutung dorthin *verschoben* werden können.

Hinter dieser 'Light-Version' der Umstellprobe steht die Annahme, die in einigen Grammatiken und in fast allen Arbeitsbüchern für den Deutschunterricht zu lesen ist, das Finitum stehe in Aussagesätzen der deutschen Gegenwartssprache immer an zweiter Satzgliedstelle. Dann *müsste* alles, was vor dem Finitum stehen kann, ein einziges Satzglied darstellen.

Dass ich den Konjunktiv („müsste") wähle und von einer „vorläufigen" Definition spreche, hängt damit zusammen, dass die Regelverhältnisse – wie immer im wahren sprachwissenschaftlichen Leben – ein bissel komplizierter sind als bei dieser Annahme unterstellt.

2.2 Komplikationen bei der Vorfeld-Probe

Bei dieser Vorfeld-Probe muss man – zumindest als Lehrerin oder Lehrer – mit drei Arten von Komplikationen rechnen: (1) Satzgliedverdächtige Wörter lassen sich manchmal nicht ins Vorfeld verschieben, (2) manchmal scheint im Vorfeld mehr als ein Satzglied stehen zu können und (3) manchmal kann dort offenbar auch weniger als ein Satzglied stehen.

'Satzgliedverdächtige' Wörter / Wortgruppen sind nicht vorfeldfähig

Bei satzgliedverdächtigen Wörtern wie ja und wohl in

    Sie ist *ja wohl* sehr berühmt.

greift die Vorfeld-Probe nicht: Solche Wörter können nicht ins Vorfeld gestellt werden – zumindest nicht ohne dabei ihre Bedeutung zu ändern wie in

    Wohl hatte sie Recht!

Andererseits sind sie auch nicht Attribute in anderen, benachbarten Satzgliedern. Wie soll man also ihre syntaktische Funktion beschreiben?

Bei solchen oft clusterförmig auftretenden an das Mittelfeld gebundenen Wörtern / Wortgruppen wie ja wohl ist zudem oft schwer zu entscheiden, ob es sich um zwei selbstständige Satzglieder ja und wohl handelt, die hier (wie oft) in unmittelbarer Nachbarschaft auftreten, oder aber um ein einziges Satzglied; dann müsste man eines der beiden Satzgliedteile zum Satzglied*kern* und das andere zum *Attribut* erklären, in der Regel durch eine Weglassprobe. Dabei zeigt sich, dass jedes der beiden weglassbar ist, ohne dass das andere grammatisch unmöglich wird oder sprunghaft seine Bedeutung ändert; dieses Verhalten spricht für die Annahme von *zwei* Satzgliedern.

Ebenfalls nicht vorfeldfähig ist das Personale es in der Funktion als *Akkusativobjekt:*

    Natürlich glaube ich es dir.
    → *Es glaube ich dir natürlich.

Auch ein Personale im Femininum oder Maskulinum kann nicht ins Vorfeld gestellt werden, wenn es sich nicht auf eine Person, sondern auf einen Gegenstand bezieht:

    Hier ist der Hammer. – Ich will *ihn* nicht.
    Hier ist der Hammer. – **Ihn* will ich nicht.

Wenn man unbedingt das Vorfeld nutzen will, nimmt man ein Demonstrativum:
> Hier ist der Hammer – *Den* will ich nicht.

Die romanischen Sprachen verfügen über ein ausgebautes System von Personalpronomen: Pronominalformen für betonten fokussierenden/topikalisierenden Gebrauch und solche für unauffälligen: J'épouserai <u>toi</u>!– Je t'épouserai!

Gleiches gilt für Reflexivpronomen bei reflexiven Verben wie *sich* in
> Er wunderte sich über uns.
> → *Sich wunderte er über uns.

In den meisten Grammatiken werden Reflexivpronomen reflexiver Verben nicht als eigenständiges Satzglied gerechnet, sondern dem Prädikat zugeschlagen.

Mehr als ein Satzglied im Vorfeld

205 Bei Sätzen mit mehrteiligen Prädikaten wie
> Er hatte noch nie zum Frühstück Würstchen gegessen.

kann der lexikalisch gehaltvolle Teil des Prädikats (hier: *gegessen*) ins Vorfeld gestellt werden
> *Gegessen* hatte er Würstchen zum Frühstück noch nie.

und dabei ein oder mehrere Satzglieder im Schlepptau mitnehmen:
> *Würstchen gegessen* hatte er zum Frühstück noch nie.

oder
> Zum Frühstück Würstchen gegessen hatte er noch nie.

In diesen Fällen können also mehrere Satzglieder im Vorfeld stehen. Wie viele und welche, hängt in jedem Einzelfall von Verständlichkeit und Akzeptabilität ab; bei mündlicher Sprachverwendung gibt es mehr Spielraum für diese Vorfeld-Verschiebung, weil hier die Stimmführung das Verstehen gut steuern kann.

Bei bestimmten intransitiven Verben wie *gelingen* kann sogar das Subjekt zusammen mit dem Prädikatsteil Partizip ins Vorfeld gestellt werden:
> Ein Glückstreffer ist ihr erst ein einziges Mal gelungen.
> Ein Glückstreffer gelungen ist ihr erst ein einziges Mal.

206 Mehr als ein Satzglied kann im Vorfeld auch dann stehen, wenn es sich um eine Kombination aus *temporalem* und *lokalem* Satzglied handelt:
> *Gestern im Bus* habe ich Paula getroffen.

Hier ist sowohl Umstellung der beiden Satzglieder *innerhalb* des Vorfelds möglich
> *Im Bus gestern* habe ich …

wie auch Verschiebung jedes der beiden Satzglieder *einzeln* in das Mittelfeld:
> *Im Bus* habe ich *gestern* … bzw. *Gestern* habe ich *im Bus* …

Diese Option, ein temporales und ein lokales Satzglied im Vorfeld zu koppeln, leuchtet ein, insofern eine Situationsangabe in ihrer Basis-Ausprägung zeitliche *und* räumliche Koordinaten umfasst. Man kann solche Satzglied-Tandems auch als ein einziges in sich komplexes Adverbiale (→ 207) ansehen. Ob diese Raum+Zeit-Angabe in

Form eines einzigen komplexen Satzglieds gemacht wird oder in der Kopplung von einem räumlichen und einem zeitlichen Angabenteil, ist unter pragmatischer Perspektive sekundär.

Nicht möglich ist eine solche Kopplung für andere Kategorien-Tandems, z. B. temporales und kausales Satzglied:
> Gestern habe ich wegen des Regens das Konzert abgesagt.
> → *Gestern wegen des Regens habe ich das Konzert abgesagt.

Wenn man gestern *hinter* des Regens stellt, kann beides im Vorfeld stehen:
> Wegen des Regens gestern habe ich das Konzert abgesagt.

Dabei handelt es sich aber um ein *attributives* Adverb. Dieser Satz ist *nicht* bedeutungsidentisch mit dem Ausgangssatz, es handelt sich daher *nicht* um eine Umstellung im Sinne der Vorfeld-Probe.

Etwas andere Bedingungen sind gegeben, wenn es sich um zwei (oder mehrere) inhaltlich *gestaffelte* Satzteile – *beide* temporaler oder *beide* lokaler Charakteristik – handelt:
> *Im letzten Jahr* habe ich *im September* ein neues Auto gekauft.

Es handelt sich hier um zwei Satzglieder. Beide können nun *gemeinsam* ins Vorfeld umgestellt werden:
> *Im letzten Jahr im September* habe ich ein neues Auto gekauft.

In dieser Version handelt es sich um ein in sich *gestaffeltes* Satzglied.

Diese zweischrittige Festlegung des Zeitraums entspricht der eines spezifizierenden *Nachtrags* (→ Bd. 3: 66):
> Im letzten Jahr, *und zwar* im September, habe ich ...

Sowohl für die vorfeld*interne* Reihenfolge wie auch für die Verteilung auf *zwei* Plätze im Satz (wie auch für den Nachtrag) gilt die Bedingung, dass die (hier: temporal) *unspezifischere* Information *vor* der *spezifischeren* stehen muss. Die beiden anderen Reihenfolgen wären also nicht korrekt:
> *Im September* habe ich *im letzten Jahr* ein neues Auto gekauft.
> *Im September im letzten Jahr* habe ich ein neues Auto gekauft.
>
> *Diese* Reihenfolge ist nur in *anderer* attributiver Struktur möglich: Im September *letzten Jahres*.

In einem Satz wie
> Mòrgen gebe ich dir *wahrscheinlich* das Buch wieder.

kann wahrscheinlich ins Vorfeld umgestellt werden
> *Wahrscheinlich* gebe ich dir mòrgen das Buch wieder.

und gilt insofern als eigenes Satzglied. Wenn es sich nicht auf den gesamten restlichen Sachverhalt, sondern auf einen (in einem einzelnen Satzglied formulierten) Teilsachverhalt bezieht, dann kann es *gemeinsam* mit diesem anderen Satzglied (= seinem *Skopus* – von griechisch skopos = Ziel; also: seinem Wirkungsbereich) ins Vorfeld gestellt werden, und zwar in beiden vorfeldinternen Reihenfolgen:

> Mòrgen *wahrscheinlich* gebe ich dir das Buch wieder.
> *Wahrscheinlich* mòrgen gebe ich ...

Das Finitum steht hier auf den ersten Blick erst an dritter Satzgliedstelle. Wenn man bei den insgesamt vier Versionen Akzentverteilung und Stimmhöhenverlauf vergleicht, dann fällt auf: In allen vier Versionen trägt das im Skopus stehende Element morgen den Akzent; demgegenüber unterscheidet sich der Stimmhöhenverlauf der ersten Version von der der zweiten und – auf gleiche Weise – der der dritten von der der vierten; die erste und dritte Version sind gleich und die zweite und vierte Version. Diese Regularität macht deutlich, dass aussagenkommentierende Adverbialien wie wahrscheinlich Spezialisten unter den Satzgliedern sind (→ 473 ff.), die mehr Bewegungsspielraum haben als z. B die Objekte. Sie werden – um es mit einem Bild zu erklären – wie eine Taschenlampe auf das von ihnen kommentierte Satzglied aufgesteckt, können aber auch abgenommen und in die üblichere Distanzstellung zu ihrem Skopus gebracht werden wie im ersten oder zweiten Beispiel.

Insofern verlangen diese Spezialisten eine Differenzierung der Regel von der Finitum-Zweitstellung.

209 Vorfeldbesetzungen wie im folgenden Beispiel
> Der Witz vorhin war nicht gerade politisch korrekt!
> Vorhin der Witz war ...

rechne ich demgegenüber zu satzglied*internen* Strukturen: vorhin ist Attribut. Hier kann man im Unterschied zu dem eben behandelten Sonderfall vorhin *nicht* bedeutungsgleich ins Mittelfeld stellen:
> *Der Witz war vorhin nicht gerade politisch korrekt.

Diese Aussage hätte eine andere Bedeutung: Der (mehrfach erzählte) Witz war in einer *bestimmten* Situation politisch nicht korrekt.

In mündlichem Sprachgebrauch, vereinzelt aber auch in alltagsweltlicher schriftsprachlicher Verwendung werden gelegentlich auch zwei selbstständige Satzglieder ins Vorfeld gestellt, z. B. in
> Für seine besten Freunde ein kleines Dankeschön sollte man unbedingt bereithalten.

Weniger als ein Satzglied im Vorfeld

210 Der Satz
> Er trug gerne rote Hosen.

kann bei einer spezifischen Kontrastierungsabsicht umgestellt werden zu
> Hósen trug er gerne ròte.

mit entsprechender stimmlicher Markierung von Hosen (= steigend) und rote (= fallend). Das spezifizierende Attribut (= Satzglied-Teil) rote wird dabei also ins Mittelfeld verschoben; die spiegelbildliche Stimmführung (auf – ab) zeigt an, dass die beiden Satzgliedteile auch über die Distanz hinweg zusammengehören. Solches Satzglied-Splitting wird dann gewählt, wenn nicht nur rote (im Kontrast z. B. zu gelb), sondern auch Hose (im Kontrast z. B. zu Kleid) thematisiert wird; man kann daher von doppelter Kontrastierung bzw. doppelter Fokussierung bzw. doppelter Topikalisierung sprechen.

Solche Phänomene werden auch als Nominalphrasen-Aufspaltung (NP-Aufspaltung) oder als *split topicalization* bezeichnet. Für die eben erläuterten Fälle erscheint mir diese Bezeichnung zu unspezifisch; ich spreche hier von *doppelter* Topikalisierung, weil es auch Fälle von Satzglied-Splitting gibt, wo *keine* doppelte Fokussierung vorliegt (vgl. weiter unten Was ... für ein ... → 212 f.).

Das spezifizierende Attribut rote muss bei diesem Splitting immer *nach* dem Bezugswort stehen; die Reihenfolge

    *Rote trug er gerne Hosen.

ist also grammatisch inkorrekt. Meist handelt es sich bei dem Nomen um eine indefinite Größe; wenn es ein Pronomen (z. B. einen Artikel) enthält, muss dieses bei dem abgespaltenen Attribut stehen:

    Sie trug am liebsten *die* roten Hosen.
    → Hosen trug sie am liebsten *die* roten.
    → *Die Hosen trug sie am liebsten roten.

Diese Doppelfokussierung durch Abspaltung ist insgesamt stilistisch *markiert*.

Ausgeschlossen ist die Herausnahme eines Attributs aus einem präpositionalen Ausdruck wie in

    Erst am *späten* Abend wird er kommen können.
    *Am Abend wird er erst *späten* kommen können.

211

Solches Splitting ist bei allen Satzteilen möglich, die wie ein Strahler andere Satzglieder beleuchten, also z. B. auch

- bei Satzgliedteilen, die aus Pronomen bestehen wie in
    Er besaß wenig Geld. → Geld besaß er wenig (auch hier: *Wenig besaß er Geld).
- bei Satzgliedteilen, die Fokuspartikeln sind wie in
    Nur Pàula hatte mein Fehlen bemerkt, sonst niemand.
    → Pàula hatte mein Fehlen nur bemerkt, sonst niemand.
    Aber nicht: *Nur hatte Paula ...

Es gibt zwar einen satzgliedwertigen Gebrauch von nur, dann bezieht es sich aber auf eine Aussage im Satz bzw. in der Äußerung davor und hat einschränkende Bedeutung, z. B. in

    Nur kannst du mit so etwas halt nicht gut argumentieren!

Diskontinuierliche Satzglieder

Neben dem eben angesprochenen Fall der doppelten Fokussierung gibt es weitere Konstruktionen, die als ein einziges Satzglied eingestuft werden, aber in zwei 'Portionen' aufgeteilt vorkommen können. Topologisch spricht man hier von Distanzstellung; die Satzglieder selber werden als diskontinuierliche Satzglieder bezeichnet. Dieses Attribut 'diskontinuierlich' markiert also die Abweichung vom Regelfall, dass die zu einem mehrwortigen Satzglied gehörenden Wörter zusammen auftreten, also kontinuierlich hintereinanderstehen müssen. Ich führe zwei solcher Fälle an.

212

Zum einen geht es um folgende Konstruktion:

213

    Was für ein Typ bist du? → Was bist du für ein Typ?
    Was für ein komischer Typ bist du! → Was bist du für ein komischer Typ!

Diese Konstruktion ist an Fragesatzform oder Ausrufesatzform gebunden (während wir bislang nur Splitting innerhalb der 'Aussagesatzform' betrachtet haben). Bei solchen Fällen kann man zusätzlich auf 'nur geschlossene Ersetzbarkeit' testen: So lässt sich Was nur gemeinsam mit für ein komischer Typ z. B. durch wer ersetzen. Daher nehmen wir solche Sonderfälle (von denen es relativ wenige gibt) als *ein* Satzglied und sprechen von einer *diskontinuierlichen Konstituente* (hier also: einem diskontinuierlichen *Satzglied*).

214 Zum andern geht es um die Konstruktion 'Element aus einer Menge':
> Viele von uns sind müde. / Viele sind müde von uns. / Von uns sind viele müde.
> Die Schnellsten von euch ...
> Die Besten von den Praktikanten ...

Nur mit begrenzter Stellungsvarianz sind hier auch Interrogativa möglich:
> Wer von euch war das? / Wer war das von euch? aber: *Von euch war das wer?

Es gibt Restriktionen für die Distanzstellung: Es ist nur Anfangs- oder Endstellung möglich; und bei Nähestellung muss die attributive Präpositionalgruppe dem Kopf *folgen:*
> *Jeder* von uns muss etwas tun.
> Von uns muss *jeder* etwas tun.
> *Jeder* muss etwas tun von uns.
> *Von uns jeder muss etwas tun.
> *Jeder muss von uns etwas tun.
> *Jeder muss etwas von uns tun.

Ich gehe hier nicht von Zweitabhängigkeit (→ 400 ff.) aus, weil die hier angesprochene 'Element-Menge'-Konstruktion nicht wie Zweitabhängigkeit an stellenarme semantisch blasse Trägerverben gebunden ist, sondern verbunabhängig möglich ist, vgl. z. B.
> Von uns hat jeder an dieser Fortbildung teilgenommen.
> Jeder von uns hat an dieser Fortbildung teilgenommen.
> Jeder hat an dieser Fortbildung teilgenommen von uns.

Ein Zwischen-Resümee

215 Die Umstellprobe (mit zusätzlicher Ersatzprobe) zur Bestimmung der Satzglieder ist ein für viele, nicht für alle Fälle taugliches Mittel.

Die Satzglieder erweisen sich dabei als eine nicht ganz konsistente Konstituenten-'Familie':

Es gibt die Ergänzungen (als valenzgebundene Satzglieder) und die klassischen temporalen usw. Angaben (zu *Ergänzungen* und *Angaben* vgl. das folgende Kapitel). Beides sind 'unauffällige' Familienmitglieder.

Unter den Angaben gibt es darüber hinaus interessante, stellungsmäßig wie auch semantisch 'auffällige' Verwandte, die gewissermaßen 'Spezialisten' für bestimmte Aufgaben sind, unter anderen
– sachverhaltskommentierende Satzteile wie wahrscheinlich, die gemeinsam mit dem Satzglied, das für den von ihnen beleuchteten Sachverhalt zentral ist, im Vorfeld stehen können;

- fokussierende Satzteile wie vor allem, nur, die mit ihrem Bezugs-Satzglied gemeinsam im Vorfeld stehen können wie in
  Èr liebt diese Musik vor allem.
  Èr vor allem liebt diese Musik. / Vor allem èr ….
- 'abtönende' Satzteile wie ja, wohl, die mittelfeldgebunden sind und oft im Cluster auftreten;
- Negationspartikeln wie nicht und kein, die – teils Satzglied, teils Satzglied-Teil – mit im Vorfeld stehen können und auch Splitting ermöglichen:
  Paul war das nicht. – *Nicht* Paul war das, sondern ich.

Blickt man auf die hier angesprochenen Möglichkeiten der Identifikation von Satzgliedern zurück, so gilt: Es gibt kein unproblematisch zu handhabendes *einheitliches* Kriterium für die Abgrenzung *aller* 'Familienmitglieder'. Statt vergeblich eine hundertprozentige Definition anzustreben, sollten wir – so mein Vorschlag – bei dem Versuch, 'satzgliedverdächtige Satzteile' umzustellen, lieber die offenbar unterschiedlichen Verhaltensweisen als Indikator für unterschiedliche Satzglied-Typen und im Einzelfall spezielle Abhängigkeiten nutzen; wir sollten – auch gegenüber Lernern – sogenannte 'Ausnahmen' also nicht beseitigen, sondern syntaktisch genauer diagnostizieren. 216

Ein vorsorglicher Hinweis: Bei solchen Stellungsanalysen zählen Konjunktionen wie und oder denn, die am Satzanfang stehen, nicht zu den Satzgliedern. In 217
  (Denn) er kam erst am nächsten Tag.
  (Und) ich komme morgen zu dir.
liegt also die 'normale' Zweitstellung des Finitums vor. Solche Konjunktionen sind gewissermaßen Ordnungs-Gäste einer höheren Gliederungsebene, nämlich der Abfolgebeziehung *zwischen* Sätzen innerhalb von Texten; sie machen nur Sinn, wenn der betreffende Satz *nach* einem *anderen* Satz steht.

Anders ist es bei Wörtern wie deswegen, darauf (sog. Konjunktionaladverbien bzw. Pronominaladverbien): Die importieren durch ihren Rückbezug auf den Inhalt des vorhergehenden Satzes (= 'des wegen') Informationen in den vorliegenden Satz und sind damit Satzglieder, die das Vorfeld füllen können:
  Es regnete heftig. Des(= des Regens)wegen blieb er zuhause.
Der Konjunktions-Charakter solcher Zwitterwörter kommt durch diesen Rückgriff auf den Vor-Satz (und den begründenden Wert von -wegen) zustande, nicht wie bei und oder weil durch die Eigensemantik dieser Wörter.

Methodische Probleme

Die Entscheidung, ob eine bestimmte Stellung (syntaktisch) inkorrekt oder nur ungebräuchlich ist, ist oft schwierig. Dies hängt zusammen 218
- mit Unterschieden zwischen mündlichem und schriftlichem Sprachgebrauch (wenn man Äußerungen im Gesprächsverlauf hört, erscheinen sie einem grammatisch unauffällig; liest man die gleichen Äußerungen in Transkripten, wirken sie oft auffällig unkorrekt),

- mit der unterschiedlichen Wahrnehmung von eigener und fremder Sprachproduktion,
- mit den unterschiedlich strengen grammatischen und stilistischen Ansprüchen der jeweiligen Textsorten, in denen uns solche fraglichen Umstellungen begegnen,
- und auch mit dem Problem, solche aus ihren gewohnten Kontexten herausgerissenen meist einzelnen Sätze linguistisch zu beurteilen (man fühlt sich zunehmend 'halt-los').

219 Auch die Entscheidung, ob zwei Umstellungs-Varianten bedeutungsgleich sind, ist manchmal kompliziert: In einem Beispiel wie

Die Schule war *am letzten Dienstag* ziemlich langweilig.
Die Schule am letzten Dienstag war ziemlich langweilig.

ist nicht ohne Weiteres klar, ob es sich auch im zweiten Satz um *zwei* selbstständige Satzglieder handelt, die aber beide im Vorfeld stehen können, oder um *ein* in sich komplexes Satzglied mit am letzten Dienstag als temporalem *Attribut*. Die sachverhaltsmäßig gleiche Aussage wird in unterschiedlichen Etappen konstruiert, dabei werden unterschiedliche syntaktische Instrumente benutzt: Im zweiten Satz wird *innerhalb* des Satzglieds durch Attribuierung mit am letzten Dienstag der Wirklichkeits-Ausschnitt angegeben, auf den sich dann die Prädizierung ... war ziemlich langweilig ohne weitere Einschränkungen bezieht. Im ersten Satz wird zunächst das Gesamt von 'Schule' zur Bewertung angeboten, das dann durch ein eigenes Satzglied im Mittelfeld temporal begrenzt und erst in diesem Ausschnitt mit ziemlich langweilig bewertet wird.

3 Satzglieder klassifizieren

Für die Klassifikation der Satzglieder (die um ein Prädikat herum gruppiert sind) werden in wissenschaftlichen Grammatiken und in Schulgrammatiken und den ihnen folgenden Lehrplänen und Sprachbüchern in der Regel drei Klassifikationsmöglichkeiten verwendet:
– morphologische Klassifikation,
– semantische Klassifikation,
– valenzorientierte Klassifikation.
Teilweise sind die zugrunde liegenden Klassifikationsansätze dabei an den Fachtermini zu erkennen.

Gesichtspunkte für die Wahl von Satzglied-Bezeichnungen

Die genannten unterschiedlichen Klassifikationsgesichtspunkte zu kennen und auseinanderzuhalten, ist notwendig. Eine andere Frage ist, welchem dieser Gesichtspunkte man bei der Wahl der Fachtermini für die so klassifizierten Satzglieder folgen will.

Eine extreme Möglichkeit wäre die, dass sich in den Begriffen alle drei Klassifikationsgesichtspunkte – Valenzgebundenheit, morphologische Charakteristik und semantischer Wert – niederschlagen sollen. Dann wäre *eines Tages* in *Eines Tages kam er* nicht mehr als „temporale Genitivangabe" zu bezeichnen, als *Täter* in *Ich betrachte ihn als Täter* als „prädikative (nominale) Akkusativergänzung" usw.

Freilich ergäbe eine solche dreifache Kreuzklassifikation sehr komplexe Fachtermini. Zudem wird sich die Aufmerksamkeit der Untersuchenden jeweils nur auf *einzelne* dieser Klassifikationsgesichtspunkte richten:
– in einem Satz wie

   Er ging am Abend in Aachen tanzen.

   z. B. nur auf den Fokus Satzglied-*Bedeutung:* am Abend als *Temporal*angabe, in Aachen als *Lokal*angabe (dass diese Angaben beide durch eine Präpositionalgruppe realisiert sind, ist dabei im Augenblick irrelevant);
– in einem Satz wie

   Sie saß lange in der Kneipe. – Ihr Kneipenbesuch dauerte lange.

   z. B. nur auf den Fokus *Valenzgebundenheit:* lange im ersten Satz als Temporal*angabe*, im zweiten demgegenüber als Temporal*ergänzung* (die *Wortart* von lange ist dabei ausgeblendet);
– in einem Satz wie

   Sie gingen häufig essen. – Sie gingen oft essen.

   z. B. nur auf den Fokus *grammatische Form:* häufig als *Adjektiv*angabe, oft demgegenüber als *Adverb*angabe (die *semantische* Charakteristik bleibt dabei im Hintergrund).

222 Insofern ist denkbar, die drei Klassifikationsgesichtspunkte grundsätzlich *analysebezogen* je *einzeln* zu handhaben. Dann könnte man zu einem Satzglied wie unter diesem Gesichtspunkt in Unter diesem Gesichtspunkt ist Sonne sogar schädlich! in drei getrennten Kommentarschritten sagen: 'Es ist in diesem Satz eine *Angabe*, morphologisch gesehen ist es eine *Präpositionalgruppe* (die Präposition regiert hier den Dativ), die Bedeutung ist so etwas wie *Geltungseinschränkung*.' Je nach Untersuchungsgesichtspunkt würde man nur den einen oder anderen dieser Kommentierungsschritte gehen.

223 Eine mittlere Position wäre die, eine *systematische* Terminologie zu entwerfen, die aber nur *zwei* der drei Gesichtspunkte durchgängig berücksichtigt, nämlich Valenzgebundenheit und morphologische Charakteristik. Die semantische Klassifikation wird dabei ausgeblendet – zum einen, um die Komplexität der Fachtermini zu reduzieren, zum anderen, weil sich Subjekt und Objekte nicht ohne Weiteres semantisch klassifizieren lassen.

Die nachfolgende Satzglied-Übersichtstabelle folgt dieser Option: Semantische Klassifikationen (nach *lokal, kausal* usw.) sind dort nicht berücksichtigt.

224 Die Tabelle unterscheidet *horizontal* nach dem Kriterium der *Valenzgebundenheit* zwischen Ergänzungen und Angaben; sie deutet an (was im weiteren Verlauf des Kapitels ausführlich erläutert werden wird), dass Subjekt und Objekte zwar zu den Ergänzungen gehören, dass es aber weitere Arten von Ergänzungen gibt.

Die Tabelle führt zudem *prädikative* und – innerhalb der prädikativen Angaben – *resultative* Satzglieder auf: *Ergänzungen* haben je nach Verb eine *prädikative Funktion* (z. B. die Adjektivergänzung schön in Sie findet ihn schön); im *Einzelfall* (= je nach Verb) haben solche prädikativen Ergänzungen dabei eine *resultative* Bedeutung (z. B. die Adjektivergänzung selig in Kunst macht mich selig). Bei den *Angaben* gibt es *prädikative Angaben* (z. B. die Adjektivangabe kalt in Er aß den Spargel kalt); unter diesen gibt es solche mit *resultativer* Bedeutung (z. B. die Adjektivangabe weich in Er kocht den Spargel weich); dabei sind je nach Verb *zusätzlich* resultative *Akkusativangaben* nötig, die die Basis der resultativen Bedeutung bilden (z. B. den Topf in Sie aß den Topf leer oder sich in Er schwamm sich fit).

Sogenannte *zweitabhängige* (und im Einzelfall auch drittabhängige) Satzteile wie die Präpositionalgruppe auf sie in Er war auf sie ziemlich *sauer* sind in der Tabelle nicht systematisch einbezogen; ich sehe sie primär als valenzgebundene *Attribute* an (hier: von dem Adjektiv sauer abhängig), die in bestimmten Prädikatsumgebungen 'an der langen Leine' mitgeführt werden und sich dabei topologisch wie Satzglieder *verhalten* können.

Auch einige der *'Spezialisten'* – sofern sie sich topologisch nicht 'ordentlich' verhalten – sind nur summarisch und mit je einem Beispiel am Tabellenende unter den Angaben mit genannt.

225 *Vertikal* unterscheidet die Tabelle verschiedene *morphologische* Zuschnitte der betreffenden Satzglieder. Sie markiert Wortart, Kasus, präpositionale bzw. konjunktionale Eingeleitetheit. Dabei wird nur das *Vorhandensein* einer solchen Einleitung markiert, nicht ihr Fehlen. Bei präpositional eingeleiteten Satzgliedern wird der von der Präposition verlangte Kasus *nicht* differenziert. Die *Partizipien* (eigentlich *Verb*for-

3 Satzglieder klassifizieren

grammatische Form	Ergänzungen: Subjekt, Objekte und weitere Ergänzungen	Ergänzungen: in *prädikativer* Funktion (im Einzelfall *resultativ*)	Adverbiale Ergänzungen / Adverbialergänzungen	Angaben	Prädikative Angaben	Prädikative Angaben in *resultativer* Funktion
Nomengruppe/ Pronomengruppe im Nominativ	Subjekt Wir sind sauer.	präd. Nominativergänzung (Gleichsetzungsnominativ) Er ist Gärtner. Paula ist nicht irgendwer!			präd. Nominativangabe Sie haben einer nach dem andern losgelacht. Unsere zwei Zuhörer haben beide bitterlich geweint.	
im Genitiv	Genitivobjekt Er gedachte ihrer.		Genitivangabe (Adverbialer Genitiv) Des Abends ging sie aus.		präd. Genitivangabe Er hat sich seiner Mitarbeiter aller vergewissert.	
im Dativ	Dativobjekt Wir helfen ihnen.		Dativangabe (Adverbialer Dativ) Sie trug mir den Koffer.		präd. Dativangabe Ihren Kindern hat sie beiden ein Auto geschenkt.	
im Akkusativ	Akkusativobjekt Ich mag sie. 2. Akkusativobjekt Er lehrt uns Tricks.	präd. Akkusativergänzung (Gleichsetzungsakkusativ) Ich finde ihn einen Affen.	Akkusativangabe (Adverbialer Akkusativ) Sie soff sich den ganzen Abend.		präd. Akkusativangabe Ich habe die Spieler alle beschenkt.	res. Akkusativangabe Er aß den Topf leer. Er schwamm sich fit.
Adjektivgruppe	Adjektivergänzung Paula wohnt schön.	präd. Adjektivergänzung Sie ist schön. Sie findet ihn schön. Gunst macht ihn glücklich. (= res.)	adv. Adjektivergänzung Das Konzert dauert lang.	Adjektivangabe Sie aßen lange. Vermutlich aßen sie.	präd. Adjektivangabe Er aß den Spargel kalt.	res. Adjektivangabe Reis kocht er weich. Er aß den Topf leer. Er schwamm sich fit.
Pronomengruppe (unflektiert)		präd. Pronomenergänzung Ich bin doch nicht du!			präd. Pronomenangabe Er kocht die Spargel einzeln.	
Adverbgruppe			adv. Adverbergänzung Er wohnt hier.	Adverbangabe Sie aßen oft. Leider aß er alles auf.		
Präpositionalgruppe	Präpositionalobjekt Sie staunt über uns.	präd. Präpositionalergänzung Sie ist von hoher Intelligenz.	adv. Präpositionalergänzung Sie befindet sich in Frankfurt.	Präpositionalangabe Sie feierten im Garten.	präd. Präpositionalangabe Für einen Chef ist er nett.	res. Präpositionalangabe Er redet sich ins Abseits.
Konjunktionalgruppe		präd. Konjunktionalergänzung Sie gilt als Star.	adv. Konjunktionalergänzung Er benimmt sich wie ein Affe.	Konjunktionalangabe Er sang wie ein Star.	präd. Konjunktionalangabe Als Chefin mag ich sie.	
	sowie zweit- und drittabhängige Satzteile Auf Paula bin ich derzeit sauer! (zweitabhängig) Zum Schwimmen bin ich heute zu müde. (drittabhängig)			sowie zugeordnete Angaben Er war kleiner als sie. Er schläft nur. Sie freut sich sehr. Er kommt heute nicht. Das ist ja doch wohl die Höhe!	und weitere 'Spezialisten'	

men) werden, soweit sie syntaktisch als *Adjektive* gebraucht werden, bei den *Adjektiven* eingeordnet.

Ein vorsorglicher Hinweis: Die Bezeichnungen in der Tabelle und die zugehörigen Beispiele sind an Sätzen in der Aktionsart *Aktiv* aufgeführt.

226 Diese Tabelle ist nicht etwa eine (heimliche) Aufforderung, die hier vorgeschlagenen Termini auswendig zu lernen, sondern sie soll ein mögliches systematisches Zusammenspiel von zwei Klassifikationsgesichtspunkten (grammatische Form und syntaktische Valenz) vorführen. Lehrende und Lernende sollten ihre Anstrengungen vorrangig auf die Entwicklung von *Analysesicherheit* richten und dabei ggf. selber eine – zu den jeweils gewählten Gesichtspunkten passende – *Arbeits*-Terminologie entwerfen.

227 Einige Bezeichnungen wie Subjekt, Objekt, Präpositionalobjekt und Adverbiale sind durch die Terminologie-Vorgaben der Kultusministerkonferenz (KMK) bestimmt und in den meisten Arbeitsbüchern auch umgesetzt. Die Kultusministerkonferenz hat dazu 1982 folgende – vergleichsweise naive – Begründung angegeben:

> Auf Fachausdrücke wie 'Ergänzung' und 'Angabe', die sich aus der Untersuchung der Wertigkeit des Verbs ergeben, wird verzichtet, weil hier keinem Grammatikmodell der Vorzug gegeben werden soll.

Naiv ist daran, dass natürlich auch die Bezeichnung Objekt indirekt valenzorientiert ist: Nicht zufällig heißen Genitivangaben wie des Abends in *Des Abends ging er meist essen* auch *freie Genitive,* weil sie eben *nicht* valenzgebunden sind. Hinzu kommt, dass die Gegenüberstellung von Subjekt/Objekten (als den valenzgebundenen) einerseits und Adverbialien (als den nicht valenzgebundenen Satzgliedern) andererseits zu einer Schieflage führt: Subjekt und Objekte machen nicht den ganzen Bestand von Ergänzungen aus, einige Adverbialien haben den Status von Ergänzungen.

Aus diesen beiden Gründen verwende ich die explizit valenztheoretischen Begriffe *Ergänzung* und *Angabe zusätzlich* zu der Unterscheidung von Objekt und Adverbiale; sie helfen im Rahmen einer Kreuzklassifikation, die tatsächliche Komplexität der Satzglied-Verhältnisse zu verstehen.

228 Insbesondere Lehrerinnen und Lehrer müssen im Hinblick darauf, nach welchen Kriterien sie Satzgliedbezeichnungen ausrichten wollen und wie komplex und wie fest diese Bezeichnungen sein sollen, innerhalb ihrer Fachkonferenz eine klare Entscheidung treffen und den Lernenden offenlegen. Dafür scheinen mir Gesichtspunkte wie die folgenden wichtig zu sein:

229 – Unter text*analytischer* Perspektive:
  – *Valenzkriterien* werden immer dann wichtig, wenn mit Valenzverletzungen gespielt wird – in Poesie, Werbung und Gaudi.
  – *Morphologische* Kriterien spielen vorrangig bei normenreflexiven Fragen eine Rolle: 'Kann man sagen: ...?'
  – *Semantische* Kriterien werden bei der Beurteilung von Regelhaftigkeit und poetologischer Funktion von Satzgliedstellungen relevant (z. B. muss man bei komplexen Situations-Tableaus wie Hölderlins „Vor seiner Hütte ruhig im Schatten sitzt der Pflüger ..." (Friedrich Hölderlin „Abendphantasie", 1800) die semantische

Charakteristik der drei Vorfeldbesetzungen einschätzen können, um den Grad der topologischen Abweichung bewerten zu können: Ohne das modale Adverbiale ruhig wäre das lokale Adverbialien-*Tandem* Vor seiner Hütte im Schatten topologisch korrekt. *Mit* ruhig aber liegt ein topologisch stark markiertes Satzglied*trio* im Vorfeld vor.

– Unter text*produktiver* Perspektive:
  – *Semantische* Kriterien sind wichtig, wenn es um den Einbau passender epistemischer Markierungen wie möglicherweise, wahrscheinlich, in gewisser Weise usw. geht.
  – *Topologische* Gesichtspunkte werden relevant, wenn Vorfeld- und Nachfeldbesetzungen genutzt werden sollen, um einen Satz zwischen Nachbarsätzen hinsichtlich der beiden topologischen Normvorgaben 'Thema-Rhema-Folge' und 'Normalstellung' angemessen zu gestalten: Welche Satzglieder kann man wohin platzieren mit welchen rezeptiven Erschwerungen / Erleichterungen?
  – *Morphologische* Aufmerksamkeit ist gefragt, wenn es um das Spiel mit Doppeldeutigkeiten (Ihr fehlt zum Glück der Mann) oder deren planvolle Beseitigung (z. B. in Fachtexten) geht.

Restriktivität bei Satzgliedern?

In der Satzglieder-Übersicht und in den nachfolgenden Klassifikationsüberlegungen werden die Satzglieder einzeln thematisiert, soweit es sich um valenzgebundene handelt: unter Bezug auf den zugehörigen Valenzträger. Bei den zugeordneten Satzgliedern geht es auch um Kooperation zwischen zwei Satzgliedern.

Dass die in einem Satz zusammenwirkenden Satzteile aufeinander einwirken und wechselseitig Bedeutungen unterstützen wie auch begrenzen, *restringieren*, kommt dabei meist nur andeutungsweise in den Blick.

In der Regel wird dieser Gesichtspunkt der *Restriktivität* nur als Unterscheidungskriterium bei Relativbeziehungen ausgeführt und von hier aus manchmal auch in den Bereich der Attribut-Beziehungen transportiert. Man kann diesen Gesichtspunkt aber auch *generell* auf die Beziehung zwischen einem Satzglied und dem Aussagenrest beziehen:

Erzählende Aussagen spezifizieren eine Handlung passend zum Sachverhalt und zur Erzählperspektive, z. B.

Sie aß mit Vergnügen einen roten Apfel.

Die Funktion der Restriktion, also der Einschränkung des Geltungsumfangs dieser Aussage, ist dabei nicht im Blick: Natürlich ist diese Aussage konkreter und daher in ihrer Geltung enger als die Aussage

Sie aß etwas.

oder gar

Jemand aß etwas.

oder sogar

Jemand tat etwas.

Eine solche Aussage passt zu hunderttausenden von Situationen (nicht zu allen, denn tun schließt seinerseits bereits eine Vielzahl von Vorgängen aus, z. B. Paul kam unters Auto).

233 Demgegenüber ist eine Aussage wie die folgende schon nicht mehr erzählend im engeren Sinn, sondern enthält *Verallgemeinerungen:*

> Abends aß sie *immer* Äpfel.

Und eine Aussage wie die folgende hat keinen erzählerischen, sondern nur noch verallgemeinernden Status:

> Abends isst Paula immer Äpfel.

Bei solchen Verallgemeinerungen wirkt nun aber *jedes* Satzglied restringierend: Schon die Subjektbesetzung mit Paula ist einengend gegenüber der Behauptung Jemand isst immer Äpfel; die Aussage Paula isst immer Äpfel wird nochmals durch das temporale Adverbiale abends eingegrenzt (würde man das Adverbiale wegnehmen, wäre die Aussage falsch). Und jedes weitere Satzglied würde die Behauptung immer Äpfel essen weiter spezifizieren und damit ihre Geltung weiter einschränken:

> Abends isst Paula immer um 20.07 Uhr mit dem zweitjüngsten ihrer Kinder im Bad zu Beethovens Neunter Äpfel.

234 Restriktivität ist also gewissermaßen die Kehrseite der schrittweisen Konkretisierung der Aussage.

Die anfängliche Aussage über die Rolle von Satzgliedern, dass sie nämlich der Ausstattung von Aussagen dienen und dass sie – abgesehen von den zugeordneten Satzgliedern – sich wechselseitig 'neutral' wie Kollegen verhalten, muss also nachgeschärft werden. Um im Bild zu bleiben: Je mehr Kollegen in einem Raum sind, desto enger wird es dort. Die Einflüsse der Kollegen aufeinander werden in der Regel bei *Satzglied*analysen graphisch nicht registriert, nur bei Attributen und deren unterschiedlicher Einbettungstiefe. Der weiter oben angeführte Satz

> Abends isst Paula immer Äpfel.

wird eben angemessener paraphrasiert mit

> Abends essen tut Paula Äpfel, und zwar immer.

als mit

> Immer essen tut Paula abends, und zwar Äpfel.

3.1 Dreifachklassifikation

Im Folgenden werden zunächst die valenzorientierte und die semantische Klassifikation kurz skizziert, dann die morphologische etwas ausführlicher.

Anschließend wird der Aspekt der Valenzorientierung differenziert behandelt, weil in meinen grammatischen Beschreibungen schon bei Wortbildungen, ebenso hier bei den Satzgliedern und später bei den Attributen und beim zusammengesetzten Satz Valenzen und die von ihnen ausgehenden Strukturvorgaben von zentraler Wichtigkeit sind.

Schließlich werden unter *Ergänzungen* die valenzgebundenen Satzglieder weiter differenziert und unter *Angaben* semantische Differenzierungen ausgeführt.

Valenzorientierte Klassifikation

Dieser Ansatz geht davon aus, dass die Abhängigkeiten zwischen den Satzteilen zentral von den syntaktisch-semantischen 'Bindungskräften' (= *Valenzen*) des prädikatsbildenden Verbs gesteuert werden. Jedes Verb ruft aufgrund dieser Valenzen ein oder mehrere Satzgliedstellen auf, die besetzt werden *müssen* oder *können*.
Man spricht von ein*wertigen* bzw. zwei-, drei- usw. -wertigen Verben; in anderen Ansätzen spricht man von ein*stelligen* usw. Prädikaten.

Bei der Analyse nach diesem Ansatz werden nacheinander zwei Fragen gestellt:
– Ist das Satzglied *valenzgebunden*, also in dem vom Verb aufgerufenen Stellenplan verankert, z. B. den Apfel in
  Er aß den Apfel?
  Valenzgebundene Satzglieder werden in den meisten Schulgrammatiken bzw. Sprachbüchern als *Ergänzungen* bezeichnet, nicht-valenzgebundene Satzglieder als *Angaben*.
  Ein vorsorglicher Hinweis: „Angabe" ist in diesem Kontext ein *Fach*terminus; außerhalb dieses konzeptionellen Zusammenhangs wird er oft alltagssprachlich verwendet für 'Satzteil' bzw. 'Informations-Portion'.
  Mit dieser Klassifikation hängen auch die Fachtermini *Subjekt, Objekt* und *Adverbiale* zusammen: Subjekt, Objekte und Prädikative sowie einige Adverbialen bilden zusammen die Ergänzungen, die Adverbialen machen den größten Teil der Angaben aus (Näheres weiter unten).
– Bezogen auf die valenzgebundenen Satzglieder: Ist das Satzglied weglassbar, ohne dass der restliche Satz ungrammatisch wird (= *fakultative* Ergänzung), oder ist es syntaktisch notwendig (= *obligatorische* Ergänzung)? In dem Beispiel oben etwa ist den Apfel fakultativ, da ein Satz wie
  Er aß (gerade) (hastig) ...
  syntaktisch korrekt wäre (ohne dass man hier schon das Konzept der Ellipse (→ 275 f.) zu Hilfe nehmen müsste).

> Aus der Autowerbung für die Marke Lada:
> Andere versprechen. Wir garantieren.

Semantische Klassifikation

Vor allem die *Angaben* werden nach ihrem Beitrag zur Satzbedeutung semantisch klassifiziert, z. B. werden in dem Satz
  Er liest nachher in aller Ruhe in seinem Zimmer den neuen Krimi.

drei Angaben semantisch unterschieden: die *Orts*angabe in seinem Zimmer, die *Zeit*angabe nachher und die *Modal*angabe in aller Ruhe. Für diese *semantischen* Klassifikationen stehen drei Typen von Fachbezeichnungen zur Verfügung:
- *Angabe:* Diese Fachbezeichnung steht in Opposition zu *Ergänzung.* Die betreffende semantische Kategorie wird dann als Bestimmungswort eingebracht: *Orts*angabe.
- *Umstandsangabe:* In diesem Kompositum ist das Grundwort *-angabe* selber nicht fachsprachlich zu verstehen, also nicht valenzorientiert; das Bestimmungswort *Umstand-* ist die Sammelbezeichnung für die unterschiedlichen semantischen Kategorien 'temporal', 'lokal' usw. Die betreffende semantische Kategorie wird dann attributiv ergänzt: Umstandsangabe *der Zeit, … des Ortes* usw.
- *Adverbiale:* Diese Fachbezeichnung steht in Opposition zu Objekt (und Subjekt), also nicht zu dem umfassenderen Begriff *Ergänzung.* Es gibt insofern auch Adverbial*ergänzungen,* z. B. in Er stellte den Besen *in die Ecke;* dies ist eine *direktionale* Adverbialergänzung (und da die semantische Charakteristik *direktional* bereits den Status 'Adverbiale' anzeigt, wird oft gekürzt zu *Direktionalergänzung).* Die betreffende semantische Charakteristik wird hier also in der Regel durch ein attributives Adjektiv angezeigt: *temporales* Adverbiale, *modales* … usw.

239 In Schulgrammatiken werden meist nur einige häufig vorkommende semantische Klassen gebildet, in der Regel *temporal, lokal, modal* und *kausal.* Die Kategorie *kausal* wird dabei meist in einem weiten Sinne verstanden und umfasst neben *kausal* im engeren Sinne auch *konditional, konsekutiv* und *konzessiv.* Die Kategorie *modal* wird oft als Rest-Klasse benutzt, in die alle Satzglieder entsorgt werden, die nicht eindeutig einer der drei anderen Klassen zugeordnet werden können. Wenn die Lerner dem Irrtum aufsitzen, diese Klassifikation sei vollständig, haben sie erhebliche Probleme, sobald sie 'in freier Wildbahn' Satzgliedanalysen vornehmen wollen oder sollen (etwa im Rahmen von Textanalysen).

240 Schwieriger wird es, wenn man auch die *Ergänzungen* semantisch interpretieren will. Die lateinischen Termini wie *Dativobjekt* und *Akkusativobjekt* enthalten in den Kasusbezeichnungen indirekt semantische Interpretationen:

Der Kasusbezeichnung *Dativ* liegt ein kasus-prototypisches lateinisches Verb dare (= geben) zugrunde, der Dativ ist also der 'Gebe'-Kasus (und der frühere deutschsprachige terminologische Versuch *Zuwendgröße* liegt davon nicht weit entfernt).

Die Kasusbezeichnung *Akkusativ* geht auf das kasus-prototypische Verb accusare (= anklagen) zurück (der frühere deutschsprachige Versuch *Zielgröße* ist eine Variante dazu).

Die lateinischen Fachausdrücke, die diesen Kasusbezeichnungen zugrunde liegen, sind ihrerseits eine Übersetzung der damals zugrunde liegenden *griechischen* Fachbezeichnungen; sie werden Varro (116–27 v.Chr.) zugeschrieben. Insbesondere seine Übersetzung des griechischen Ausdrucks *aitiatike ptosis* in *casus accusativus* gilt als Fehlübersetzung: *ptosis* ist richtig mit *casus* übersetzt, aber *aitiatike* gibt in seiner Hauptbedeutung das 'von einer verursachenden Handlung *Betroffene*' an (die mit *accusativus* gewählte *gerichtliche* Lesart ist nur eine Nebenbedeutung des griechischen Worts). Insofern hätte er eine Übersetzung wie *casus effectivus* (oder *causativus)* wählen sollen – sie hätte auch besser zu den heutigen Vorstellungen von der semantischen Rolle gepasst, die man etwa *Akkusativ*ergänzungen zuspricht: *Patiens / 'Betroffener'* einer Handlung oder eines Geschehens zu sein.

Auf neuere Versuche, insbesondere den valenzgebundenen Satzgliedern ein festes Inventar semantischer *Rollen* zuzuordnen, gehe ich weiter unten ein.

> *Wilhelm Busch*
> Mit einer Gabel und mit Müh'
> Zieht ihn die Mutter aus der Brüh'.

Morphologische Klassifikation

In unmittelbaren Satzbausteinen – also den Satzgliedern – ist jeweils genau *eine* Wortform die (syntaktisch bzw. semantisch) maßgebliche Instanz für das Verhalten der anderen Wortformen: der *Kopf*. Das bedeutet, dass bei *mehrwortigen* Satzgliedern, die mehrere Wortarten enthalten, die *internen* Abhängigkeiten untersucht werden müssen und dabei, insbesondere durch Weglassproben unter *syntaktischen* Gesichtspunkten (nicht unter *kommunikativen*), der jeweilige Kopf (= der 'syntaktische Sockel') herausgefunden werden muss, dessen Wortart zugleich die Wortart des *gesamten* Satzglieds prägt.

Der kleine Hund biss mir ungewöhnlich heftig in die Hand.

Bei Der kleine Hund ist das Nomen Hund der Kopf. Nach seiner Wortartzugehörigkeit wird die Wortgruppe insgesamt als *Nomengruppe* oder *Nominalgruppe* klassifiziert, und zwar nach dem Kasus dieses Kopfes als Nomengruppe im Nominativ (oder auch *Nominativgruppe*).

Bei einwortigen Satzgliedern wie mir ist nur ein Kopf vorhanden. Nach der Wortart Pronomen dieses Kopfes redet man von *Pronominalgruppe* (hier: im Dativ). Pronominalgruppen werden meist mit unter die Kategorie *Nominalgruppe* gefasst.

In dem Satzglied ungewöhnlich heftig ist heftig der Kopf; es handelt sich um eine *Adjektivgruppe*.

Bei dem Satzglied in die Hand ist die Präposition in der Kopf; man spricht von einer *Präpositionalgruppe*.

Wie eventuelle *weitere* Abhängigkeiten vom Kopf beschrieben und bezeichnet werden, wird im Kapitel Attribute näher erläutert.

Unter morphologischen Gesichtspunkten erhält man insgesamt folgende Wortgruppen:

Nominalgruppen (einschließlich Pronominalgruppen)

im Nominativ; dazu rechnen unter dem *Valenzaspekt*
- *Subjekte*:
  Er lernte die grammatischen Grundbegriffe.
- *prädikative* Nominativ*ergänzungen* (= Gleichsetzungsnominative):
  Paul war schon fast ein Könner.
  Ich bin ich!

- *prädikative* Nominativ*angaben:*
  Sie haben <u>einer nach dem anderen</u> losgelacht.
  Sie haben <u>alle</u> losgelacht.

im Genitiv; dazu rechnen unter dem *Valenzaspekt*
- Genitiv*objekte:*
  Paul gedachte wehmütig <u>der vielen früheren Genitivobjekte</u>.
- Genitiv*angaben* (= *adverbiale* Genitive):
  <u>Eines Abends</u> entdeckte Paul ein Genitivobjekt.
- *prädikative* Genitiv*angaben:*
  Er hat seiner besten Freunde noch einmal <u>aller</u> gedacht.

im Dativ; dazu rechnen unter dem *Valenzaspekt*
- Dativ*objekte:*
  Paul schenkte <u>seiner Freundin</u> ein Poesiealbum.
- eine Reihe von Dativ*angaben* (= *adverbiale* Dative oder auch *freie Dative*):
  Er schrieb <u>ihr</u> ein Modaladverb ins Poesiealbum.
- *prädikative* Dativ*angaben:*
  Sie hat *ihren Kindern* <u>beiden</u> ein Auto geschenkt.

im Akkusativ; dazu rechnen unter dem *Valenzaspekt*
- Akkusativ*objekte:*
  Paul liebt <u>lange Satzglieder</u>.
- *zweite* Akkusativ*objekte:*
  Er lehrte <u>uns</u> <u>allerlei Tricks</u>.
- *prädikative* Akkusativ*ergänzungen* (= Gleichsetzungsakkusative):
  Ich finde *dich* <u>einen Angeber</u>!
- Akkusativ*angaben* (= *adverbiale* Akkusative):
  Er schlief <u>den ganzen Tag</u>.
- *prädikative* Akkusativ*angaben:*
  Ich habe *die Spieler* <u>alle</u> eingeladen.
- *resultative* Akkusativ*angaben* (die zusammen mit einer resultativen *Adjektiv*angabe verwendet werden):
  Er aß <u>den Topf</u> *leer*.
  Er schwamm <u>sich</u> *fit*.

243 Adjektivgruppen:

Zu diesen rechnen unter dem *Valenzaspekt*
- *prädikative* Adjektiv*ergänzungen:*
  Paul ist <u>alt</u>.
- *adverbiale* Adjektiv*ergänzungen:*
  Das Konzert *dauerte* <u>lange</u>.
- Adjektiv*angaben:*
  Paula joggt <u>häufig</u>.
  Sie joggt <u>wahrscheinlich</u>.
- *prädikative* Adjektiv*angaben:*
  Er aß *den Spargel* <u>kalt</u>.
- *resultative* Adjektiv*angaben:*
  Reis kocht er immer gerne <u>weich</u>.
  Er aß *den Topf* <u>leer</u>.
  Er schwamm *sich* <u>fit</u>.

Partizipialgruppen (wie <u>Lachend</u> ging er weiter) werden hier zu den Adjektivgruppen gerechnet.

Pronomengruppen:

Dazu rechnen unter dem *Valenzaspekt*
- *prädikative* Pronomen*angaben*:
  Er kocht die Spargel einen nach dem andern.

Adverbgruppen:

Dazu rechnen unter dem *Valenzaspekt*:
- Adverb*ergänzungen*:
  Sie wohnt dort.
- Adverb*angaben*:
  Paula joggt oft.

Präpositionalgruppen:

Dazu rechnen unter dem *Valenzaspekt*
- Präpositional*objekte*:
  Paula träumt von einem Hauptgewinn.
- *prädikative* Präpositional*ergänzungen*:
  Sie ist von hoher Intelligenz.
- *adverbiale* Präpositional*ergänzungen*:
  Er befindet sich derzeit in Frankfurt.
- Präpositional*angaben*:
  Wir feiern seinen Geburtstag im Garten.
- *prädikative* Präpositional*angaben*:
  Für einen Chef ist er ziemlich zugewandt.

Bei Präpositionalgruppen wird von dem präpositionalen Kopf wiederum eine untergeordnete Wortgruppe regiert (→ 503), und zwar
- Präposition mit *Nominal*gruppe:
  Paula träumt von einem Hauptgewinn.
- Präposition mit *Adjektiv*gruppe:
  Paula träumt von klein auf (hier mit Zirkumposition von ... auf).
- Präposition mit *Adverb*gruppe:
  Alles Gute kommt von oben (Alles Gute!).

Bei dem folgenden Satzglied handelt es sich nicht um eine *Präpositional*gruppe, sondern um eine *Nominal*gruppe:
  Der neue Airbus fasst an die neunhundert Personen.
  An die neunhundert Personen passen in den neuen Airbus.

Die eröffnende Präposition an ist nicht der *Kopf* des Satzbausteins (Kopf ist Personen), sondern sie ist *attributiv* und kann (mit dem Artikel die zusammen) ersetzt werden z. B. durch nahezu:
  Der neue Airbus fasst nahezu neunhundert Personen.

Noch etwas verwirrender ist möglicherweise das folgende Beispiel:
  In dem baufälligen Tierheim warten angeblich bis zu 90 Hunde auf einen neuen Besitzer.

Das unterstrichene Satzglied sieht auf den ersten Blick zwar aus wie eine *Präpositional*gruppe (mit der Präposition bis als präpositionalem Kopf, von dem dann wiederum eine *weitere* Präpositionalgruppe mit dem präpositionalen Kopf zu abhängt). Es handelt sich aber um eine *Nominal*gruppe mit Hunde als *nominalem* Kopf. Dass die Präpositionen bis und zu *beide keinen* Kopf-Status haben, ist daran erkennbar, dass sie die Kasusprägung Nominativ von Hunde *nicht* beeinflussen; als *reguläre* Präposition müsste zu einen *Dativ* verlangen, also
  *... warten angeblich bis zu 90 Hunden auf einen neuen Besitzer.

> Aus einem Sprachbuch für das 6. Schuljahr:
>
> Die Adverbiale des Ortes stehen manchmal im Dativ (das Kind sitzt auf *dem* Stuhl), manchmal im Akkusativ (das Kind setzt sich auf *den* Stuhl).
> Übe den richtigen Gebrauch, indem du Sätze bildest: [...]

248 Konjunktionalgruppen:

Dazu rechnen unter dem *Valenzaspekt*
- *prädikative* Konjunktional*ergänzungen:*
  Sie gilt als Star.
- *adverbiale* Konjunktional*ergänzungen:*
  Er benimmt sich wie ein Affe.
- Konjunktional*angaben:*
  Er sang wie ein Profi.
- *prädikative* Konjunktional*angaben:*
  Als Chefin mag ich *sie* nicht.

Bei Konjunktionalgruppen wird von dem konjunktionalen Kopf wiederum eine untergeordnete Wortgruppe regiert, und zwar eine
- Satzteil-Konjunktion mit *Nominal*gruppe:
  Sie betrachtet ihren Mann gewohnheitsmäßig *als totalen Versager.*
- Satzteil-Konjunktion mit *Adjektiv*gruppe:
  Sie hat ihn *als jung* bezeichnet.
- Satzteil-Konjunktion mit *Präpositional*gruppe:
  Sie fing *wie* aus heiterem Himmel mit heftiger Beschimpfung an.

249 Bei einer morphologischen Klassifikation dient also die *grammatische Form* eines Satzglieds als Leitkriterium. Dabei werden die folgenden Gesichtspunkte berücksichtigt:

- Wird das Satzglied *eingeleitet?* Und wenn ja: von einer *Präposition* oder einer Satzteil*konjunktion?*

  Mit dieser Klassifikation hängen (Teile von) Fachtermini wie *Präpositional*akkusativ (z. B. Sie trat *in den Raum*) und *konjunktionales* (Satz-)Adjektiv (z. B. Er schrieb *wie verrückt*) zusammen.

- Wenn das Satzglied nicht eingeleitet ist: Ist es kasus*bestimmt?*

  Dabei geht es zum einen um den eventuellen *Gesamt*-Fall, d. h. den Fall, den die fragliche Wortgruppe nach Abstrich sämtlicher syntaktisch weglassbarer Wörter hat.

  Und wenn ja: *Welcher* Fall liegt vor?

  Mit dieser Klassifikation hängen Fachtermini wie *Dativ*ergänzung (Er gab *ihr* das Buch zurück) zusammen. In solchen Bezeichnungen wird also nur der Fall angegeben, nicht aber, ob der Kopf dieses Satzglieds ein Nomen (Er gab seiner Schwester das Buch zurück) oder ein Pronomen ist (Er gab ihr ...).

  Manchmal wird bei präpositional eingeleiteten Satzgliedern in dem verwendeten Fachterminus auch angezeigt, ob die Präposition auf ein *Adjektiv* zugreift (von klein auf) oder auf ein *Adverb* (von dort) oder eben auf einen *fallbestimmten* Satzbaustein (mit ihm / mit meinem Auto). Hier wird dann von einem Präpositional*dativ* gesprochen oder – als Sammelbezeichnung für präpositional eingeleitete Satzglieder mit einem Kopf im Genitiv oder Dativ oder Akkusativ – einem Präpositional*kasus.*

– Zu welcher *Wortart* gehört der Kopf des Satzglieds?
Nach ihrer Wortart markiert werden dabei nur die fall*un*bestimmten Satzglieder. Damit hängen Fachtermini wie *Adjektiv*ergänzung (Er hat sich gut benommen) zusammen.

Bzw. zu welcher *Wortart* gehört der Kopf der Wortgruppe, die von der Präposition bzw. Konjunktion eingeleitet wird?
Nach ihrer Wortart markiert werden dabei nur die fall*un*bestimmten Satzglieder. Mit dieser Klassifikation hängen Fachtermini wie „konjunktionales (Satz-)*Adjektiv*" (Sie schrieb wie verrückt) oder „(Satz-)*Adverb*" (Sie kam oft) zusammen.

'Bochumer Syntax':

1. mitti Füße
2. geh am Telefon
3. du blöden Hund
4. in Bett, auf Klo
5. auf den Oppa sein Schoß
6. Ich bin am Arbeiten
7. da weiß ich nichts von

(Nach: Arend Mihm: Die Realität des Ruhrdeutschen – soziale Funktion und sozialer Ort einer Gebietssprache. In: Ehlich, Konrad u.a. (Hg.) Sprache und Literatur an der Ruhr. Essen (Klartext Verlag) 1995, 15–34)

3.2 Zum Umgang mit der valenzorientierten Klassifikation

Der Gesichtspunkt der Valenz kann für die Analyse der Abhängigkeiten im Satz (wie auch innerhalb eines Satzglieds und innerhalb bestimmter Komposita) wichtige Einsichten bieten. Das Konzept 'Valenz' ist auch deshalb attraktiv, weil es an das intuitive Wissen von Sprachbenutzern anknüpft, dass zwischen den Satzteilen unterschiedliche Nähe und unterschiedliche Verbindlichkeiten bestehen, und es stellt eine Verbindung zwischen syntaktischen und semantischen Analysen her.

Derzeit arbeiten – explizit oder implizit – fast alle schulischen Sprach- und Arbeitsbücher mit Valenzgesichtspunkten. Im Lehrbereich Deutsch als Fremdsprache dominiert dieser Ansatz.

Da er der in Schulgrammatiken am weitesten verbreitete Ansatz ist, jedoch für die Lernenden nie näher erläutert wird, soll er im Folgenden ausführlicher vorgestellt werden.

Der Gesichtspunkt der Valenz ist ausführlich erstmals von Lucien Tesnière (1893–1954) in seiner Dependenztheorie entwickelt worden (Hauptwerk „Eléments de syntaxe structurale", posthum 1959 in Paris erschienen, nach einer Vorstudie von 1953: „Esquisse d'une syntaxe structurale"). Während Tesnière in Sätzen die Abhängigkeiten zwischen *Wörtern* (mit dem finiten Verb als ranghöchstem Wort) analysierte, geht die heute übliche valenzorientierte Satzanalyse den Abhängigkeiten zwischen Satzgliedern und Finitum bzw. *unter* den Satzgliedern nach.

Die Begriffe Dependenz und Valenz sind komplementär: Der Begriff Dependenz bezeichnet Abhängigkeiten aus der Perspektive der Struktur des *Satzes;* diese Abhängigkeiten beruhen im Wesentlichen auf den Valenzen der an dieser Struktur beteiligten *Wörter.* Valenz bezeichnet aus der Perspektive des einzelnen beteiligten *Wortes* dessen strukturbildende Kräfte; deren strukturelle Auswirkungen sind Dependenzen zwischen Wörtern im Satz.

252 Eine zweite historische Linie geht auf die sog. *inhaltbezogene Grammatik* (auch „Sprachinhaltsforschung") zurück, die in den 1930er Jahren insbesondere von Leo Weisgerber entwickelt wurde. Sie untersuchte die spezifische Struktur einer Sprache als Ergebnis eines spezifischen „sprachlichen Zugriffs" auf die Welt; eine zentrale Rolle dabei spielten die *Satzbaupläne* (= Bündel von strukturell ähnlichen Verb-Stellenplänen) und ihre semantische Interpretation.

Die Sichtweise der Valenztheorie trifft sich heutzutage mit vergleichbaren Ansätzen innerhalb der *Transformationsgrammatik,* der *Kasusgrammatik* oder der *Lexical Functional Grammar.*

Zugleich geht es heute auch um Valenzträger anderer Wortartzugehörigkeit, z. B. um Nomen wie Beschwerde (über etwas) oder Adjektive wie sauer (auf etwas).

> *Aus der Mail einer griechischen Gaststudentin:*
> [...] Ich studiere den Zusatzstudiengang „Deutsch als Fremdsprache" und u. a. nehme ich aktiv teil in der Ringvorlesung „Deutschunterricht heute". Könnten Sie mich darüber informieren, wie ich den Teilnahmenachweis erobern kann? Ich bedanke Sie im voraus. [...]

253 Das Valenzkonzept arbeitet mit der interessanten Metapher *Valenz* (von Edward Frankland 1852 vorgeschlagen), die wegen ihrer Herkunft aus der Chemie den meisten Lernern (und ihren Lehrern) unvertraut ist.

Einige der chemischen Elemente verhalten sich in ihrem aggressiven Bestreben, bestimmte Verbindungen mit anderen Elementen einzugehen, auffällig ähnlich; das Ausmaß dieser Verbindungsaggressivität ist unterschiedlich. Man kann entsprechend diesen Verhaltensähnlichkeiten Gruppierungen der Elemente bilden (und wenn man die Elemente dann nach dem wachsenden Atomgewicht anordnet, erhält man das sogenannte Periodensystem, in dem diese Verhaltens-Ähnlichkeiten periodisch auftreten). Ursache dieses ähnlichen werbenden bzw. aggressiven Verhaltens ist, dass die meisten der chemischen Elemente keine komplette Elektronenschale haben, ihnen fehlen ein oder mehrere Elektronen bzw. sie haben zu viele. Sie neigen dazu, ihre unvollständige Schale mithilfe überschüssiger Elektronen anderer Elemente zu komplettieren oder die eigenen überschüssigen Elektronen an Elemente mit 'Elektronenmangel' loszuwerden. Bei den Atomen bezeichnet die Valenz die Zahl der Elektronen, die an solchen kompensatorischen Verbindungen beteiligt sind. Nur die sog. Edelgase haben keine Valenzen; sie sind in sich komplett und suchen daher nicht nach Ergänzungen.

254 Man kann versuchen, mit dieser Metapher 'Valenz' bei der Analyse der Satzstruktur möglichst lange zu arbeiten:

Im sprachwissenschaftlichen Valenzkonzept ist das Pendant zu den Valenzen die *semantische* Unvollständigkeit. Verben (und andere Valenzträger) suchen entsprechend nach semantisch-syntaktischer Komplettierung.

Es nutzt daher nichts, wenn man *Angaben* beifüttert; sie stillen den semantischen Hunger eines Verbs nicht, weil sie auf der *Peripherie* angeboten werden, also auf der falschen 'semantischen' Schale:

*Paul hat behauptet.
*Paul hat <u>gestern</u> behauptet.
*Paul hat <u>gestern</u> <u>nach langem Zögern</u> <u>in Gegenwart seines Anwalts</u> behauptet.
Paul hat *Mist* behauptet.

In der Ausgangsmetapher vom Beginn des Kapitels formuliert: Wenn die zentralen Abteilungen unbesetzt sind, hat man nichts von einer noch so gut ausgestatteten PR-Abteilung oder einem tollen Fahrdienst. Nur wenn man die Produktion umstellt auf ein anderes Produkt, kann man begrenzt ohne die klassischen Abteilungen arbeiten. Wenn man also in einer Aussage wie

Paul isst gerne Pastinakenpudding.

den Aussagefokus umlenkt von 'Pastinakenpudding oder etwas anderes essen' auf 'gerne essen' oder 'nicht gerne essen', dann wird die Abteilung *Nahrungsmittel* vorübergehend irrelevant und kann unbesetzt bleiben:

Paul isst nun mal gerne.

Noch ein Rückgriff auf die Metapher der Valenz: Entsprechen den Edelgasen (die keine Valenz haben und daher keine Verbindung mit anderen Elementen eingehen) die Witterungsverben? Die sind sich selbst genug. Zwar werden ihnen – um die Basisstruktur 'Subjekt + Prädikat' zu erhalten – formale Subjekte (es oder das) zugeordnet: <u>Es</u> regnete endlich. Aber nur wer an Regengötter glaubt, könnte auch hier wenigstens *eine* Valenz ansetzen:

Der Himmel hatte ein Einsehen und regnete endlich.

aus: Henning Mankell: Kennedys Hirn. Aus dem Schwedischen von Wolfgang Butt, Paul Zsolnay Verlag, Wien, 2006, S. 72:

Einmal war sie nicht losgestürzt, um sich in die Würstchenschlange einzureihen. Sie war im Schienenbus sitzengeblieben, und das war der Augenblick, in dem sie beschloß, Archäologin zu werden. Sie hatte gezweifelt, ob sie sich auf die lange Medizinerausbildung einlassen sollte, es war auch verlockend, Kinderärztin zu werden. Aber dort im abendlichen Dunkel hatte sie sich plötzlich entschieden. Der Entschluß war vollkommen klar gewesen, es gab keinen Zweifel mehr. [...]
Um sie herum kauten Menschen Würstchen mit Senf und Ketchup, ein eigentümlicher Frieden senkte sich auf sie herab. Sie wußte.

In einigen Grammatiken wird das Vollverb sein nicht als prädikatsfähiges Verb mit eigener Valenzstruktur behandelt, sondern man nimmt die jeweilige Ergänzung zu diesem sog. Kopulaverb mit zum Prädikat: Bei Paul ist heute ziemlich traurig wäre das Prädikat ist ziemlich traurig; bei Paul ist hier wäre ist hier das Prädikat, bei Paula ist Ärztin wäre es ist Ärztin.

Ich sehe dafür keinen hinreichenden Grund: Natürlich hat das Kopulaverb Besonderheiten, aber das haben viele Verben. Und dass in der sprachphilosophischen Tradition der Prädikatsbegriff anders benutzt wurde als heute (und die Kopula im

Wesentlichen nur die *instrumentelle* Funktion hatte, ein Subjekt mit einer prädizierenden Aussage zu vermitteln), ist kein Grund, diesen Sonderstatus in einer heutigen grammatiktheoretischen Betrachtung fortzuschreiben.

256 Insofern wird hier das Verb sein als regulär prädikatsbildend angesehen; es ist ein Verb mit einer besonders offenen semantischen Struktur und einer entsprechend vielseitigen Valenz.

Das Verb sein ist semantisch ärmer als etwa ein Verb wie strahlen (z. B. in Die Sonne strahlt); es braucht daher Ergänzungen, um die gleiche Informationsmenge zu bieten: Die Sonne ist sehr hell. Das Verb sein kann aber im Unterschied zu strahlen in viele Richtungen semantisch profiliert werden, beispielsweise durch Adjektivergänzungen wie glänzend (vgl. Die Oberfläche war glänzend – Die Oberfläche glänzte), krank (vgl. Er war völlig krank – Er siechte schon dahin), schlapp (vgl. Wir waren völlig schlapp – Wir hingen rum). Es hat also erheblich umfangreichere Optionen als die genannten einzelnen Verben (strahlen, glänzen, dahinsiechen, rumhängen).

Das gilt analog für andere 'Allerweltsverben' wie z. B. machen: Dieses Verb eröffnet zahlreiche Optionen wie z. B. jemanden unsicher machen (= verunsichern) oder jemandem Angst machen (= ängstigen) oder jemandem Freude machen (= erfreuen). Ein Verlust an semantischer Bestimmtheit ist immer auch ein Gewinn an universeller Verwendbarkeit (und umgekehrt).

257 Das Vollverb sein nimmt als Ergänzungen Satzglieder unterschiedlicher Bedeutung und unterschiedlicher morphologischer Charakteristik an, z. B.:

Paul ist Schuster.
Die Herren waren unterschiedlicher Größe.
Paula ist aus Ungarn.
Der Sack war aus Segeltuch.
Du bist aber schön!
Fast alle waren für Obama.

Das Vollverb sein steht in einem Feld von verwandten Verben zur Verfügung: sein, werden, bleiben, scheinen, gelten (als X), betrachten (als X) usw.

258 Das strukturell Besondere an sein, wenn es mit *Prädikativum* gebraucht wird, ist, dass in einigen Fällen das Prädikat weggelassen werden kann:

Das Familienfest gestern – ein einziges Desaster!
(= Das Familienfest gestern(, das) war ein einziges Desaster!)

oder auch:

Er ist nicht gekommen – eine Schweinerei.

und:

Was ich doof finde: dass er nicht gekommen ist.

(→ Bd. 3 526)

259 Nicht nur Verben haben (von den Witterungsverben abgesehen) Valenzen, sondern auch eine Reihe von Adjektiven, z. B. scharf (auf X), gierig (nach Y) oder traurig (über X).

Einige dieser Adjektive – wie z. B. scharf – sind Simplicia, andere sind von Nomen (gierig von Gier) bzw. von Verben (traurig von trauern) abgeleitet.

Einige Adjektive sehen auch eine Valenzstelle im Genitiv vor. Der folgende Merkspruch war zwar ursprünglich für die Rektion der *lateinischen* Adjektive mit Genitiv-Rektion gedacht; durch die Wahl von Adjektiv-Übersetzungen, die im Deutschen ebenfalls den Genitiv regieren, wurde er dann aber auch für die deutsche Grammatik zubereitet. Hier in einer der Varianten:

3.2 Zum Umgang mit der valenzorientierten Klassifikation

> Begierig, kundig, eingedenk,
> teilhaftig, mächtig, voll
> regieren all den Genitiv,
> und wer's nicht glaubt, ist toll.

Adjektive können über maximal *eine* Valenz verfügen, sie ist grundsätzlich *fakultativ*.
Einen Grenzfall bildet das Adjektiv lieb in der Bedeutung angenehm, willkommen wie in

Diese Entscheidung war *mir sehr lieb*.
Das war eine *mir sehr liebe* Entscheidung.

Bei diesem valenzhaltigen Adjektiv ist strittig, ob die Dativ-Valenz unbesetzt bleiben darf, ob also Sätze wie

(*)Diese Entscheidung war sehr lieb.
(*)Das war eine liebe Entscheidung.

korrekt sind oder nicht. Möglicherweise erscheint die Dativgruppe nur deshalb obligatorisch, weil sonst das Adjektiv in seine *zweite* Bedeutung – nett, konfliktunfähig – zu kippen droht.

> Angewandte Grammatik
>
> *Im Lehrtone*
>
> 1. Des Abends, wenn das Tagewerk gewissenhaft gethan,
> regiere stets den Genitiv ein echter deutscher Mann,
> regiere stets den Genitiv ein echter deutscher Mann,
> ein echter deutscher Mann.
>
> 2. Begierig eines guten Tranks sei er mit Herz und Sinn,
> und kundig des gewohnten Gangs eil er zur Kneipe hin.
>
> 3. Der Tropfen sei er eingedenk, die er dort oft verzehrt,
> er spute sich, daß wieder er teilhaftig ihrer werd.
>
> 4. Des Bacchus mächtig zeig er sich, er trinke stets noch eins;
> und schließlich, wenn's nach Hause geht, sei er voll süßen Weins.
>
> 5. Des Abends drum den Genitiv der Mensch regieren soll:
> Begierig, kundig, eingedenk, teilhaftig, mächtig, voll.
>
> Otto Lob, 1896 – überarbeitet von Rudolf Hermanns
> (Quelle: Allgemeines Deutsches Kommersbuch (De Schauenburg):
> Nr. 652 (IV. 143.))

Auch zahlreiche Nomen haben Valenzen:

Gier (nach X), Trauer (über X), Flucht (nach X), Entlassung (von X).

Die meisten dieser Nomen sind Ableitungen von Verben, insbesondere durch Suffixbildung wie Beschäftigung (mit X) und durch lexikalische Konversion wie Stoß (gegen X); einige sind Ableitungen von Adjektiven wie Freiheit (von X). Es gibt nur relativ wenige valenztragende *Simplicia*, z. B. Hunger (auf X).

Nomen können eine, seltener auch zwei Valenzen haben:

die Beschäftigung Pauls mit seiner Entlassung.

Die meisten Nomen haben *fakultative* Valenzen. Bei einzelnen kann die Valenz aber als obligatorisch eingestuft werden: z. B. bei Berücksichtigung wie in

Über die *Berücksichtigung* seines Antrags wird morgen entschieden.
Auch Beschäftigung (mit X) stufe ich als Nomen mit obligatorischer Valenz ein (Beschäftigung mit einer Sache). Daneben gibt es eine *zweite* Lesart von Beschäftigung im Sinne von Job (wie in Er sucht irgendeine Beschäftigung); die ist *ohne* Valenz.

262 Syntaktische Konversionen wie das Verfassen (in Das Verfassen einer längeren Arbeit ist schwer) haben ebenfalls obligatorische Valenzen. Freilich handelt es sich hier um *syntaktische* Nomen, der Wortart nach sind es Verben; insofern zählen sie hier nicht.

> Karriere und Berufung
>
> Wie erkläre ich in einem Bewerbungsverfahren meine Befassung mit sehr unterschiedlichen Themen?
> (Quelle: http://www.academics.de/wissenschaft – 20.8.2008)

Man kann auch für die *Gradpartikel* zu in Konstruktionen wie zu müde oder zu viel Ärger eine fakultative Valenz ansetzen: zu müde (zum Schwimmen) bzw. zu viel Ärger (für einen alten Mann) – also eine Valenzstelle für den *Bezugspunkt* dieser Einstufung als 'ungeeignet / übermäßig'.

Obligatorisch oder fakultativ?

263 Ein erster Zugang zur Untersuchung der Abhängigkeit von Satzgliedern in einem Satz ist ein Test auf Weglassbarkeit. Dabei geht es um *syntaktische*, nicht um kommunikative Weglassbarkeit (natürlich ist bei einem in einen Text eingebetteten Satz grundsätzlich erst einmal nichts weglassbar). In dem Satz

Sie gibt ihm 50 Euro.

ist das Dativobjekt ihm zwar weglassbar, dann springt aber die Restbedeutung von geben überraschend um in spenden: Sie gibt 50 Euro. Wenn man hier außerdem das Akkusativobjekt 50 Euro weglässt, springt die Restbedeutung erneut um in geben als Karten austeilen: Sie gibt.

Geben[1] in der Bedeutung von aushändigen eröffnet also drei valenzgebundene Satzgliedstellen (= *Ergänzungen*): Jemand gibt jemandem etwas. Bei diesem von geben eröffneten Stellenplan handelt es sich um einen semantisch-syntaktischen Komplex, bei dem die Teilbedeutung der einzelnen Satzglieder nur noch bedingt isoliert werden kann.

Geben[2] als spenden eröffnet zwei Satzgliedstellen. Es ist einleuchtend, dass hier die Satzgliedstelle des Empfängers nicht vorgesehen ist, weil der Spender das Gespendete ja nicht selbst den späteren Begünstigten aushändigt, das tun die Organisatoren der Spendenaktion.

Geben[3] als Karten austeilen hat nur *eine* Valenz: geben (jemand). Im rituellen Kontext eines Kartenspiels ist klar, dass es *Karten* sind, die ausgeteilt werden müssen, weil sie die operative Basis des Spiels sind (und nicht Kartoffelscheiben); genauso klar ist, dass diese Karten den *Mitspielern* ausgehändigt und nicht in den Papierkorb getan werden. Hier kann man also entweder von einer rituellen Ellipse ausgehen oder – das ist in meiner Sicht angemessener – von einer längst etablierten eigenständigen Verbbedeutung geben[3].

Bei vielen Verben muss man also mit mehreren Stellenplänen rechnen; entsprechend würde es mehrere Wörterbucheinträge geben, z. B. geben¹, geben² usw. Dabei sind die von solchen Verben angelegten Satzgliedstellen lexikalisch unterschiedlich offen; z. B. ist bei geben¹ die Akkusativstelle etwas sehr offen besetzbar durch Kuchen, Geschenke, Geld, Rat usw.

Bei *grammatischen* Tests muss man also darauf achten, dass ein Verb bei einer gezielten Veränderung nicht in eine andere Bedeutung eines anderen Verb-Valenzmusters umspringt.
Solche überraschenden Bedeutungswechsel sind eine in *spielerischer* Sprachverwendung oft genutzte Quelle für Pointen:

> Er biss erst in den giftigen Apfel und dann ins Gras.

Hier wird die Pointe durch Doppelnutzung eines mehrdeutigen Verbs (beißen) erzeugt: im ersten Teilsatz in der Standardbedeutung, im zweiten im Rahmen der Redewendung ins Gras beißen. Dieser Bedeutungswechsel ein und desselben Verbs wird nicht angekündigt; der Rezipient geht daher bei ... und dann ins noch davon aus, dass das Verb nun in gleicher Bedeutung noch einen *zweiten* Teilsatz einleiten wird; er tappt gewissermaßen in eine semantische Falle, und darauf reagiert er mit sprachreflexivem Vergnügen. Solche Konstruktionen werden als Zeugma bzw. Syllepsis bezeichnet.

> Aus dem „Hamburger Abendblatt":
> Mit einem Tischbein auf den Kopf wurde er in die Flucht geschlagen.
> („Der Spiegel" 34/2008, S. 150 – „Hohlspiegel")

Neben den *prototypischen* haben Verben oft auch *idiomatisierte* Valenzmuster, bei denen die einzelnen Valenzen nicht (mehr) semantisch klar bestimmbar sind. Zum Verb geben gibt es z. B. außer A gibt B C spezielle Valenzstrukturen: es jemandem geben / jemandem Saures geben / jemandem den Rest geben:

> Gib's ihm!
> Gib ihm Saures!
> Gib ihm den Rest!

> **Gib's ihm Chris!**
>
> Ein Schicksal, das die Welt bewegte
> Basierend auf einen wahren Fall, erzählt Peter Medaks Film GIB'S IHM CHRIS! von einem der größten Justizirrtümer im Großbritannien der Nachkriegszeit. Der geistig zurückgebliebene Derek Bentley und sein minderjähriger Freund Christopher Craig werden bei einem Einbruch gestellt. Bentley wird von einem Polizisten an der Flucht gehindert, aber Christopher Craig beginnt, auf alles und jeden zu schießen. Als Sidney Miles das Dach betritt, trifft ihn Craig direkt in den Kopf. Der Polizist stirbt auf der Stelle. In diesem Zeitraum soll Derek Bentley Craig die berühmten Worte „Let him have it, Chris!" (Gib's ihm Chris!) zugerufen haben.
>
> (http://www.pressemeldungen.at/filmfernsehen/gibsihmchrisaufdvd.html – 18.8.2008)

> Gib's mir (WDR)
>
> Besuch bei einer Domina
> ARD-exclusiv
> (Sendeanstalt und Sendedatum: Mittwoch, 20. September 2006, 21.45 Uhr im Ersten)

266 Während bei dem Verb geben[1] die im Stellenplan des Verbs angelegten Satzgliedstellen *obligatorisch* sind, ist bei anderen Verben ein Teil der von ihnen angelegten Satzgliedstellen *fakultativ*, also weglassbar.

Ob eine Satzgliedstelle obligatorisch oder fakultativ ist, hängt bei den meisten Verben vom jeweiligen Verwendungskontext ab. In einem Satz wie

> Gestern hab ich zum ersten Mal Austern gegessen.

kann man die Ergänzung Austern nicht weglassen, weil essen in einem Satz wie

> *Gestern hab ich zum ersten Mal gegessen.

sein semantisches Potential nicht entfalten kann: Es macht keinen Sinn, dass ein Erwachsener von sich behauptet, bis gestern noch nie (etwas) gegessen zu haben (und ein Kleinkind, das bis gestern nur Milch genuckelt hat, spricht noch nicht so von sich). Mit einer kleinen interpunktorischen Auszeichnung wird dieser Satz plötzlich sinnvoll und daher grammatisch korrekt:

> Gestern hab ich zum ersten Mal 'gegessen'!

Die Anführungszeichen markieren den gestrigen Vorgang der Nahrungsaufnahme als eine erstmalige Besonderheit: 'gegessen' bedeutet hier z. B. 'fein gegessen', 'in einem Restaurant gegessen', '(wirklich) gut gegessen'.

267 Es sind viele Kontexte von essen denkbar, in denen keine Akkusativergänzung notwendig ist, die das Nahrungsmittel spezifizieren würde, z. B.:

> Bitte ruf später an, wir essen *gerade*.
> Paul *kann* jetzt wieder *alleine* essen.
> Ich esse *für mein Leben gern*.
> Du *isst* nicht, mein Lieber, du *frisst*!

In allen vier Beispielen wird durch den jeweiligen Kontext die *Eigen*bedeutung des Verbs essen *fokussiert* und dadurch die mögliche Bedeutung der *Ergänzung etwas* essen *de*fokussiert: Im ersten Beispiel geschieht dies durch die Kontrastierung von zwei Handlungsoptionen (essen – telefonieren), im zweiten durch die Fokussierung der wiedergewonnenen Selbstständigkeit eines offenbar bislang erkrankten Menschen, im dritten durch die Fokussierung einer habituellen Charakteristik, im vierten durch die Kontrastierung zweier Modi der Nahrungsaufnahme (essen – fressen). Viele weitere Fokussierungs-Varianten sind denkbar.

268 Bei einem Verb wie reparieren ist demgegenüber eine Aussage wie

> *Bitte ruf später an, ich repariere *gerade*.
> (*)*Kann* Paul reparieren?

nicht grammatisch korrekt möglich.

3.2 Zum Umgang mit der valenzorientierten Klassifikation

Eine Hypothese, die diese unterschiedliche Weglassbarkeit verständlicher machen könnte, ist die folgende: essen kennzeichnet eine regelmäßig wiederkehrende Tätigkeit (wie schlafen); ich esse gerade bedeutet, dass in dieser Zeit andere Tätigkeiten (z. B. den Kindern etwas vorlesen) nicht möglich sind; reparieren hingegen ist keine gesellschaftlich etablierte Handlungsgewohnheit im Alltag aller Menschen, sondern eine gelegentliche, auf ein konkretes Objekt gerichtete Handlung. Und wer beruflich repariert, würde in dieser Situation sagen:

Ruf später an, ich *arbeite* gerade.

Bei Verben wie sich befinden ist aus einem etwas anderen Grund eine Ergänzung notwendig: Dieses Verb ist in seiner semantischen Merkmalsausstattung so 'mager', dass es *allein* keine relevante Aussage hergibt. Es ist auch in keinem Kontrastzusammenhang semantisch hinreichend 'aufladbar', sondern dient lediglich der Vermittlung einer Modal- oder einer Orts-Information im Satz:

Er befindet sich in blendender Verfassung.
Er befindet sich gerade bei seinem Vorgesetzten.

Ähnlich ist es bei dem Verb sein: Hier wäre eine hinreichende semantische Auflading des Verbs allenfalls für einen überzeugten Existenzialisten möglich, der nach längerer mentaler Selbstvergewisserung nachdrücklich einen Satz wie den folgenden äußern könnte:

Ja – jetzt spüre ich es: Ich bin!

> Hier bin ich Mensch, hier darf ich's sein.
> (Goethe, Faust)

> Hier bin ich Mensch, hier darf ich sein.
> Göldenitz bei Schwaan, rhg., verkehrsgü.: 5 ZKB, 1-FH, 132 qm, Grdst. 932 qm, Badew.+Du., Gas, gepfl., Abstellk., EBK, G-WC, Terr., frei ab sofort, VHB 109.000,–.

Bei geschehen ist nur in wenigen Kontexten die Minimalausstattung informationshaltig genug:

Er hatte es ja kommen sehen: Es war ein Unfall geschehen.

Schon wenn dieser Satz mit dem bestimmten Artikel gewählt wird, ist das mit dem Verb aufgerufene Geschehen selber nicht mehr relevant genug

*Der Unfall war geschehen,

sondern es muss irgendein Satzglied – Adverbiale der Zeit, des Orts, des Grundes, der Art und Weise – hinzutreten:

Der Unfall war am Abend / aus Unachtsamkeit / … geschehen.

Zumindest aber müsste das zweiteilige Prädikat nachdrücklich gesprochen werden, sodass das Unabänderliche – also die Tempusinformation – das hinreichend Relevante wäre:

Der Unfall wàr geschèhen (= in der Bedeutung: … wàr nun einmal geschèhen).

272 Bei einem Verb mit *direktionaler* Adverbialergänzung wie gehen (wie in Er *geht* heute ins Kino) gibt es Kontexte, die die Reduktion des Direktionale erlauben:

> Denk mal, er kann wieder gehen!

Zusätzlich gibt es Zweitbedeutungen mit reduzierter Valenz:

> Ende dieses Monats gehe ich! (gehen = kündigen).

Für stellen gilt keine der beiden Valenzreduktions-Optionen. Hier ist die Direktionalergänzung allenfalls in einer spezifischen Kontrastierung weglassbar:

> Ich habe gesagt, du sollst das Bild nicht *legen*, sondern *stellen!*

273 Bei manchen Verben ist es nicht einfach zu entscheiden, ob eine Satzgliedstelle obligatorisch oder fakultativ ist. Bei geben² (wie in Sie gab 200 Mark) ist eine der beiden Stellen fakultativ: Sie gab (gerne) oder Sie gab und gab und gab oder Sie gab – er nahm. Zunächst könnte man denken, an die Stelle des weggelassenen Akkusativobjekts müsste ‚ersatzweise' ein Adverbiale (wie gerne) treten, aber eine solche Stelle hat – wie auch das gab und gab und gab oder der Kontrast sie gab – er nahm – offenbar nur die Funktion, den Fokus von *etwas* geben auf das geben *selbst* zu verschieben, es gewissermaßen semantisch interessant genug zu machen.

274 Bei *Ich wohne! müsste man eine solche Kontrastierung schon mühsam erfinden, z. B.

> Alle hier hausen bloß, ich aber wohne!

In der Werbesprache sind solche Kontrastierungen ein beliebtes Mittel, um Auffälligkeiten zu erzeugen, die die Wahrnehmung von Menschen überdurchschnittlich lange binden. Von IKEA stammt der folgende Werbespruch für (angeblich) schönere Einrichtungen:

> „Wohnen Sie noch oder leben Sie schon?"

Er operiert mit dem gleichen Valenzverschiebungstrick: Durch die Opposition wohnen – leben wird das Verb wohnen semantisch relevant genug, dass es ohne eine seiner sonst obligatorischen Ergänzungen benutzt werden kann.

Dieses Werbesprach-Muster ist *seriell* genutzt worden; hier ein kleiner Auszug der unterschiedlichen Nutzungsformen:
mit *identischer* Übernahme:

> „Wohnen Sie noch oder leben Sie schon?"
> (= Werbung für einen VHS-Kurs zur Wohnungseinrichtung nach Feng Shui);

> „Wohnen Sie noch oder leben Sie schon?"
> (= Werbung für Eigentumswohnungen);

mit *Spezifizierung:*

> „Wohnen Sie noch oder leben Sie schon *in Augsburg-Pfersee?*"
> (= Immobilienangebote);

> „Wohnen Sie noch oder leben Sie schon *barrierefrei?*"
> (aus einer Einladung zu einer Ausstellung mit Vortrag);

in *umgekehrter* Bewertungsreihenfolge (= leben als der *weniger* attraktive Modus):

> „Leben Sie noch oder wohnen Sie schon?"
> (aus dem Internet unter „Ideenbox" zu einer neuen Wohnkonzeption in Ballungsgebieten);

mit *lexikalischer* Veränderung:
: „Wohnen-Sie-schon-oder-*mieten*-Sie-noch?"
: (= Werbung für Eigentumswohnungen);
: „Wohnen Sie schon oder *suchen* Sie noch?"
: (= Angebot von Wohnungsvermittlung);

ohne Nutzung des Valenzverschiebungs-Tricks:
: „Träumen Sie noch oder leben Sie schon?"
: (= Werbung für Eigentumswohnungen).

Weglassbarkeit als Ellipse

Anders als die eben besprochenen Fokusverschiebungen sind Fälle einzuschätzen wie   275
: Der Pàul hat sich vielleicht wieder mal benommen!!
: Ich bin sicher, Paul wird sich benehmen. / Bitte benimm dich! / Paul weiß sich zu benehmen.

Bei dem ersten Beispiel müsste man von dem Stellenplan sich x-wie benehmen (jemand) ausgehen und von einer Ellipse (einer Auslassung) sprechen; ausgelassen wäre hier ein modales Adverbiale (gut bzw. schlecht). Die sprachliche Auslassung wird durch Informationen des Verhaltenskontextes übernommen, hier durch die mit Ausrufezeichen angedeutete erregte *Stimmführung* sowie vermutlich mimische und weitere *körpersprachliche* Signale sowie das Wissen von Sprecher und Angesprochenem, wie sich Paul im Allgemeinen verhält. Pauls Verhalten wird hier jedenfalls eindeutig als Abweichung von der Norm eingestuft, also wahrscheinlich als sehr schlecht bzw. vielleicht auch sehr gut (je nachdem, ob Stimme und Körpersprache Begeisterung oder Entsetzen ausdrücken).

Für die drei Sätze im zweiten Beispiel könnte man von einer Zweitbedeutung von sich benehmen ausgehen, bei der die modale Charakteristik gut bereits fest in die Bedeutung des Verbs integriert ist; der Stellungsplan wäre also sich benehmen (jemand). Man kann diese drei Beispiele aber auch als Ellipsen verstehen: Das Welt-Wissen, dass man im Allgemeinen nur zu *gutem* Benehmen auffordert bzw. *gutes* Benehmen zusichert, erspart die Besetzung der an sich obligatorischen Stelle x-wie.

Ich analysiere solche fehlenden Satzglieder also nicht als Fälle von *fakultativer Ergänzung*, sondern als *Weglassbarkeit* von *obligatorischen* Ergänzungen, weil zumindest im ersten Beispiel das Verb sich benehmen nicht etwa semantisch aufgeladen und dadurch in seinem Bedeutungsumfang erweitert wird, sondern weil hier die nicht explizit vorliegende Information gut bzw. schlecht *ersatzweise* durch den spezifischen *Kontext* geliefert wird.   276

: „Wie geht es?"
: „Es geht."

Das Weglassen obligatorischer Satzbausteine ist ein starkes Mittel, um Aufmerksamkeit zu wecken. Daher werden solche Mittel in der Werbesprache relativ oft genutzt. Zwei Beispiele:

> Wir bringen.
> Wir holen.
> Sie füllen.
> (= Reklame einer Containerfirma)

> Theater ist anders als
> (= früherer Werbespruch des Stadttheaters Aachen)

277 Gegenüber den im Stellenplan verankerten Satzgliedstellen gibt es nichtverankerte Satzgliedstellen, also Angaben, die in einem Satz weitgehend unabhängig von dem dortigen Verb vorkommen können: im letzten Jahr, meiner Meinung nach, oft, wegen des Regens, in Rom usw. Dies sind die Satzglieder, die traditionell als *Umstandsbestimmungen* bzw. *Adverbialien* bezeichnet und *semantisch* bestimmt wurden (z. B. als Umstandsbestimmung *des Ortes* usw.).

Adverbialergänzungen

278 Adverbialien können bei bestimmten Verben auch im Stellenplan verankert sein; sie sind dann nicht Adverbial*angaben*, sondern Adverbial*ergänzungen:*

Sie *wohnte* in Rom (= lokales Adverbiale als *Ergänzung*).
Er *stellte* den Besen in das Bad (= direktionales Adverbiale als *Ergänzung*).

Freilich ist die Bedeutung der Stelle in das Bad unabhängig von dem Verb stellen bestimmbar; diese Wortgruppe hat die gleiche Bedeutung wie in der Rolle als Adverbial*angabe* in Beispielen wie

Sie reichte mir das Buch in das Bad.

279 Für *Adverbial*ergänzungen wie in den beiden ersten Beispielen gilt also das oben Gesagte *nicht*, dass die Teilbedeutung der stellenplanverankerten Satzglieder nicht isoliert vom valenztragenden Verb betrachtet werden darf. Dies unterscheidet sie von Präpositionalgruppen wie in das Bad in der Rolle eines Präpositional*objekts* wie im Beispiel

Sie verliebte sich in das Bad.

Der Anschlusswert von über X ist also nur anhand der Bedeutung des valenztragenden Verbs sich *verlieben* in X bestimmbar.

280 Die lokale Adverbialergänzung im ersten Beispiel ist nicht weglassbar:

*Sie wohnte.

Hier muss eine weitere Satzgliedstelle besetzt sein (Sie wohnte in Rom); interessanterweise gibt es bei wohnen die Wahl zwischen *zwei* semantischen Kategorien, gewissermaßen 'Wahlpflicht': x-wo (= lokal) oder x-wie (= modal); möglich ist also auch

Sie wohnte *schön*.

Liegen ein lokales und ein modales Satzglied *zugleich* vor wie in

In Rom wohnte sie sehr schön,

ist das *modale* die obligatorische Ergänzung, das lokale eine Angabe.

Zur Unterscheidung von präpositional eingeleiteter *Adverbialergänzung* und *Präpositionalobjekt* hilft auch die 'Intensivierungs-Probe': Nur bei Adverbialergänzungen (und Adverbialangaben) kann man durch ein semantisch verstärkendes Element die Präposition intensivieren:

Wir wohnen auf dem Berg. = Wir wohnen (*oben*) auf dem Berg *drauf* (also Adverbialergänzung),

aber:

*Wir stützen uns auf dieses Argument *drauf* (also Präpositionalobjekt).

Er sitzt im Zimmer. = Er sitzt im Zimmer *drin* (also Adverbialergänzung),

aber:

*Das Problem bestand in dem unklaren Auftrag *drin* (also Präpositionalobjekt).

Wir können also bislang die folgenden Gesichtspunkte in Bezug auf *Valenzabhängigkeit* unterscheiden:

– Satzgliedstellen sind entweder im Stellenplan eines Verbs verankert (= Ergänzungen) oder nicht (= Angaben).
– Für die verankerten Stellen gilt: Sie sind in ihrer Teilbedeutung *oft* nicht isolierbar (die nicht-verankerten Satzgliedstellen sind *immer* isolierbar).
– Verankerte Satzgliedstellen sind obligatorisch oder fakultativ.
– Obligatorische Satzgliedstellen, und zwar Adverbialergänzungen, können im Einzelfall (wie bei wohnen) durch zwei semantische Charakteristika besetzt werden (= Wahl-Pflicht).
– Obligatorische Ergänzungen können manchmal unter spezifischen Kontextbedingungen weggelassen werden (= Ellipsen).

Der Test auf Weglassbarkeit erfordert also große Aufmerksamkeit: *Weglassbare* Satzglieder können Angaben oder *fakultative* Ergänzungen (und bei Ellipsen manchmal sogar obligatorische Ergänzungen) sein. Die Weglassprobe trennt also *nicht* Ergänzungen von Angaben, sondern sie trennt (von Ellipsen einmal abgesehen) in obligatorische Ergänzungen einerseits und in Angaben *und* fakultative Ergänzungen andererseits.

In vielen Sprachbüchern wird die Weglassprobe demgegenüber als Verfahren angepriesen, mit dem man zwischen Ergänzungen und Angaben trennen könne. Dies führt dazu, dass Schüler (und Lehrer) entweder mit dieser Weglassprobe Schiffbruch erleiden oder ein Verständnis von *Ergänzung* aufbauen, das nur die *obligatorischen* Ergänzungen umfasst.

Wenn man bei einem Satz wie Er benahm sich wie ein Verrückter das Satzglied wie ein Verrückter als Ergänzung eingeordnet hat und diese nun näher bestimmen will, dann wäre es *morphologisch* gesehen eine *konjunktionale Nominativ*ergänzung; wenn man aber nach der *semantischen* Charakteristik dieser Satzglied*stelle* im Stellenplan des Verbs fragt, erhält man als Bestimmung eine *modale* Charakteristik (x-wie), und diese Stelle könnte auch durch *morphologisch andere* Satzglieder wie z. B. gut (= Adjektivergänzung) oder unter seinem Niveau (= präpositionale Dativergänzung) besetzt sein.

Wir müssen also konkrete vorfindliche *Satzglieder* von den entsprechenden stellenplanverankerten Satzglied*stellen* unterscheiden. Die Charakterisierung der Stellen ist weniger umfangreich und 'abstrakter' als die der vorfindlichen Satzglieder mit ihrem Formenreichtum.

Extrem unterschiedlich ist der Aufwand z. B. bei einem sehr offenen Stellenplan, wie ihn das Kopulaverb sein hat: Der Stellenplan weist für die oligatorische Ergänzung die Charakteristik *x-wie sein (jemand)* aus. Die vorfindlichen Satzglieder auf dieser Stelle könnten z. B. sein: Sie war *intelligent* (= Adjektivergänzung), ... *von hoher Gestalt* (= Präpositionalergänzung), wie erstarrt und wie ihre Mutter (= beides Konjunktionalergänzungen).

Streng genommen ist die semantische Charakteristik der obligatorischen Ergänzung von sein noch erheblich weiter: Sie kann z. B. auch lokal (Sie ist *hier*, ... *aus Dresden*) oder direktional sein (Sie ist *von drüben*).

> August Stramm
>
> Patrouille
>
> Die Steine feinden
> Fenster grinst Verrat
> Äste würgen
> Berge Sträucher blättern raschlig
> Gellen
> Tod.
>
> (1915)

3.3 Unterschiedliche Dimensionen der Valenz

284 Bislang haben wir hier mit einem nicht weiter differenzierten Begriff von Valenz gearbeitet. In der Sekundärliteratur werden mehrere, unterschiedlich 'tiefe' *Ebenen* von Valenz unterschieden, meist drei: (morpho-)syntaktische Ebene, semantische Ebene und logische Ebene.

Das Reden von *Ebenen* suggeriert meines Erachtens verschiedene 'Arten' von Valenz und legt eine Zerlegung des Phänomens nahe. Ich plädiere eher dafür, Valenz als Gesamtphänomen unter mehreren Perspektiven zu betrachten und von einer einheitlichen strukturbildenden Kraft auszugehen, die in mehreren Dimensionen Wirkungen erzeugt.

Man kann Aussagen über Valenz unter sechs Perspektiven machen:
- morphosyntaktisch;
- logisch-semantisch;
- logisch;
- syntaktisch;
- semantisch;
- pragmatisch.

Valenz morphosyntaktisch betrachtet

285 Die Auskunft, das Verb hinweisen habe drei Valenzen, und zwar eine im Nominativ, eine im Akkusativ und eine präpositionale, behandelt die Valenz zunächst nur unter *morphosyntaktischer* Perspektive.

Unter dieser Perspektive geht es um eine erste Bestandsaufnahme, wie viele valenzgebundene Satzgliedstellen ein Verb eröffnet und welche Formen sie haben (kasusgeprägt, Präpositional- oder Konjunktionalgruppe usw.).

Valenz logisch-semantisch betrachtet

Unter logisch-semantischer Perspektive geht es darum, welche *semantischen Rollen* ein Verb mit seinen Valenzen vergibt. Das Verb hinweisen beispielsweise sieht eine Person A vor, die initiativ ist, eine Person B, der gegenüber A initiativ wird, und etwas, auf das B seine Aufmerksamkeit richten soll.

Diese Rollenbeschreibungen sind *Abstraktionen*, während bei der semantischen Spezifizierung eines Verbs und seiner Valenzen gerade die konkreten semantischen Konturen der einzelnen Stellen relevant werden.

Man spricht auf dieser Analyseebene in prädikatenlogischer Tradition auch von der *Argumentstruktur* einer Äußerung, in der die Satzglieder als Träger von *Argumenten* fungieren und damit die Leerstellen eines logischen Prädikats füllen. Der Fachbegriff 'Argument' hat also eine etwas andere Bedeutung als der Begriff im Alltag, wenn wir z. B. von guten oder schlechten Argumenten im Rahmen einer Diskussion reden.

Etwas enger als *semantische Rolle* ist der Begriff der *Kasusrolle*, insofern es dabei um Beziehungen zwischen Verb und *nominalen* (= kasusprägbaren) Elementen geht; der Begriff bezieht sich aber im Ansatz auf die gleiche Zuordnung von syntaktischer Oberfläche und semantischer Tiefenstruktur.

Solche semantischen Rollen sind zum Beispiel:
- *Agens* im Sinne von 'Handlungsträger' bzw. für Verben wie spüren 'Erfahrungs-' oder 'Wahrnehmungsträger' (auch: *Experiencer*). Der prototypische Satzglied-Träger für diese Rolle ist das Subjekt.
  Paul trank Milch. / *Er* spürte den Luftzug.
- *Patiens* im Sinne von 'Ziel / Bezugspunkt / Betroffener einer Handlung'. Der prototypische Satzglied-Träger für diese Rolle ist die Akkusativergänzung.
  Niemand sah den alten Hund.
- *Adressat / Rezipient* im Sinne von 'Person / Instanz, der man sich mit einer Handlung zuwendet bzw. der eine Handlung dient / nutzt'. Der prototypische Satzglied-Träger dafür ist die Dativergänzung.
  Jemand gab *ihr* die Hand.
- *direktional* im Sinne von 'Richtungs-Information'. Der prototypische Satzglied-Träger dafür ist das Adverbiale.
  Er rannte in den Garten.
- *lokativ* im Sinne von 'Orts-Information'; der prototypische Satzglied-Träger dafür ist das Adverbiale.
  Er hockte auf dem Boden.

Dieser Ansatz, der – zunächst unabhängig von der konkreten Zuordnung solcher Rollen zu Prädikat und Satzgliedstellen – den Sachverhalt logisch-semantisch portioniert, unterscheidet daher zunächst nicht zwischen Ergänzung und Angabe. Man kann – mit Blick auf die zahlreichen Typen von Adverbialien – ein großes Set von weiteren semantischen Rollen vorsehen: modale, kausale, konditionale usw.

Ich rechne 'instrumental' *nicht* zu den möglichen semantischen Rollen für *Ergänzungen*. Aber für die im Passiv (A x-t B → B wird *von A* ge-x-t) entstehenden präpositionalen Satzglieder, die das Agens tragen, also für Satzglieder des Typs von A setze ich eine 'sekundäre fakultative Valenz' an.

Valenz logisch betrachtet

290 Die logische Perspektive dient als abstrakte Folie, um die einzelsprachliche Spezifik der Valenzmuster beurteilen zu können.

Zum einen kann man unter dieser Perspektive prüfen, ob ein Verb *alle* logisch naheliegenden Rollen vergibt oder nicht. Es gibt bei manchen Verben eine Differenz zwischen der *denkbaren* und der in einer *Einzelsprache realisierten* Vollständigkeit semantischer Rollen:

Das Bankräuber-Trio hat wieder einmal zugeschlagen.

Hier ist logisch-semantisch klar, dass dieser erneute Überfall sich gegen jemanden oder etwas richtet, z. B. gegen eine bestimmte Bank. Aber dieses Patiens ist vom Verb zuschlagen *nicht* als Ergänzung vorgesehen (und ist auch nicht über eine Angabe importierbar):

*Das Bankräuber-Trio schlug gestern *gegen die Hauptstelle der Commerzbank* zu.

Auch in der zweiten Bedeutung von zuschlagen wie in

Sie schlug völlig überraschend zu.

wird zwar die Handelnde (= Subjekt) angegeben, nicht aber das Opfer dieser Handlung; bei verprügeln ist dies anders.

291 Zum anderen kann man prüfen, ob es Muster-*Dopplungen* gibt. So eröffnen die beiden Verben gehören und besitzen logisch gesehen *gleiche* Eigentums-Muster, aber sie fokussieren die Eigentumsstruktur aus unterschiedlichen Perspektiven (und sind insofern komplementäre Valenzmuster):

Ich besitze ein Auto. – Das Auto gehört mir.

Das Verb besitzen richtet den Blick vom Eigentümer aus auf dessen Besitz, das Verb gehören vom Besitz aus auf dessen Eigentümer. Beide Bedeutungsmuster lassen sich auf dieselbe *logische* Beziehung 'Eigentumsverhältnis zwischen Person und Sache' reduzieren.

292 Die unterschiedliche Perspektivierungskraft komplementärer Valenzmuster lässt sich auch im Vergleich von kaufen und verkaufen gut verdeutlichen. Beide Verben haben drei Valenzen, davon zwei obligatorische: Jemand kauft (von jemandem) etwas versus jemand verkauft (jemandem) etwas. In dem Argumente-Dreieck Käufer – Verkäufer – Gegenstand gibt es *zwei* an dem Vorgang beteiligte Handelnde. Die beiden Verb-Valenzmuster organisieren den Vorgang des Eigentumswechsels aus *komplementärer* Perspektive: Bei kaufen ist der *Käufer* (als der *zukünftige* Eigentümer) Haupt-Agens; er wird im Subjekt kodiert. Bei verkaufen ist der *Verkäufer* (als der *jetzige* Eigentümer) Haupt-Agens und wird im Subjekt kodiert.

Auch bei dem Verbtrio schenken/verschenken/beschenken, das sich auf Eigentumswechsel *ohne* Bezahlung bezieht, gibt es interessante Perspektivierungs-Unterschiede: schenken sieht als obligatorische Valenzen das Geschenk *und* den Beschenkten vor; verschenken sieht demgegenüber nur das *Geschenk* obligatorisch vor (der Beschenkte ist eine *fakultative* Valenz und wird durch eine Präpositionalgruppe realisiert: an jemanden), beschenken nur den *Beschenkten* (das Geschenk kann als präpositionale *Angabe* hinzugefügt werden: mit etwas).

Wieder anders ist das Nebeneinander von jemandem zu etwas raten gegenüber jemanden beraten. Bei beraten ist gegenüber jemandem zu etwas raten das Valenzmuster unter zwei Aspekten umstrukturiert: Das Argument 'Ratschlag' (= zu etwas) wird aus dem Valenzmuster gestrichen; und der Ratnehmer wird im Akkusativobjekt kodiert. Damit verändert sich der Blick auf das 'Arbeitsbündnis': Aus der Handlungs-Empfehlung, die mit der Annahme des Rats abgeschlossen ist, wird eine kontinuierliche unterstützende Einflussnahme.

Solche Analysen sind – über das Interesse an einer systematischen Strukturbeschreibung hinaus – auch für das Verstehen der *eigenen* Sprache interessant: Das Gesamt-System dieser Stellenpläne lässt sich begrenzt als Niederschlag gesellschaftlicher Sichtweisen und Handlungsmuster untersuchen.

Valenz syntaktisch betrachtet

Die Klärung, welche semantische Rolle in welchen Satzglied-Typen kodiert wird (z. B. die Agens-Rolle im Satzgliedtyp Subjekt) und wie sich solche Kodierungen z. B. beim Wechsel von Aktiv zu Passiv und umgekehrt verändern, erfolgt aus einer *syntaktischen* Perspektive.

Die Zuordnung zwischen den semantischen Rollen und den morphosyntaktisch klassifizierten Satzgliedern ist nicht *beliebig*, sondern bestimmte semantische Rollen werden *prototypisch* – d. h. eben: nicht in jedem Fall – von bestimmten Satzgliedern übernommen: Zum Beispiel sind Subjekte prototypisch Agens, Akkusativergänzungen prototypisch Patiens, Dativergänzungen und auch Dativangaben prototypisch Adressat.

Wenn man eine semantische Rolle wie Adressat auf ihre möglichen syntaktischen Realisierungen zu beziehen versucht, differenziert sich diese zunächst abstrakte Rollenbezeichnung *Adressat* aus: Geradezu wörtlich ein Fall von Adressat ist die Dativergänzung im Beispiel

> Er schickt *ihm* ein Buch,

im nur noch übertragenen Sinn auch die Dativergänzung in

> Er stiehlt *ihm* das Auto.

Auch Dativ-*Angaben* wie in

> Er trägt *Paul* die Koffer ins Haus.
> Er hat *mir* das Aquarium zerdeppert.
> Er schneidet *ihr* die Haare.

kann man noch als 'Vorteils- / Nachteils*empfänger*' dazunehmen. Schwieriger wird es bei Dativ-Konstruktionen wie

> Du bist *mir* ein komischer Kerl.
> Dass du *mir* nicht noch mal auf die Straße gehst!

Hier geht es um Bewertungsinstanzen bzw. um ev. Sanktionsinstanzen.

Dativ-Ergänzungen und Dativ-Angaben (→ 328 ff.) können mit der semantischen Rolle *indirekter Person-Bezug* (= Adressat) also nur grob umfasst werden. Dabei ist die Grenze zwischen semantischen Rollen, die in der Verbvalenz verankert sind, und denen, die durch *Angaben* übernommen werden, durchlässig.

295 Die semantische Rolle kann bei Verben wie empfangen, erhalten auch im Subjekt – also nicht prototypisch – kodiert werden:

Ich schicke / gebe ihm ein Buch. → Er empfängt / erhält von mir ein Buch.

Insofern ist für topologische Analysen, z. B. die der Satzgliedreihenfolge im Mittelfeld, der Rückbezug auf die semantischen Rollen und deren syntaktische Zuordnung wichtig: Wenn wie in

…, weil den Trainer das Ergebnis interessiert.

das Subjekt (das Ergebnis) *nicht* mit der Agens-Rolle (also nicht-prototypisch) besetzt ist, sondern das Akkusativobjekt den Trainer das Agens trägt, ist die unmarkierte Reihenfolge Verb – Akkusativobjekt – Subjekt, nicht Verb – Subjekt – Akkusativobjekt. Dies erkennt man, wenn man testet, welche Reihenfolge bei unterschiedlichen Betonungsverteilungen grammatisch bleibt: Wird das *Subjekt* betont, ist nur die o. g. Stellung akzeptabel, nicht aber

*…, weil das Ergebnis den Trainer interessiert.

296 Daraus ergibt sich ein interessanter Schluss für Wortbildungsanalysen: Bei der Klärung, mit welchen Verben die -bar-Suffigierung (zerstörbar) funktioniert, traf die Hypothese 'mit allen transitiven Verben' nicht ganz zu, denn Verben wie interessieren sind insofern transitiv, als sie einen Akkusativ nach sich ziehen, sind aber nicht mit -bar suffigierbar (*interessierbar). Wenn man demgegenüber den Begriff *transitiv* nur für Verben mit solchen Akkusativobjekten wählt, die die semantische Rolle *Patiens* tragen (und daher bei Passivbildung zum Subjekt werden), dann greift die Hypothese 'mit allen transitiven Verben'.

Dann wird auch strukturell nachvollziehbar, dass umgekehrt zu Verben *ohne* Akkusativobjekt manchmal -bar-Suffigierung möglich ist, z. B. bei unsinkbar: In Das Schiff sinkt ist das Subjekt nämlich ein Patiens-Träger (wenn Schiffe sinken, dann hat jemand oder etwas – Menschen oder Sturm – diese Zustandsänderung *verursacht*, nämlich das Schiff *versenkt*); demgegenüber ist in Das Schiff schwimmt das Schwimmen keine Zustands*änderung*, sondern Normalzustand, daher ist Schiff kein Patiens-Träger, daher ist eine -bar-Ableitung (*schwimmbar) nicht möglich.

297 Für die *Präpositional*objekte kann man keine festen semantischen Rollen bestimmen, weil sie im Unterschied zu präpositionalen *Adverbial*ergänzungen keinen aus der Gesamt-Argumentstruktur herauslösbaren logisch-semantischen Wert haben.

Valenzanalysen nehme ich hier immer anhand von *aktivischen* Prädikaten vor, da ich Passiv als abgeleitet betrachte. Der Wechsel von einer Aktiv- in eine Passivkonstruktion wie

Die Bundeskanzlerin bezweifelte den Sinn dieser Maßnahmen.

→ Der Sinn dieser Maßnahmen wurde (von der Bundeskanzlerin) bezweifelt.

ordnet das Patiens nun dem Subjekt zu, das Agens wird in ein präpositionales Satzglied verschoben und ist nun nicht mehr obligatorisch, sondern fakultativ. An dem Tableau der semantischen Rollen ändert sich dadurch nichts, wohl aber verändert sich durch diese neue syntaktische Zuordnung die Perspektive auf den Sachverhalt, und die Option, das Agens auszublenden, ist je nach Aussagenabsicht und Textzusammenhang nützlich.

Valenz semantisch betrachtet

> Aus dem „Oranienburger Generalanzeiger":
> Ast bricht Streit vom Zaun
> („Der Spiegel" 35/2008, S. 182 – „Hohlspiegel")

Unter semantischer Perspektive beschreibt man das inhaltliche Spektrum, das ein Verb für jede seiner Valenzen vorgibt.

Ein Verb wie sein bietet einen extrem großen semantischen Spielraum:

    Paul ist Schuster.
    Die Herren waren unterschiedlicher Größe.
    Paul ist hier.
    Das Konzert war gestern.
    Paul ist wie ein Bruder zu mir.
    Paul ist alt.
    Paul ist von drüben.
    „Er ist zu Schiff nach Frankreich" (schöne Grüße von Friedrich!).

Das Verb wohnen lässt offen, ob eine lokale *oder* eine modale Adverbialergänzung gewählt wird:

    Paula wohnt seit Anfang des Jahres *in Rom*.
    Paula wohnt wirklich *wunderschön*.

Semantische Beschreibungen sind insbesondere bei *Adverbial*ergänzungen relevant; sie bestimmen die vom Verb geforderte bzw. offen gelassene semantische Kontur: temporal (dauern) oder direktional (stellen) oder lokal (wohnen) oder modal (wohnen).

Bei allen Ergänzungen klärt die semantische Beschreibung die vorgegebenen semantischen Spezifizierungen. Ein Verb wie erschlagen verlangt in der Patiens-Rolle das Merkmal [+lebendig]:

    *Paul erschlug nach der Niederlage des VFL Bochum den Fernseher.

Aber das Agens kann [+/-lebendig] sein:

    Paul / Ein Baum erschlug gestern meinen Großvater.

Sowohl sehen wie auch essen geben eine Ergänzung im Akkusativ vor:

    Paul sieht einen Apfel, Paul isst diesen Apfel.

Die beiden Verben selektieren aber unterschiedliche Typen von Akkusativergänzung: Nur sehen lässt auch die Subklasse *Sachverhalt* zu:

    Paul sieht, dass Paul kommt, aber *Paul isst, dass Paula kommt.

300 Auch wenn zwei Verben wie sehen und vermuten für die Besetzung der Akkusativergänzung die Subklasse *Sachverhalt* zulassen, können sie wiederum unterschiedliche *Varianten* vorgeben:

> Paul sieht, dass Paula ihren Rock säumt.
> Paul sieht, wie² Paula ihren Rock säumt (= sieht ihr beim Rocksäumen zu).
> Paul sieht Paula ihren Rock säumen.
> Paul sieht, ob Paula ihren Rock säumt.
> Paul sieht, wie¹ Paula ihren Rock säumt (= z. B. mit der Hand oder mit der Nähmaschine).

Mit vermuten ist nur die erste dieser fünf Anschlussoptionen möglich:

> Paul vermutet, dass Paula ihren Rock säumt.

Von dem Verb und seiner Argumentstruktur hängen sowohl die Konturen der lexikalischen Subklasse der einzelnen Ergänzungen ab wie auch deren syntaktisches Erscheinungsbild.

Valenz pragmatisch betrachtet

301 Unter pragmatischer Perspektive untersucht man, welcher Gebrauch von solchen Valenzvorgaben gemacht wird.

Dabei geht es zum einen um die Analyse, welchen Spielraum ein Valenzmuster unter besonderen Gebrauchsbedingungen bietet. Zum Beispiel sind nicht mit allen Verben elliptische Konstruktionen möglich wie bei sich x-wie benehmen:

> Er hat sich <u>sehr schlecht</u> benommen. → Dèr hat sich (vielleicht) benommen!!

Bei wohnen lässt sich zwar die Version mit modaler Adverbialergänzung elliptisch realisieren:

> Er wohnt sehr, sehr schön. → Dèr wohnt vielleicht!!

Die Version mit lokaler Adverbialergänzung sperrt sich demgegenüber gegen Verkürzungen:

> Er wohnt in Rom! → *Dèr wohnt vielleicht!!

Das hängt damit zusammen, dass in mündlicher 'multimodaler' Kommunikation die lexikalische Spezifizierung einer *modalen* Information – nämlich toll (oder im Einzelfall auch: grauenhaft) – auch durch stimmliche und körpersprachliche Ausdrucksmittel übernommen werden kann; eine *lokale* Information ist (außer zur direkten räumlichen Umgebung der Beteiligten) nicht durch andere Kommunikations-Kanäle übernehmbar.

In den Zusammenhang pragmatischer Analysen gehört letztlich auch die Prüfung, ob eine Valenz obligatorisch oder fakultativ ist.

Zum andern geht es unter pragmatischer Perspektive auch um die Erkundung, wie Valenzangebote genutzt werden, wenn es mehrere sachverhaltsidentische Valenzmuster gibt wie bei besitzen / gehören oder kaufen / verkaufen oder geben / erhalten, bei denen jeweils andere Perspektivierungen zur Verfügung stehen.

4 Ergänzungen

Im Folgenden werden die Ergänzungen – Subjekt, Objekte und adverbiale Ergänzungen – näher untersucht. Die *adverbialen* Ergänzungen werden im Abschnitt 4.5 im Rahmen der Adverbalien noch einmal – vorrangig unter semantischen Gesichtspunkten – mit betrachtet.

Quer zu diesen Typen von Ergänzungen wird die prädikative Funktion von Ergänzungen zusammenfassend behandelt.

Ergänzend werden sog. zweitabhängige Satzteile untersucht, die in ihrem Stellungsverhalten Zwitter aus Satzglied und Attribut sind.

Die Reihenfolge der Ergänzungen folgt der in der Übersichtstabelle vorgegebenen.

4.1 Subjekt (Nominativergänzung)

Das Subjekt hat unter den satzbauplangebundenen Satzgliedern in mehrfacher Hinsicht eine Sonderrolle:

– In *morphologischer* Hinsicht: Das Subjekt steht im Kasus Nominativ, der in der Valenzstruktur des Verbs nicht direkt angelegt ist.

> Insofern macht die traditionelle Unterscheidung des Nominativ als casus rectus (= der 'ungebeugte' Kasus) von den übrigen Kasus als den casus obliqui (von lateinisch obliquus = schräg) Sinn. In unserem heutigen Verständnis von Deklination (= Beugung) ist diese Sonderrolle nicht mehr einleuchtend – alle vier Kasus gelten als 'gebeugt' (→ Bd. 1: 66, 90).

– In *syntaktischer* Hinsicht: Das Finitum richtet sich hinsichtlich Numerus und, sofern pronominal, auch hinsichtlich der Person nach dem Subjekt (nicht umgekehrt!).

> Der Hund frisst. – Die Hunde fressen.
> Ich fresse. – Sie frisst.

Bei bestimmten pronominalen Subjekten richtet sich das Finitum im Numerus nach dem *Prädikatsnomen*:

> Das ist mein Bruder.
> Das sind meine Schwestern.

– In *textpragmatischer* Hinsicht: Das Subjekt ist überwiegend 'Thema', über das eine Aussage gemacht wird (= das 'prädiziert' wird).
– In *semantischer* Hinsicht: Das Subjekt ist überwiegend Agens.
– In *operationaler* Hinsicht: Bei der Infinitiv-Probe fällt immer das Subjekt aus der Wortkette heraus:

Der Hund frisst abends Kuchen → abends Kuchen fressen / der Hund.
Diesen Effekt kann man daher zur Trennung von Subjekt und Prädikatsnomen nutzen:
Sein Vater war Maurer = Maurer sein / sein Vater.
Maurer bleibt in der infinitivischen Wortreihe erhalten, ist also Prädikatsnomen.

– In *distributorischer* Hinsicht: Fast alle Sätze enthalten ein obligatorisches Subjekt. Deshalb wird das Subjekt meistens nicht als eine Ergänzung neben anderen bezeichnet, sondern erhält einen Terminus, der diese Sonderrolle markiert: *Subjekt* bzw. *Subjektsnominativ*.

303 Im Italienischen (und bis ins 16. Jahrhundert auch noch im Französischen) hat das Subjekt – wenn es pronominal realisiert ist – noch eine weitere Sonderrolle: Es ist in der Personalform des Verbs enthalten, außer wenn es hervorgehoben werden soll: Vengo gegenüber *Io* vengo.

Aus einem Brief des damaligen Bayerischen Staatsministers für Unterricht, Kultus, Wissenschaft und Kunst – Hans Zehetmair – vom 1.7.1996 an die Schulleitungsmitglieder anlässlich der Einführung der neuen Rechtschreibung:

Sehr geehrte Damen und Herren,

am 1. Juli ist die gemeinsame Erklärung zur Neuregelung der deuschen Rechtschreibung von den Vertretern aus den deutschsprachigen Staaten unterzeichnet worden. Ich bin überzeugt, daß die Vereinfachungen, die die Neuregelung aufgrund ihrer stärkeren Systematik, der Beseitigung von Ausnahmen und der Betonung des Entscheidungsbereichs der Schreibenden mit sich bringt, den Rechtschreibunterricht günstig beeinflussen wird. [...]
Ich möchte Sie und die von Ihnen beauftragten Lehrerinnen und Lehrer daher ermuntern, die Vereinfachung, die mit der Neuregelung verbunden sind, als positiven Impuls zu nutzen. [...]

Subjekte in fremdem morphologischem Gewand

304 Irritierend sind – zumindest auf den ersten Blick – Subjekte in fremdem morphologischem Gewand wie

Über sechzig Männer waren in dem verunglückten Bus.

Hier liegt nicht etwa eine Präpositionalgruppe mit der Präposition über vor (dann müsste Männer die Dativ- bzw. Akkusativ-Plural-Form sein), sondern ein ganz normaler Subjekts*nominativ* mit einem komplexen Attribut, das aus einem Numerale sechzig und einer Gradpartikel über besteht. Dass über in diesem Gebrauch keine reguläre Präposition darstellt, sondern eine Partikel ohne Kasus-Anspruch, lässt sich leicht zeigen, wenn man Beispiele wählt, in denen durch Valenzvorgaben des Verbs und/oder durch Kasusformen attributiver Pronomen der Kasus von Männer sichtbar wird:

Sie *entsann* sich mit Vergnügen *ihrer* über sechzig Männer.
Sie *gab* in ihrer neuen Firma *über* sechzig arbeitslosen Männern neue Arbeit.
Sie *begrüßte die* über sechzig neuen Männer auf ihrem Schiff.

über nimmt also *keinen* Einfluss auf die drei unterschiedlichen Kasus von Männer/n – diese Kasus sind Kasusvorgaben der Valenzrektion von sich entsinnen bzw. geben bzw. begrüßen.

In dem Beispiel

> Nun war seines Bleibens an diesem traurigen Orte nicht länger.

stellt sich die Frage, ob hier ein Subjekt im Genitiv-Gewand vorliegt. Man kann sich zwar auf eine Umformung wie

> Nun war sein Bleiben ... nicht länger *möglich*.

berufen, sie scheint mir aber zu stark formändernd, um die Subjekt-Hypothese zu stützen. Ich gehe daher von einem subjekt*losen* Satz mit seines Bleibens als *Adverbial*ergänzung im Genitiv aus.

In dem Satz

> Ehrlich währt am längsten.

ist (wenn es sich nicht um den neuen Fußballtrainer des 1. FC Würzburg handelt) auf den ersten Blick die Subjektstelle von einem *Adjektiv* besetzt. Soll man hier einen (in Redensarten verbreiteten) Fall von *Auslassung* unterstellen:

> Ehrlich [Sein] währt am längsten?

Dies ist offensichtlich keine reihenbildende Konstruktion; alle Versuche, sie mit weiteren Adjektiven und Verben zu wiederholen, scheitern.

es in Subjektfunktion

Das Personalpronomen es ist einer der möglichen Kandidaten für die Subjektrolle. Es hat einige syntaktische Besonderheiten, die unterwegs schon angesprochen wurden und hier noch einmal zusammengestellt werden sollen.

Vorab: In Vorfeldstellung ist es – unabhängig von seiner syntaktischen Funktion – nicht betonbar.

1. Es ist als reguläres Personalpronomen Subjekt und bezieht sich auf eine als Neutrum markierte Person oder einen Sachverhalt:
   > Das Kind kam weinend ins Haus gelaufen. Es hatte sich geschnitten.
2. Es ist bei bestimmten Verben (z. B. den 'Wetter-Verben' wie regnen) sog. *formales Subjekt:*
   > Es hat gestern geregnet.

   In dieser syntaktischen Funktion entspricht ihm keine semantische Rolle.
3. Eine weitere Funktion hat es als *Korrelat* in Satzgefügen (→ Bd. 3: 530 f.):
   > Es freut mich, dass du uns besuchst.

   Das es gibt im übergeordneten Teilsatz einen syntaktischen Ausblick auf eine Subjektstelle, die erst durch den nachfolgenden Teilsatz gefüllt wird.

   Korrelate sind ein Phänomen der Beziehung *zwischen* zwei Teilsätzen, nicht innerhalb *eines* Teilsatzes; in *erweiterten* einfachen Sätzen spielen formgleiche Pro-Elemente eine Rolle beim Phänomen der Links- und Rechtsherausstellungen (→ Bd. 3: 4 ff., 533).

Bei *Voranstellung* des Teilsatzes wird als Korrelat ein *Demonstrativpronomen* benutzt, weil es nicht betonbar ist:

Dass du uns besuchst, das freut mich.

Insofern handelt es sich hier nicht um eine für das *Personale* es spezifische Funktion, sondern die Korrelat-Funktion kann neben es auch von anderen Pronomen (oder auch von nominalen Ausdrücken wie ..., diese Tatsache ...) erfüllt werden.

4. Es kann unabhängig vom prädikatsbildenden Verb als Vorfeldbesetzung verwendet werden:

Es lebte einmal in einem kleinen Dorf eine alte Frau. ...

Seine Funktion dabei ist, das bei der Aussagesatzform notwendige Vorfeld formal zu besetzen, sodass alle anderen Satzglieder ins Mittelfeld gestellt werden können. Das macht Sinn, wenn wie beim eröffnenden Satz einer Erzählung alle anderen Satzglieder Neuigkeitswert haben. Insofern ist es funktional einleuchtend, dass dieses topologisch motivierte es verschwinden muss, wenn es *nicht* das Vorfeld besetzt hält:

In einem kleinen Dorf lebte einmal eine alte Frau. ...

Dieses es hat nicht den syntaktischen Status eines Subjekts (die Subjektstelle ist hier ja mit eine alte Frau besetzt). Es nimmt daher auch keinen Einfluss auf den Numerus des Finitums:

Es lebten einmal in einem kleinen Dorf zwei alte Frauen.

Die Pluralform des Finitums wird von dem nachfolgenden *Subjekt* gefordert.

Dieses es wird auch als *Subjektplatzhalter* bezeichnet. Diese Bezeichnung ist zweifach problematisch: Zum einen lebt sie davon, dass das Vorfeld 'eigentlich' dem Subjekt gehört und für dieses freigehalten wird. Zum Zweiten dürfte man diese Bezeichnung nur für diejenigen Sätze verwenden, in denen dann auch im Mittelfeld ein Subjekt erscheint; es macht wenig Sinn, von *Platzhalter* zu sprechen, wenn wie z. B. beim Passiv intransitiver Verben gar kein Subjekt vorgesehen ist:

Danke, es wird mir schon geholfen. / Danke, mir wird schon geholfen.

Daher spricht man besser grundsätzlich von *Vorfeld-es* (und allenfalls im passenden *Einzel*fall von *Subjektplatzhalter*).

Man könnte argumentieren, ein Subjektplatzhalter sei so etwas wie ein Korrelat, aber eben *innerhalb* desselben (Teil-)Satzes. Das leuchtet zwar insofern ein, als dieser Platzhalter sich auf das später im Satz erscheinende Subjekt bezieht; aber seine Funktion ist lediglich eine *topologische*, während Korrelate die Funktion haben, einen vorausgehenden oder nachfolgenden (Teil-)Satz nachträglich bzw. ankündigend *syntaktisch* zu verankern. Korrelate haben zudem einen eigenen syntaktischen Platz in dem Teilsatz, in dem sie stehen, während Subjektplatzhalter syntaktische *Dubletten* sind und verschwinden, sobald das eigentliche Subjekt im Vorfeld auftaucht.

Zweite Nominativergänzung

Das Verb sein und seine semantisch konturierteren Verwandten wie bleiben, werden usw. sehen eine weitere obligatorische Ergänzung vor, die das relativ informationsarme Verb zu einer relevanten Aussage ergänzt: x ist y. Diese prädizierende Stelle y kann durch ein Satzglied im *Nominativ* gefüllt sein:

309

> Paul ist / wird / bleibt Gärtner.

Bei Verben, die den (oben) genannten semantisch nahestehen wie gelten, ist diese obligatorische prädizierende Ergänzung *konjunktional* angeschlossen:

> Er galt lange Zeit als Streber.

In dieser Konstruktion ist die prädikative Grundstruktur x ist y enthalten; sie kann durch eine Paraphrase verdeutlicht werden: Man nahm lange Zeit an, er sei ein Streber.

Diese zweiten Nominativergänzungen werden ihrer *prädikativen* Rolle und ihrer *Kasus*form entsprechend als *Gleichsetzungsnominativ* bezeichnet. Zwei weitere Bezeichnungen dafür sind Subjektsprädikativ und Prädikatsnomen. Diese Begriffe werden in Grammatiken und in Sprachbüchern oft unterschiedlich gehandhabt.

310

Eine Klassifikation – und die ihr folgende Bezeichnung – muss folgende Optionen berücksichtigen:

Bei sein kann diese prädizierende Stelle statt durch Nomen im Nominativ auch durch Satzglieder anderer Form besetzt sein (→ 255 ff.), z. B. durch Adjektivgruppen

> Er war erstaunlich schön.

oder Pronomengruppen

> Ich bin doch nicht irgendwer!

oder Präpositionalgruppen

> Sie war von großer Gestalt.

oder Konjunktionalgruppen

> Er war wie ausgewechselt.

Das Verb sein kann darüber hinaus auch mit *nicht*-prädizierenden obligatorischen Adverbialergänzungen vorkommen wie in

> Paul war gerade hier.
> Paula ist von drüben.
> Das Modell ist aus Pappe.

Hinzu kommt, dass bei einer Reihe von Verben (wie nennen, finden) auch zu einem Akkusativobjekt eine darauf prädikativ bezogene *zweite* Akkusativergänzung möglich ist (→ 398):

311

> Ich finde ihn einen aufgeblasenen Schwätzer!

Wenn man Satzglieder wie Gärtner im Ausgangsbeispiel als Prädikats*nomen* bezeichnet, dann markiert man zwar die Wortart (gegenüber einem Prädikats*adjektiv* wie schön in Er war schön oder einem Prädikats*pronomen* wie ich in Ich bin ich!), aber unter diese Bezeichnung würden dann auch die zweiten *Akkusativ*ergänzungen wie einen aufgeblasenen Schwätzer fallen. Vermutlich ist diese Bezeichnung (= zum Prädikat gehörendes Nomen) an der Tradition orientiert, dass solche Satzteile, wenn sie sich auf das *Subjekt* beziehen, nicht als eigene Satzglieder, sondern als *Teile des Prädikats* angesehen wurden.

312 Demgegenüber markiert Gleichsetzungs*nominativ* zwar den *Kasus* (das Pendant dazu wäre dann Gleichsetzungs*akkusativ* für einen aufgeblasenen Schwätzer). Diese Bezeichnung trennt aber nicht zwischen den *Wortarten*, sie gälte also gleichermaßen für Gärtner wie für ich. Man kann das in Kauf nehmen, weil die Besetzung der prädikativen Ergänzung durch eine *Pronomen*gruppe relativ selten ist. Oder man arbeitet mit einem *weiten* Begriff von Nomen, der auch Pronomen und Adjektive mit einschließt – damit wäre aber, zumal in der Tradition des Grammatikunterrichts, nichts gewonnen, weil sich dort der *enge* Begriff von Nomen fest etabliert hat.

313 Die dritte Option *Subjektsprädikativ(um)* hat wiederum andere Nebenwirkungen: Diese Bezeichnung markiert mit *-prädikativ(um)* nur die semantische *Rolle* (ähnlich wie *Gleichsetzungs-*) und mit *Subjekts-* das *Bezugs*satzglied, nicht aber die jeweilige Satzglied*form*. Diese Bezeichnung gälte dann genauso für Satzglieder wie ... schön, ... von großer Gestalt, ... irgendwer und ... wie ausgewechselt. Oder aber man verschweigt diese Varianten von Subjektsprädikativen und behandelt sie bei der Besprechung der Valenzmuster der einzelnen Verben unauffällig mit.

314 Denkbar wäre nun eine Bezeichnungs*ergänzung: nominaler / pronominaler* Gleichsetzungsnominativ oder *nominales / pronominales* Subjektsprädikativ(um).

Oder man wählt eine Bezeichnung wie *prädikative Nomenergänzung zum Subjekt* (der Kasus würde durch die Information prädikativ ... zum *Subjekt* mitgeliefert) oder die Bezeichnung *prädikative Nominativergänzung*, wie ich es in der Übersichtstabelle getan habe (→ 225). Diese beiden Bezeichnungen würden mehr *Teil*-Bezeichnungen enthalten. Man könnte sich dann bei grammatischen Analysen auf diejenigen Bezeichnungs-Teile beschränken, um die es gerade kontrastiv geht: z. B. *prädikative / nicht-prädikative* Adjektivergänzung (Die Story ist gut / Er benimmt sich gut) oder *Adjektiv*ergänzung / *Nomen*ergänzung (Sie ist Gärtnerin / Sie ist groß) oder Adjektiv*ergänzung* / Adjektiv*angabe* (Sie ist schnell / Sie läuft schnell).

Subjektlose Konstruktionen

> Werden Sie schon geholfen?
> (ein auch im Aachener Raum häufiges herzliches Angebot)

315 Subjektlose Konstruktionen treten regulär im Gefolge von *Passiv*-Umformungen auf, in einzelnen Fällen auch in *Aktiv*-Konstruktionen. Und sie spielen – funktional motiviert – eine wichtige Rolle im mündlichen dialogischen Sprachgebrauch.

Insofern sollten schulische Grammatiken und Sprachbücher nicht (mehr) behaupten, jeder Aussagesatz habe Subjekt und Prädikat.

316 Bei intransitiven Verben wie helfen führt die Umformung in eine Passivkonstruktion *notwendigerweise* zu einem subjektlosen Satz:

Ich helfe Ihnen gerne!
→ Ihnen wird (von mir) geholfen.

Wenn 'der Aachener' wegen der weitgehenden Kasus-Nivellierung das Verb im Aktiv nicht mit dem Dativ verwendet, sondern mit dem Einheitskasus

> Ich helfe Sie gerne!

entsteht (hier) bei der Passivumformung auf den ersten Blick eine Version mit Subjekt: Werden Sie schon geholfen?

Aus Aktivsätzen zu *transitiven* Verben, deren Akkusativobjekt-Stelle aber *unbesetzt* bleibt, entstehen bei Passiv-Umformungen ebenfalls subjektlose Sätze: 317

> Sie aßen erst nach Mitternacht.
> → Erst nach Mitternacht wurde gegessen.

Es gibt einige Verben, die auch im Aktiv subjektlose Konstruktionen vorsehen (die Subjektlosigkeit von Imperativ-Sätzen wird hier nicht thematisiert, siehe dazu → 117): 318

> Mir graut vor Dir.
> Mir ist kalt.

In beiden Fällen ist ein *fakultatives* es als *formales* Subjekt *möglich*:

> Mir graut es vor dir. / Es graut mir vor dir.

Die zentrale semantische Rolle – nämlich einer Person, die psychische Erfahrungen macht (der englischsprachige Fachausdruck ist 'Experiencer') – ist bei diesen Beispielen im *Dativ* kodiert (mir), daher hat das formale Subjekt (wenn man es dazunimmt) keine semantische Rolle, die es übernehmen könnte.

Zu beiden Verben gibt es Äquivalente mit *obligatorischem* Subjekt:

> Mir graut vor dir. → Ich habe Angst vor dir.
> Mir ist kalt. → Ich friere (oder – regional: – Ich habe kalt).

In diesen Versionen übernimmt das obligatorische *Subjekt* die semantische Rolle 'Experiencer'.

Einige Verben, insbesondere die sog. Witterungsverben, sehen ein *formales* Subjekt vor: 319

> Es regnet.

Auf diese Weise wird die Mindestausstattung des Satzes mit Prädikat und einem weiteren Satzglied gesichert.

Diese Auflage hat z. B. das Italienische nicht. Hier können *nicht*-nominale Subjekte *regulär* weggelassen oder gesetzt werden: piove (Es regnet) oder auch il piove (Es regnet). Das geht nicht nur bei Witterungsverben, sondern generell; freilich bleibt in einer pronomenlosen Version wie viene offen, ob er oder sie kommt (ein Neutrum es gibt es im Italienischen nicht). Das pronominale Subjekt lui oder lei wird dann gesetzt, wenn das Subjekt hervorgehoben werden soll: Lui viene / Lei viene.

In mündlicher Kommunikation – oder bei fingierter Mündlichkeit in einem literarischen Text – wird das Finitum in unterschiedlichen Kontexten ohne pronominales Subjekt gebraucht, z. B. bei 320

– *affekthaltigem* Sprechen:

> Ist der doof! Kann noch nicht mal eine Banküberweisung ausfüllen! Und so jemanden ...

– *minimalistischem* Sprechen als Display von Erschöpfung:

> Ciao, Peter; bin müde, will ins Bett. Bis morgen.

– Echo-Konstruktionen als *Bestätigungs*-Markierung:
>Und das gehört alles mir?? – Gehört alles dir!

321 Im Unterschied zur Subjekt*losigkeit* handelt es sich bei den folgenden Phänomenen um Subjekt-*Reduktionen:* Ein Fall wie
>'s ist kalt

ist eine sog. *Proklise* (von griechisch proklinein = nach *vorne* neigen), eine Anlehnung des unbetont gesprochenen verkürzten Subjekts (es → 's) an das *folgende* Wort.
Bei Fällen wie
>Kàlt ist's!
>Kànnste mal kommen? (= Kannst du ...)

handelt es sich demgegenüber um eine *Enklise* (von griechisch enklisis = Anlehnung), eine Anlehnung an das *vorausgehende* Wort.
Bei
>Willste'n Bier? (= Willst du ein ...)

repräsentiert das *Klitikon* -en (von griechisch klitikon = das sich Anlehnende) sogar *zwei* Wörter: das Subjekt und den unbestimmten Artikel.

Im Englischen findet man im mündlichen Sprachgebrauch noch erheblich weiter gehende Fälle von Enklise, z. B.
>Ì gonna sèe her.
>= I am going to see her.

4.2 Genitivobjekt (Genitivergänzung)

322 Während Subjekte prototypische Agens-Träger, Akkusativobjekte prototypische Patiens-Träger und Dativobjekte prototypische Adressat-Träger sind, gibt es für Genitivobjekte keine ebenso ausgeprägte Rollenzuordnung. *Attributive* Genitive kann man im weitesten Sinne als syntaktische Kodierung von 'Bezogenheit' ansehen (das Haus seiner Freundin, der Tod seines Vaters, die Verurteilung seiner Schwester, das Vergnügen hohen Alters usw.). Diese Zuordnung kann man für Geniti*vobjekte* versuchsweise übernehmen; freilich zeigt das Nebeneinander von
>Er *gedachte* seines nahen Endes.
>Er *dachte* an sein nahes Ende.
>Er *bedachte* sein nahes Ende,

dass man nur schwer von einer spezifischen semantischen Rolle von Genitivobjekten ausgehen kann.

323 Genitivobjekte sind zudem die Objekte, die am seltensten vorkommen. Ihre morphologische Kennzeichnung bei maskulinen und neutralen Nomen ist die aufwändigste (Bruder – Bruders – Bruder – Bruder). Der Verwendungsumfang des Kasus Genitiv hat sich reduziert und wird voraussichtlich weiter zurückgehen.

4.2 Genitivobjekt (Genitivergänzung)

Diese Kasusreduktion wird durch Verschiebungen innerhalb von Satzglied- bzw. Attributstrukturen vorbereitet, insbesondere die Ersetzung von Genitiv- durch *Präpositional*-Strukturen: Statt

Er erinnerte sich *seines Bruders.*

heißt es zunehmend

Er erinnerte sich *an seinen Bruder.*

Diese Umschichtung wird zusätzlich begünstigt durch eine morphologische Vorgabe, die unter der Bezeichnung *Genitivregel* (auch: *Sichtbarkeitsregel*) läuft: Zu einer Genitivform muss (außer wenn es um Eigennamen geht) ein Adjektiv oder Pronomen treten; das Nomen selbst oder das Adjektiv bzw. Pronomen muss den Kasus hinreichend markieren:

Ich verzichte auf Fleisch zugunsten *frischen* Gemüses.
*Ich verzichte auf Fleisch zugunsten Gemüses. / ... *zugunsten Gemüse.
→ ... zugunsten *von* Gemüse.

Bei Eigennamen hingegen gilt diese Auflage nicht:

Wir verzichten auf das Honorar zugunsten Pauls.

Diese Pflicht-Eskortierung, deren Funktion es ist, die Wahrnehmbarkeit des Genitivanschlusses zu sichern, führt nun dazu, dass bei Reduktion des Genitivobjekts auf das Nomen ein solcher Genitivanschluss nicht möglich ist:

Paul erinnerte sich gern der tollen Pianistinnen.
→ *Paul erinnerte sich gern Pianistinnen.

Man muss dann in die *präpositionale* Variante des Valenzmusters von erinnern ausweichen:

Paul erinnerte sich gern an Pianistinnen.

Der historische Prozess der Kasusnivellierung ist auch bei einer Wortbildung wie Vergissmeinnicht sichtbar, die eine Nominalisierung eines ganzen Aufforderungssatzes darstellt: Vergiss mein nicht! Die Komponente mein ist zunächst überraschend: Früher verlangte vergessen ein Genitivobjekt, heute verlangt es ein Akkusativobjekt.

Würde man diese Bezeichnung heute bilden, hieße die Blumenart Vergissmichnicht (in Berlin möglicherweise Vergissmirnicht).

Adverbialer Genitiv

In dem folgenden Beispiel finden sich drei adverbiale Genitive (*gelegentlich* auch als *autonome* oder *freie* bezeichnet), die die drei infrage kommenden semantischen Kategorien temporal, modal und direktional kombinieren:

Eines Abends ging er sehnenden Herzens seines gewohnten Weges, als er Paula begegnete.

Der dritte dieser Genitive, der direktionale Adverbialgenitiv, hat hier den Status einer Adverbial*ergänzung*. Dennoch ist er nicht Genitiv-*Objekt*, insofern er eine autonome Bedeutung hat, die nicht von der komplexen Bedeutung des Verbs gehen vorgegeben ist.

Das attributive Adjektiv *adverbial* in Adverbialergänzung verweist auf den Unterschied zu den *Objekten*, dass nämlich Adverbialergänzungen zwar vom Verb *grundsätzlich gefordert* (= Ergänzungen), in ihrer *jeweiligen* kategorialen Bedeutung aber *semantisch autonom* sind (= wie Adverbialien auch).

4.3 Dativobjekt (Dativergänzung)

326 Das Dativobjekt ist der *prototypische* Satzglied-Träger für die Rolle Adressat/Rezipient im Sinne von Person/Instanz, der man sich mit einer Handlung zuwendet

>Er gab mir die Hand.

oder der eine Handlung dient/nutzt

>Er trug mir den Koffer.

oder auf die Bewertungen oder Ermahnungen bezogen sind:

>Er war mir zu arrogant.

Im *Einzelfall* ist das Dativobjekt auch Träger für eine Spielart des Agens, nämlich des 'Experiencer', also des Erfahrungs- bzw. Wahrnehmungsträgers:

>Es war mir kalt.
>Mir war kalt.

gegenüber einer Kodierung im Subjekt wie

>Ich fror.

327 Ist der Kopf eines Dativobjekts ein im Singular stehendes Nomen, das regulär Dativ-Morpheme hat wie der Patient – dem Patienten, wird dieses Nomen nur dann *flektiert* gebraucht, wenn es einen *morphologischen Begleiter* hat, also nicht der einzige Merkmalsträger ist, also z. B.

>Die Krankenkassen misstrauen dem Arzt und *seinem* Patienten.

aber

>Die Krankenkassen misstrauen Arzt und *Patient*.

4.3.1 Dativergänzung oder adverbialer Dativ?

Manche Satzgliedtypen sehen ihrer Form nach aus wie klassische Dativ*objekte,* sind aber Dativ*angaben.* Ich unterscheide im Folgenden *sieben* Varianten solcher Dativangaben.

Dativus adhortativus

328 In dem Satz

>Dass du *mir* gesund nach Hause kommst!

ist das Satzglied im Dativ kein Dativobjekt, also keine an die Verbvalenz gebundene Ergänzung, sondern eine *Dativangabe*.

Das Beispiel ist nicht zufällig ein Ausrufesatz: Diese Variante des adverbialen Dativs wird meist im Rahmen von *Ermahnungen* verwendet (und für die nutzt man prototypisch Ausrufesätze).

Solche Dativangaben werden häufig als *freie Dative* bezeichnet. Mit der Metapher *frei* ist nur gemeint, dass diese Dativ-Gruppen nicht durch *Valenzvorgaben* von Verben (oder Nomen oder Adjektiven) *angefordert* werden. Natürlich gibt es auch für das Auftreten solcher Dative jeweils spezifische Bedingungen; ganz so frei sind sie also nicht.

Auffällig ist, dass die adverbialen *Genitive* und adverbialen *Akkusative* – die ja ebenfalls valenzungebunden sind – nur ganz selten als *freier Genitiv* bzw. *freier Akkusativ* bezeichnet werden. Vielleicht liegt dies daran, dass nur bei den verschiedenen Dativen schon lange (und immer noch) umkämpft ist, welche von ihnen eben doch valenzgebunden sind und damit unter der grammatischen Herrschaft von Verben (oder anderen dominanten Strukturen) leben müssen.

Die Einstufung als Dativangabe lässt sich mit folgendem Kombinations-Test begründen:

    Dass du *mir* ja deinem Freund das Buch zurückgibst!

Durch das Nebeneinander von *zwei* Dativkonstruktionen wird klar, dass das fragliche Satzglied mir keine Dativergänzung sein kann; deinem Freund ist die Ergänzung und mir eine Angabe (in der lateinischen Tradition und Terminologie ein sog. *Dativus adhortativus,* von lateinisch adhortari = ermahnen). Dabei muss der freie Dativ grundsätzlich *vor* der Dativergänzung stehen – direkt rechts vom Subjekt.

Dieser Kombinations-Test beruht auf der Vorannahme, dass ein und dieselbe Ergänzungsstelle nicht doppelt besetzt werden kann (es sei denn, die beiden Besetzungen sind durch eine Konjunktion wie und oder ein Komma verbunden) und dass außerdem kein Verb existiert, das *zwei* Dativergänzungen vorsieht (lediglich zwei Akkusativergänzungen sind bei manchen Verben möglich: Sie lehrte *ihn die deutsche Sprache*).

Diese Angabe ist gebunden an die kommunikative Intention 'Aufforderung', sie kann also nicht in einer grammatisch als Aussagesatzform realisierten Äußerung wie

    *Er gab *mir* seinem Freund das Buch zurück.

vorkommen, außer dieser Aussagesatz enthält den Aufforderungsmarker in Form eines passenden Modalverbs:

    Er soll mir ja seinem Freund das Buch zurückbringen.

In diesem Fall soll der *Angesprochene* die Aufforderung einem *Dritten* (= er) überbringen.

Der Dativus adhortativus ist zudem an die Sprecherposition gebunden; ein Beispiel wie *Dass du *ihr* ja deinem Freund … geht also nicht. Eine Plural-Version wie

    Bring *uns* ja dem Peter das Buch zurück!

ist nur dann möglich, wenn sie gewissermaßen im Namen von mehr als einer Autoritätsinstanz (z. B. von einem Elternteil) geäußert wird.

    Eine alte Dame sagt zu einem Bettler: Hier haben Sie zwei Euro – aber dass Sie mir ja keinen Schnaps kaufen! – Der Bettler: Ich Ihnen Schnaps kaufen? Wie käme ich dazu!

Dativus ethicus

331 Auch der folgende Satzgliedtyp ist eindeutig als Angabe zu klassifizieren:

Du bist *mir* ja ein schöner Freund!

Die im Dativ angegebene Person ist die Bewertungsinstanz, von der die urteilende Aussage vorgenommen wird. Dieser sog. *Dativus ethicus* (von lateinisch ethikos = zum Charakter gehörig, charakteristisch, ausdrucksvoll) ist an die Stellung unmittelbar nach dem Finitum gebunden und der Sprecher muss die Bewertungsinstanz darstellen. Nicht möglich wäre also

*Er ist *ihr* ja ein schöner Freund!

„Verliebt ja, wie ein Käfer, bist du mir"

Dieses Zitat stammt aus Kleists „Käthchen von Heilbronn" (4. Akt, 2. Auftritt). Ist es ein Fall von *Dativus ethicus – beurteilt* Käthchen also die Verliebtheit des Grafen (in wen auch immer)? Oder handelt es sich eher um einen Dativus commodi (vgl. weiter unten) – *behauptet* Käthchen also, er sei seiner Liebe *zu ihr* ausgeliefert (wie ein Käfer)? Der Kontext spricht für die *zweite* Annahme:

> KÄTHCHEN   O geh! –
>   Verliebt ja, wie ein Käfer, bist du mir
> GRAF VOM STRAHL
>   Ein Käfer! Was! Ich glaub' du bist –?
> KÄTHCHEN   Was sagst du?
> GRAF VOM STRAHL *mit einem Seufzer:*
>   Ihr Glaub' ist, wie ein Turm, so fest gegründet! –
>   Sei's! Ich ergebe mich darin. – Doch, Käthchen,
>   Wenn's ist, wie du mir sagst –

Dativus iudicativus

332 Im folgenden Beispieltyp ist die Einstufung als *Angabe* nicht mehr ganz zweifelsfrei:

Du bist *mir* zu alt.

Diese in der lateinischen Satzgliedtradition als *Dativus iudicativus* (= 'Dativ des urteilenden Subjekts') bekannte Angabe ist im Unterschied zu den beiden ersten Typen nicht an die Sprecherposition gebunden; möglich ist also auch

Du bist *ihr* zu alt,

wo der Dativ ersetzbar ist durch *für sie*.

Soll man diese Dativ-Konstruktion vielleicht besser als an die Valenz der Partikel *zu x-ig* bzw. *x-ig genug* gebundenen Satzteil ansehen? Denn der Dativus iudicativus kommt immer in Sätzen vor, die eine dieser beiden Partikeln enthalten. Auch die semantisch-pragmatische Abgrenzung gegenüber dem Dativus ethicus ist nicht einfach und nicht unstrittig.

333 Man kann die bisherigen drei Spielarten des *freien Dativs* zusammenfassen als Dativ der *Aussagen-Instanz*.

Manche Grammatiken fassen den Dativus adhortativus und den Dativus ethicus (sowie iudicativus) unter dem Terminus *ethicus* zusammen.

Dativ der 'Zuständigkeits-Instanz'

In Sätzen wie

Ihm wachsen die Blumen selbst im Winter.

oder

Ihm sind alle Fische gestorben.

oder

Ihm verbrennt die Milch.

gibt eine Dativ-Konstituente die Instanz an, die für eine Handlung oder ein Geschehen zuständig, verantwortlich, haftend ist. Ich bezeichne diese Variante als Dativ der *Zuständigkeits-Instanz*.

Da es in Aussagen mit einer solchen Dativangabe praktisch immer um unerfreuliche oder – seltener – erfreuliche Ereignisse geht, gibt es eine Bedeutungsnähe zu Beispielen mit Dativus incommodi bzw. commodi (vgl. den nachfolgenden Abschnitt). Vorteil und Nachteil sind bei den Konstruktionen mit dem Dativ der Zuständigkeitsinstanz aber nur *Zusatz*-Aspekte, beim Dativus commodi bzw. incommodi sind sie die *zentrale* Charakteristik.

In Satzbauplänen wie

Ihm gelingt nie etwas.

wird demgegenüber die Bedeutungskomponente 'Zuständigkeit / Verantwortung' in einer eigenen, vom *Verb* vorgesehenen Dativergänzung jemandem realisiert.

Ein Zwischenresümee: Die ersten drei Varianten und diese vierte kann man unter der Kategorie *Instanz* zusammenfassen. Der Status *Angabe* ist meines Erachtens klar.

Die folgenden drei Typen sehe ich ebenfalls als Angaben; es wird jedoch kontrovers diskutiert, ob es sich dabei um Angaben oder um Ergänzungen handelt.

Dativus commodi

Das Satzglied im Dativ in

Er trug *ihr* die Gläser in das Wohnzimmer.

ist ein Fall von *Dativus commodi* (von lateinisch commodum = Vorteil, Nutzen), also 'Dativ des Vorteils'.

Diese Dative werden in manchen Grammatiken als Ergänzungen eingestuft. Mir scheint das nicht ökonomisch, weil die Zahl der Verben, denen damit eine weitere (fakultative) Valenz hinzugefügt würde, sehr hoch ist: Alle Verben, mit denen man eine für Dritte nützliche oder schädliche Handlung darstellen kann, wären verdächtig, eine solche Ergänzung vorzusehen:

Er *schnitt* ihr die Wurst in Stücke.
Er *füllt* mir die neuen Formulare für den Antrag *aus*.
Er *gießt* mir die Blumen während meines Urlaubs.

Etwas anderes ist die folgende Konstruktion, die ich als Dativ*ergänzung* einstufe:

Sie *liest* mir den neuen Nesser-Krimi *vor*.

Hier ist die Dativ-Stelle (mir) in der Bedeutung von vorlesen semantisch angelegt: *Vorlesen tut man für andere*.

> Ich stehle dir eine Rose!

> „Papa, heißt es 'schlag mir' oder 'schlag mich'?" –
> „Das solltest du doch schon selber wissen! Natürlich heißt es 'schlag mich'!" –
> „Papa, dann schlag mich bitte den Atlas auf."

Dativus incommodi

337 Man kann Konstruktionen wie

> Er zerschlug *ihr* eine teure Vase.

entsprechend als *Dativus incommodi* (also 'Dativ des Nachteils') einstufen. Es liegt nahe, den Dativus incommodi zusammen mit dem Dativus commodi als Dativ-*Tandem* zusammenzufassen: *Dativus (in)commodi*.

Pertinenz-Dativ

338 In diesen Zusammenhang gehört auch die Diskussion des sog. *Pertinenz-Dativs* (von lateinisch pertinere = betreffen, anbelangen) wie in

> Er wusch <u>ihr</u> *die Haare*.
> Sie trat <u>ihm</u> gegen *das Schienbein*.

Diese Konstruktion kombiniert zwei Charakteristika: Zugehörigkeit (= im Dativ ist angegeben, wessen Haare es sind) *und* Vorteil bzw. (= im zweiten Beispiel) Nachteil.

Der übliche Fachausdruck *Pertinenz-Dativ* spricht nur die erste Charakteristik an. Er ist insofern nicht optimal.

Aussagen mit Pertinenz-Dativ können daher *nur eingeschränkt* ersetzt werden durch

> Er wusch <u>ihre Haare</u>.
> Sie trat gegen <u>sein Schienbein</u>,

weil damit nur die Bedeutungskomponente der *Zugehörigkeit* (= Pertinenz), nicht aber der zusätzliche Aspekt des Dativus *commodi* bzw. *incommodi* übernommen wird.

339 Zwei vorsorgliche Hinweise zur Abgrenzung zwischen Dativus commodi und Pertinenz-Dativ: Das unter dem Abschnitt zum Dativus commodi aufgeführte Beispiel

> Er trug *ihr* die Gläser in das Wohnzimmer.

ist nicht an den *bestimmten* Artikel zu Gläser gebunden, weil es nicht *ihre* Gläser sein müssen, die er zu ihrer Unterstützung trägt. Möglich ist also auch

> Er trug *ihr unsere* Gläser ins Wohnzimmer.

340 Ein weiteres Zwischenresümee: Man kann die Konstruktionen des Pertinenz-Dativs

> Ich wasche dir *das* Auto (, Paula, und dann machst du eine schöne Rundfahrt).

und des Dativus commodi

> Ich wasche dir *mein* Auto (, Paula, und dann machst du damit eine schöne Rundfahrt).

und des Dativus incommodi

> Ich mache dir jetzt dein Auto kaputt (, Paula! Das kommt davon!)

als *Varianten* der gleichen Grundkonstruktion *Empfänger* ansehen.

Die Frage 'Ergänzung oder Angabe?' ist damit aber noch nicht geklärt. Woran macht man diese Entscheidung fest?

Die drei Varianten commodi, incommodi und Pertinenz sehe ich als Varianten der Kategorie 'Empfänger (Rezipient)'; *semantisch* liegen diese Dativ-Angaben auf einer Linie mit Dativ*objekten*, die *insgesamt* in der Regel unter der Kategorie 'Rezipient' zusammengefasst werden. Daher verhalten sich solche Sätze mit (in)commodi- oder Pertinenz-Dativ*angaben* bei der Umformung in das sog. Rezipienten-Passiv

> Er trägt ihr den / meinen Fernseher ins Besuchszimmer.
> → Sie kriegt (von ihm) den / meinen Fernseher ins Besuchszimmer getragen.
> Sie schneidet ihm die Fußnägel. (Es geht um ein Kleinkind – keine Sorge!)
> → Er kriegt (von ihr) die Fußnägel geschnitten.

genauso wie Sätze mit Dativ*objekt:*

> Er schenkt ihr seinen neuen Fernseher.
> → Sie kriegt (von ihm) seinen neuen Fernseher geschenkt.

Das Verhalten bei der Rezipientenpassiv-Umformung ist also *kein* Indikator für den Status 'Ergänzung', sondern ist nur an die Kategorie 'Rezipient' gekoppelt.

Also muss man sich die Verben *einzeln* daraufhin anschauen, ob in ihrer semantischen Struktur die Ausrichtung auf einen Empfänger (in den Varianten *Nutznießer* oder *Geschädigter* usw.) fest verankert ist. Das ist bei schenken oder überreichen oder aushändigen usw. der Fall, nicht aber bei tragen oder schneiden usw. Bei *solchen* Handlungen besteht zwar unter pragmatischer Perspektive die *Option*, dass diese Handlungen *für* jemanden erfolgen, die Empfängerorientierung ist unter lexikalischer Perspektive aber nicht in die Verbbedeutung integriert. Daher operieren Verben wie schneiden mit einer *Angabe* des Typs Dativus commodi, Verben wie aushändigen demgegenüber mit einer bedeutungsähnlichen *Ergänzung*. 341

Dass auch solche 'Angaben' an bestimmte lexikalische und teilweise pragmatische Bedingungen gekoppelt sind, kann allein noch kein Grund sein, sie als Ergänzungen zu behandeln. Und andererseits gäbe es natürlich eine starke Vermehrung von Dativ-Valenzen, wenn Commodi-/ Incommodi- und Pertinenz-Dative *unbesehen* als Ergänzungen eingestuft würden. Die Grammatiken argumentieren hier teilweise mit gleichen Gesichtspunkten, *gewichten* sie aber unterschiedlich; manchmal werden (In)Commodi- und Pertinenz-Dative (die dabei zudem nicht immer sauber getrennt werden) zu den Ergänzungen gezählt.

Manchmal wird die Einstufung als Ergänzung damit begründet, dass z. B. Dativus commodi nur bei Verben möglich sei, die eine *bewusste* Handlung bezeichnen; freilich sind das eher pragmatische als valenzsemantische Überlegungen. Natürlich kann man etwas für einen anderen Menschen Nützliches nur *tun*, wenn es sich um planbare bzw. steuerbare Tätigkeiten handelt. Würde man aber allen Verben, die Handlungen bezeichnen, eine solche fakultative Valenz eines

Dativus commodi / incommodi zuordnen, bekäme man sehr offene Verbklassen, die das Konzept der Ergänzung verwässern würden.

342 Ich ordne also alle sieben hier diskutierten Dativgruppen als *Angaben* ein. Die vier ersten sind Spielarten einer semantischen Rolle, die man mit *Instanz* bezeichnen kann. Die drei letzten sind Spielarten von *Empfänger*. Als ihre *gemeinsame* semantische Charakteristik kann man vorsichtig angeben, dass sie Personen ins Spiel bringen, die nicht *direkt* an Handlungen beteiligt sind. Mit dieser Charakteristik kann man dann (wenn man denn unbedingt will) für *alle* Dativgruppen – Ergänzungen wie Angaben – eine *gemeinsame* Grundbedeutung ansetzen, die ganz in der Nähe der romanischen Fachtermini für die Dativobjekte (*objet indirect*, *ogetto indiretto* usw.) liegt: *Indirektheit*.

4.4 Akkusativobjekt (Akkusativergänzung)

343 Das Akkusativobjekt ist *prototypisch* Träger der semantischen Rolle Patiens; diese Rolle deckt bereits so unterschiedliche Einzelbedeutungen ab wie

> Sie liebt ihn.
> Sie kennt ihn.
> Sie tötet ihn.
> (Das sind zufällige Beispielsätze, kein Abstract eines Krimis!)

Mindestens so variantenreich wie beim Dativobjekt ist beim Akkusativobjekt das Tableau weiterer, *nicht*-prototypischer Rollen. Akkusativobjekte können im *Einzelfall* u. a. folgende Rollen tragen:

– *Agens:*
> Sie dauert ihn.

– das durch eine Handlung *Bewirkte* („*effiziertes* Objekt"):
> Sie backt Kuchen.

– das sog. „*innere* Objekt":
> Er kämpft einen schweren Kampf
> (= hier liegen identische Wortstämme bei Finitum und Akkusativobjekt vor).

– den sog. „*Akkusativ des Inhalts*":
> Das Buch wiegt 500 Gramm.

> Aus den „Ruhr-Nachrichten":
> Ausschuss soll Unwetter beraten
> („Der Spiegel" 33/2008, S. 158 – „Hohlspiegel")

> Atomstreit mit Iran: USA drohen mit weiteren Sanktionen
>
> Im Atomstreit gibt es auch nach der Reaktion des Iran auf einen Kompromissvorschlag keine greifbaren Fortschritte. Die fünf UN-Vetomächte und Deutschland berieten am Mittwoch ihr weiteres Vorgehen. Die USA bekräftigten, das Schreiben aus Teheran sei unbefriedigend.
>
> (Quelle: http://www.haz.de/newsroom/politik/zentral/politik/ausland/art666,653940)

Ist der Kopf eines Akkusativobjekts ein im Singular stehendes Nomen, das reguläre Akkusativ-Morpheme hat wie der Name – den Namen, wird dieses Nomen meist nur dann *flektiert* gebraucht, wenn es einen *morphologischen Begleiter* hat, also nicht der einzige Merkmalsträger ist; also 344

> Bitte geben Sie *Ihren* Namen und Ihre aktuelle Adresse an,

aber

> Bitte geben Sie *Name* und Adresse an.

Eine sehr spezielle Konstruktion ist 345
> Ich habe ihm schon wer weiß was geschenkt.

Hier ist wer weiß was insgesamt Akkusativergänzung zum prädikatstragenden Verb schenken und besetzt eine obligatorische Valenz; diese Konstruktion kann deshalb nicht durch paariges Komma ausgegrenzt werden:
> *Ich habe ihm schon – wer weiß, was – geschenkt.

Denkbar wäre es, wer weiß als attributwertige Konstruktion zu was als dem regulären Akkusativobjekt anzusehen. Semantisch finde ich diese Option aber nicht plausibel: Die Gesamtbedeutung von wer weiß was ist 'unüberschaubar vieles', die Teilbedeutung des Akkusativobjekts was für sich demgegenüber 'irgend etwas Irrelevantes (und daher schon nicht mehr genau Erinnerliches)'. Das Attribut wer weiß würde also den Bezugsausdruck geradezu ins Gegenteil verkehren. So arbeiten Attribute aber in der Regel nicht. Ich bleibe daher bei meiner Einschätzung, dass wer weiß was (und analoge Konstruktionen bei Dativobjekten wie wer weiß wem usw.) eine Art Satzglied-Pauschale ist, die die Bedeutung 'indefinit viel' transportieren soll.

Bei Fällen wie Ich habe ihm schon wer weiß wie oft etwas geschenkt ist die eben angeführte Analyseoption dagegen einleuchtend: Hier sehe ich wer weiß wie als *Attribut* zu oft an, in der Bedeutung sehr, sehr oft bzw. unüberschaubar oft. Hier liegen Bezugsadverb oft und Attribut semantisch auf einer Linie.

es in der Funktion als Akkusativobjekt

Die unterwegs angesprochenen syntaktischen Besonderheiten von es als Akkusativ- 346 objekt werden hier noch einmal zusammengestellt.

Vorab: In Vorfeldstellung ist es – unabhängig von seiner syntaktischen Funktion – nicht betonbar.

1. Es ist als reguläres Personalpronomen Akkusativ*objekt* und bezieht sich auf eine als Neutrum markierte Person oder einen Sachverhalt:
   > [Paul hatte im Lotto gewonnen.] Ich wusste es schon.

   In der Rolle als Akkusativobjekt kann es nicht im Vorfeld stehen:
   > *Es wusste ich schon.

2. Bei bestimmten Verben ist es valenzgebunden, man bezeichnet es als *formales Akkusativobjekt*:

    Ich belasse es bei diesen Ermahnungen.
    Sie nahm es locker mit ihm auf.
    Ich mache es nicht mehr lange (= in der Bedeutung von: Ich sterbe bald).

3. Eine weitere Funktion hat es als *Korrelat* in Satzgefügen (→ Bd. 3: 530 f.):

    Ich wusste (es), dass du uns besuchen kommst.

    Das *es* gibt im übergeordneten Teilsatz einen syntaktischen Ausblick auf eine Akkusativobjekt-Stelle, die erst durch den nachfolgenden Teilsatz gefüllt wird.
    Bei *Voranstellung* des Teilsatzes wird als Korrelat ein *Demonstrativpronomen* benutzt, weil es nicht betonbar ist:

    Dass du uns besuchen kommst, *das* wusste ich.

    Insofern handelt es sich hier nicht um eine für das *Personale* es spezifische Funktion, sondern die Korrelat-Funktion kann neben es auch von anderen Pronomen (oder auch von nominalen Ausdrücken wie …, diese Tatsache …) erfüllt werden.

Verben mit zweiter Akkusativergänzung

347 Hier gibt es *zwei* syntaktische Muster: Zum *einen* sehen relativ viele Verben (wie nennen, finden) zusätzlich zu einem Akkusativ*objekt* eine zweite Akkusativ*ergänzung* vor, die *prädikativ* auf die erste bezogen ist. Zum *andern* gibt es zwei Verben (lehren und fragen), die zwei Akkusativ*objekte* vorsehen, welche *nicht* prädikativ aufeinander bezogen sind.

348 Zum *ersten* Muster gehören die Verben nennen, finden, schelten, schimpfen:

    Sie *nennt* ihn immer liebevoll ein Idiötchen.
    Sie *schalt* ihren Mann einen Idioten.

In beiden Fällen ist die zweite der beiden Akkusativergänzungen implizit der ersten zugeordnet; man kann diese prädikative Zuordnung paraphrasierend explizieren:

    Sie sagt immer liebevoll zu *ihm*, er sei ein Idiötchen.
    Sie schalt *ihn*, er sei ein Idiot.

Bei nennen sind beide Akkusativergänzungen obligatorisch, bei schelten nur das Akkusativobjekt.

349 Eine Umformung ins Passiv macht aus dem Akkusativobjekt das Subjekt, aus der weiteren *Akkusativ*ergänzung eine weitere *Nominativ*ergänzung:

    Er wird von ihr immer liebevoll ein Idiötchen genannt.
    Ihr Mann wurde von ihr ein Idiot gescholten.

Stehen beide im Mittelfeld, ist die *verbindliche* Reihenfolge 'erst die erste, dann die (zugeordnete) zweite Akkusativergänzung'; *nicht* möglich ist also

    *Sie schalt einen Idioten ihren Mann,

es sei denn, diese Frau benutzt mein Mann als Schimpfwort, mit dem sie versucht, einen anderen zu beleidigen.

Man kann jede der beiden Ergänzungen ins Vorfeld stellen:
> Ihn nannte sie immer liebevoll ein Idiötchen.
> Ein Idiötchen nannte sie ihn immer liebevoll.

Bei nennen kann man bei einer Linksherausstellung als wiederaufnehmende Pro-Form neben dem Demonstrativum das auch das Adverb so verwenden:
> Ein Idiötchen, das / so nannte sie ihren Mann immer liebevoll.

Entsprechend ist als Fragewort neben was? auch wie? möglich: Was / Wie nennt sie ihn? Es handelt sich dabei nicht um eine *modale* Bedeutung; solche Pro-Formen finden wir durchgängig bei Verben (und davon abgeleiteten Nomen), die eine *Äußerung* rahmen:
> Die Kanzlerin, so (*sagte*) ihr Sprecher, werde morgen …
> Die Kanzlerin wird, wie ihr Sprecher gestern *bekanntgab*, morgen …
> Die Kanzlerin wird morgen …; das gab ihr Sprecher gestern bekannt.

Und ein entsprechendes *Korrelat* etwas älteren Datums:
> So spricht der Herr: …

Sowohl das Verhalten bei der Passivumformung wie auch das topologische Verhalten zeigen, dass es sich hier nicht um zwei gleichrangige Akkusativ*objekte* handelt, sondern um *ein* Akkusativobjekt mit einer darauf prädikativ bezogenen weiteren Akkusativergänzung.

Die spezifische Struktur dieser Verben kann man daher beschreiben als *Akkusativobjekt mit zusätzlicher prädikativer Akkusativergänzung*.

Als Bezeichnung kommt *Gleichsetzungsakkusativ* infrage; es ist das Pendant zu der oben diskutierten Bezeichnung *Gleichsetzungsnominativ* (→ 310 ff.), hat aber nicht deren Problem, dass damit *pronominale* Ergänzungen ausgegrenzt würden, denn pronominale Gleichsetzungs*akkusative* werden nicht verwendet. Die Bezeichnung *Objektsprädikativ(um)* ist morphologisch nicht trennscharf genug, denn diese Bezeichnung würde auch prädikative *Adjektiv*ergänzungen zum Akkusativobjekt wie in Sie fand ihn unbeherrscht einschließen.

Man könnte die Bezeichnungen für zweite Nominativergänzungen und zweite Akkusativergänzungen aufeinander abstimmen und entweder von
– nominalen bzw. pronominalen Gleichsetzungsnominativen und
– Gleichsetzungsakkusativen

sprechen oder von
– nominalen bzw. pronominalen Nominativergänzungen und
– prädikativen Akkusativergänzungen.

Systematisch gesehen müsste man von nominalen bzw. pronominalen *prädikativen* Nominativergänzungen sprechen, dann würde auch die strukturelle Analogie zu den prädikativen Akkusativergänzungen deutlich. Da es bei den Nominativergänzungen aber nur diesen einen prädikativen Typ gibt, spart man sich hier die ausführliche Bezeichnung, zumal angesichts der Differenzierung zwischen nominalen und pronominalen Versionen. Bei den zweiten Akkusativergänzungen ist es umgekehrt: Hier muss man terminologisch sichtbar zwischen dem prädikativen und dem nichtprädikativen Typ (z. B. zu lehren) unterscheiden, dafür gibt es aber nicht den Bedarf, zwischen nominal und pronominal zu differenzieren. Auf diese Weise sind die beiden Bezeichnungen schief zueinander.

Insofern wäre das erste Bezeichnungs-Tandem passender. Auch das hat aber einen Nachteil: Da hier von *Gleichsetzung* statt von *prädikativ* die Rede ist, wird die Zusammengehörigkeit mit weiteren *prädikativen* Ergänzungen (z. B. der prädikativen Adjektivergänzung Paula ist müde) terminologisch nicht deutlich – es sei denn, man spräche von *Gleichsetzungs-Adjektiv*.

In der Übersichtstabelle (→ 225) habe ich als Leit-Termini *prädikative Nominativergänzung* bzw. *prädikative Akkusativergänzung* gewählt und die Parallelbezeichnungen *Gleichsetzungsnominativ* bzw. *-akkusativ* in Klammern beigefügt.

353 Während bei einem Verb wie nennen die Zuordnung der zweiten zur ersten Akkusativergänzung *implizit* ist, ist sie bei einem Verb wie betrachten (als) in der Verbvalenz *explizit* angelegt durch eine obligatorische *Konjunktional*ergänzung mit der Satzteilkonjunktion als:

Sie betrachtete *ihn* als *Versager.*

Hier liegt also nur *ein* Akkusativobjekt vor (mit einer zusätzlichen *Konjunktional*ergänzung).

Entsprechend sieht ein Verb wie halten zusätzlich zum Akkusativobjekt eine *Präpositional*ergänzung (mit der Präposition für) vor, die die prädikative Struktur sichtbar macht:

Wir halten *die Aufführung* für *einen großen Erfolg.*

354 Das *zweite* Muster bilden Verben mit einer deutlich *anderen* Valenzstruktur: lehren und fragen. Zunächst zu lehren:

Er lehrte uns einen genauen Umgang mit Zeit.

Dieses Verb sieht ebenfalls zwei Akkusativergänzungen vor: Eine kodiert den Lehrgegenstand, die andere den Nutznießer.

Zwischen diesen beiden Akkusativergänzungen liegt keine implizite *prädikative* Zuordnung vor; eine Paraphrase mit Subjekt, Kopula und Gleichsetzungsnominativ, wie sie bei nennen möglich war, nämlich

Sie nannte ihn immer ihren Ritter.

→ Er *war* – nach ihren Worten – ihr Ritter,

geht bei lehren also nicht. Man kann demgegenüber eine 'agentive' Zuordnung in Paraphrasen wie den beiden folgenden deutlich machen:

Er lehrte uns mit Zeit genau umzugehen.
Er lehrte uns, wie wir mit Zeit gut umgehen können.
→ Wir können – nach seiner Unterrichtung – jetzt mit Zeit gut umgehen.

Diese Infinitiv-Version verweist auf eine *begrenzte* Strukturähnlichkeit zum sog. AcI (→ Bd. 3: 477) wie bei hören:

Er hörte uns weggehen.
Er hörte uns, wie wir weggingen.
Wir gingen – wie er hörte/hören konnte – weg.

355 Nicht ganz einfach zu klären ist bei lehren, wie die beiden Akkusativergänzungen hinsichtlich des Status obligatorisch / fakultativ einzustufen sind; man kann nämlich bei dem Verb lehren (wie auch bei zahlreichen anderen Verben, z. B. essen) seine möglichen Bedeutungen zwischen 'abstraktem Zustand' und 'konkreter Einzelhandlung' variieren:

Er lehrt seit zwei Jahren nicht mehr. / Er lehrt in Leipzig (lehren = Hochschullehrer sein).

Bei diesem Beispiel ist von Lehrgegenstand und Lernenden abstrahiert. Hier ist keine der beiden Akkusativergänzungen obligatorisch. In gleicher Art kann unterrichten gebraucht werden: Er unterrichtet seit zwei Jahren nicht mehr.

Er lehrt Historische Linguistik (lehren = eine bestimmte Disziplin vertreten).

Wenn wie hier die Lehr-Disziplin ausgewiesen wird, ist dies ohne Angabe des 'Nutznießers' möglich. Auch diese Konstruktion ist mit unterrichten möglich: Er unterrichtet Deutsch.

*Er lehrt jetzt auch die Lehramtsstudierenden.

Dieses Beispiel ist für mein Sprachempfinden ungrammatisch; offenbar setzt lehren, wenn die *Nutznießer* genannt werden sollen, auch die Angabe des *Lehrgegenstands* voraus. Hierin *unterscheidet* es sich von unterrichten, mit dem es möglich ist, den Nutznießer ohne den Gegenstand zu nennen: Ich unterrichte erwachsene Lerner.

Er lehrte uns einen genauen Umgang mit Zeit (lehren = jemandem *etwas* *Bestimmtes* beibringen).

Hier ist nicht die *Disziplin*, sondern ein *konkreter* Lehrinhalt angegeben. In diesem Fall ist die Ergänzung des 'Nutznießers' nicht ohne Weiteres weglassbar.

Beim Verb unterrichten muss, da es *wahlweise* den Lerngegenstand oder aber den Lerner als Akkusativergänzung angibt, die jeweils *andere* Rolle präpositional anschließen:

Er unterrichtet erwachsene Lerner in Deutsch.
Er unterrichtet Deutsch für erwachsene Lerner.

Bei lehren gibt es *zwei* Optionen für eine Passivumformung: Zum einen kann die Akkusativergänzung, in der der *Lehrgegenstand* genannt wird, zum Subjekt eines Passiv-Satzes werden:

Er lehrt Historische Linguistik.
→ Historische Linguistik wird von ihm schon länger nicht mehr gelehrt.

Zum andern kann in Beispielen mit beiden Akkusativergänzungen die Akkusativergänzung, in der der *Nutznießer* genannt wird, zum Subjekt werden; die andere Akkusativergänzung bleibt dabei *erhalten:*

Er lehrte uns einen genauen Umgang mit Zeit.
Wir wurden von ihm einen genauen Umgang mit Zeit gelehrt.

Das Stellungsverhalten der beiden *Akkusativ*ergänzungen entspricht dem von *Dativ*objekt und *Akkusativ*objekt beim Verb beibringen:

Er lehrte uns *einen analytischen Blick.* / Er brachte uns einen analytischen Blick bei.
Er lehrte *ihn uns.* / Er brachte ihn uns bei.
Er lehrte uns *den* nur sehr ungern. / Er brachte uns den nur sehr ungern bei.

Das Verb lehren sieht also zwar ein *doppeltes Akkusativobjekt* vor. In Bezug auf die *semantische* Rolle wie auch das *topologische* Verhalten ist das Akkusativobjekt mit der Rolle 'Nutznießer' aber nicht prototypisch, es 'sympathisiert' mit dem Dativobjekt bedeutungsverwandter Verben.

Die Konstruktion lehren mit doppelter Akkusativergänzung verschiebt sich seit einiger Zeit zu einer Konstruktion mit *Dativ*ergänzung + Akkusativergänzung

Sie hat *mir* gestern die Vokabeln gelehrt,

regional sogar mit Wechsel zum Verb lernen:

Sie hat mir gestern die Vokabeln *gelernt*.

> *Aus der Plakatwerbung zu dem 2004 angelaufenen Film „Mona Lisas Lächeln":*
> In einer Welt, die ihnen vorschrieb, wie man lebt, lehrte sie ihnen, wie man denkt.

> *Auf der Hülle zur DVD des gleichen Films dann:*
> In einer Welt, die ihnen vorschrieb, wie man lebt, lehrte sie sie, wie man denkt.

359 Ein anderes Verb mit doppeltem Akkusativobjekt, bei dem zwischen diesen beiden Akkusativergänzungen keine prädikative Struktur vorliegt, ist fragen:

Ich habe ihn das mehrfach gefragt. / Ich habe das meinen Freund schon mehrfach gefragt.

Die Ergänzung, die den Frageninhalt angibt, wird in der Regel durch einen *Teilsatz* besetzt:

Ich habe ihn mehrfach gefragt, wie er das Problem sieht.

Diese Stelle kann ansonsten nur *pronominal* besetzt werden, durch eine Pro-Form für einen im Text davor oder danach stehenden (Teil-)Satz, der die Frage enthält. Eine Konstruktion wie die folgende geht also *nicht*:

*Ich habe ihn seine Sicht dieses Problems gefragt.

Mit der *präpositionalen* Zweitversion von fragen ist sie aber möglich:

Ich habe ihn nach seiner Sicht dieses Problems gefragt.

Passivumformung dieser Konstruktionen ist möglich, aber unüblich; dabei wird das Akkusativobjekt, welches das *Patiens* kodiert, zum Subjekt, das andere bleibt Akkusativergänzung:

Er wurde das mehrfach von mir gefragt.

Wählt man einen etwas spezielleren Situationskontext, geht die Passivumformung müheloser:

Merkwürdig – dasselbe bin ich schon von meinem Chef gefragt worden!

Neben jemanden etwas fragen gibt es ein *zweites* Valenzmuster zu fragen mit Akkusativobjekt und *Präpositional*objekt: jemanden *nach* etwas fragen. Das Verb fragen wird häufiger mit diesem zweiten Muster verwendet, insbesondere bei *passivischer* Konstruktion:

Er wurde mehrfach von mir danach gefragt.

Adverbialer Akkusativ

360 Satzglieder im Gesamtkasus Akkusativ haben in den folgenden Beispielen den Status eines sog. *adverbialen Akkusativs:*

Nächsten Sonntag kommen wir ganz sicher.

Wir wollen *einen Tag* zelten.

Den ganzen Weg redeten sie kein einziges Wort.

Dies sind keine Ergänzungen, sondern Angaben. Sie werden daher auch als Akkusativangabe bezeichnet. Sie dienen wie im ersten Beispiel der Darstellung eines Zeit-*Punktes* oder wie im zweiten eines Zeit-*Raumes* oder wie im dritten einer *räumlichen* Strecke.

4.5 Präpositionalobjekt

Präpositional*objekte* wie

    Er freut sich *über das schöne Wetter.*

machen einen großen Teil der Präpositional*ergänzungen* aus. Zu diesen zählen außer den Präpositionalobjekten noch *prädikative* Präpositionalergänzungen (→ 395, 398) wie

    Sie *ist* von hoher Intelligenz.

und *adverbiale* Präpositionalergänzungen (→ S. 366) wie

    Er stellte die Vase *auf* den Tisch.

Problematisch ist in diesem Zusammenhang der gelegentlich verwendete Terminus *Präpositionalkasus*. Für diesen Fachterminus gibt es *zwei* Lesarten:

Zum einen wird er gesehen als Kompositum mit der Bedeutung 'Präposition + kasusgeprägter Satzbaustein'; dem entspricht auch das fachsprachliche *englische* Pendant 'case with a preposition'. Dazu passen Unterbegriffe wie Präpositionalgenitiv (wegen ihrer), Präpositionaldativ (mit mir) und Präpositionalakkusativ (auf ihn). In dieser Lesart wäre Präpositionalkasus ein *offener* Begriff für präpositionale Ergänzungen *und* präpositionale Angaben, sofern sie eine von einer Präposition regierte Nominalgruppe enthalten.

Zum andern wird der Fachbegriff *Präpositionalkasus* vor einem *sprachhistorischen* Hintergrund gesehen: *Präpositional* eingeleitete Ergänzungen wie

    Er erinnerte sich *an* seine erste Freundin.

sind einer Nominalgruppe in einem '*direkten*' Kasus äquivalent, hier:

    Er erinnerte sich *seiner ersten Freundin.*

Insofern 'entspricht' diese Präposition (mit dem von ihr je nach dem zugrunde liegenden Verb geforderten sekundären Kasus) dem direkten Kasus Genitiv. Historisch gesehen übernehmen solche *Präpositional*anschlüsse ja auch in vielen europäischen Sprachen den Anschluss, der früher durch einen *direkten* Kasus realisiert worden ist; der gewissermaßen live beobachtbare Wechsel von erinnern + Genitiv zu erinnern + Präpositionalgenitiv ist ein Beleg dafür. Das gilt analog für die schon länger präpositional realisierten *attributiven* Genitivanschlüsse in den romanischen Sprachen (la maison de mon frère) und den entsprechenden Umstellungsprozess im Deutschen:

    das Haus meines Bruders → das Haus *von* meinem Bruder.

In dieser Lesart bezieht sich der Fachbegriff Präpositionalkasus vorrangig auf *Ergänzungen*, weil deren Präposition, da sie in sich bedeutungsarm ist, vom Verb 'regiert' wird.

Präpositionalobjekte werden vor allem im Fremdsprachenunterricht thematisiert, wenn zwar die Verben in der Ausgangs- und der Zielsprache einander entsprechen (warten – to wait), aber mit jeweils unterschiedlichen Präpositionen operieren und dadurch zu morphologischen Fehlern verführen: warten auf X gegenüber to wait for X.

Für den Fremdsprachenunterricht in Englisch, Französisch usw. wie auch für Deutsch als Fremdsprache spielen Valenzwörterbücher eine wichtige Rolle; in ihnen sind für wichtige Verben (und in geringerem Umfang auch für Nomen und Adjektive) die jeweiligen Stellenpläne im Kontrast zur jeweiligen Ausgangssprache aufgeführt.

4.5.1 Ein Special: Adverbialergänzung und Präpositionalobjekt

364 In einem Satz wie

In den endlosen Wintermonaten sieht sie in der Kälte ihr Hauptproblem.

wird in der Kälte als Präpositionalobjekt klassifiziert. Mit dieser Klassifikation trifft man zwei Aussagen: Zum einen ist dieses Satzglied in der Valenz des Verbs angelegt (etwas in etwas sehen); es ist *Ergänzung*, nicht *Angabe*. Zum andern wird bei diesem Satzglied keine primär semantische Klassifikation vorgenommen, im Unterschied zu dem zweiten präpositional eingeleiteten Satzglied (in den endlosen Wintermonaten), das gewissermaßen routinemäßig als temporal eingestuft würde; das Präpositionalobjekt ist *Objekt*, nicht *Adverbiale*.

365 Insofern scheint es nahezuliegen, die terminologische Opposition von Objekt und Adverbiale (= Umstandsangabe) *gleichzusetzen* mit der von Ergänzung und Angabe. Viele unterrichtliche Lehrwerke tun dies, und dadurch entsteht nun ein Problem, das ich schrittweise erläutern möchte:

Alle klassischen *Objekte* sind *Ergänzungen:*

Sie schrieb eine Arbeit;

aber nicht alle Ergänzungen sind Objekte.

Die klassischen *Adverbialien* sind überwiegend *Angaben:*

Abends aß er noch Kuchen.

366 Bei einer ganzen Reihe von Verben haben Adverbialien jedoch den Status von *Ergänzungen*, teilweise obligatorischen, teilweise fakultativen. Diese Adverbialergänzungen können unterschiedliche semantische Charakteristik haben:
- semantische Charakteristik *direktional* (= Orts-Richtung):
  - *obligatorische* direktionale Adverbialergänzung:
    Er stellt den Besen in die Küche.
    Diese direktionale Adverbialergänzung ist mit einer lokalen Adverbialangabe kombinierbar:
    In meiner Wohnung muss er den Besen immer in die Küche stellen.
  - *fakultative* direktionale Adverbialergänzung:
    Sie warf den Ball als Erste (über den Zaun).
  - Zum Vergleich ein Verb mit direktionaler Adverbial*angabe:*
    Sie reichte mir das Buch (über den Zaun).
- semantische Charakteristik *Orts-Herkunft:*
  - *obligatorische* Adverbialergänzung:
    Er kam aus Italien. / Sie ist von Hamburg.
    Diese Adverbialergänzung der *Herkunft* ist mit einer direktionalen Adverbialangabe kombinierbar:
    In den 70er Jahren ging sie dann von Rom nach Hamburg.

- semantische Charakteristik *lokal* (= Ortspunkt):
  - obligatorische lokale Adverbialergänzung:
    Der Besen steht in der Ecke.
- semantische Charakteristik *modal:*
  - obligatorische modale Adverbialergänzung:
    Er hat sich sehr kooperativ verhalten.
- semantische Charakteristik *temporal:*
  - obligatorische temporale Adverbialergänzung:
    Die Trauer über Pauls Tod währte lange.

Unter den Verben gibt es zudem einige, die zwar eine obligatorische Adverbialergänzung erfordern, dabei aber die Wahl zwischen *zwei* semantischen Charakteristiken bieten (= Wahl-Pflicht). Eines dieser Verben ist wohnen: Es kann eine Adverbialergänzung mit *modaler* Charakteristik haben

Sie wohnt schön.

oder eine mit *lokaler* Charakteristik:

Sie wohnt in Rom.

Diese lokale Adverbial*ergänzung* ist mit einer lokalen Adverbial*angabe* kombinierbar:

In Rom wohnt er in einem schönen Palazzo.

Hier ist In Rom Angabe, die Adverbialergänzung ist hier in einem schönen Palazzo.

Treffen modale und lokale Satzglieder aufeinander, ist unabhängig von der Satzgliedstellung das *modale* die Adverbial*ergänzung*, das lokale die Angabe (und damit weglassbar):

In Rom wohnt er schön. / Schön wohnt er in Rom.

Dies scheint in einem Beispiel wie dem folgenden nicht zu stimmen:

In den nächsten drei Monaten wohnst du schön bei Mama!

Das liegt aber daran, dass schön hier Dialog-Spezialist ist (hier als Element einer drohenden Ankündigung). Wenn man schön ins Vorfeld stellt (sodass es nicht mehr Dialogspezialist sein kann)

Schön wohnst du bei Mama!

dann ist schön die obligatorische modale Adverbialergänzung und bei Mama die weglassbare lokale Angabe.

Wieder anders ist es bei geschehen oder erfolgen: Zwar verlangen auch sie über das Subjekt hinaus *eine* obligatorische Adverbialergänzung, aber im Unterschied zu wohnen legen sie nicht fest, zu welcher semantischen Kategorie diese Ergänzung gehören muss:

Die Tat geschah ...
... vorgestern (= temporal).
... in Rom (= lokal).
... mit der Absicht größerer Publicity (= final).
... aus Überdruss (= kausal).
... im Zustand der Volltrunkenheit (= modal).
usw.

Diese Verben sind gewissermaßen semantische 'Allesfresser' und damit das prozessuale Pendant zum Verb sein, das valenzmäßig gesehen ebenfalls ein 'Allerwelts-Verb' ist.

369 Die Mehrzahl der Verben erfordert als Ergänzungen (außer einem Subjekt) ein oder mehrere Objekte und/oder ein Prädikativ. Insofern kann man sagen, dass Objekte und Prädikative die prototypischen Ergänzungen darstellen.

Eine ganze Reihe von Verben sind aber darauf 'spezialisiert', in ihren Aussagen über Handlungen/Vorgänge auch Informationen zu Ortpunkt (z. B. liegen, wohnen) oder Richtung (stellen, legen usw.), zur Verhaltensqualität (wohnen, sich benehmen usw.) oder zu irgendwelchen Umständen eines Zustands/Geschehens zu geben (geschehen, erfolgen, sein). Diese Verben operieren mit *Adverbialien* als Ergänzungen. Insofern kann man sagen, dass Adverbialien *nicht*-prototypische Ergänzungen darstellen.

Dabei fordern relativ viele Verben *direktionale* Adverbialien als Ergänzung, und zwar die Mehrzahl von ihnen als *obligatorische* Ergänzung; deutlich weniger Verben nehmen *modale* Adverbialien als Ergänzung; nur wenige (wie z. B. währen) nehmen *temporale*.

370 Als Problem erscheinen diese unterschiedlichen semantischen Spezialisierungen von Verben nur, wenn man davon ausgeht, dass die Unterscheidung von Ergänzungen und Angaben identisch ist mit der von Objekten und Adverbialien. Dann nämlich müsste man versuchen, diese unterschiedlichen Verb-Spezialisierungen durch Regel-Ausnahme-Bestimmungen zu entsorgen.

Solche Regel-Ausnahme-Bestimmungen sehen z. B. für ein Verb wie sich aufhalten vor, dass eine obligatorische lokale Ergänzung wie in Rom als Sonderfall deklariert wird, bei dem eine *Angabe* ausnahmsweise *obligatorisch* ist.

Umgekehrt wird z. B. vorgeschlagen, eine semantische Kategorie wie *direktional*, die relativ oft als Adverbialergänzung und relativ selten als Angabe dient, *ganz* ins Lager der Ergänzungen zu ziehen und die Fälle, wo sie wie bei reichen, geben als Angabe dienen kann (Er gab mir das Tablett über den Zaun), dann als Sonderfälle zu deklarieren.

371 Sobald man diese beiden Unterscheidungen in eine Kreuzklassifikation auflöst, verschwinden die Probleme: Das Begriffspaar *Ergänzung – Angabe* bezieht sich auf das Kriterium *valenzgebunden*, das Begriffspaar *Objekt – Adverbiale* bezieht sich auf das Kriterium *autonome Bedeutung*. Bei einer solchen Kreuzklassifikation aus *valenzgebunden* und *bedeutungsautonom* sind dann *Objekte* (inklusive Präpositionalobjekt) solche Satzglieder, die valenzgebunden sind und keine autonome Bedeutung tragen; *Adverbialergänzungen* (inklusive präpositionaler Adverbialergänzungen) sind solche Satzglieder, die zwar valenzgebunden sind, dabei aber ihre autonome Bedeutung beibehalten, die sie auch in der Rolle als Angabe hätten, wie das temporale Adverbiale in Sie wohnt in Rom.

Präpositionalobjekte und adverbiale Präpositionalgruppen in Sprachbüchern

372 In Sprachbüchern ist die Behandlung dieser zweifachen Unterscheidung oft eine der Schwachstellen.

Ein terminologischer Hinweis: In vielen Sprachbüchern wird als Terminus *Adverbial* mit der Pluralform *Adverbiale* verwendet, nicht *Adverbiale* mit dem Plural *Adverbialien*. Bei *Adverb* wird aber auch in diesen Sprachbüchern als Plural meist Adverbialien benutzt.

Ein Beispiel von vielen:

> Präpositionale Satzglieder und Adverbien können entweder **adverbiale Bestimmungen** oder **Präpositionalobjekt** sein. Mit Hilfe der Weglassprobe kann man sie oft unterscheiden. Bestimmte Verben haben regelmäßig ein Präpositionalobjekt oder ein Adverb bei sich.
>
> Der Bauernhof bestand <u>aus mehreren Gebäuden</u>.
>   Objekt
> Die Scheune befand sich <u>hinter dem Bauernhaus / hinten</u>.
>   Objekt
> Wir fanden Jörg <u>hinter dem Bauernhaus / dahinter</u>.
>   Adverbial

Zusätzlich gibt dieses Sprachbuch noch folgende Fehlinformation:

> „Adverbiale kann man aus einem Satz tilgen, ohne dass er unvollständig wirkt, Ergänzungen nicht."

Dieser Merkkasten enthält mehrere desorientierende Aussagen. Erstens wird mit der binären Begrifflichkeit *Adverbial – Präpositionalobjekt* gearbeitet; dadurch wird im mittleren Satz die Adverbialergänzung als (Präpositional-)Objekt fehlkategorisiert. Zweitens unterscheidet die Weglassprobe eben nicht zwischen Ergänzungen und Angaben, sondern zwischen obligatorischen Ergänzungen einerseits und fakultativen Ergänzungen + Angaben andererseits; insofern würden Schüler ein fakultatives Präpositionalobjekt irrtümlich als Angabe buchen. Drittens ist die Entgegensetzung von „ein Präpositionalobjekt oder ein Adverb" eine problematische Vermischung von Satzglied- und Wortartebene; es müsste wie im ersten Kommentarsatz heißen „eine präpositionale Wortgruppe oder ein Adverb".

Dadurch entsteht bei den Schülern ein doppelter Irrtum: dass Ergänzungen immer *obligatorisch* sind und Adverbialien immer valenz*un*abhängig.

Zwischen (präpositionalen) Adverbialien, die bei *manchen* Verben eine Ergänzung sind (wie auf dem Tisch zu liegen), und Präpositionalobjekten, die *grundsätzlich* Ergänzungen sind (wie auf etwas zu sich freuen ...), besteht noch ein weiterer wichtiger Unterschied: Bei präpositionalen Adverbialergänzungen können in der Regel die Präpositionen ausgetauscht werden, mit entsprechender Bedeutungsveränderung (auf dem Tisch sitzen – unter dem Tisch sitzen); bei Präpositional*objekten* ist die jeweilige Präposition fest ans Verb gebunden und es gibt in der Regel nur *eine* mögliche (hoffen <u>auf</u> X). Diesen Unterschied machen sich viele Lehrwerke für 'Deutsch als Fremdsprache' zunutze: Bei Verben wie liegen lernt man als Hinweis auf die (notwendige) Ergänzung die *semantische* Satzglied-Charakteristik *lokal* (und nicht etwa eine konkrete Präposition wie z. B. auf), bei Verben wie sich freuen auf wird demgegenüber diese verbgebundene Präposition auf (etwas) mitgelernt, weil sie in ihrer Bedeutung an dieses Verb gebunden ist. Wenn einige Lehrwerke oder Wortlisten nur die Präposition angeben, also warten auf, lachen über, denken an usw. statt warten auf X, lachen über X, denken an X, dann laden sie die Lernenden damit zu einer Fehlanalyse ein: Die Präposition auf in warten auf X gehört zwar eng zum *Verb*, ist syntaktisch aber Teil des *Satzglieds* auf X.

> *Eine Aufgabe in einer Zwischenprüfungsklausur aus dem Sommersemester 2002:*
> Satzgliedanalyse zu folgendem Satz:
> „Gestern hat Sascha den ganzen Tag nur an Anna gedacht, seine neue Freundin aus Potsdam."
>
> *Aus der Klausur einer Studentin zu dieser Aufgabe:*
> Sascha: Subjekt;
> hat gedacht: Prädikat;
> Gestern: temporales Adverbial;
> den ganzen Tag: temporales Adverbial;
> Anna: Akkusativobjekt

Ein Blick auf 'real existierenden' Grammatikunterricht

374 Solche Probleme sind mit verursacht durch die in den Terminologie-Empfehlungen der Kultusministerkonferenz (1982) vorgegebene und (daher) auch in vielen Lehrplänen übernommene Opposition von Präpositionalobjekten einerseits und präpositionalen Adverbialien andererseits:

> „Objekt:
> – Genitivobjekt
> – Dativobjekt
> – Akkusativobjekt
> – Präpositionalobjekt
>   Trotz der z. T. schwierigen Abgrenzung zwischen Präpositionalobjekt und Adverbiale wird der Ausdruck aus unterrichtspraktischen Gründen beibehalten."

Die präpositionalen Adverbialien sind, wie eben dargelegt, *nicht* alles Angaben, sondern bei einer Reihe von Verben sind sie Ergänzungen – eben Adverbialergänzungen. Die vorgegebene Gegenüberstellung von Präpositionalobjekt und Adverbiale ist also *schief*. Erst mit einer Kreuzklassifikation von Ergänzungen/Angaben und Objekte/Adverbialien, in der die Adverbialergänzungen als zwittrige *dritte* Konstruktion sichtbar werden, bekommt man als Lehrer die komplexe Sachlage in den Griff und kann Schülern einzelne Aspekte davon zugänglich machen.

Insofern klingt die Begründung der KMK – „aus unterrichtspraktischen Gründen" – je nach Betroffenheit 'herzig' oder aber zynisch. Lehrpersonen und Sprachbücher mühen sich an dieser Problematik ab und die Schüler geraten dabei in grammatisches Dickicht.

375 Entsprechende Probleme haben denn auch im folgenden Auszug aus einer Grammatikstunde Schüler *und* Lehrer bei der Analyse der Satzglieder in dem Beispielsatz Martina *verliebt* sich in Peter:

	Lehrer:	Schüler:
277	Wie ist das mit dem [1] Satzglied am Schluss,	
278	was ist das für eins. [7] Bitte.	
279	Aytac]	Ein Dativobjekt.
280	Bitte?	
282		Dativobjekt.
282	Wie biste darauf gekommen?	
283		*In wem verliebt* ah *Martina sich?*
284		Ah hm *in Peter.* [1]

Abgesehen von seinem dialektal bedingten Irrtum (*In wem* verliebt ...) hat der Schüler hier das typische Problem, dass das (korrekte) Fragepronomen wen in der Tat nur auf einen *Kasus* zielt und die irrtümliche Antwort „Akkusativ*objekt*" daher naheliegt.

Der Lehrer in dieser Stunde ist – vermutlich nichtsahnend – Mitverursacher dieser Probleme, insofern er zu Beginn der Behandlung des Präpositionalobjekts zur Erschließung dieses fremden Fachterminus folgende 'Eselsbrücke' angeboten hat:

376

	Lehrer:	Schülerin:
179	Präpositionales Objekt, wenn ihr	
180	diese Bezeichnung hört, da fällt	
181	euch auf einmal das bekannte Wort:	
182	Objekt. [1] Haben wir bisher zwei	
183	verschiedene kennengelernt. Welche	
184	Objekte waren das? [1]	
185	Martina?	
186		Akkusativ/ [Räuspern] Akkusativ-
187		objekt und em Dativobjekt.
188	Akkusativobjekt und Dativobjekt.	
189	Präpositional. Steckt das Wort Prä-	
190	position drin, die Wortart Präposi-	
191	tion haben wir kennengelernt, also	
192	ein Objekt mit einer Präposition.	
193	Die beiden anderen Objekte, Dativ-	
194	objekt, Akkusativobjekt, die hatten	
195	jeweils keine Präposition bei sich.	

Indem der Lehrer suggeriert, ein Präpositionalobjekt sei ein (normales) Objekt mit einer Präposition bei sich, begünstigt er solche irrtümlichen Identifikationen von Schülern.

Streng genommen erfragt man ja auch mit Fragen wie *in wen?* nicht das Präpositionalobjekt (= *in Peter*), sondern lediglich den akkusativischen *Nominal-*Kopf dieses Satzglieds (= *Peter*), während die Fragewörter zu präpositionalen Adverbialien wie *hinter dem Baum* grundsätzlich das *komplette* Satzglied erfragen (*wo?*) und es zugleich in seiner semantischen Charakteristik markieren (hier: als 'lokal'). Im folgenden Satz werden diese unterschiedlichen Erstreckungsbereiche der Fragewörter im Kontrast deutlich:

377

	wo?		
Der Floh wartet	auf *mir*	in Ruhe	auf *den nächsten Hund*
			(auf) *wen?*

4 Ergänzungen

Ein Klassifikationsverfahren für den Deutschunterricht

Wenn Lernende es bei Aufgaben der Satzgliedbestimmung mit präpositionalen Wortgruppen zu tun haben, dann könnten sie – auf der Suche nach einem Präpositionalobjekt – in folgenden Verfahrensschritten vorgehen:

378 Eine präpositional eingeleitete Wortgruppe (= *Präpositionalgruppe*) wie z. B. auf dem Berg in Sätzen wie den folgenden

> Ihr Haus auf dem Berg wurde gestern verkauft.
> Auf dem Berg haben wir gestern ein ganzes Wildschwein gebraten.
> Sie *wohnt* seit vielen Jahren auf dem Berg.
> Bei der Verteilung des Erbes *bestand* sie energisch *auf* dem Berg.

bestimmen wir in *drei* Schritten und haben dann Klarheit, welche Präpositionalgruppen ev. Präpositional*objekte* sind:

(1) *Satzglied* oder präpositionales *Attribut?*

Ist die jeweilige Präpositionalgruppe überhaupt ein *eigenes* Satzglied oder ist sie *Teil* eines Satzglieds (= präpositionales Attribut)?

Im ersten Beispiel ist die Präpositionalgruppe ein Teil des Satzgliedes Ihr Haus auf dem Berg. Dieses Beispiel scheidet also aus der weiteren Betrachtung aus.

Im zweiten bis vierten Beispiel ist sie ein eigenes Satzglied; um dessen differenzierende Bestimmung geht es im Weiteren.

379 (2) Präpositional*angabe* oder Präpositional*ergänzung?*

Füllt diese Präpositionalgruppe eine vom Verb *aufgerufene* Satzgliedstelle (= *Ergänzung)* oder ist sie eine verb*un*abhängige, 'freie' Satzgliedstelle (= *Angabe)?*

Zweites Beispiel: braten gibt die beiden Valenzstellen jemand und etwas vor: jemand brät etwas. Die Präpositionalgruppe ist also *nicht* verbgebunden, sie ist eine präpositionale *Angabe.*

Drittes Beispiel: wohnen ruft jemand und x-wo auf, also eine Satzgliedstelle mit der Bedeutung 'Ort' (oder x-wie, also eine Satzgliedstelle mit dem semantischen Wert 'Art und Weise'): jemand wohnt x-wo (bzw. jemand wohnt x-wie). Die Präpositionalgruppe ist *eine* der möglichen Füllungen, an ihrer Stelle könnten auch Adverbien wie hier (bzw. Adjektive wie schön) stehen. Die Präpositionalgruppe ist in diesem Beispiel also eine präpositionale *Ergänzung.*

Viertes Beispiel: bestehen in der hier vorliegenden Bedeutung ruft zwei Valenzstellen auf: jemand und *auf* etwas (es gibt auch andere Stellenpläne zu bestehen, z. B. eine Aufgabe bestehen). Eine Präpositionalgruppe mit der Präposition auf ist die einzig zulässige Füllung dieser Satzgliedstelle. Die Präpositionalgruppe ist in diesem Beispiel also eine präpositionale *Ergänzung.*

Im Weiteren geht es um die differenzierende Bestimmung des dritten und vierten Beispiels.

380 (3) *Adverbial*ergänzung oder Präpositional*objekt?*

Hat diese Präpositionalgruppe einen vom Verb *unabhängigen* eigenen semantischen Wert (= *Adverbiale),* oder ist ihr semantischer Wert *nicht* vom Verb isolierbar (= *Objekt)?*

Zweites Beispiel: auf dem Berg hat unabhängig von braten den festen eigenen semantischen Wert 'Ort'. Es ist also ein Adverbiale; mit dem Befund in Schritt 2 kombiniert: eine *Adverbialangabe;* man kann auch direkt den semantischen Wert angeben: Ortsangabe.

Drittes Beispiel: auf dem Berg hat den gleichen Wert, den es auch im zweiten hat, ist also in seinem semantischen Wert nicht von dem Verb wohnen abhängig. Es ist also ebenfalls ein Adverbiale; mit dem Befund in Schritt 2 kombiniert: eine *Adverbialergänzung;* auch hier kann man direkt den semantischen Wert angeben: Ortsergänzung.

Viertes Beispiel: Für auf dem Berg ist innerhalb des syntaktisch-semantischen Komplexes jemand besteht auf X kein semantischer Wert isolierbar; es ist in keinem Fall der gleiche wie im zweiten und dritten Beispiel. Diese Präpositionalgruppe ist ein *Präpositionalobjekt*. Sie werden also wie z B. auch Akkusativobjekte gemeinsam zu den *Objekten* gerechnet, weil bei beiden kein fester semantischer Wert unabhängig vom Verb bestimmt werden kann (vgl. jemanden *schlagen*, jemanden *berücksichtigen*, ein Lied *singen* usw.). Als *Präpositional*objekte werden sie bezeichnet, weil hier das Satzglied durch die *Präposition* und nicht durch einen unmittelbar vom Verb geforderten Kasus an das Verb gekoppelt ist.

Die Begriffspaare *Ergänzung – Angabe* (Kriterium 'Satzgliedstelle verbgebunden') und *Objekt – Adverbiale* (Kriterium 'semantischer Wert isolierbar') sind also *nicht* deckungsgleich; man braucht beide Kriterien für eine differenzierende Bestimmung.

Objekte / Präpositionalobjekte sind eine Untermenge der Ergänzungen; sie sind Ergänzungen mit nicht isolierbarem semantischem Wert.

Ein sicherer Test auf Präpositionalobjekte?

In sprachdidaktischer Literatur und in einigen Sprachbüchern wird zur Abkürzung des aufwändigen Bestimmungsverfahrens ein Test empfohlen – der Test auf Austauschbarkeit der Präposition. Diese Probe ließe sich so formulieren: 381

> Verlangt das Verb eine ganz bestimmte (nämlich die vorliegende) Präposition für die Präpositionalgruppe? Dann ist es ein Präpositionalobjekt.
> Oder kann man – ev. innerhalb des vorliegenden semantischen Werts (z. B. Richtung) – andere Präpositionen einsetzen mit einer vorhersagbaren inhaltlichen Änderung? Dann ist es kein Präpositionalobjekt.

Bei der Anwendung dieses Testverfahrens der Präpositions-Austauschbarkeit muss man freilich einige Komplikationen berücksichtigen und semantische und syntaktische Bedingungen kontrollieren: 382
- Bleibt man bei dem Wechsel der Präposition innerhalb derselben semantischen Kategorie? Wechselt man also bei einem Verb wie sitzen innerhalb der Kategorie *lokal* z. B. von in zu vor, neben, unter usw.?
- Wechselt man zwar in eine andere semantische Kategorie (z. B. bei wohnen von lokal … in Rom zu modal … sehr schön, bleibt aber in derselben Ergänzungsstelle desselben Verbs?
- Wechselt man innerhalb desselben Verbs von einer Ergänzungsstelle in eine andere (z. B. bei liegen von Das Problem liegt an ihm (= Er *haftet* für das Problem) → Das Problem liegt in ihm (= Er *ist* das Problem)?
- Wechselt man bei dem Austausch einer Präposition zugleich in einen anderen Verbeintrag (z. B. von bestehen aus etwas zu bestehen in etwas oder zu bestehen auf etwas)?
- Wechselt man beim Präpositionsaustausch vom syntaktischen Status Adverbiale zu Präpositionalobjekt? Z. B. kann man bei

    Sie hat sich in Paris verliebt
       (= hier in der Bedeutung: Paris wurde Gegenstand ihrer Liebe).

    die Präposition austauschen:

    Sie hat sich direkt nach Paris verliebt
       (= direkt nach dem Aufenthalt / Urlaub in Paris – in jemanden hier nicht Genannten).

383 Nun die drei oben aufgeführten Beispiele unter diesem Prüfgesichtspunkt:

> Auf / hinter / neben dem Berg haben wir gestern ein ganzes Wildschwein gebraten.
> Sie *wohnt* seit vielen Jahren auf / hinter / neben dem Berg.
> Bei der Verteilung des Erbes *bestand* sie energisch *auf* dem Berg.

Im dritten Beispiel ist – die eben genannte dritte Bedingung vorausgesetzt – keine einzige andere Präposition statt auf einsetzbar, also: Präpositionalobjekt.

Dieser Test klappt oft gut. Aber bestimmte Verben, bei denen die Adverbialien den Status von Ergänzungen haben, können so enge semantische Vorgaben für die zulässigen Adverbialergänzungen machen, dass nur wenige oder sogar keine anderen Präpositionen möglich sind – sodass es scheint, als lägen Präpositionalobjekte vor; hier eine schrittweise engere Vorgabe des jeweiligen Verbs:

- Sie *fuhr* in die Stadt.
  Semantische Vorgabe durch fahren: Richtung; alternative Präpositionen: nach (Köln), zu (Tante Emma), neben (mein Auto) usw.;
- Er *fiel* auf die Steine.
  Semantische Vorgabe durch fallen: Richtung + vertikal, alternative Präpositionen: neben (mein Auto), in (das Wasser) usw., aber nicht *nach ..., *zu ... (abgesehen von idiomatisierten Ausdrücken wie nach unten, zu Boden);
- Er *prallte* auf die Steine.
  Semantische Vorgabe durch prallen: Richtung + 'jähe Beendigung der Bewegung'; alternative Präpositionen: gegen (die Wand), vor (die Mauer) usw., aber nicht *nach ..., *zu ..., *in ...;
- Er *prallte* auf die Steine *auf*.
  Semantische Vorgabe durch aufprallen: Richtung + vertikal + jähe Beendigung der Bewegung'; alternative Präpositionen: keine.

Alle vier Beispiele enthalten Adverbialergänzungen, im letzten Fallbeispiel würde der Test fälschlicherweise ein Präpositionalobjekt zu aufprallen anzeigen.

384 Es gibt also Fälle, wo es sich um ein Präpositionalobjekt handelt, auch wenn die Präposition austauschbar ist (wie bei liegen an etwas / liegen in etwas); und es gibt Fälle, wo es sich um eine Adverbialergänzung handelt, obwohl kein Wechsel der Präposition möglich ist (wie bei auf etwas aufprallen).

Heißt das, dass man bereits die Struktur Präpositionalobjekt oder Adverbiale kennen muss, um diese Probe anzuwenden? Zumindest muss die Lehrerin bzw. der Lehrer diese Textversuche der Lernenden gut flankieren können, dazu braucht sie bzw. er grammatikanalytische Erfahrung und eine Klarheit über solche Komplikationen. Dieser Test muss mit Umsicht benutzt werden.

> Lehrer: „Matthias, was stellst du dir unter einer Hängebrücke vor?"
> Matthias: „Wasser, Herr Lehrer."

4.5.2 Präpositionalgruppen in der Kontroverse

Bei präpositionalen Satzgliedern gibt es über zwei Fragen kontroverse Vorstellungen: zum einen darüber, wie Valenzen in *passivischen* Sätzen eingestuft werden sollen; zum andern darüber, ob Satzglieder mit *instrumentaler* Rolle als Ergänzungen oder als Angaben zu betrachten sind. Beide Fragen sollen im Folgenden wenigstens kurz angesprochen werden.

Klassifikation bei passivischen Prädikaten

Zahl und Art von Verbvalenzen sind bislang immer anhand von Sätzen im Aktiv untersucht worden. Bei einer Passivumformung wie

Paula hat Paul heftig beschimpft.
→ Paul ist (von Paula) heftig beschimpft worden.

wird das Agens nicht als Subjekt, sondern als Präpositionalergänzung von X realisiert. Das Verb beschimpfen ist auch hier zweiwertig; das das Agens tragende Satzglied ist jetzt *fakultativ*.

Würde man – wie einige Sprachbücher es tun – den Status *Ergänzung* an *Obligatorik* koppeln (was ich für unklug hielte), dann hat man in solchen agenswertigen Präpositionalgruppen plötzlich keine *Ergänzung* mehr vor sich.

Instrumentale Präpositionalgruppen als Ergänzungen?

Instrumentale Präpositionalgruppen betrachte ich grundsätzlich als Adverbial*angaben*, nicht als Adverbial*ergänzungen* (und schon gar nicht als Präpositionalobjekte). Es gibt zahlreiche Verben, die die Option für eine Aussage zu den Mitteln geben, mit denen man die angesprochene Handlung durchführen kann. Hinter dieser Entscheidung steht also die Absicht, die Zahl der Ergänzungen und auch die Zahl der Verben, die eine bestimmte Art von Ergänzung verlangen, klein zu halten.

Unstrittig *Angaben* scheinen mir die instrumentalen Präpositionalgruppen bei folgenden Verben zu sein:

Ich kann nur noch mit einer Lesebrille *lesen*.
Er *lud* den Sand mit einer großen Schaufel in sein Auto.

Schwieriger wird die Entscheidung – auch in meiner Sicht – bei Verben, die auf instrumentelle Verrichtungen *spezialisiert* sind, z. B.:

Sie *befestigte* das Zeltdach mit einer Schnur an der alten Pinie daneben.
Sie *führte* in dieser Notsituation den Luftröhrenschnitt mit einem kleinen Taschenmesser *durch*.

Obligatorisch sind die instrumentalen Satzglieder aber auch in diesen Fällen nicht (dann wäre der Ergänzungsstatus unstrittig).

Die folgenden Konstruktionen stufe ich als Präpositional*ergänzungen* ein:

Er *versieht* den Druck mit seiner Unterschrift.
Er *belädt* sein Auto mit Ziegeln.

In beiden Fällen ist eine *instrumentale* Paraphrase nicht möglich bzw. nicht sinnvoll:

Im ersten Beispiel ist die Präpositionalgruppe obligatorisch vom Verb etwas mit etwas versehen vorgegeben und als semantische Charakteristik nicht 'instrumentelle Ausführung', sondern 'Vervollständigung'.

Im zweiten Beispiel ist die Präpositionalgruppe nicht obligatorisch, aber auch hier halte ich eine *instrumentelle* Lesart wie in der folgenden Paraphrase nicht für angemessen:

> Er belädt sein Auto, dazu nimmt er Ziegel.

Vielmehr gibt das Verb etwas mit etwas beladen **eine Aussage über das** *vorgesehene Ladegut* **vor, nicht über die instrumentelle** *Ausführung* **eines Ladevorgangs, dessen Funktion und dessen Ladegut im Dunkeln bleiben.**

Für den folgenden Satz ist zwar eine solche instrumentelle Paraphrase möglich:

> Er *beschwert* sein Auto mit Ziegeln.

Ich gehe aber auch hier von einer Präpositionalergänzung aus, da die Bedeutung des Verbs beschweren die Hinzunahme eines Gewichts enthält.

> Volker von Törne (1934–1980)
>
> Frage
>
> Mein Großvater starb
> an der Westfront;
> mein Vater starb
> an der Ostfront:
> an was
> sterbe ich?

4.6 Weitere nicht-prädikative Ergänzungen

Zusätzlich zu Subjekt, Objekten und Adverbialergänzungen gibt es drei weitere *nicht-prädikative* Arten von Ergänzungen, die hier zusammen präsentiert werden, weil sie jeweils nur in kleinem Umfang verwendet werden:

Adjektivergänzungen

389   Hier geht es um Adjektive in der Rolle von Ergänzungen. Es geht dabei um *nicht prädikative* Adverbialergänzungen, also um Fälle modaler Adjektivergänzungen wie

> Sie *wohnt* jetzt schön.

Prädikative Adjektivergänzungen wie Paula *ist* toll folgen in einem eigenen Abschnitt: 4.7.

Die Zahl der Verben, die nicht-prädikative Adjektivergänzungen vorsehen, ist gering. Neben wohnen gehören dazu auch z. B. sich verhalten, sich benehmen, handeln:

> Du hast klug gehandelt!

Bei Sätzen wie

> Paula rannte schnell zur Bushaltestelle.

handelt es sich demgegenüber um Adjektiv*angaben*.

Adverbergänzungen

Zu den Verben, die ein Adverb als Ergänzung vorsehen, gehört vor allem das Kopulaverb sein:

Paul *war* schon lange hier.

Dazu kommen wenige weitere Verben wie sich befinden, sich aufhalten, wohnen.

In allen Fällen handelt es sich um eine Adverbial*ergänzung:* Das Adverb hier hat hier die gleiche autonome Bedeutung wie in der Rolle als Adverbial*angabe* (Hier bauen wir unser Haus).

Konjunktionalergänzungen

Hier geht es um *nicht-prädikative* konjunktional eingeleitete Ergänzungen. Es gibt sie zu wenigen Verben, z, B.

Sie verhält sich wie eine Wilde.

und einigen weiteren Verben wie sich benehmen, wohnen (Wir wohnen hier wie Fürsten!).

4.7 Prädikative Ergänzungen

Unter dem Attribut 'prädikativ' fasse ich hier alle Ergänzungen zusammen, die unabhängig von ihren sehr unterschiedlichen *morphologischen* Erscheinungsformen eine *strukturelle* Gemeinsamkeit haben: Sie beziehen sich auf eine *andere* Ergänzung des gleichen prädikatsbildenden Verbs. Dieser Bezug ist prädikativ, d. h. er ist auf eine Aussage des Typs x ist / war y rückführbar; damit ist für alle prädikativen Ergänzungen auch eine gemeinsame semantische Grundbedeutung gegeben.

Die prädikative Ergänzung bezieht sich entweder auf das *Subjekt* wie in

Paula *gilt* als Medienstar (= Man sagt, Paula ist ein Medienstar).
Paul *wird* auch noch klug (*Dann* gilt: Paul ist klug).

oder auf das *Akkusativobjekt* wie in

Sie *hält* Paul für einen Angeber (Für sie gilt: Paul ist ein Angeber).
Sie *findet* ihn unsicher (Sie findet: Er ist unsicher).

Die folgende Zusammenstellung prädikativer Ergänzungen macht deren *morphologische* Variationsbreite deutlich:

– prädikativ zum Subjekt:
  – Nominale Nominativergänzung: Paula ist ein Medienstar.
  – Pronominale Nominativergänzung: Ich bin schließlich nicht irgendwer!
  – Nominale Genitivergänzung: Er war hohen Alters (= Er war sehr alt).
  – Adjektivergänzung: Paula ist toll.
  – Präpositionalergänzung: Sie ist von hoher Intelligenz (= Sie ist sehr intelligent).
  – Konjunktionalergänzung: Paula gilt als Medienstar (= Man sagt, Paula ist ein Medienstar).

- prädikativ zum Akkusativobjekt:
    - Nominale Akkusativergänzung: Man schalt ihn <u>einen Angeber</u>.
    - Adjektivergänzung: Er findet sie <u>toll</u>.
    - Präpositionalergänzung: Er hält sie <u>für eine interessante Frau</u>.
    - Konjunktionalergänzung: Alle betrachten sie <u>als gescheitert</u>.

Ich betrachte diese prädikativen Ergänzungen als reguläre Satzglieder, sie werden hier nicht wie in manchen anderen Grammatiken mit zum Prädikat gezählt.

Die *nominalen / pronominalen* Ergänzungen zum Subjekt und die *nominalen* Ergänzungen zum Objekt wurden bereits in den Abschnitten zum Subjekt bzw. zum Akkusativobjekt behandelt. Ihnen wird traditionell Aufmerksamkeit geschenkt und es gibt für sie etablierte Termini, z. B. *Gleichsetzungsnominativ* für die nominalen Ergänzungen zum Subjekt und *Gleichsetzungsakkusativ* für die nominalen Ergänzungen zum Akkusativobjekt.

394 Welche Bezeichnungen wählt man nun für die restlichen prädikativen Ergänzungen bzw. für das Gesamt der prädikativen Ergänzungen?

Die Charakteristik *prädikativ* bezeichnet zunächst einmal die spezifische *strukturelle Funktion* dieser Ergänzungen; sie ist neutral gegenüber ihren jeweiligen unterschiedlichen *Formen*. In manchen Grammatiken wird *Prädikativ* (bzw. *Prädikativum*) als Sammelbezeichnung für alle prädikativen Ergänzungen (bzw. prädikativen Ergänzungen *und* Angaben) benutzt. Diese Bezeichnung passt aus meiner Sicht nicht in die Reihe der anderen üblichen Satzgliedbezeichnungen (*Subjekt, Genitivobjekt* usw.). Sie umfasst nämlich gleichermaßen flektierte *und* unflektierte Satzglieder, eingeleitete *und* uneingeleitete Satzglieder sowie Adjektiv- *und* Pronomen- *und* Nomengruppen.

Die Bezeichnung *Prädikativum zum Subjekt* gibt zwar das Bezugs-Satzglied an, bleibt aber neutral gegenüber der morphologischen Vielfalt der Satzgliedformen, die Subjektsprädikativ sein können.

Insofern habe ich für die Beschreibung der *einzelnen* prädikativen Ergänzungen eine *morphologisch* ausgerichtete Bezeichnungssystematik gewählt, also eine, die sich an der Wortart des Kopfs (z. B. *Nomen*ergänzung oder *Konjunktional*ergänzung) oder ggf. am Kasus orientiert: z. B. *Nominativ*ergänzung.

Prädikative Ergänzungen zum Subjekt

395 Zu einer kleinen Gruppe von zweiwertigen Verben rund um sein und (als dessen semantisch reichere Schwestern) werden, scheinen, heißen u. a. gibt es prädikative Ergänzungen zum Subjekt in unterschiedlicher Form:

- Paul *ist / bleibt* <u>Schreiner</u>. / Der neue Schreiner *heißt* <u>Paul</u>
    (= beides prädikative Nomenergänzungen).
- Ich bin schließlich nicht <u>irgendwer</u>!
    (= prädikative Pronomenergänzung / Pronominalergänzung).

Solche *nominalen* bzw. *pronominalen* Ergänzungen – sog. Nominativergänzungen bzw. Gleichsetzungs*nominative* – sind bereits im Abschnitt zum *Subjekt* behandelt worden (→ 309 f.).

- Paul *wird / scheint* müde (= prädikative Adjektivergänzung).
- Sie war *von* ausnehmend guter Statur (= prädikative Präpositionalergänzung).
- Paul *gilt als* schwierig (= prädikative Konjunktionalergänzung).

Auch es kann Subjekt-Prädikativum sein, es ist dann Pro-Form zu einem nominalen oder adjektivischen Subjekt-Prädikativum im *vorausgehenden* Satz:

A: Ich bin Maler. – B: Ich bin es auch.
A: Ich bin glücklich. – B: Ich bin es leider nicht.

Zwei (kleine) Komplikationen – die *erste:* Bei Beispielen wie

Es ist Weihnachten.

liegt ein stellungs*freies* formales Subjekt es vor (nicht ein stellungs*gebundenes Vorfeld-* es, vgl. Ist es wirklich Weihnachten? oder Weihnachten ist es?). Daher ist Weihnachten hier Prädikativum zu dem formalen Subjekt. Entsprechend bei

Es war ruhig.

Wie stufen wir demgegenüber Weihnachten im folgenden Beispiel ein?

Heute ist Weihnachten.

Begrifflich macht es wenig Sinn, Weihnachten auch hier als Prädikativum einzuordnen, in diesem Fall zu einem *fehlenden* Subjekt. Möglich ist diese Konstruktion auch ohne temporales Adverbiale:

Sag mal: Ist Sonntag oder Montag?

Ich ordne Weihnachten bzw. Sonntag / Montag hier als Subjekt ein. Das Verb sein operiert als unspezifischer Rahmen für die Angabe von Zuständen:

Endlich war Ruhe.

Ob diese Angabe mithilfe eines Prädikativums (Sonntag ist es noch nicht!) oder eines Subjekts (Morgen ist Sonntag) erfolgt, ist unter dem Bedeutungsaspekt gleich.

Die *zweite* Komplikation: Bei Konstruktionen wie

Paul ist richtig gedemütigt.

gibt es zwei Beschreibungsansätze: Man kann mit dem Konzept Zustandspassiv arbeiten (→ 168 f.) und solche Konstruktionen auf folgender Umformungs-Linie lesen:

Jemand hat Paul richtig gedemütigt.
→ Paul ist *(von jemandem)* richtig gedemütigt *worden*.
→ Und jetzt *ist* Paul (daher) richtig gedemütigt.

Oder – und dem Ansatz folge ich – man ordnet diese Konstruktion als Kopula mit prädikativem Partizip ein. Ob im jeweiligen Beispiel eine 'passivische Gesamtbedeutung' vorliegt oder nicht, ob also das jeweilige Subjekt eher die semantische Rolle des Agens oder des Patiens einnimmt, hängt auch von dem jeweiligen *Verb* ab, das als Partizip II prädikativ verwendet wird: Wenn wie in

Paul ist völlig verändert.

das Partizip II eines auch *reflexiv* lesbaren Verbs (*sich* verändern) als Prädikativum verwendet wird, dann entsteht eine doppeldeutige Struktur: Hat *Paul sich* verändert oder hat *jemand / etwas ihn* verändert (wenn so etwas persönlichkeitstheoretisch gesehen überhaupt geht)?

Prädikative Ergänzungen zum Akkusativobjekt

398 Prädikative Ergänzungen zum Akkusativobjekt setzen grundsätzlich *drei* Valenzen des Verbs voraus: Subjekt, Akkusativobjekt und eine prädikativ auf das Akkusativobjekt bezogene dritte Valenz. Diese Voraussetzungen bietet eine kleine Gruppe dreiwertiger Verben (finden, betrachten, halten, bezeichnen, nennen, schimpfen, schelten). Diese Ergänzungen gibt es in unterschiedlicher Form:
- als Nomenergänzung: Man nennt ihn einen Helden.

    Solche nominalen Ergänzungen (sog. Akkusativergänzungen bzw. Gleichsetzungsakkusative) sind bereits im Abschnitt zum *Akkusativobjekt* näher behandelt worden (→ S. 348 ff.).
- als Adjektivergänzung: Er findet sie toll.
- als Präpositionalergänzung: Sie hält ihn *für* doof.
- als Konjunktionalergänzung: Alle betrachten sie als gescheitert.

Zwischen *zwei* dieser drei Valenzen, nämlich Akkusativobjekt und Prädikativum, liegt eine Subjektprädikativum-Struktur x ist y vor, die in die *Gesamt*struktur integriert ist:

Paul *findet* sie doof = Paul findet: Sie *ist* doof.

399 Werden Akkusativprädikativa in eine Passivkonstruktion umgeformt, entstehen (gewissermaßen *sekundäre*) Subjektprädikativa:

Sie nannte *ihn* spöttisch ihren Retter. → *Er* wurde von ihr spöttisch ihr Retter genannt.
Er findet *sie* doof. → (*)*Sie* wird von ihm doof gefunden.
Er hält *sie* für doof. → *Sie* wird (von ihm) für doof gehalten.
Er betrachtet *sie* als interessante Frau. → *Sie* wird (von ihm) als interessante Frau betrachtet.

Im Einzelfall können aufgrund der Bedeutung des *Verbs* und dessen Valenzstruktur die Sätze *resultative* Charakteristik haben:

Paula macht ihn glücklich.
Paula macht ihn zum glücklichsten Menschen auf dieser Erde.

Das hat bei prädikativen *Ergänzungen* aber nichts mit der *Struktur* 'Prädikativum' zu tun – im Unterschied zu prädikativen *Angaben* (→ 444 ff.).

Milch macht müde Männer munter

(ein erfolgreicher Werbeslogan der Milchwirtschaft aus den 50er Jahren)

4.8 Zweitabhängige Satzteile

Bei Beispielen wie

    Er hatte an diesem Abend große Lust auf Hühnchen.

spricht die Option getrennter Umstellung ins Vorfeld zu

    Auf Hühnchen hatte er an diesem Abend große Lust.
    Große Lust hatte er an diesem Abend auf Hühnchen.

oder auch innerhalb des Mittelfelds zu

    Er hatte auf Hühnchen an diesem Abend große Lust.
    Er hatte große Lust an diesem Abend auf Hühnchen.

dafür, auf Hühnchen und große Lust im Stellenplan X haben (jemand) als zwei voneinander unabhängige Satzglieder anzusehen.

Andererseits ist nach unserem 'Sprachgefühl' der Satzteil auf Hühnchen nicht unmittelbar vom Verb haben valenzabhängig; vielmehr gehört auf Hühnchen zu Lust, und dem entspricht die Möglichkeit, beides *gemeinsam* ins Vorfeld zu stellen:

    Große Lust auf Hühnchen hatte er an diesem Abend.

Diesen Zwitter-Status zwischen Satzglied und Attribut bestätigt auch die Ersetzung durch Pro-Formen:

    Ich habe Sehnsucht nach Paul. – Ich habe sie auch.
    Ich habe Sehnsucht nach Paul. – Und ich habe sie nach Paula.

Im ersten Beispiel ist sie Pro-Form zu dem komplexen Ausdruck Sehnsucht nach Paul, im zweiten ersetzt es nur das valenztragende Nomen Sehnsucht, während der Präpositionalausdruck mit *neuer* Information (nach *Paula*) wiederholt werden muss.

Dieses uneinheitliche topologische Verhalten lässt sich etwas verständlicher machen, wenn man ausgeht von einer Überlagerung eines *verbalen* Stellenplans X haben (jemand) und eines *nominalen* Stellenplans Lust auf X, bei dem ein Nomen Valenzträger ist. Bei strukturarmen (= stellenarmen) und semantisch blassen Verben wie sein oder haben ist die Zugehörigkeit des Valenz*attributs* zu seinem nominalen Valenzträger so eindeutig, dass dieses Attribut sich topologisch vom Valenzträger entfernen kann. Man spricht von *Zweitabhängigkeit* und bezeichnet die Valenzattribute als zweitabhängige Satzteile. Solche zweitabhängigen Satzteile werden von ihren Valenzträgern also gewissermaßen 'an der langen Leine' mitgeführt.

Diese Stellungsbeweglichkeit der Valenzattribute ist nur bei stellenarmen und/oder semantisch blassen (also gewissermaßen bloßen verbalen) 'Träger-Strukturen' möglich, nicht bei einem komplexeren Stellenplan wie zu befremden (= etwas befremdet jemanden):

    Seine große Lust auf Hühnchen befremdete sie sehr.

Hier ist auf Hühnchen nicht abtrennbar:

    *Seine große Lust befremdete sie auf Hühnchen.
    *Auf Hühnchen befremdete sie seine große Lust.

403 Die Option auf Satzglied-Aufteilung im Gefolge von zweitabhängigen Strukturen erhöht die Option auf *Distanzstellung*. Diese Option ist grundsätzlich ein Gewinn an semantischer Gestaltungsmöglichkeit; man kann nämlich mithilfe von Distanzstellungen z. B. Kontrastierungen verstärken:

> Auf Húhn habe ich gròße Lust (auf Schwéin aber nìcht).
> Größe Lust habe ich nur auf Hùhn.

Kontrastierung innerhalb eines *geschlossenen* Satzglieds ist demgegenüber nur bedingt und nicht trennscharf möglich, jedenfalls nicht ohne nachdrückliche Intonations-Markierung:

> (*) Ich habe größe Lust auf Hùhn.

Eine solche Option auf Stellungs-Selbstständigkeit eines Satzglied-Teils bieten auch Verben wie bestehen oder geben:

> Es gab keine Hoffnung auf Überleben.
> Auf Überleben *gab* es keine Hoffnung.
> Keine Hoffnung gab es auf Überleben.
> Keine Hoffnung auf Überleben gab es.

404 Etwas anders liegen die Verhältnisse bei Verben wie schreiben, publizieren. Das Verb schreiben hat (außer dem Subjekt) drei Objektstellen: ein Dativobjekt (= jemandem), ein Akkusativobjekt (= etwas) und ein Präpositionalobjekt (= über etwas). Alle drei Stellen sind fakultativ und können in allen Kombinationen realisiert werden. Möglich ist also

> Wem schreibst du gerade? – Meiner Freundin.
> Was schreibst du gerade? – Ich *schreibe* einen längeren Bericht.
> Worüber schreibst du gerade? – Ich *schreibe* über die Zustände in Altersheimen.

wie auch

> Was tust du gerade? – Ich *schreibe*.

Mögliche Kombinationen sind:

> Ich schreibe meiner Freundin einen Brief.
> Ich schreibe meiner Freundin über die Zustände im Altersheim.
> Ich schreibe einen Brief über die Zustände im Altersheim.
> Ich schreibe meiner Freundin über die Zustände im Altersheim.

Bei einem Satz wie

> Paula schrieb einen drastischen Bericht über die katastrophalen Zustände im Altersheim.

ist daher nicht klar, ob die Präpositionalgruppe eine der beiden Valenzstellen besetzt (= Präpositional*objekt* ist) oder aber Attribut zum Satzgliedkern Bericht *innerhalb* des Akkusativobjekts ist (= präpositionales *Attribut*). Bei der folgenden Wortstellung liegt demgegenüber die *erste* Vermutung (= zwei Satzglieder) nahe:

> Paula schrieb über die katastrophalen Zustände im Altersheim einen drastischen Bericht.

Für diese Beispiele braucht man das Konzept der Zweitabhängigkeit nicht zu bemühen.

405 Auf den ersten Blick kniffliger sind Konstruktionen mit Verben wie lesen und hören: Auch sie sehen ein Akkusativobjekt (etwas lesen) und unter bestimmten Bedingungen ein Präpositionalobjekt (über etwas lesen) vor; beide sind *fakultativ*. Ein Hinweis darauf ist, dass man in einem Satz wie dem folgenden

> Das muss eine interessante Frau sein; ich habe in der letzten Zeit viel über sie gelesen.

das Akkusativobjekt weglassen kann, ohne dass die Präpositionalgruppe mit entfallen muss:

> Das muss eine interessante Frau sein; ich habe in der letzten Zeit öfter über sie gelesen.

4.8 Zweitabhängige Satzteile

In dieser Version bedeutet lesen soviel wie Informationen erhalten über jemanden. Insofern braucht man für den Satz

> Er hatte viele Recherchen über Merkel gelesen.

und die mögliche Umstellung zu

> Über Merkel hatte er viele Recherchen gelesen.

kein Konzept von Zweitabhängigkeit, sondern über Merkel ist hier eigenes Präpositionalobjekt neben dem Akkusativobjekt. Wenn man aber die im Akkusativobjekt angegebene Informationsquelle *spezifiziert* (z. B. durch den bestimmten Artikel)

> Er hatte *die* neueste Recherche über Merkel gelesen,

dann ist die Umstellung zumindest grenzwertig:

> (*)Über Merkel hatte er *die* neueste Recherche gelesen.

Hier sehe ich über Merkel eher als ein Präpositionalattribut, das sich nicht 'an der langen Leine' ins Vorfeld bewegen kann.

Dabei geht es nicht einfach um die Präsenz des bestimmten Artikels; der ist auch im folgenden Beispiel enthalten:

> Über Merkel lese ich am liebsten die taz, die ist immer so erfrischend direkt.

Hier bezieht er sich aber auf eine bestimmte *Art* von Zeitung mit einer offenen Anzahl von Einzelausgaben. Spezifiziert man einen bestimmten Beitrag dieser Zeitung, wird die Umstellung schon wieder fragwürdig:

> (*)Über Merkel lese ich gerade den Leitartikel.

Regulär hieße es wohl eher:

> Ich lese gerade den Leitartikel über Merkel.

Entsprechendes gilt für die Überlagerung verbaler Stellenpläne mit adjektivischen (in denen also ein Adjektiv Valenzträger ist) wie x-ig sein / jemand + sauer auf X: 406

> Sie war oft sauer auf Paul.

Auch hier bestätigt die Ersetzung durch eine Pro-Form den Zwitter-Status zwischen Satzglied und Attribut:

> Ich bin sauer auf Paul. – Ich bin es auch.
> Ich bin sauer auf Paul. – Ich bin es auf Paula.

Im ersten Beispiel ist es Pro-Form zu dem komplexen Ausdruck insgesamt, im zweiten ersetzt es nur das valenztragende Adjektiv, während der Präpositionalausdruck mit anderer Information erneut präsentiert werden muss.

Wenn man solche zweitabhängigen Satzteile als *unmittelbare* Konstituenten auf das 407
Prädikat beziehen wollte, dann müsste man entweder auf Paul als eigenständiges *Präpositionalobjekt* zum Verb sein deklarieren. Oder aber man müsste diese zweitabhängigen Satzteile als präpositionale *Adverbialien* deklarieren (sei es als Adverbialergänzungen, sei es als Angaben). Dann müsste man eine stabile Bedeutung dieses Adverbiale auf Paul angeben; das könnte hier so etwas (Verschwommenes) wie 'Angabe der Bezugsgröße für eine psychische Aktivität' sein.

Gelegentlich findet sich eine dritter Erklärungsversuch: Für eine Präpositionalgruppe wie auf Paul wird als Bedeutung *kausal* angegeben, mit Verweis auf eine bedeutungserläuternde Paraphrase des Typs

> Sie war sauer, weil er vergessen hatte einzukaufen.

Damit paraphrasiert man aber nicht die Bedeutung von auf Paul, sondern die lebensweltlichen Hintergründe von sauer sein; insofern berührt diese Paraphrase den strittigen Punkt überhaupt nicht, die beiden Aussagen können gekoppelt werden:

> Sie war sauer auf Paul, weil er vergessen hatte einzukaufen.

408 In jedem dieser drei Erklärungsversuche bleibt zusätzlich das topologische Ärgernis, dass sich die Präpositionalgruppe nicht wie ein 'ordentliches' Satzglied verhält, sondern sowohl selbstständig ins Vorfeld gehen kann wie auch im Huckepack von sauer, als wäre sie ein reguläres *Attribut* dazu:

> Auf Paul war sie oft sauer.
> Sauer auf Paul war sie oft.

Solche nominalen und adjektivischen Stellenpläne werden daher *separat* aufgeführt, und die Möglichkeit, sie in verbale Stellenpläne einzulagern, wird als Besonderheit angesprochen. Häufig wird in diesen Fällen außer von *Zweitabhängigkeit* auch von *Inkorporation* oder von *Satzgliedern zweiten Grades* gesprochen.

Ich sehe solche Satzteile alle als Attribute an. Sie verhalten sich in *spezifischen* Prädikatsrahmen topologisch wie selbstständige Satzglieder; es handelt sich dabei um Prädikate mit schwacher semantischer Ausprägung, insbesondere um Kopula-Strukturen. Man könnte metaphorisch sagen: Wenn die semantisch-syntaktische Leitung des Prädikats im Satz schwach ausgeprägt ist, geraten die Attribute außer Kontrolle.

409 Es handelt sich hierbei also nicht um Fälle des Typs Er isst keine Äpfel – Äpfel isst er keine, die wir als diskontinuierliche (= auf mehrere Stellen im Satz verteilte) Satzglieder bezeichnet hatten; dort nämlich ist keine attributiver Bestandteil des Satzglieds keine Äpfel und *nur nach hinten* abteilbar (es geht also nicht *Keine isst er Äpfel). Es wäre daher unangemessen, bei Lust auf Huhn analog auf Huhn als attributiven Bestandteil dieses anderen Satzglieds anzusehen; das würde den Zwitter-Status zudecken.

410 Erstreckungs-Umfänge zu Adjektiven wie breit, lang, schwer werden ebenfalls als zweitabhängig eingestuft; analog zu der Valenz des Verbs wiegen in Das Buch wiegt 800 Gramm kann man die Umfangsangaben zu solchen 'Ausdehnungs'-Adjektiven als Valenzen einstufen. Auch sie können in beide Richtungen abgetrennt werden:

> Das neue Notebook von Mikri ist 26 cm breit.
> 26 cm breit ist das neue Notebook von Mikri.
> 26 cm ist das neue Notebook von Mikri breit.
> Breit ist das neue Notebook von Mikri (nur) 26 cm.

411 Bei Konstruktionen wie den folgenden liegt *Dritt*abhängigkeit vor:

> Das ist zu schwer für mich.

Die prädikative Adjektivergänzung schwer ist direkt abhängig vom prädikatsbildenden Verb sein; von ihr ist die Gradpartikel zu abhängig, und von dieser ist auf dritter Ebene für mich abhängig. Dieses Attribut kann von der Gradpartikel getrennt stehen:

> → Für mich ist das zu schwer.

Man kann also auch für diese Gradpartikel zu eine eigene Valenzstruktur ansetzen: zu x-ig zu etwas bzw. zu x-ig für jemanden. Dieses valenzgebundene präpositionale Attribut gibt den *Bezugspunkt* der Einstufung als 'übermäßig / ungeeignet' an.

5 Adverbialien (Angaben und Ergänzungen)

Adverbialien haben – im Unterschied zu Subjekt und Objekten – 'autonome Bedeutung' (→ 238 f.).

Zusätzlich zu diesem Begriffs-Tandem *Subjekt / Objekt – Adverbiale* gibt es das Begriffs-Tandem *Ergänzung – Angabe*. Die Satzglieder, die nicht im Stellenplan des Verbs angelegt sind, werden als *Angaben* bezeichnet.

Dieser valenzbezogene Begriff *Angaben* läuft Gefahr, *alltags*sprachlich als 'Einzelinformation' missverstanden (und damit entfachsprachlicht) zu werden.

Nicht alle Adverbialien haben den Status 'valen*zu*ngebunden': Die sog. Adverbial*ergänzungen* (z. B. ein direktionales Adverbiale in die Ecke zu Er stellte den Besen …) sind valenzgebunden, aber weiterhin bedeutungsmäßig autonom. Insofern müsste man die valenzungebundenen Adverbialien komplementär als Adverbial*angaben* bezeichnen. Soweit bei den folgenden Ausführungen der Status (= valenzgebunden oder valenzungebunden) keine Rolle spielt, rede ich allgemeiner von *Adverbialien*.

Nach dem mit "Ergänzungen" überschriebenen Kapitel 4 war hier als Überschrift insofern „Angaben" zu erwarten. Ich wähle hier aber den Ausgangspunkt *Adverbialien*, damit unter morphologischen und vor allem *semantischen* Gesichtspunkten auch Adverbial*ergänzungen* noch einmal in die Darstellung einbezogen werden können.

Solange man in Sprachbüchern oder Schulgrammatiken diese beiden unterschiedlichen Rollen von Adverbialien nicht anspricht, wird für die Schüler *Adverbiale* (bzw. Angabe) zum Gegenbegriff von *Subjekt / Objekt*. Werden Subjekt und Objekte als Paradebeispiele für Ergänzungen vorgestellt, dann wird *Adverbiale* dadurch leicht auch zum Gegenbegriff zu *Ergänzungen*. Das wäre dann aber falsch.

Möglicherweise gewinnt angesichts dieser begrifflich und terminologisch für viele Lehrende und ihre Lernenden *undeutlichen* Kategorien der deutschsprachige Terminus *Umstandsbestimmung* überraschend wieder an Charme: Das Bestimmungswort *Umstand* wäre der Sammelbegriff für die vielen semantischen Kategorien der Adverbialien – sowohl die *situations*bezogenen (temporal: jetzt, lokal: in Rom usw.) wie auch die *aussage*bezogenen (aussagegeltungskommentierend: wahrscheinlich, aussagebewertend: leider, aussageformkommentierend: sozusagen). Und das Grundwort *Bestimmung* wäre dabei der neutrale Oberbegriff für Umstands*ergänzungen* und Umstands*angaben*.

Der semantisch wie valenzbezogen neutrale Terminus Umstandsbestimmung lässt sich dabei, wenn nötig, auf beiden Seiten ausdifferenzieren:

    Zeit- / Orts- / … ← Umstands|bestimmung → -Ergänzung / -Angabe.

Man kann eine terminologische Konfiguration wählen, die semantisch *und* valenzbezogen ausdifferenziert, z. B. Zeitangabe oder Zeitergänzung, oder nur auf einer der beiden Seiten ausdifferenzieren, z. B. (links) *Zeit*bestimmung gegenüber *Orts*bestimmung oder aber (rechts) Orts*ergänzung* gegenüber Orts*angabe*.

5 Adverbialien (Angaben und Ergänzungen)

414 Ein zusätzlicher Vorteil dieses Terminus ist, dass die Gefahr der Verwechslung von Wortart- und Satzglied-Kategorie wie bei Adverb / Adverbiale hier *nicht* besteht. Viele Schüler (und auch noch Studierende) neigen dazu, ein Adverbiale wie schnell in Der Hund lief schnell unter dem *Wortart*-Aspekt irrtümlicherweise als *Adverb* zu klassifizieren, weil es unter *Satzglied*-Aspekt ein *Adverbiale* ist.

Solche Verwechslungsgefahren waren immerhin einer der Gründe der Kultusministerkonferenz, in der terminologischen Alternative 'Substantiv' – 'Nomen' für den Terminus *Nomen* zu plädieren, weil 'Substantiv' leicht mit der Satzgliedkategorie 'Subjekt' verwechselt werden kann. Die Verwechslungsgefahr bei Adverbiale / Adverb ist mindestens ebenso groß.

415 Welche dieser Bezeichnungen man auch wählt, keine von ihnen legt sich terminologisch für Lerner sichtbar auf die Größenordnung *Satzglied* fest. Wenn es um Attribute wie

eine meinen Bruder heftig *beschimpfende* Parkwächterin;
der *Kampf* mit dem Drachen;
das mir ins Fach *gelegte* Buch;
das Fest auf dem Berg

geht, dann gelten die anhand der *Satzglieder* (Objekte einschließlich der Präpositionalobjekte, Adverbialergänzungen und Adverbialangaben) diskutierten Analysegesichtspunkte auch bei diesen (hier unterstrichenen) Attributen: Der attributive Akkusativ im ersten Beispiel und die präpositionalen Attribute im zweiten und dritten sind valenzgebunden – im ersten Beispiel an das attributive Partizip I von beschimpfen, im zweiten an das Nomen Kampf, im dritten an das attributive Partizip II gelegte –, das Attribut im vierten Beispiel *nicht*. Der weiter oben erläuterte Unterschied zwischen Präpositionalobjekten (= keine abgrenzbare, autonome Bedeutung) und Adverbialergänzungen (= autonome Bedeutung) wiederholt sich hier bei den Attributen im zweiten gegenüber dem dritten Beispiel.

Vor allem die 'sekundären' Attribute im Gefolge attributiver Partizipien (→ 617 ff.) sehen ihren Satzglied-Pendants so 'verflucht' ähnlich, dass selbst Studierende im ersten Beispiel das akkusativische *Attribut* manchmal als Akkusativ*objekt* klassifizieren.

416 Adverbialien sind in der Regel mit einem semantisch passenden Fragewort innerhalb einer *Ergänzungs*frage erfragbar:

Am späten Abend hat mich Paul besucht. – Wann?

Satzteile wie vermutlich, leider oder sozusagen sind demgegenüber grundsätzlich nicht mit einer Ergänzungsfrage erfragbar:

Vermutlich kommt Paul heute. → *Wie / Wie sicher / … kommt Paul heute?
Leider bleibt Paul heute zuhause. → *Wie / … bleibt Paul heute zuhause?
Paul hat heute sozusagen gegammelt. → *Wie / … hat Paul heute gegammelt?

Sie sind demgegenüber mögliche Kurzantworten, wenn man die Ausgangssätze in *Entscheidungs*fragen umformt:

Kommt Paul heute? – [Ja.] Vermutlich!
Bleibt Paul heute zuhause? – [Ja.] Leider!
Hat Paul heute gegammelt? – [Ja.] Sozusagen!

5 Adverbialien (Angaben und Ergänzungen)

Solche aussagenkommentierenden Satzteile erweisen sich (auch) dadurch als Spezialisten.

Adverbialien können im Regelfall das Vorfeld besetzen: 417

Paul bleibt heute zuhause. → Heute bleibt Paul zuhause.

Sofern bei den nachfolgenden Darstellungen bei einzelnen Adverbialien besondere topologische Bedingungen gegeben sind, werden sie jeweils erläutert. Satzteile wie ja in Sätzen wie den folgenden sind *nicht* vorfeldfähig:

Paula ist ja offenbar deine neue Freundin.
→ *Ja ist Paula offenbar deine neue Freundin.
→ Offenbar ist Paula ja deine neue Freundin.

Solche Satzteile – in diesem Fall eine Einstellungspartikel – sind auch nicht erfragbar. Beides zusammen spricht dafür, diese Spezialisten nicht nur nicht als reguläre Adverbialien, sondern auch nicht als reguläre Satzglieder einzustufen.

Formen von Adverbialien

Man kann zunächst einmal das Formen-Inventar von Adverbialien morphologisch 418 beschreiben. Dann erhält man insbesondere die folgenden Formen:

- Kasus*geprägte* Adverbialien
  - im *Genitiv* wie z. B. *Eines Abends* stand fröstelnd das Christkind vor der Tür.
  - im *Dativ* wie z. B. Du bist *mir* ein komischer Vogel!
  - im *Akkusativ* wie z. B. *Den ganzen Tag* ging er spazieren.

  Im Unterschied zu Genitiv-, Dativ- und Akkusativ-Objekten haben diese Adverbialien einen klar beschreibbaren semantischen Wert. Sie werden daher als *adverbiale Genitive / Dative / Akkusative* bezeichnet.

- *Adjektiv*-Adverbialien (inklusive *nicht*erweiterter *Partizipial*-Adverbialien):

  Er ging *schnell* nach Hause.
  Er ging *lachend* nach Hause.

  Im Deutschen werden vergleichsweise häufig *Adjektive* zur Realisierung von *Adverbialien* verwendet; im Englischen oder in den romanischen Sprachen werden dazu überwiegend *Adverbien* verwendet, viele von ihnen sind Adjektiv-Derivate.

  Der Anteil adjektivischer Adverbialien in den verschiedenen semantischen Gruppen ist sehr unterschiedlich: Er dominiert bei den modalen Adverbialien (Er ging lustlos / müde / glücklich / langsam /... nach Hause), er ist bei den temporalen Adverbialien auf wenige semantische Spielarten begrenzt (Erstreckung: lang / kurz, Häufigkeit: täglich / häufig) und bei den kausalen, konditionalen usw. Adverbialien nahezu Null; man kann allenfalls altersbedingt als Adjektiv in der Rolle eines kausalen Adverbiale ansehen: Er macht altersbedingt Kurzarbeit.

- *Adverb*-Adverbialien wie z. B. Er ging *oft* schwimmen.
- *präpositionale* Adverbialien:
  - Präposition + *Adjektiv*: von *jung* an / auf (hier ein Beispiel mit *Zirkum*position);
  - Präposition + *Adverb*: von *dort*;
  - Präposition + *Nomen / Pronomen*: hinter *dem Berg* / hinter *ihm*;

- *konjunktionale* Adverbialien mit *wie/als* (konjunktionale Adverbialien mit *als* werden nochmals unter den zugeordneten Angaben behandelt; → 446):
  - Konjunktion + *Adjektiv* (inklusive *nicht*erweiterter *Partizipien*): wie *verhext;*
  - Konjunktion + *Adverb:* wie *eben;*
  - Konjunktion + *Nomen/Pronomen:* wie *Paul* / wie *er* / als *er.*

    Hier handelt es sich um ein zugeordnetes Adverbiale, bei dem Kongruenz mit dem Bezugsausdruck (Nomen oder Pronomen) hergestellt werden muss: Er sang wie sein Bruder / ... schöner als er.

  - Konjunktion + *Präpositionalausdruck:* wie *über der Tür.*

Funktionen von Adverbialien

419 Die grundsätzliche Funktion von Adverbialien ist die *situations*bezogene *Zusatz*ausstattung der *Basis*aussage, die das Prädikat zusammen mit Subjekt und ggf. Objekten und weiteren nicht-adverbialen Ergänzungen (z. B. Prädikativa) macht. Insofern liegt es nahe, diese Adverbialien *semantisch* zu klassifizieren. Das ist kein unendliches, aber ein komplexes Geschäft angesichts der semantischen Vielfalt, die diese Adverbialien zur Verfügung stellen.

Wenn man eine solche semantische Klassifikation beginnt, dann muss sie zumindest deutlich machen, dass das etablierte schulgrammatische Schema unangemessen eng ist. Schulgrammatiken unterscheiden in der Regel nur die Kategorien lokal, temporal, kausal und modal; innerhalb der Kategorie kausal bieten sie meistens die Subunterscheidungen kausal (= im engeren Sinne), konditional, konsekutiv, final und konzessiv an. Insofern lohnt sich eine zumindest mittlere Ausdifferenzierung der in Adverbialien möglichen semantischen Kategorien, gewissermaßen als semantische 'Kurpackung' für Lehramtsstudierende.

420 Wichtig ist dabei der vergleichende Blick auf diejenigen semantischen Kategorien, die auch bei den Adverbialbeziehungen (und weiteren Teilsatzbeziehungen) auftauchen bzw. die es *nur* per Satzglied oder *nur* per Teilsatz gibt: Nur als *Satzglied* realisierbar ist z. B. die Kategorie
  - lokal *Erstreckung:*

    Er schwamm an diesem Tag zwei Kilometer.
  - 'Spezialist' *Sachverhalts-Status:*

    Wir haben es gerade geschafft.

Nur als *Teilsatz* realisierbar ist z. B.
  - evaluierend *explizierend:*

    Seine Arbeit ist wegweisend, insofern sie den Zusammenhang zwischen Alter und Glücksgefühl zum ersten Mal empirisch untersucht.
    Man könnte zwar darauf verweisen, dass das Konjunktionaladverb insofern in
    Seine Arbeit untersucht den Zusammenhang zwischen Alter und Glücksgefühl zum ersten Mal empirisch, sie ist insofern wegweisend.
    diese explizierende Funktion übernimmt. Doch das wäre ein Umgehungstrick: Das Konjunktionaladverb insofern liefert den Relativierungsaspekt nicht selbst, sondern kann nur auf ihn

(= den vorausgehenden Satz insgesamt) *verweisen*. Daher zählt es nicht als Adverbiale-Pendant.
Und eine Präpositionalgruppe wie angesichts X ist zwar als Satzglied verwendbar, sie ist aber nicht das Pendant zu der Teilsatzbeziehung mit insofern: Sie verweist auf zusätzliche Umstände, expliziert aber nicht wie der insofern-Anschluss die Beurteilungshinsicht.

- konsekutiv *global:*
  Er war müde, sodass er gleich ins Bett ging.

Fast alle anderen semantischen Kategorien sind als Angabe wie auch als Teilsatz realisierbar, z. B. konditional *unspezifisch:*

Bei Regen bleiben wir zuhause.
Wenn es regnet, bleiben wir zuhause.

Semantische Klassifikation der Adverbialien

Aus dem „Tagesspiegel":

Aus St. Petersburg kommen die 'Flying Brusnikins' mit einem dreifachen Salto an die Spree

(„Der Spiegel" 52/2008, S. 150 − „Hohlspiegel")

Es ist ein schwieriges Geschäft, eine Klassifikation mit einem durchgängig gleichen Differenzierungsgrad zu entwickeln. In Schulgrammatiken verschwinden ganze semantische Bedeutungsbereiche in einer zu groben und auf das traditionelle Quartett aus kausal, temporal, lokal und modal fixierten Klassifikation. Umgekehrt macht es keinen Sinn, für eine nur einmal belegte Angabe gleich eine eigene Kategorie zu entwerfen.

Die Kultusministerkonferenz hat 1982 folgende Kategorien vorgegeben:

„Adverbiale:
Im Gegensatz zur formalen Differenzierung des Objekts (s. o.) wird im Folgenden das Adverbiale nach semantischen Gesichtspunkten unterschieden. Die Einteilung berücksichtigt die üblichen Bedeutungsbereiche.
 − temporal (der Zeit)
 − lokal (des Ortes)
 − direktional (der Richtung)
 − modal (der Art und Weise und des Mittels)
 − kausal (des Grundes)
 − konditional (der Bedingung)
 − konzessiv (des wirkungslosen Gegengrundes / der Einräumung)
 − konsekutiv (der Folge)
 − final (des Zwecks und Ziels)"

Hier wird − aus meiner Sicht sinnvoll − die Kategorie *kausal eng* aufgefasst, während sie in einigen Grammatiken gemeinsam mit *konditional, konzessiv, konsekutiv* und *final* unter dem *Oberbegriff* kausal (also in einem weiten Sinne) zusammengefasst wird. Zudem ist die Kategorie *lokal* (= Ort) hier von vornherein in die parallelen Kategorien *lokal* und *direktional* unterteilt.

423   Andererseits sind hier zahlreiche weitere semantische Kategorien ausgeblendet, obwohl die entsprechenden Adverbialien gerade bei der Produktion argumentativer wie auch beziehungsregulierender Texte sehr wichtig sind wie z. B.

> Diese Behauptungen sind <u>aus meiner Sicht</u> falsch.
> <u>Leider</u> werden keine weiteren Angaben gemacht.
> Sie ist <u>gewissermaßen</u> dein Rückgrat.

Diese und zahlreiche weitere semantische Spielarten unter den Adverbialien kann man nicht unter die Reste-Rubrik 'modal' entsorgen, aber auch nicht weglassen, weil sie – z. B. für die Reflexion der eigenen Textentwürfe – wichtige Kategorien darstellen, die ins Bewusstsein gehoben und handhabbar gemacht werden sollten.

Der Koordinationstest als Kategorisierungshilfe

424   Als unterstützende linguistische Operation zur Unterscheidung von Kategorien kann man den sog. Koordinationstest heranziehen: Wenn zwei Adverbialien durch und verbunden werden können, gelten sie als zur gleichen Kategorie gehörig. Wenn ich also z. B. nicht auf Anhieb klarsehe, ob die Adverbialien mit großer Geduld und mit einer Sicherheitsnadel zur gleichen Kategorie (modal? instrumental?) gehören, dann teste ich in einem passenden Satzrahmen ihre Koordinierbarkeit:

> *<u>Mit großer Geduld</u> *und* (mit) <u>einer Sicherheitsnadel</u> öffnete sie schließlich die Bierflasche.

Die Koordination auf ein und derselben Satzgliedstelle geht in diesem Fall also nicht; möglich ist aber die nicht-koordinierte Realisierung als zwei eigene Satzglieder (die man besser getrennt platziert, um die Irritation des zweifachen mit zu vermeiden):

> → <u>Mit großer Geduld</u> öffnete sie <u>mit einer Sicherheitsnadel</u> die Bierflasche.

Man würde daher mit großer Geduld als eigene Kategorie (= modal) und mit einer Sicherheitsnadel als eigene Kategorie (= instrumental) einstufen.

425   Hier wird also das als linguistischer *Test* eingesetzt, was als Stilfigur der Syllepse (→ 264) absichtsvoll zur Produktion von sprachlicher Gaudi genutzt wird. Hierher gehört z. B. das weiter oben schon einmal angeführte Beispiel von Wilhelm Busch

> Mit einer Gabel und mit Müh'
> Zieht ihn die Mutter aus der Brüh'.

ebenso wie Fälle, in denen zwei Verben mit unterschiedlichem Valenzmuster und unterschiedlicher Bedeutung zwangskoordiniert werden:

> Ich heiße Heinz Erhardt und Sie recht herzlich willkommen.

426   Dieser Koordinationstest ist (wie alle grammatischen Tests) *umsichtig* zu benutzen. Wenn man sich nämlich umsieht, gibt es sehr wohl einzelne mögliche und-Koordinationen von offensichtlich *nicht*-identischen Kategorien:

> Liebe Kunstfreunde, wir sind *hier* <u>und</u> *heute* zusammengekommen, um …

Dabei handelt es sich um eine Paarformel, die als sprachliches Ritual eines Situationsbezugs bereits etabliert ist, und zwar in genau dieser Reihenfolge; heute und hier wird nicht verwendet, obwohl es den gleichen Situationsbezug eröffnen würde und bei Verwendung ohne und-Koordination auch das wahrscheinlichere Muster ist (im Mittelfeld stehen Zeitangaben vor Ortsangaben, weil diese in ihrer Bedeutung verbnäher sind):

> Liebe Kunstfreunde, wir sind *heute hier* zusammengekommen, um ...

Die beiden Komponenten der Paarformel müssen zudem auch gleich *gewichtig* sein: Üblich sind

> Wir sind hier *und* heute zusammengekommen, um ...

wie auch

> Wir sind an diesem Ort *und* an diesem Tag zusammengekommen, um ...,

nicht aber

> (*) Wir sind hier *und* an diesem Tag zusammengekommen, um ...
> (*) Wir sind heute *und* an diesem Ort zusammengekommen, um ...,

diese Kombination ist nur als zwei eigenständige Satzglieder möglich:

> Wir sind heute an diesem Ort zusammengekommen, um ...

> **Hier und Heute** ist eine Fernsehsendung des WDR. Die erste Ausgabe von Hier und Heute sendete der WDR am 1. Dezember 1957, damals noch im nordrhein-westfälischen regionalen Werbevorabendprogramm der ARD.
> (Quelle: wikipedia, 18.8.2008)

Ein Klassifikationsangebot für Adverbialien

Ich stelle hier die im schulgrammatischen Kontext etablierten und weitere, in meiner Sicht relevante Klassen und Subklassen der Adverbialien zusammen, unabhängig davon, ob sie als Adverbialangaben oder als Adverbialergänzungen verwendet werden. Gängige Form-Optionen werden genannt und mit je einem Beispiel verdeutlicht.

kausal:
- kausal *unspezifisch:* präpositional (wegen X);
- *Plausibilität:* präpositional (Angesichts seiner Müdigkeit hat er gestern *sicher* nicht mehr lange gefeiert);

konsekutiv:
- konsekutiv *spezifisch:* präpositional (Er war zum Lachen *zu* traurig);
  als *Attribut:* zum Lachen *komisch*, zum Umfallen *müde*;
- *Folgerung:* präpositional (Angesichts seiner Unfreundlichkeit ging ich lieber nachhause);

final:
- *Eignung:* präpositional (Zum Sahneschlagen hatte er einen Topf mit rundem Boden);
- *Absicht:* präpositional (zwecks X);

konditional:

- konditional *unspezifisch:* präpositional (bei Regen / im Falle eines Unwetters);

    Auch folgendes Adverbiale hat konditionale Bedeutung:
    Mit Mehrwertsteuer sind es 25,20 €.
    Man kann es paraphrasieren mit
    Wenn man die Mehrwertsteuer hinzurechnet, sind es ...

    Dialogbezogene Adverbialien wie mit Verlaub (oder mit Ihrer Erlaubnis) sind Äquivalente zu konditionalen Adverbialnebensätzen der Kommentarstufe II und verhalten sich ähnlich wie sie:
    Wenn ich einmal ganz offen sein darf, ...
    Sie gelten nicht als reguläre Vorfeldbesetzung und müssen daher mit Komma abgetrennt werden (entsprechend hat der nachfolgende Satz *Hauptsatz*stellung):
    Mit Verlaub, Sie sind ein Schwein,
    nicht
    *Mit Verlaub sind Sie ein Schwein.
    Entsprechend
    Wenn ich einmal ganz offen sein darf, Sie sind ein Schwein,
    nicht
    *Wenn ich einmal ganz offen sein darf, sind Sie ein Schwein.
    Man könnte diese Adverbialien auch unter die Rubrik *moderierend* einordnen.

- *differenzierend:* präpositional (je nach X);

konzessiv:

- konzessiv *unspezifisch:* präpositional (trotz X);
- *Irrelevanz:* präpositional (trotz *aller* X / Bei *aller* Anstrengung ist es ihm *doch* nicht gelungen, ...);

lokal:

> Anzeige auf Bahnhöfen (Mai 2008):
> Ritter Sport.
> Mit echtem Edel-Marzipan.
> Die genieße ich in vollen Zügen.

- *Ort* (auch 'lokal' im engeren Sinn):
    - Adverb (dort);
    - präpositional (auf / in / vor / neben / hinter / ... dem Berg);
- *Richtung* (auch 'direktional'):
    - Adverb (dorthin);
    - präpositional (Sie reichte mir das Tablett über den Zaun. / Er kam aus Rom. / Sie fuhr von Mailand nach Rom).

    Unter der Kategorie 'Richtung' laufen also beide Richtungs-Varianten: Herkunft (woher?) und Ziel (wohin?).
- *Erstreckung:*
    - Adjektiv (Er ist sehr *weit* gesprungen);

- adverbialer Akkusativ (Er schwamm zwei Kilometer);
- präpositional (bis zum Zaun / bis nach Köln).

> Aus einer Werbung für Kneipp-Produkte:
> Pflegt bis hin zu Neurodermitis. Kneipp®. Natur, die wirkt.
> („Der Spiegel" 47/2008, S. 206 – „Hohlspiegel")

temporal: 429

Unter dieser Kategorie werden drei Zeitstufen-Relationen unterschieden: *Vorzeitigkeit, Nachzeitigkeit* und *Gleichzeitigkeit.* Quer dazu werden Spielarten von Temporalität unterschieden: *global, durativ, Erstreckung, Häufigkeit.*

Im Unterschied zur Differenzierung der temporalen Adverbialien wird im komplexen Satz (→ 369) neben *global* auch *punktuell* unterschieden. Das liegt daran, dass es dort – z. B. bei den *vorzeitigen* Adverbialbeziehungen – mit den Konjunktionen nachdem und sobald eine Differenzierungsoption gibt:

> Nachdem er gestorben war, verkauften die Erben (irgendwann) sein Haus.
> Sobald er gestorben war, verkauften die Erben sein Haus.

Diese Differenzierungs-Option gibt es hier bei den Temporalangaben mit der einzigen Präposition nach *nicht*:

> Nach seinem Tod verkauften die Erben sein Haus.

Hier kann man aber *innerhalb* der Charakteristik *global* mithilfe attributiver Adjektive die Aussage stärker 'punktualisieren':

> Direkt nach seinem Tod ...
> Kurz vor seinem Tod ...

> Volker Erhardt
>
> vor gott waren alle menschen gleich,
> nach ihm gibt es unterschiede.

- temporal *vorzeitig* (= der *Gesamt*-Sachverhalt liegt *nach* dem im *Adverbiale* angegebenen Geschehen):
  - vorzeitig *global:* präpositional (nach X);
  - vorzeitig *durativ:* präpositional (seit X);
- temporal *nachzeitig* (= der *Gesamt*-Sachverhalt liegt *vor* dem im *Adverbiale* angegebenen Geschehen):
  - nachzeitig *global:* präpositional (vor X);
  - nachzeitig *durativ:* präpositional (bis X);
- temporal *gleichzeitig:* präpositional (Beim Essen hört er Radio./Während des Essens ...);
- temporal *global:*
  - adverbialer Genitiv (eines Abends);
  - adverbialer Akkusativ (Diesen Abend wollte er Karin das Buch bringen);

- präpositional (am Sonntag);
- *Erstreckung:*
  - Adjektiv (Er ging kurz / lange spazieren);
  - Adverbialer Akkusativ (Er ging zwei Stunden spazieren);
  - präpositional (Er ging für zwei Stündchen spazieren);
- *Häufigkeit:*
  - Adjektiv (Er ging täglich zum Arzt);
  - Adjektiv (Er ging oft zum Arzt);

430 *modal:*

> *Aus der „Stuttgarter Zeitung":*
>
> Der ICE war mit zehn Minuten Verspätung gegen 14 Uhr auf einen Prellbock geprallt. Verletzt wurde niemand.
>
> („Der Spiegel" 48/2008, S. 202 – „Hohlspiegel")

- *Ausführung:*
  - Adjektiv (schnell);
  - adverbialer Genitiv (traurigen Blicks);
  - präpositional (mit traurigem Blick);
  - konjunktional (wie verhext / wie Paula / wie von Sinnen);
- *Intensität:*
  - Adjektiv (Er hat sich heftig gewehrt. / Er hat sich intensiv vorbereitet);
  - Pronomen (Sie fror etwas);
  - Nominalgruppe (Sie fror ein bisschen);
  - Partikel (Gradpartikel) (Er hat sich sehr gefreut);
- *instrumental:*
  - präpositional (mittels / durch X);
- Begleit*umstand:*
  - präpositional (unter stetigem Rühren, ohne Umrühren);
- Begleit*person* (auch *komitativ*, von lateinisch comitare = begleiten): präpositional (mit / ohne Paula).

> Neben einer Zeichnung, auf der ein Fuchs mit einer hingebungsvoll toten Gans zu sehen ist:
>
> Sie kamen beim alten Fuchs vorbei, der gerade mit einer Gans seinen Geburtstag feiern wollte.
>
> (Aus Janoschs Kinderbuch „Oh wie schön ist Panama!")

Empfänger:
- Dativus commodi: Nomen / Pronomen (Er trug ihr *mein* Radio ins Zimmer);
- Dativus incommodi: Nomen / Pronomen (Er schlug ihr *das* Fenster kaputt);
- Pertinenzdativ: Nomen / Pronomen (Er schnitt ihm *die* Haare);
- Stellvertretung: Präposition (Er löste für sie das Kreuzworträtsel).

> Nimm dir Zeit – und nicht das Leben!
>
> (Slogan der Firma Gasolin zwischen 1949 und 1955)

Instanz:
- *Zuständigkeits*instanz: Nomen / Pronomen (Ihr gelang / misslang der Schokoladenpudding);
- *Aussagen*instanz:
    - *Normierungs*instanz (Dativus adhortativus): Nomen / Pronomen (Gib mir jä dem Paul das Buch zurück!);
    - *Bewertungs*instanz (Dativus ethicus):
        - Nomen / Pronomen (Du bist mir ein komischer Typ);
        - Präposition (Für mich ist sie eine interessante alte Frau);
    - *Bemessungs*instanz (Dativus iudicativus):
        - Nomen / Pronomen (Mir ist das zu laut);
        - Präposition (Für mich ist das zu laut);
- *Quellenangabe:*
    - Adverbialer Genitiv (Meines Wissens ist sie Lehrerin);
    - Präposition (Meinem Gefühl nach ist sie traurig. / Laut Paul ist sie Lehrerin);

konfrontierend:
- *kontrastierend:* Präposition (gegenüber X / im Unterschied zu X);
- *ersetzend:*
    - Präposition (= mit festem Genitiv) (Statt *eines* Messers benutzte er einen Schraubenzieher);
    - Konjunktion (= kasusdurchlässig) (Er benutzte einen Schraubenzieher statt *ein* Messer);
- *begrenzend:*
    - Präposition (= mit festem Dativ) (Außer meinem Freund hat Paula alle eingeladen);
    - Konjunktion (= kasusdurchlässig) (Paula hat alle außer meine Frau eingeladen);
- *eingrenzend:* Präposition (Deine Berechnungen sind bezüglich der Grundannahmen nicht richtig);
- *Bemessungsbezug:* Präposition (Angesichts seiner geringen Erfahrung ist das eine tolle Leistung).

In den beiden folgenden Beispielen wird das präpositionale Adverbiale *prädikativ* zu Subjekt bzw. Objekten verwendet:

Ich bekomme für einen Anfänger ziemlich viel Geld.

Sie hat *mir* für einen Anfänger sehr viel Verantwortung übertragen.

Sie hat mich für einen Anfänger ziemlich gut bezahlt.

Für eine Chefin ist *sie* ziemlich entscheidungsängstlich.

Ich finde *sie* für eine Chefin ziemlich entscheidungsängstlich.

6 Zugeordnete Angaben

434 Mit der Untersuchung, ob und welche Satzglieder *unmittelbar* von dem jeweiligen Verb und dem von ihm eröffneten Stellenplan abhängig sind, hat man nur einen ersten Schritt zur Untersuchung der abgegrenzten Satzglieder geleistet. Die einzelnen Satzglieder sind in ihrer *individuellen* Abhängigkeit vom *Prädikat* (= als dessen Ergänzung) bzw. ihrer individuellen Bedeutung (= als nicht valenzabhängige Angaben) untersucht worden.

Untersucht man darüber hinaus die Beziehung *zwischen* zwei Satzteilen in einem einfachen Satz, gibt es drei Optionen: Entweder sind es „Geschwister" wie in

> Paula isst mit Vergnügen zwei Stunden lang Bockwurst,

die ihre Bedeutungen unabhängig voneinander in den Satz einbringen, oder es sind „Zwillinge" wie in

> Paula isst morgens und abends Bockwurst,

die zusammen nur *ein* Satzglied bilden (darauf verweist die koordinierende Konjunktion und oder ein Komma an gleicher Stelle). Oder aber sie sind wie in

> Paula isst Bockwurst in der Regel mit Ketchup.

einander *zugeordnet*. In der Umgebung der *unmittelbaren* Satzglieder operieren also – gewissermaßen aus der zweiten Reihe – *mittelbare* Satzglieder, die auf sie bezogen sind und ihnen Informationen hinzufügen. Sie operieren als ein beweglicher 'Informations-Service' (ich hatte sie am Kapitelanfang in der Berufsrollen-Metaphorik als „Assistenten" bezeichnet).

> Tante Mathilde trifft ihren Neffen auf dem Weg zum Milchmann.
> „Aber Klaus", sagt sie missbilligend, „in dieser schmutzigen Hose willst du Milch holen?"
> „Aber nein, Tantchen, in der Kanne!"

435 Zugeordnete Satzglieder müssen zum einen von *Attribut*-Konstruktionen abgegrenzt werden:

> Paul isst Eis mit Sahne.

Wenn Eis mit Sahne ein *einziges* Satzglied ist, passt dazu folgende Erweiterung:

> Paul isst *immer* Eis mit Sahne.

Wird mit Sahne als *zugeordnetes* Satzglied zu Eis verstanden, passt demgegenüber die folgende Erweiterung:

> Paul isst Eis *immer* mit Sahne.

Zum anderen müssen zugeordnete Satzglieder von *regulären* abgegrenzt werden. Ein 436
Beispiel wie

Paul isst Eis mit Paula.

kann nur verstanden werden als *nicht* zuordnendes Nebeneinander von zwei regulären Satzgliedern, die sich beide parallel auf essen beziehen; eine Paraphrase für diese Lesart ist:

Paul isst Eis *gemeinsam* mit Paula.

Es sei denn, es ginge hier um eine der geschnittenen Szenen aus dem Film „Das Parfüm"; dann wäre eine passende Paraphrase

Paul isst Eis mit Paula *drauf / drin*.

Zugeordnete Angaben gibt es in unterschiedlicher *morphologischer* Form: 437
— als zugeordnete *Pronominal*-Angabe
  – zum Subjekt: *Die Zuhörer* haben uns alle beklatscht.
  – zum Objekt: Die Zuhörer haben *uns* einen nach dem andern umarmt. / Die Zuhörer haben *uns* einem nach dem andern Blumen geschenkt.
— als zugeordnete *Präpositional*-Angabe
  – zum Subjekt: *Männer* sehen in Shorts ziemlich doof aus.
  – zum Objekt: Paul isst *gekochte Eier* gerne im Glas.

„Doktor, ist es denn wirklich notwendig, daß mein Mann die Medizin immer in kaltem Wasser nimmt?"

— als zugeordnete *Konjunktional*-Angabe: Paula möchte ein so hohes Gehalt wie Paul haben. Diese konjunktional zugeordneten Angaben werden im folgenden Abschnitt (6.1) näher ausgeführt.

Neben diesen bisher angesprochenen zugeordneten Angaben gibt es *prädikativ* zugeordnete Angaben wie z. B. 438

Müde fährt *Paul* ziemlich schlecht Auto.
Ich will *ihm* als meinem besten Freund etwas Besonderes schenken.

Solche zugeordneten prädikativen Angaben werden im übernächsten Abschnitt (6.2) näher ausgeführt.

439 Unter diesen prädikativen Angaben gibt es solche mit *resultativer* Charakteristik, z. B.
> Er kochte die Fenchelknollen richtig weich.
> Sie lachen sich gesund.

Zu solchen resultativen prädikativen zugeordneten Angaben folgen nähere Ausführungen in Abschnitt 6.3.

6.1 Konjunktional zugeordnete Angaben

> *Einer der Werbe-Bildtexte der Fluggesellschaft „Condor":*
>
> Ein Bild mit einer Urlauberin, die im kristallklaren Wasser entspannt im Badeanzug und mit Flossen in einem auf dem Wasser schwimmenden aufblasbaren großen Sessel sitzt. Darunter dann:
>
> Im Reisebüro hieß es, die neue Condor Comfort Class ist schöner als, bequemer als, größer als. Dann sitzen Sie selber drin, lehnen sich zurück und fühlen sich: siehe oben

440 Um *konjunktional* zugeordnete Satzglieder, die nicht prädikativ konstruiert sind, handelt es sich bei den *vergleichenden* Konstruktionen (auf der Positiv-Stufe und auf der Komparativ-Stufe):
> Paul kann *so* schnell laufen wie ich.
> Paul kann schnell*er* laufen als ich.
> Paul läuft wie sein Vater.
> Paul läuft wie viele seiner Kollegen nach Dienstschluss nachhause.

Im ersten und zweiten Beispieltyp wird das *Ausmaß* einer bestimmten Handlungscharakteristik (= *Tempo*) durch den zugeordneten Satzteil vergleichend bestimmt, im dritten die Handlungscharakteristik *selbst*.

Im vierten Beispieltyp wird demgegenüber nicht die Handlungs*charakteristik* von zwei Personen(gruppen) vergleichend zueinander in Beziehung gesetzt, sondern das Gleichartige der betreffenden Handlungen selbst. Man kann dieses Beispiel paraphrasieren durch
> Paul *läuft nach Dienstschluss nachhause,* und das tun viele seiner Kollegen *auch.*

Demgegenüber lässt sich das dritte so paraphrasieren:
> Paul läuft *x-ig,* und so läuft sein Vater auch,

das erste so:
> Paul kann *x-ig* schnell laufen, und so *x-ig* schnell laufe ich auch.

Man kann die vierte Konstruktion mit der dritten kombinieren:
> Paul benimmt sich wie viele andere Menschen gegenüber Spinnen wie besessen.

441 Bei dem zweiten Beispielsatz kann der zugeordnete Satzteil ebenfalls *getrennt* vom Bezugsausdruck stehen:
> … weil er schneller *läuft* als ich,

er muss aber *nach* dem komparierten Adjektiv stehen:

*Als ich läuft er schneller.

Diese Reihenfolge-Bedingung gilt auch für die *Positiv*-Konstruktion im ersten Beispiel:

Sie ist fast *so schön* wie ich.
Sie singt *so schön* wie meine Großmutter.

Man kann die mit als und mit wie zugeordneten Satzglieder natürlich auch als verfestigte Ellipsen zu entsprechenden Teilsätzen auffassen:

Er läuft schneller, als ich laufe.
Sie singt so schön, wie meine Großmutter singt.

Ich würde angesichts der Etabliertheit solcher als- und wie-Zuordnungen eher von Teilsatz-*Äquivalenz* sprechen als von Teilsatz-*Ellipsen*; das Konzept Ellipse würde in diesem Fall nichts zur Erklärung beitragen.

Solche Vergleichsbeziehungen (→ Bd. 3: 312 ff.) haben eine offenere Struktur als die mit als und wie zugeordneten Satzglieder: Die Satzglied-Version ist auf *identische Prädikate* angewiesen, die Teilsatz-Version nicht:

Er *läuft* schneller, als ich mit dem Auto *fahren kann*.
Sie *singt* fast so schön, wie unser Hund *jault*.

In Konstruktionen wie den folgenden verbindet wie – so wie und – Elemente einer Aufzählung:

Die Jungen und die Mädchen waren von dem Buch begeistert.
Die Jungen wie die Mädchen waren von dem Buch begeistert.

Angesichts der gemeinsamen Funktion 'Aufzählung' verschwindet in diesem Gebrauch die zusätzliche Funktion der Konjunktion wie, das *Gleichartige* (hier:) der Einstellung hervorzuheben. Eine Konstruktion mit zugeordneter Angabe ist demgegenüber

Die Jungen waren wie die Mädchen von dem Buch begeistert.

Man erkennt den Konstruktionsunterschied, wenn man die beiden letzten Beispiele in den Singular setzt:

Der Junge wie das Mädchen *waren* von dem Buch begeistert.
Der Junge *war* wie das Mädchen von dem Buch begeistert.

In aufzählender Funktion von wie liegt ein Subjekt im Plural vor und verlangt vom Finitum Numerus-Kongruenz. In vergleichender Funktion als *zugeordnete Angabe* bleibt das Subjekt Der Junge und mit ihm das Finitum im Singular.

> *Überschrift in der Westdeutschen Allgemeinen Zeitung (WAZ):*
>
> Jungs sterben häufiger.
>
> („Der Spiegel" 31/2008, S. 154 – „Hohlspiegel")

6.2 Zugeordnete prädikative Angaben

Die prädikativen *Ergänzungen* zum Subjekt und zum Akkusativobjekt sind in der Valenz des prädikatsbildenden Verbs fest vorgesehen; insofern gehören sie zur Grundausstattung des Satzes:

Paul ist betrunken.
Er gilt als Spinner.
Sie findet ihn unmöglich.

Es gibt aber unter den Satzgliedern, die dem Subjekt bzw. Akkusativobjekt zugeordnet sind, auch *Angaben:*

Betrunken ist *Paul* unmöglich.
Betrunken findet sie *ihn* unmöglich.
Die Mutter brachte *das Kind* weinend zum Krankenhaus.

Im zweiten und dritten Beispiel ist die Zuordnung von betrunken (ob er oder sie betrunken ist) bzw. weinend (wer auf der Fahrt zum Krankenhaus weint) doppeldeutig. Solche Zuordnungsprobleme werden weiter unten erläutert (→ 449 ff.).

Zugeordnete Angaben gibt es darüber hinaus auch zum Dativobjekt:

Betrunken traue ich *Paul* einen solchen Fußmarsch nicht zu.

445 Diese beiden Zuordnungsstrukturen funktionieren *ohne* explizite Zuordnungsmittel. Es gibt demgegenüber auch *konjunktionale* Formen der Zuordnung mit den Satzglied-Konjunktionen wie und als:

Er spielte wie *ein Besessener* Cello. / Er spielte wie *besessen* Cello.
Als *Vorsitzender* schätze *ich* ihn sehr.

Diese Konjunktionen zeigen die Zuordnung lexikalisch an. Bei wie-Zuordnungen ist die prädikative Struktur (= *Er* ist *ein Besessener / besessen*) in einen hypothetischen Vergleich eingebaut: ..., wie wenn *er besessen wäre*. Die als-Zuordnungen geben einen verengenden Blickwinkel vor, unter dem die Aussage gültig ist: Dass ich ihn schätze, ist auf die Rollenperspektive 'Vorsitzender' bezogen und ggf. auch *begrenzt* (als *Freund* fände ich ihn vielleicht unangenehm oder uninteressant).

446 *Konjunktional* lassen sich Angaben grundsätzlich jedem Satzglied zuordnen – Subjekten und Objekten, mit als auch adverbialen Ergänzungen und adverbialen Angaben. Bei den beiden Ausgangsbeispielen war die Angabe prädikativ dem jeweiligen Subjekt zugeordnet. Bei den folgenden Beispielen ist sie zugeordnet

– dem Akkusativobjekt:

Als Vorsitzenden schätze ich *ihn* sehr.
Ich schätze *ihn* wie einen guten Freund.

– dem Dativobjekt:

Wir haben *ihr* als Vorsitzender gestern die ganzen Beschwerden vorgelegt.
Er hat *seiner Chefin* wie einer Freundin sein ganzes Leid geklagt.

– dem Genitivobjekt:

Ich gedenke *deiner* als unserer besten Chefin in großer Zuneigung!
Ich gedenke deiner wie einer guten Freundin.

– dem Präpositionalobjekt:

Er freute sich über *das neue Cello* als sein schönstes Geschenk überhaupt.

Er freute sich über *das kleine Bild* wie über eine Kostbarkeit.
- der lokalen Adverbialergänzung:
    Die Feierlichkeiten fanden im *Schloss* als dem Stammsitz der Familie statt.
- der temporalen Adverbialangabe:
    Wir feiern dieses Jahr in *Berlin* als dem neuen Prunkstück Deutschlands ...
- der instrumentalen Adverbialangabe:
    Ich repariere kaputte Manteltaschen meistens mit *Pattex* als einem relativ haltbaren Klebstoff.
- der direktionalen Adverbialergänzung:
    Ich lege den Kuchen auf *den Schrank* als den einzigen kindersicheren Platz in dieser Wohnung.

Dabei beziehen sich die Satzglieder, die *präpositionalen* Ausdrücken zugeordnet sind, nicht auf deren *präpositionalen Kopf*, sondern auf die ihm nachgeordnete *Nominalgruppe*. Daher sind in den fünf letzten Beispielen die Präpositionen selber *nicht* kursiv gesetzt.

Der zugeordnete Satzteil hat bei prädikativen *Ergänzungen* einen deutlich anderen Status als bei prädikativen *Angaben*. Bei prädikativen Ergänzungen steht die Prädikation x ist y *selbst* im Mittelpunkt: In Er galt als schwach oder Sie fand ihn schwach geht es um das Urteil Er ist schwach, das durch die jeweiligen Verben unterschiedlich *moderiert* ist – als Einschätzung von *Einzelnen* (finden) oder als Urteil *vieler* (gelten). Bei prädikativen Angaben ist die prädikative Struktur x ist y demgegenüber im *Hintergrund:* Bei Als Vorsitzenden schätze ich ihn ist zwar die Annahme Er ist Vorsitzender richtig, aber es geht nicht um *dieses* Faktum, sondern um die Wertschätzung, deren Gültigkeit durch die prädikative Angabe als Vorsitzenden lediglich *begrenzt* wird. 447

Traditionell spricht man bei prädikativen Angaben auch von prädikativen *Attributen*. Damit versucht man eine syntaktische Besonderheit mit untauglichen begrifflichen Mitteln anzuzeigen, denn *Attribut* ist definiert als Satzglied-*Teil*, prädikative Angaben wie Als Vorsitzenden in Als Vorsitzenden schätze ich ihn sehr oder wie kalt in Kalt trank er Kaffee gern sind aber in ihrem Stellungsverhalten reguläre *Satzglieder*. 448

Von *prädikativen Attributen* könnte man allenfalls bei Phänomenen des *Satzglied-Splittings* wie in Äpfel aß er am liebsten rote (→ 82 f.) reden, weil hier der *Attribut*status von rote (auch durch die Kongruenz) deutlich ist. Mit diesen dürfen prädikative Angaben ebenfalls nicht verwechselt werden.

Zuordnungsprobleme

Bei prädikativen Angaben gibt es häufiger Zuordnungs-Unsicherheiten, jedenfalls wenn man Sätze außerhalb konkreter Kontexte untersucht.

Bei *konjunktionalen* Prädikativen ist die Konjunktion als durchlässig für den Kasus, der von dem Satzteil übernommen werden muss, auf den sich das Prädikativum bezieht. Da im Deutschen die Kasusformen meistens nicht trennscharf sind, kann es hier Zuordnungsprobleme geben: 449

Als Chef finde ich ihn unmöglich.

Spricht hier ein Mitarbeiter kritisch bzw. abwertend über seinen Chef oder der Chef über einen Mitarbeiter? Ist also das Prädikativum als Chef dem Subjekt oder dem Akkusativobjekt zugeordnet?

Bei Nomen, die zu Deklinationsklassen mit stärker differenzierenden Kasusformen gehören, z. B. Hase, entstehen solche Zuordnungsprobleme nicht:
> Als Hasen finde ich *ihn* unmöglich.
> Als Hase finde *ich* ihn unmöglich.

Im ersten Beispiel – aus einem Kontext, wo es um Karnevals-Verkleidungen geht – ist das Prädikativum dem Subjekt zugeordnet; im zweiten – aus einer Welt, wo die Urteile von Hasen etwas gelten – ist es dem Akkusativobjekt zugeordnet.

450 Bei *adjektivischen* Prädikativen können Doppeldeutigkeiten entstehen:
> Paul aß den Apfel ungewaschen.
> Ungewaschen aß Paul den Apfel.

Ist Paul ungewaschen oder der Apfel? Ist das adjektivische Prädikativum also dem Subjekt oder dem Objekt zugeordnet? Eindeutig ist nur die Stellung der prädikativen Angabe im Mittelfeld:
> Paul aß ungewaschen den Apfel.

451 *Innerhalb des Mittelfelds* muss das Prädikativum *rechts* von seinem Bezugsausdruck stehen; es kann sich hier also nur auf das Subjekt beziehen. Im ersten Beispiel steht es rechts von *beiden* potentiellen Bezugsausdrücken, wir haben also die Wahl. Im zweiten steht es links von *beiden* potentiellen Bezugsausdrücken in markierter Stellung – auch hier sind beide Lesarten möglich.

Die Doppeldeutigkeit in der Stellung des ersten Beispiels gilt für mehrere Kasus-Konstellationen:
> Paul küsste sie ungekämmt (= Paul oder sie ist ungekämmt).
> Paul erinnerte sich ihrer ungekämmt.
> (= In seiner Erinnerung ist sie ungekämmt – oder er erinnert sich an sie, ohne dass er sich gekämmt hat.)
> Paul überreicht ihr ungekämmt die Promotionsurkunde.
> (= Ist der Dekan ungekämmt oder die frisch Promovierte?)

Aber:
> Paul saß *bei* ihr ungekämmt (= *Paul* ist ungekämmt).

Die Einbettung in eine Präpositionalgruppe blockiert also eine prädikative Zuordnung. Dies gilt auch für eine präpositionale Einbettung von Paul:
> Den Paul küsste sie ungekämmt (= Sie oder er ist beim Küssen ungekämmt).
> *Mit* dem Paul schmuste sie ungekämmt (= *Sie* ist beim Schmusen ungekämmt).

6.3 Resultative prädikative Angaben

452 Wenn prädikative Angaben *zum Akkusativobjekt* aus einem *Adjektiv* bestehen, dann haben sie häufig eine *resultative* Lesart:
> Paul aß die Kartoffeln *weich*.
> Der Riese fraß uns kalt.
> Paul kochte die Kartoffeln *weich*.
> Seine Frau rührte die Soße kalt.

6.3 Resultative prädikative Angaben

Das erste Beispiel lässt (wie das zweite) nur eine 'simultane' Lesart zu: Er aß die Kartoffeln, die <u>waren</u> *dabei / bereits* weich. Das dritte lässt (wie das vierte) nur eine resultative Lesart zu: Er kochte die Kartoffeln, die <u>wurden</u> *dann / dadurch* weich.
Resultative Adjektivangaben sind also einer *nachzeitig-durativen* Teilsatzbeziehung äquivalent (→ Bd. 3: 381): Er kochte die Kartoffeln, bis sie weich waren.

Das zugeordnete Adjektiv weich stufe ich hier grundsätzlich als Angabe ein, und zwar als resultative Adjektivangabe. Die Valenz des Verbs kochen bleibt von dieser Option auf eine resultative Lesart unberührt; man braucht dem Verb für die resultative Lesart nicht eigens eine andere, nämlich resultative (auch: *perfektive*) Valenz zuzuschreiben, denn kochen stellt in seiner Grundbedeutung einen zeitlich – und damit auch in seinen Auswirkungen – *offenen, kontinuierlichen* Prozess dar, der die Option auf Zustandsänderung des gekochten Materials bereits enthält.

Ob eine solche Zuordnungsstruktur simultan oder resultativ zu lesen ist, hängt also von der Konstellation aus Verbbedeutung und zugeordnetem Satzglied ab: Die beiden ersten Beispiele können nicht resultativ gelesen werden, weil essen kein Vorgang ist, der die *Struktur* des Gegessenen ändert, und fressen kein Vorgang, der seine *Temperatur* senkt.

Ein Beispiel wie
> Paul kaut das Fleisch weich.

kann nur resultativ verstanden werden; es könnte sich auf einen überfürsorglichen Alleinerzieher beziehen, der für seine zahnlosen Kinder die zu kurz gekochten Kartoffeln vor dem Verfüttern erst einmal weich kaut.

Adjektivangaben können in einem Satz also maximal drei Lesarten eröffnen: 453
> Paula küsste ihn leicht.

Die drei Lesarten dieses Satzes bezogen auf leicht sind:
1. Es ist eine reguläre *modale* Angabe und beschreibt die Ausführung des Küssens (= keine heftige Knutscherei).
2. Es ist eine prädikative Adjektivangabe zum *Subjekt* und beschreibt Paulas psychischen Zustand *beim* Küssen. In dieser Bedeutung ist es paraphrasierbar durch dabei war ihr leicht zu Mute.
3. Es ist eine prädikative Adjektivangabe zum *Objekt* und beschreibt die *Wirkung* ihrer Küsse (= er fängt schließlich an zu 'schweben', 'verliert den Boden unter den Füßen' usw.). In dieser Bedeutung ist es paraphrasierbar durch bis ihm ganz leicht zu Mute war. Diese Lesart wird als *resultativ* bezeichnet. Man spricht entsprechend von einem resultativen Prädikativ, hier: einer resultativen Adjektivangabe zum Objekt.

> *Aus der „Frankfurter Rundschau":*
> 31-jährige Vietnamesin feilte Nägel schwarz
> („Der Spiegel" 25/2008, S. 184 – „Hohlspiegel")

Prädikative Angaben zu resultativ erweiterten Verben?

454 Bei den bisher kommentierten resultativen Prädikativen lagen immer *transitive* Verben mit einer *besetzten* Akkusativobjekt-Stelle vor; das Akkusativobjekt ist zugleich das Subjekt der impliziten x-ist-y-Struktur:

> Paul kochte die Kartoffeln weich.
> Paul kocht die Kartoffeln. – Die Kartoffeln sind *dann* weich.

Es gibt *zwei* weitere Gruppen von Verben, die mit resultativen Adjektivangaben kooperieren können; dazu brauchen sie aber eine *strukturelle Erweiterung*:

455 Zum *einen* sind dies transitive Verben wie fressen oder essen, die zwar eine fakultative Akkusativergänzung vorsehen (= jemand frisst / isst etwas), bei einer *resultativen* Benutzung diese Stelle aber nicht realisieren. Auf diesem 'freien' Platz kann das *implizite* Subjekt – im passenden morphologischen Format eines *Akkusativs* – geparkt werden:

> Der Riese fraß uns arm (= Der Riese fraß, bis wir arm waren).
> Paul aß den ganzen Topf leer (= Paul aß, bis der Topf leer war).
> Paul aß sich satt (= Paul aß, bis er satt war).

Was der Riese bzw. Paul dabei zu essen bekommen, wird also nicht ausgeführt; die in der *Valenz* von fressen bzw. essen angelegte Stelle des Akkusativobjekts wird umfunktioniert als Parkplatz für uns / wir bzw. den ganzen Topf / der ganze Topf, also das jeweilige implizite Subjekt der x-ist-y-Struktur.

456 Zum *andern* sind dies *nicht*-transitive Verben wie singen oder schwimmen, die von ihren regulären Valenzen her eine Akkusativ-Stelle für ein solches implizites Subjekt nicht bieten können:

> Paula *sang* uns munter. = Paul sang, bis wir munter waren.
> Paul *schwamm* sich sauber. = Paul schwamm, bis er sauber war.

Hier wird also zusätzlich zur resultativen Adjektivangabe noch eine Akkusativangabe eingebaut, die den Bezugspunkt für die resultative Aussage liefert.

Ich vergleiche die bislang betrachteten drei Konstruktionen resultativer Adjektivangaben noch einmal miteinander:

> Er kocht die Kartoffeln weich.
> Der Riese frisst uns arm.
> Paula schwimmt sich gesund.

457 Diese drei Konstruktionen erreichen ihre resultative Bedeutung mit unterschiedlichen syntaktischen Mitteln: Bei transitiven Verben wie im ersten Beispiel, die kontinuierliche Handlungen bezeichnen, wird die resultative Lesart allein durch die zugeordnete prädikative *Angabe* bewirkt, die sich auf das regulär vorhandene Akkusativobjekt bezieht. Bei Verben mit fakultativer Akkusativergänzung wie im zweiten wird die nicht besetzte fakultative Akkusativobjektstelle *umgewidmet* und nimmt das implizite Subjekt der prädikativen Struktur im *Akkusativ*format auf; diese umgewidmete Stelle ist insofern keine Ergänzung, sondern eine resultative *Akkusativangabe*. Bei intransitiven Verben wie im dritten Beispiel wird zusätzlich eine formale Akkusativangabe eingelagert, die die Plattform für das implizite Subjekt bildet.

Zu den ersten beiden Konstruktionen mit Akkusativ/implizitem Subjekt + Adjektivangabe gibt es interessante Parallelen:

Zum *einen* gibt es Konstruktionen mit Akkusativ + Infinitiv: parallel zum ersten der oben aufgeführten drei Beispiele den sog. Accusativus cum infinitivo (abgekürzt zu: AcI) bei transitiven Verben, die Ergänzungsbeziehungen bilden können (→ Bd. 3: 477):

    Er *sah* uns kommen. = Er sah uns. + Er sah, dass/wie wir kamen.

Auch hier ist also das reguläre Akkusativobjekt zugleich implizites Subjekt zum Infinitivausdruck.

Parallel zum zweiten der oben aufgeführten drei Beispiele gibt es eine Akkusativ+Infinitiv-Konstruktion bei einzelnen transitiven Verben:

    Du *machst* mich lachen! = Du machst, dass ich lache!

Auch hier ist die zu machen angelegte Akkusativergänzungs-Stelle umgewidmet und belegt durch das implizite Subjekt zu Ich lache.

Zum *anderen* gibt es Konstruktionen mit Akkusativ + Partizip II bei transitiven Verben, die Ergänzungsbeziehungen bilden können: parallel zum ersten der oben aufgeführten drei Beispiele

    Er *sah* die Stadt in seiner Vorstellung schon von allen verlassen. = Er sah in seiner Vorstellung (die Stadt) schon, wie sie von allen verlassen war.

Parallel zum zweiten der drei Beispiele:

    Er *fühlte* sich von uns getäuscht. = Er fühlte, dass er von uns getäuscht worden war.

Bei den resultativen Konstruktionen handelt es sich fast immer um resultative *Adjektiv*angaben. Im Einzelfall kommen auch resultative *Präposition*alangaben vor:

    Paula *argumentierte* sich ins Abseits.

Auch hierfür gelten die oben gegebenen Erläuterungen: Bei argumentieren handelt es sich um ein intransitives Verb, daher wird zusätzlich eine formale Akkusativangabe eingelagert, die die Plattform für das implizite Subjekt bildet. Auf dieser importierten Valenzstelle wird sich in der Rolle als implizites Subjekt der x-ist-y-Struktur platziert:

    Paula argumentierte, bis sie im Abseits war.

> *Aus der Werbung der Postbank:*
> Deutschland spart sich reich

> *Aus der Telekom-Werbung für eine neue Handy-Flatrate:*
> Deutschland quatscht sich leer

(Ich fürchte, da ist was dran!)

7 Spezialisten

459 Die bisher angesprochenen Adverbialien (temporal, modal, kausal usw.) sind durchweg *sachverhaltserweiternd*, sie sind eine zusätzliche Informationsportion auf gleicher Ebene wie andere Adverbialien und tragen zur Ausdifferenzierung der 'Umstände' bei, unter denen ein Geschehen erfolgt. Diese Adverbialien sind durchweg vorfeldfähig. Sie sind teilweise durch *Konstituenten*sätze in *Adverbial*beziehungen ersetzbar:

> Er kam nach Beginn des Regens. → Er kam, nachdem der Regen begonnen hatte.

Man kann sie – soweit sie Angaben darstellen – mit und zwar anschließen:

> Er kam, und zwar nach Beginn des Regens.

Neben diesen Adverbialien mischen in vielen Sätzen auch Satzteile 'für besondere Aufgaben' mit – *Spezialisten*, die einen Sachverhalt nicht erweitern, sondern als Ganzes kommentieren bzw. die Wirkung der Aussagen in der Kommunikation steuern. Ich unterscheide drei Gruppen mit weiteren Untergruppen:

460 *Sachverhalts*-Spezialisten: Sie kommentieren einen Sachverhalt unter den Gesichtspunkten

– Sachverhalts-Status:

> Gestern habe ich es *nicht* geschafft.
> Gestern habe ich es *fast / gerade* geschafft.

– Fokussierung:

> *Vor allem* wollte er schlafen.
> Er hat mir *zumindest* geschrieben.

– Evaluation:

> Sie hatte *vergeblich* bei uns angerufen.
> Sie hatte *mit / ohne Erfolg* bei ihm vorgesprochen.

– Bewertung:

> *Zu meinem Bedauern / Leider* kann ich nicht kommen.
> Sie hat *tatsächlich* mein Auto zusammengefahren!

461 *Aussagen*-Spezialisten: Sie kommentieren eine Aussage unter den Aspekten

– Aussagen-*Form:*

> Mit diesem Argument hat sie ihn *gleichsam* entmachtet.

– Aussagen-*Status:*

> Sie ist *vermutlich* nicht da.
> *Vielleicht* schläft sie.

Dialog-Spezialisten: Sie beteiligen sich bei der Abstimmung der Einstellungen zu einem Sachverhalt zwischen den Gesprächsbeteiligten:
> Er wird *ja wohl* zu ihrem Geburtstag kommen.

Mehrere dieser Spezialisten lassen sich kombinieren:
> Vor allem hat Paula ja gestern angeblich // leider ihren Chef mit diesem Argument fást mit Erfolg sozusagen entmächtet.

Hier sind (etwas gewaltsam, ich gebe es zu) jeweils sechs der sieben Optionen realisiert. Sachverhaltsbewertung und Geltungskommentierung kann man nicht zugleich realisieren; das leuchtet ein: Wenn man die Gültigkeit einer Behauptung noch unter Vorbehalt stellt (angeblich), kann man nicht gleichzeitig schon das behauptete Faktum als gegeben bewerten (leider). Insofern ist entweder angeblich oder leider möglich (dies soll der *doppelte* Schrägstrich andeuten).

Diese Satzteile sind in ihrem (Stellungs-)Verhalten ziemlich eigenwillig. Sie sind nicht erfragbar; sie können nicht mit ..., und zwar ... angeschlossen werden; viele von ihnen sind nicht oder nicht ohne Weiteres vorfeldfähig. Ich stufe sie daher nicht als reguläre Satzglieder ein und spreche von ihnen insgesamt vorsorglich als Satz*teilen*.

Im Folgenden werden diese sechs Gruppen von Spezialisten erläutert; dies geschieht unterschiedlich detailliert, teilweise sind schon im Kapitel Wortarten die als Spezialisten wirksamen Adverbien und Partikeln ausführlich dargestellt worden. Darauf wird jeweils verwiesen.

7.1 Sachverhalts-Spezialisten

Sie dienen der *spezifischen* Zubereitung der Sachverhaltsdarstellung. Diese Spezialisten operieren teilweise an der Grenze zwischen Satzglied- und Attribut-Status. Ich setze vier Untergruppen an:

Sachverhalts-Status

Diese Gruppenbildung ist der Versuch, den traditionellen Einzelgänger nicht einzubinden in eine kleine Gruppe von Spezialisten, die alle über die spezifische Art der Realisierung oder eben Nicht-Realisierung Aussagen machen:
- realisiert:
  - Adverb – Wir haben es gerade geschafft (= gerade hier in *nicht*-temporaler Lesart).
- *noch* nicht realisiert:
  - Adverb – Wir haben es fast geschafft.
  - präpositional – um ein Haar;
- *nicht* realisiert:
  - Adverb – Er fährt heute keinesfalls (= markiert);
  - Partikel – Paul mag Kirschen nicht / Kirschen mag Paul nicht.

Der Wortart nach ist nicht eine Negationspartikel. Sie ist nicht vorfeldfähig, und sie ist nicht erfragbar (eine Entscheidungsfrage wie Mag Paul keine Kirschen? führt nicht zur Negationspartikel nicht, sondern zur Antwortpartikel Nein).

464   Für nicht gibt es zwei Verwendungsweisen: eine *satz*bezogene und eine *satzteil*bezogene.

Bei der satzbezogenen ist ihr Skopus (also ihr Geltungsbereich) der ganze restliche Satz, ausgenommen allerdings ev. vorhandene *andere* Spezialisten:

Angeblich hat Paul mir das Buch nicht zurückgegeben.
→ Angeblich ist es so, dass Paul mir das Buch nicht zurückgegeben hat (= vielleicht aber doch).

Paula kommt heute leider nicht. → Leider ist es so, dass Paula heute nicht kommt.

Heute hätte ich die Joggingstrecke fast nicht geschafft.
→ Fast wäre es heute so gewesen, dass ich die Joggingstrecke nicht geschafft hätte (= ich habe es aber geschafft).

Paula hat mit dieser Begrüßung sozusagen nicht die Höflichkeitsstandards erfüllt.
→ Man kann so sagen: Paula hat mit dieser Begrüßung nicht die Höflichkeitsstandards erfüllt.

Du hast ja wohl eben nicht richtig aufgepasst.
→ Du hast eben nicht richtig aufgepasst – du siehst das auch so, ne?

Insofern stimmt die Bezeichnung 'satzbezogen' nicht ganz; man müsste von 'sachverhaltsbezogener' Negation sprechen. Die Negationspartikel steht in der Regel rechts von solchen sachverhalts- bzw. satz- bzw. dialogbezogenen Satzteilen.

Innerhalb des negierten Sachverhalts kann nicht dann mit unterschiedlichem Fokus verwendet werden:

Paul hat mir gestern das Buch nicht zurückgegeben.
Paul hat mir gestern nicht das Buch zurückgegeben.
Paul hat mir nicht gestern das Buch zurückgegeben.
Paul hat nicht mir gestern das Buch zurückgegeben.
Paul hat gestern das Buch nicht mir zurückgegeben.
usw.

465   In allen diesen Sätzen gilt die Aussage:

Es stimmt nicht, dass Paul mir gestern das Buch zurückgegeben hat.

Es werden aber jeweils andere Ausschnitte des Sachverhalts fokussiert. Der fokussierte Ausschnitt kann größer oder kleiner sein: Er kann den ganzen restlichen Sachverhalt umfassen:

Nach meiner Erinnerung hat Paul mir gestern nicht das Buch zurückgegeben.

Er kann ein Satzglied und das Prädikat umfassen wie der zweite der fünf Beispielsätze oder auch nur *eines* der Satzglieder, z.B. das Buch, wenn in dem zweiten Satz das Finitum den Hauptakzent und das Buch einen Nebenakzent trägt:

Paul hàt mir gestern nicht das Bùch zurückgegeben.

Wenn in dem gleichen Satz mir bei *ansteigender* Tonhöhe den Hauptakzent und nicht bei *fallender* Tonhöhe einen Nebenakzent erhält, ist das Satzglied mir fokussiert:

Paul hat ↑mír gestern ↓nìcht das Buch zurückgegeben.

Die Negationspartikel kann also in Abhängigkeit von Satzstellung und den jeweiligen Akzent- und Tonhöhen-Mustern links *oder* rechts von dem fokussierten Teil-Sachverhalt stehen.

Diese bisher dargestellte Fokusvariation erfolgt innerhalb der Verwendung als *satzbezogene* Negation.

Bei der *satzteil*bezogenen Verwendung von nicht wird zwar auch ein einziger Satzteil (Satzglied oder Satzgliedteil) fokussiert, diese Art der Negation kommuniziert aber einen etwas anderen Wissensstand über den Sachverhalt. Ich versuche den strukturellen Unterschied an einem Beispiel derselben Satzstellung und mit demselben Satzgliedfokus zu zeigen und nutze dabei auch kontrastierende Aussagen*weiterführungen:*

466

> Paul hàt mir gestern nicht das Bùch zurückgegeben – *vielleicht was anderes, aber nicht das Buch.*
> Paul hat mir gestern nicht das Bùch zurückgegeben, *sondern die beiden Schallplatten.*

Der epistemische Unterschied zwischen der satzbezogenen und der satzteilbezogenen Negation liegt also (nur – aber immerhin!) darin, dass der Sprecher im zweiten Fall hinsichtlich des fokussierten Rückgabegegenstands über Wissen verfügt, im ersten allenfalls über Vermutungen.

Das hört sich vermutlich kompliziert an – und das ist es auch, jedenfalls wenn man über die hier bedeutungsregulierenden Stimminformationen nur andeutend schreiben, nicht aber sie demonstrieren kann.

Je markierter die Satzstellung ist, desto unabhängiger wird die Lesart von der Stimminformation. Der letzte Satz der anfänglichen Gruppe der fünf Beispiele kann – grammatische Korrektheit dieser Satzstellung unterstellt – nur als *satzteil*bezogene (= auf mir bezogene) Negation verstanden werden.

> Mutter zu Hans:
> „Man bohrt nicht mit dem Zeigefinger in der Nase!"
> „Welchen Finger nimmt man denn?"

Fokussierung

An dieser Funktion 'Fokussieren' beteiligen sich die *Fokuspartikeln* (nur, gerade, auch, sogar, zumindest usw. → Bd. 1: 479 ff.) sowie *Adjektive* (vorrangig) und *präpositional* eingeleitete Wortgruppen (vor allem):

467

> Vor allem konnte Paul hervorragend kòchen.
> Vor allem kòchen konnte Paul hervorragend.
> Kòchen vor allem konnte Paul hervorragend.

Die Fokussierer bewirken *lexikalisch* den Effekt der Fokussierung, den auch Stellung und Stimmführung leisten können; allerdings haben sie oft auch einen spezifizierenden, einschränkenden Effekt (etwas fokussieren heißt eben auch, anderes auszublenden), den die nicht-lexikalischen Mittel nicht haben. Fokussierer sind nicht erfragbar. Die Fokus*partikeln* sind nicht vorfeldfähig, die beiden anderen hier angeführten Fokussierer (vorrangig im zweiten und vor allem im vorletzten Beispiel) sind es bedingt.

Evaluation

468 Hier geht es um Einschätzungen des Erfolgs oder Misserfolgs. Zur Verfügung stehen Adjektive (vergeblich / erfolgreich), Adverbien (vergebens) und Präpositionalgruppen (mit / ohne Erfolg). Beispiele wie

> Sie hatte mit / ohne Erfolg bei ihm vorgesprochen.

können formoffen paraphrasiert werden z. B. zu

> Sie hatte bei ihm vorgesprochen und hatte (damit) Erfolg. / ..., und das war erfolgreich.
>
> Sie hatte bei ihm vorgesprochen, *aber* ohne Erfolg. / ..., das war aber nicht erfolgreich.

Bewertung

469 Hier geht es um die *persönliche* Stellungnahme. Zur Verfügung stehen Kommentaradverbien wie glücklicherweise, leider und präpositionale Gruppen wie zu meinem Bedauern, zum Glück.

> Der Mann aß leider einen vergifteten Kuchen.
>
> Er ist jetzt leider tot.

Diese Satzteile sind nicht erfragbar, sind aber regulär vorfeldfähig:

> Leider aß der Mann einen vergifteten Kuchen.

Solche Konstruktionen sind durch *Matrix*sätze in *Ergänzungsbeziehungen* (→ Bd. 3: 426) ersetzbar:

> Leider ist er jetzt tot → *Es ist bedauerlich*, dass er jetzt tot ist.

470 In dem folgenden Beispiel erscheint tatsächlich – zumindest auf den ersten Blick – als Aussagenstatus kommentierendes Adverbiale in einer Reihe mit vermutlich, wahrscheinlich und weiteren Spezialisten:

> Tatsächlich hat sich Paul gestern das teure Auto gekauft.

Es operiert dabei mit einem Skopus auf unterschiedlichen Abhängigkeitsstufen:

> Restsatz: Paul ist tatsächlich gekommen.
>
> Satzglied: Paul hat tatsächlich Blumen mitgebracht.
>
> Attribut: Paul hat einen tatsächlich neuen Witz erzählt.

Während aber Spezialisten wie vermutlich oder wahrscheinlich gerade die *bedingte* Gültigkeit einer Aussage – also den Aussage-Status – ansprechen, wäre tatsächlich (oder wirklich) ein Marker, der in *jeden* Satz hineingehörte, dessen Geltung unbestritten ist. Eine Äußerung wie

> Paul ist tatsächlich gekommen.

wäre kommunikativ irrelevant, wenn sie nur anzeigen sollte, dass die Aussage *zutrifft*. Wir zeigen nicht bei jeder Aussage wie Es hat gestern geregnet den Status 'zutreffend' an, sondern nur der Fall, wo etwas *nicht* sicher zutrifft, wird markiert. Insofern muss eine Aussage wie Es hat gestern *tatsächlich* geregnet, damit sie sinnvoll ist, den Hintergrund haben, dass der Regen nicht erwartet wurde; damit wird nun aber das eigene Erstaunen gegenüber dem Adressaten kommuniziert. Insofern handelt es sich bei tatsächlich, wirklich und deren Substandard-Variante echt (Er ist echt gekommen!) um sachverhalts*bewertende* Kommentare.

7.2 Aussage-Spezialisten

Die hier beteiligten Spezialisten beziehen sich nicht auf den Sachverhalt, über den etwas ausgesagt wird, sondern auf die Aussage selber, und zwar hinsichtlich ihrer Form wie auch ihres 'Wahrheits'-Status.

Aussagen-Formen

Es handelt sich hier um Satzteile wie gleichsam, gewissermaßen, sozusagen. Sie sind nicht erfragbar und stehen im Regelfall nicht allein im Vorfeld. Daher werden sie nicht als Adverbialien bezeichnet, sondern als Satzteile, wobei ihr syntaktischer Status nicht näher festgelegt wird.

> Der Mann verschlang sozusagen seinen Kuchen.
> Der Mann isst gewissermaßen wie ein Staubsauger.

Diese Satzteile können im Einzelfall mit dem von ihnen kommentierten Ausdruck gemeinsam im Vorfeld stehen:

> *Sozusagen* verschlungen hat er den Kuchen.

Sie sind in dieser Funktion äquivalent zu *Konstituenten*sätzen in *Adverbialbeziehungen* in Kommentarstufe II (→ 466f.):

> Es handelt sich *gleichsam* um Exkommunikation.
> → Es handelt sich, *wenn du so willst*, um Exkommunikation.

Adverbien wie sozusagen sind sogar noch auf diese Herkunft aus einer satzwertigen Form rückbeziehbar:

> Es handelt sich *sozusagen* um Exkommunikation.
> → Es handelt sich – *um es (einmal) so zu sagen* – um Exkommunikation.

Eine andere topologische Besonderheit bietet mit Verlaub; man kann es nur bedingt als Adverbiale einstufen: Es wird mit (Doppel-)Komma aus dem regulären Satzverband herausgehalten; es steht in der Regel im (frühen) Mittelfeld wie in

> Sie reden, mit Verlaub, ziemlichen Unsinn!

oder *vor* dem Vorfeld (= führt also in dieser Anfangsstellung nicht zu einer Stellungsänderung innerhalb des restlichen Satzes):

> Mit Verlaub, Sie reden ziemlichen Unsinn! (*Mit Verlaub reden Sie ziemlichen Unsinn!)

Es entspricht in seiner Funktion Teilsätzen der Kommentar-Stufe II:

> Um es deutlich zu sagen, Sie reden ziemlichen Unsinn!
> Wenn Sie mir meine Direktheit nicht übelnehmen – Sie reden ziemlichen Unsinn!

Auch hier besetzen sie nicht das Vorfeld:

> *Um es deutlich zu sagen, reden Sie ziemlichen Unsinn!
> *Wenn Sie mir meine Direktheit nicht übel nehmen, reden Sie ziemlichen Unsinn!

Aussagen-Status

> A: Sind diese Blumen künstlich?
> B: Natürlich.
> A: Natürlich?
> B: Nein, künstlich.
> A: Ja zum Donnerwetter, sind sie nun natürlich oder künstlich?
> B: Natürlich künstlich.

473 Hier geht es um Angaben sehr unterschiedlicher Form und Wortartzugehörigkeit: wahrscheinlich (= Adjektiv), vielleicht (= Adverb), meines Wissens (= Genitivgruppe), nach meiner Kenntnis (= Präpositionalgruppe).

Diese Angaben kommentieren die jeweilige Aussage im Hinblick auf ihre Geltungsbedingungen. Dabei kann man mit Angaben wie vielleicht, wahrscheinlich und sicherlich differenzieren, wie sicher die Aussage zutrifft. Zudem kann man mit Angaben differenzieren, worauf sich die jeweilige Aussage gründet: auf eigene Informationen (meines Wissens), auf die Plausibilität eines Eindrucks (offensichtlich) oder auf Einschätzungen Dritter (angeblich).

Diese Angaben sind in der Regel vorfeldfähig. Sie sind aber nicht erfragbar. Die für Adverbialangaben typische und-zwar-Probe klappt hier *nicht*:

*Er kommt morgen, und zwar wahrscheinlich.

474 Insofern werden diese Spezialisten nicht zu den regulären Satzgliedern gerechnet. Man kann sie durch *Matrix*sätze von Ergänzungsbeziehungen ersetzen:

Wahrscheinlich kommt er morgen. → Es ist *wahrscheinlich*, dass er morgen kommt.

oder

Vielleicht kommt sie doch noch. → *Es ist möglich*, dass sie noch kommt.

> Ansage des Zugschaffners in einem ICE, der vorher bereits zweimal einen Nothalt wegen vermuteter technischer Defekte vornehmen musste:
>
> Wir erreichen Siegburg voraussichtlich um 21.58.

475 Bei aussagekommentierenden Adverbialien muss ihr Bezugsbereich (Skopus) klar sein; daher ist ihre Wortstellung meist auffällig: In *mündlichen* Äußerungen kann der Skopus deutlich gemacht werden durch *betonte Voran*stellung des Skopus wie in

Pàul hat wahrscheinlich ihr das Buch gegeben.

oder durch *betonte Anschluss*stellung wie in

Wahrscheinlich hat Pàul ihr das Buch gegeben,

schriftsprachlich z. B. durch *gemeinsames* Auftreten im Vorfeld:

Paul wahrscheinlich hat ihr das Buch gegeben.

oder durch die Platzierung des Subjekts am Ende des Mittelfelds:

Wahrscheinlich hat ihr das Buch Paul gegeben.

Gerade hier ist die Gefahr einer Vermischung von Wortart- und Satzgliedanalyse groß: Wörter wie wahrscheinlich sind Adjektive (vgl. Sein *wahrscheinliches* Kommen / Es ist *wahrscheinlich*, dass er kommt); dass sie als Satzglieder (= Adverbialien) eine sachverhaltskommentierende Funktion haben, sollte im Rahmen der *Satzglied*analysen berücksichtigt werden, nicht aber durch Etablierung einer eigenen *Wortart* im Rahmen der Nicht-Flektierbaren.

Wörter wie vielleicht oder leider sind unflektierbar, sie können daher zu den Adverbien gezählt werden; dass sie kommentierende Bedeutung haben, kann man – wie temporale oder lokale Bedeutung – in einer *semantischen* Subklassifikation erfassen; bei der würden vielleicht und leider dann unterschiedlichen Subklassen zugeordnet: epistemisch für vielleicht, evaluativ für leider.

Mit Wörtern wie sicher kommen zusätzliche Komplikationen ins Spiel: Zum einen gibt es sicher als Adjektiv mit zwei (begrenzt verwandten) Bedeutungen: der sichere Ort (sicher = ungefährlich) gegenüber das sichere Eintreffen (sicher = nicht infrage stehend). Dieses zweite sicher, um das es hier geht, kann prädikativ verwendet werden wie in

Es ist sicher, dass ich dich anrufe.

und adverbial:

Ich rufe dich sicher noch an.

Zum anderen gibt es ein drittes sicher, das nur adverbial verwendet werden kann und dabei nicht betont werden darf (während das eben angesprochene sicher betont sein *muss*):

Er kòmmt sicher noch / Sícher kòmmt er noch.

In dieser Bedeutung ist es gerade *nicht* sicher, sondern nur *wahrscheinlich*, dass er noch kommt (pragmatisch gesehen geht es hier um eine 'Beruhigungsformel'). Dieses sicher kann in gleicher Bedeutung nicht flektiert (= attributiv) verwendet werden, es ist also nicht Adjektiv, sondern gehört wie vielleicht usw. zu der Wortart der Adverbien.

Auch natürlich hat drei Lesarten; das macht es attraktiv für Werbesprach-Zwecke:

Biosan ist natürlich gut.

1. Als Adverb (in der Bedeutung selbstverständlich) ist es Aussagestatus kommentierender Spezialist:

Natürlich ist Biosan gut!

2. Als Adjektiv (in der Bedeutung von naturbelassen) ist es Adjektivergänzung:

Biosan ist – wie alle unsere Produkte – natürlich.

3. Als Adjektiv (= in der gleichen Bedeutung) ist es im Ausgangsbeispiel Adjektivattribut zu gut:

Biosan ist auf natürliche Weise gut.

Zwischen der ersten und der dritten dieser Lesarten springt der Werbespruch hin und her. Gerade diese Formel natürlich gut findet man inzwischen als Kommentar zu vielen Produkten, die im Gefolge der Öko-Bewegung werbestrategisch nachrüsten.

⌐
        Wir machen Sie stark – mit Sicherheit

        (Werbe-Slogan der ARAG)
                                      ⌐

7.3 Dialog-Spezialisten

Hier geht es zum einen um Satzteile, mit denen man die Wirkung der eigenen Äußerung beim Rezipienten beeinflussen kann; sie sind besonders häufig im *mündlichen* Sprachgebrauch zu finden:

Der Mann kann <u>doch</u> nicht den ganzen Kuchen essen!

An dieser Funktion sind ausschließlich Einstellungspartikeln (ja, doch, aber usw.) beteiligt. Sie operieren grundsätzlich im Mittelfeld, einzeln oder im Verbund mit weiteren Einstellungspartikeln. Sie sind nicht erfragbar. Sie sind nicht durch Teilsätze ersetzbar. In ihrer Rolle als Einstellungspartikeln werden sie nicht als Satzglieder angesehen und mit ihrer Wortartbezeichnung zitiert. Sie sind bereits ausführlicher bei den Wortarten beschrieben worden (→ Bd. 1: 494 ff.).

> *Aus einem Arbeitsbuch Deutsch Jahrgangsstufe 10:*
>
> Wörtchen (Partikeln) wie *doch, bloß, ja, eben, schon, eh* verändern oft – besonders wenn man sie betont – eine ganze Aussage; geben ihr eine bestimmte „Tönung". Deshalb nennt man diese Wörtchen auch *Abtönungspartikeln.*
>
> *Und, direkt nach diesem Resümee, als Beispiel in einer Sprechblase einer Abbildung:*
>
> Es ist echt kalt.

479 Zum Zweiten geht es hier um Satzteile, mit denen man aus der Sprecherrolle heraus den eigenen Beitrag *moderiert.*

Dabei geht es einerseits um die *thematische* Steuerung des eigenen Beitrags. Hier geht es z. B. um die Aufgabe, den thematischen *Anschluss* des Beitrags an den vorausgehenden deutlich zu machen, z. B. durch eine Präpositionalgruppe: in regulärer Vorfeldbesetzung

<u>Bezüglich</u> deiner Dissertation bin ich der Meinung …

oder vor dem Vorfeld: *Zu deiner Frage eben* – ich meine, man sollte …

Es geht auch darum, die *Konsistenz* des eigenen Beitrags deutlich zu machen, also bei einem Fokusschwenk diesen Themenwechsel auch kenntlich zu machen, z. B. mit einem Gliederungs-Adverb wie

… <u>Übrigens</u> will ich nachher noch einen Vorschlag zum Verfahren machen …

Und es geht um die fortlaufende Verdeutlichung der Gliederung des eigenen Beitrags, z. B. mit syntaktisch integrierten Gliederungsadverbien wie erstens … zweitens …

Andererseits geht es dabei um die *interaktionelle* Steuerung des eigenen Beitrags. Hier geht es z. B. um die Aufgabe, die eigenen Aussagen entweder in ihrem Konfrontationsgehalt zu beschränken oder für ihre Zumutbarkeit zu sorgen, etwa durch rituelle Entschuldigungen, z. B. durch eine Präpositionalgruppe (= vor dem Vorfeld) wie

<u>Mit Verlaub,</u> Sie sind richtig bescheuert!

480 Zum Dritten geht es um eine Vielzahl interaktioneller aufgabenorientierter Äußerungen, die *syntaktisch* meistens *nicht integriert* sind; sie sind in der Sprecher-, vor allem aber in der Hörerrolle möglich (in der Hörerrolle vor allem in 'multimodalen' Formaten).

Hierzu wird im Kapitel Wortarten (→ 516 ff.) einiges angesprochen.

8 Satzgliedstellung

Die Reihenfolge der *Angaben* (und der 'Spezialisten') im Satzverband wurde im Kapitel *Satzformen* ausdrücklich offen gelassen, weil dort noch keine semantische und funktionale Klassifikation dieser Satzgliedgruppe vorgenommen werden sollte; auch die Stellung des Reflexivums blieb dort ausgespart.

Reihenfolgephänomene werden auch hier anhand *nebensatz*förmiger Teilsätze diskutiert, weil dann alle Satzglieder 'mit von der Partie' sind, auch das bei Hauptsatzstellung ins Vorfeld entsorgte.

Für die Reihenfolge der *Ergänzungen* wurde im Kapitel *Satzformen* die Annahme zugrunde gelegt, dass bei nebensatzförmigen Teilsätzen verbgebundene Satzglieder ihrer Verbnähe entsprechend nahe dem Verb – d. h. weiter rechts – stehen. Das (agenshaltige) Subjekt steht also ganz links, da es verb*un*gebunden und geradezu Antipode des Verbs ist; das Akkusativobjekt ist verbgebundener als das Dativobjekt und steht daher rechts von ihm; die Präpositionalobjekte sind enger mit dem Verb verbunden als die Akkusativobjekte und stehen rechts von ihnen. Ein Beispiel (zur Abwechslung mal aus der Beziehungskiste):

 ..., weil <u>Männer</u> fast überall in der Welt <u>Frauen</u> <u>Kummer</u> machen.
 ..., weil <u>Paul</u> <u>diesen Vorwurf auf sich</u> bezogen hat.

Das Reflexivum steht angesichts dieser Reihenfolge-Vorgaben weit links: bei *pronominalem* Subjekt unbetont direkt *nach* diesem

 ..., weil sie *sich* gestern nicht an meine Adresse erinnern konnte.

und bei *nominalem* wahlweise direkt davor

 ..., weil *sich* Paula gestern nicht an meine Adresse erinnern konnte.

oder direkt danach:

 ..., weil Paula *sich* gestern nicht an meine Adresse erinnern konnte.

Das mag auf den ersten Blick verwundern, weil das Reflexivum bei lexikalisch reflexiven Verben mit zum Prädikat geschlagen wird und insofern verbnah zu sein scheint. Diese Stellung am linken Rand leuchtet aber ein: Das Reflexivum ist dort 'kaltgestellt' – es hat keine Bedeutung und interagiert insofern nicht mit den benachbarten Satzgliedern; es kann zudem nicht fokussiert und dabei in den Skopus eines Spezialisten wie z. B. offenbar eingebunden werden:

 ..., weil Paula <u>sich</u> *offenbar* gestern nicht an meine Adresse erinnern konnte.
 *..., weil Paula *offenbar* <u>sich</u> gestern nicht an meine Adresse erinnern konnte.

Um die Stellung der Adverbialien zu erklären, kann man sich auf zwei Hypothesen beziehen. Zum einen kann man die bei den Ergänzungen genutzte Hypothese versuchsweise auch auf Adverbialien beziehen: Adverbialien, die eng auf das Verb bezogen sind, stehen auch nah bei ihm. Das hieße beispielsweise: Eine lokale adverbiale *Ergänzung* steht verbnäher als die semantisch entsprechende *Angabe:*

> ..., weil sie im letzten Jahr mit ihrem Freund in Rom *gewohnt* hat.
> ..., weil sie im letzten Jahr in Rom mit ihrem Freund ein Haus *gekauft* hat.

Dies gilt analog für modale Adverbialergänzungen bzw. -angaben

> ..., weil sie in Rom sehr schön *wohnt* (= modale Adverbial*ergänzung*).
> ..., weil sie im letzten Jahr in Rom sehr erfolgreich ein Modegeschäft *geführt hat* (= modale Adverbialangabe).

und für direktionale:

> ..., weil er gestern den Ball über die Hecke *geworfen* hat.
> ..., weil er gestern über den ganzen Tisch Flecken *gemacht* hat.

484 Zum Zweiten kann man sich versuchsweise auf die Hypothese stützen, dass Adverbialien mit offener Zuständigkeit (= weitem Skopus) links von Adverbialien mit enger Zuständigkeit (= engem Skopus) stehen. Das hieße, dass z. B. ein aussagenkommentierendes Adverbiale wie meiner Ansicht nach, das sich auf beliebige nachfolgende Aussagen beziehen kann, ganz weit links steht, eine temporale Situationsangabe wie im letzten Jahr relativ weit links, modale Angaben wie sehr stark, die sich im engeren Sinn auf die Realisierung des im Verb angegebenen Vorgangs beziehen, demgegenüber relativ weit rechts:

> ..., weil meiner Ansicht nach die Grundstückspreise im letzten Jahr in interessanten Großstädten sehr stark gestiegen sind.

Solche topologischen Befunde passen zu den Hypothesen.

485 Bei den Einstellungspartikeln kann man sich auf die eben genannte zweite Hypothese beziehen: Einstellungspartikeln stehen im Regelfall vor dem Teil der Aussage, den sie moderieren, also vor ihrem sog. Skopus:

> ..., weil *ja* Paul gestern im Restaurant mit seinen Freunden noch viel Speck gegessen hat.
> ..., weil Paul *ja* gestern im Restaurant mit seinen Freunden noch viel Speck gegessen hat.
> ..., weil Paul gestern im Restaurant *ja* mit seinen Freunden noch viel Speck gegessen hat.
> ..., weil Paul gestern im Restaurant mit seinen Freunden *ja* noch viel Speck gegessen hat.

Auf diese Weise markieren die Einstellungspartikeln den Übergang zwischen dem thematischen und dem rhematischen Bereich der Gesamtaussage.

Dies tun auch andere 'Spezialisten':

> ..., weil Paul gestern *ja / offenbar / leider / sozusagen* fluchtartig abgereist ist.

486 Die Reihenfolge *innerhalb* einer Gruppe von Einstellungspartikeln lässt sich anhand von Partikel-Tandems testen, z. B. steht

— doch vor wohl:

> Du wirst *doch wohl* heute Abend kommen!?

— aber vor wohl:

> Paul wird aber wohl eher nicht mitmachen.

- aber *tendenziell* vor doch:

   Du wirst aber doch kommen, oder?

   (*)Du wirst doch aber kommen, oder?
- ja vor doch / wohl:

   Du bist *ja doch wohl* der Reichere von uns beiden.

   Zwar geht die Umstellung zu

   Du bist ja wohl dòch der Reichere von uns beiden.

   Dann muss doch aber betont werden und ist in dieser Funktion keine Einstellungspartikel mehr, es hat *adversative* Bedeutung und bezieht sich auf eine vorhergehende gegenläufige Einschätzung.
- denn vor eigentlich:

   Wer bist du denn eigentlich?
- denn vor auch:

   Was tust du *denn auch* hier!?

Nimmt man die Befunde zu Adverbialergänzungen, zu angabeninternen Reihenfolgen und zur Stellung der Einstellungspartikeln und weiterer Spezialisten zusammen, ergibt sich z. B. folgende 'gemischte' Reihe: 487

..., weil ja offenbar Paul letzten Sonntag in München wegen des Mistwetters mit seinen Freunden ausgiebig durch die Kneipen gezogen ist.

Nicht alle Einstellungspartikeln können mit allen anderen kombiniert werden. Zum Beispiel verträgt sich aber nicht mit ja, (es sei denn, man verwendet aber in der Funktion als adversative Konjunktion). Diese Unverträglichkeit leuchtet ein: ja (= in der unbetonten, nicht drohenden Variante) zeigt dem Dialogpartner an, dass man einen Sachverhalt als einleuchtend und daher zustimmungspflichtig einschätzt (Wir können ja nicht noch länger arbeiten), aber zeigt gerade gegenläufig an, dass man mit einem Sachverhalt nicht gerechnet hat (Du bist aber groß!). 488

Ich find, man sollte *ja denn doch wohl einfach auch mal* fröhlich sein dürfen, oder?

(Deutschland 2007)

Attribute

Worum es in diesem Kapitel geht:

Vom Innenleben der Satzglieder
Grenzen von Attributen und Grenzprobleme
Attribute auf unterschiedlichen Abhängigkeitsstufen
Reihenfolge der Attribute innerhalb eines Satzglieds
Wie Attribute miteinander kooperieren
Morphologische Klassifikation von Attributen:
Bedeutungsspektrum primärer und sekundärer Attribute
Valenzgebundene Attribute
Zwischen den Darstellungsmitteln Satzglied und Attribut wechseln

489 Bislang haben wir Satzglieder untersucht unabhängig davon, ob sie in ihrer Minimalausstattung vorliegen wie in

Sie schläft *in der Sonne.*
Die Katze schläft *in der Sonne.*

oder in einer zwei- oder mehrfach angereicherten Ausstattung wie in

Alte Katzen schlafen gerne.
Die alte Katze meiner Schwester aus Persien mit den schweren Verletzungen durch den Wohnungsbrand schläft gerne.

Die *kursiv* gesetzten Satzglieder in den beiden oberen Beispielsätzen sind 'einfache' Satzglieder, die in den beiden unteren 'komplexe'. Bei solchen komplexen Satzgliedern stellt sich die Frage nach Form und Bedeutung der einzelnen Bausteine, nach deren Reihenfolge (= vor oder nach ihren Bezugswörtern) und nach den Abhängigkeiten *zwischen* diesen Bausteinen.

Diejenigen Satzglieder, die im Kapitel 'Satzglieder' als *zweitabhängig* eingestuft wurden, sind Grenzgänger zwischen Satzglied und Attribut: Sie verhalten sich in spezifischen Prädikatsrahmen (= Prädikaten mit schwacher semantischer Ausprägung) topologisch wie selbstständige Satzglieder, sind bei anderen Prädikaten aber Attribute.

⌐

Aus der „Rheinischen Post":

Taliban sprengen 36 Tanklastwagen für die Nato

(„Der Spiegel" 14/2008, S. 186 – „Hohlspiegel")

⌐

Ein Überblick

Mit Attributen kann man ein Satzglied komplex ausbauen; insbesondere bei Satzgliedern mit Nomen als Kopf (→ 593) kann die Innenarchitektur sehr aufwändig sein.

490 Es gibt zum einen *bedeutungsfeste* Attribute, deren Bedeutung nicht vom jeweiligen Bezugswort abhängt. Solche Attribute gibt es

- zu Nomen:

    der alte Mann;
    Paulas Haus / das Haus Paulas;
    das Buch auf dem Schrank;
    das Bild dort;

- zu Adjektiven:

    Sie singt erstaunlich schön;

- zu Pronomen:

    Ich Dussel hab den Herd nicht ausgeschaltet!

- zu Adverbien:

    Er heult sehr oft.

Solche Attribute können den jeweiligen Bezugswörtern ohne spezifische Voraussetzungen zugefügt werden. Sie stehen je nach der Wortart des Bezugswortes und dem Attributtyp teils vor (*sehr* oft), teils nach diesem Bezugswort (ich *Dussel*).

Zum anderen gibt es Attribute, die sich mit spezifischen Nomen und Adjektiven verbinden und dabei bestimmten Form- und Bedeutungsvorgaben folgen müssen. Solche *valenzgebundenen* Attribute gibt es zu Nomen, die überwiegend Ableitungen von Verben oder Adjektiven sind wie

   die *Verurteilung* seiner Schwester;
   Ihre *Frechheit* mir gegenüber;

und zu Adjektiven:

   ein seines Lebens *überdrüssiger* Manager;
   sauer auf mich.

Zusätzlich zu diesen beiden Arten von grundständigen (= *primären*) Attributen gibt es weitere (= *sekundäre*) Attribute im Gefolge von attributiven Partizipien und partizipial ergänzbaren Adjektiven:

   der von uns offenbar sehr *beeindruckte* Politiker;
   der uns alle tief *beeindruckende* Politiker;
   eine uns seit Jahren äußerst *unangenehme* Nachbarin.

Insbesondere Partizipien können – als syntaktische 'Schleppnetze' – große Mengen potenzieller Satzglieder als untergeordnete Attribute mitführen.

Dadurch entstehen Satzglied-Innenräume mit Formen und Reihenfolgen, wie wir sie von Teilsätzen kennen.

> *Otto Köhler jr.*
>
> vor dem spiegel
>
> ich bin ein mensch
> ich bin ein nützlicher mensch
> ich bin ein im öffentlichen leben stehender
>   nützlicher mensch
> in bin ein voll im öffentlichen und
>   gesellschaftlichen leben stehender
>   nützlicher mensch
> ich bin ein der allgemeinheit nützender
>   voll im öffentlichen und gesellschaftlichen leben
>   stehender nützlicher mensch
> ich bin ein nützlicher
>   IDIOT

493 Gemessen an diesen grenzenlosen Möglichkeiten des Innenausbaus erscheint der Terminus *Attribut* (von lateinisch attribuere = zuteilen, zuweisen) – zumindest sein schulgrammatisches deutschsprachiges Pendant *Beifügung* – zu harmlos.

Das wird noch verstärkt durch eine ebenfalls zu enge Auffassung von der Funktion der Wortart Adjektiv, wie sie die lateinische Bezeichnung 'adiectivum' als Übersetzung des griechischen Fachausdrucks epitheton = das Hinzugefügte und vor allem die deutsche Bezeichnung 'Beiwort' nahelegen, die die *attributive* Funktion als *Kernaufgabe* von Adjektiven präsentieren.

Die doppelte Verkürzung, dass Attribute sich nur auf Nomen bezögen und dass Adjektive die prototypischen Attribute des Nomens seien, legt nahe, Attribute *generell* als 'schmückendes Beiwerk', als Zierrat aufzufassen. In zahlreichen Sprachbüchern werden denn auch die Lerner ermuntert, attributlose Nomen durch Adjektive „interessanter", „farbiger" etc. zu gestalten.

494 Wenn man einen anderen Terminus sucht: Im Schulkontext verbreitet ist *Gliedteil* (ein Terminus, der auf Schüler aus 'fachfremden' Gründen ziemlich ablenkend wirkt); passender, wenngleich länger, wäre *Satzglied-Teil.* Demgegenüber wäre *Konstituente* zu unspezifisch.

Nach der Metaphorik von 'Lokomotive' und 'Waggons' für Prädikat und Satzglieder, die in Deutschklassen des 5. Schuljahrs manchmal verwendet wird, wären Attribute die Einrichtungsgegenstände in den Waggons. Doch könnte man für die nächste Komplexitätsstufe *zusammengesetzter Satz* allenfalls noch die bei IC und ICE üblichen Doppelzüge verwenden (die einen Teil der Strecke gemeinsam fahren); für die nachfolgende Ebene *Text* bietet dieser Bildbereich nichts mehr.

Vielleicht wäre daher ein passenderes Bild: der Text als Stadt, der Satz als Haus, die Satzglieder als Räume des Hauses, die Attribute als die Inneneinrichtung eines Raumes, und bei der Produktion der einzelnen Einrichtungsgegenstände wirken dann Wortarten und Wortbildungsverfahren zusammen (das Verfahren der syntaktischen Konversion – bei der ein Lexem für die Funktionen zweier Wortarten benutzbar wird wie bei laufen – das Laufen – ermöglicht dann z. B. ein Schlafsofa). Es gibt Häuser, die gerade durch ihre spärlich möblierten Räume wirken:

> ... Sie stand vor ihm. Sie sprachen kein Wort. Kein Laut war um sie. Der Sturm hielt sich zurück, die Sonne verbarg sich. ... (Gut, gell?)

In anderen Häusern spielt sich fast das ganze 'grammatische Leben' in *einem* Raum ab:
> Der noch vor Mitternacht in einer konzertierten Aktion aller Entscheidungsträger mit der Kanzlerin in zähen Verhandlungen überarbeitete und schließlich ohne große Begeisterung von der Runde mit knapper Mehrheit angenommene Kompromissvorschlag überraschte alle.

Erweiterungen *innerhalb* der Satzgliedgrenze (d. h. durch den Einbau von Attributen) sind ein sehr produktives Verfahren der Erzeugung von syntaktischer Komplexität. Dieses Verfahren wird im Folgenden näher untersucht.

Wie bei der Analyse der Satzglieder werden die Attribute unter morphologischen, semantischen und valenzbezogenen Gesichtspunkten untersucht.

Topologische Gesichtspunkt spielen im Vergleich zu den Satzgliedern eine deutlich geringere Rolle: Die Reihenfolge-Vorgaben sind enger, der Spiel-Raum geringer.

1 Wie sind Satzglieder intern aufgebaut?

496 Als einen ersten Zugang zum inneren Aufbau von Satzgliedern kann man in einem 'mageren' Ausgangssatz wie

<u>Abends</u> frisst <u>der Hund</u> <u>mit Vergnügen</u> <u>Mäuse</u>.

in die unterstrichenen Satzbausteine weitere Satzbausteine einlagern (= <u><u>doppelt</u></u> unterstrichen):

<u>Spät <u>abends</u></u> frisst <u>der alte <u>Hund</u> meiner Schwester</u> <u>mit großem <u>Vergnügen</u></u> <u>junge <u>Mäuse</u></u>.

Dabei sind die jeweils neu eingelagerten Satzbausteine teils einwortig (wie spät), teils mehrwortig (wie meiner Schwester). In solche eingelagerten Satzbausteine kann man oft wiederum neue Satzbausteine einlagern (= *kursiv*):

<u>*Sehr* spät <u>abends</u></u> frisst <u>der alte <u>Hund</u> meiner Schwester *aus München*</u> <u>mit *erstaunlich* großem <u>Vergnügen</u></u> *marinierte* <u>junge <u>Mäuse</u></u>.

Diese Erweiterungsmöglichkeiten sind unter grammatischer Perspektive fast grenzenlos; wir begrenzen sie nicht, weil sie ungrammatisch würden, sondern weil sie zunehmend schwer verständlich werden. Auf diese Weise erhalten wir Gesamt-Satzbausteine, in die stufenweise abhängige Satzbausteine eingebaut sind.

497 Neben der eher handwerklichen Metapher *Satzbaustein* wird hierfür auch ein botanischer Bildbereich verwendet, nämlich der von Ast und Baum: Wie bei einem Baum wachsen an einem Stamm ein oder mehrere Äste, auf denen wiederum kleinere Äste wachsen usw. Zur Verdeutlichung wählt man passend dazu meist eine *auf den Kopf gestellte* Baum-Graphik, z. B.:

Alternativ ist eine *aufrechte* Version möglich:

Diese Version hat den Vorteil, dass sie die schrittweise *Analyse* eines *vorgegebenen* Beispiels betont, während die erste Version die schrittweise *Konstruktion* eines erst am Ende (= unten) stehenden Bausteins simuliert (denn wir lesen gewohnheitsmäßig von oben nach unten).

Wie solche komplexen Satzglieder und darin die einzelnen Attribute konstruiert sind, kann unter mehreren Gesichtspunkten beschrieben werden:

Unter dem Gesichtspunkt der *Einbettungstiefe* kann man die einzelnen Attribute auf unterschiedlichen Stufen anordnen:

```
0    der               Hund
1              alte    meiner Schwester
2    ungewöhnlich                       mit dem    Bauernhof
3                                                  schönen
```

Die Stufen-Zahl ist ein Maß für die Einbettungstiefe eines Worts bzw. einer Wortgruppe. Das attributive Adjektiv alte kommt dabei auf der 1. Stufe zu stehen, das adverbial verwendete und daher unflektierte Adjektiv ungewöhnlich auf der 2. Stufe, das attributive Adjektiv schönen auf der 3. Stufe.

> *Aus dem „Hellweger Anzeiger":*
>
> Der Boss war seit 2004 flüchtig und stand auf der Liste der 30 meistgesuchten Mafiosi des Innenministeriums in Rom
>
> („Der Spiegel" 8/2008, S. 170 – „Hohlspiegel")

Unter dem Gesichtspunkt der syntaktischen *Abhängigkeitsbeziehungen* zwischen den Konstituenten dieses Satzglieds kann man mit den Begriffen *Kongruenz* und *Rektion* arbeiten. Kongruenz ist die Übereinstimmung in (einem oder mehreren) grammatischen Merkmalen, z. B. von attributivem Adjektiv und Bezugsnomen im Merkmal Numerus und Kasus: kleiner Hund / kleine Hunde oder kleine Hunde / kleinen Hunden. Rektion ist die *Vorgabe* solcher Merkmale – insbesondere von Kasusmerkmalen – durch eine Einheit für eine andere, z. B. 'regiert' ein Verb wie helfen den Dativ des von ihm abhängigen Satzglieds (jemandem helfen), ebenso eine Präposition wie mit (mit der Frau, mit ihm) oder ein Adjektiv wie bekannt (mir bekannt). Der Begriff Kongruenz lässt also die Art und Richtung der Abhängigkeit offen. Insofern ist Rektion der diagnostisch relevantere Gesichtspunkt.

Bei mehrwortigen Satzgliedern ist jeweils genau *eine* Wortform (syntaktisch bzw. semantisch) maßgeblich für das Verhalten der anderen Wortformen dieses Satzglieds; man bezeichnet sie je nach Grammatik bzw. grammatiktheoretischer Orientierung als *Kern* oder als *Kopf* (oder arbeitet mit beiden Begriffen als Tandem).

Die Bezeichnungen *Kern* und *Kopf* operieren mit unterschiedlichen Bildbereichen:
   Kern ruft den Bildbereich 'Fruchtaufbau' auf: Kern in Opposition zu Schale / Fruchtfleisch. Eine zweite, weniger naheliegende Lesart ist: der Kern einer Frucht als Ort der genetischen Information.
   Dieses Bild legt zudem eine räumliche Sicht nahe, nach der der Kern in der *Mitte* platziert ist. Das trifft zwar für eine Konstituente wie
    der alte Hund meiner Schwester
zu, aber bei vielen Konstituenten ist der Kern am linken Rand platziert
    auf dem Berg
oder am rechten Rand:
    ein ungewöhnlich großes Tier.

212 Attribute

Kopf ist die Übernahme der englischen Fachbezeichnung *head*, die nicht primär auf die Körper-Opposition Kopf / Bauch oder Kopf / Füße bezogen ist, sondern auf die *Leitungs*rolle (head = Leiter, 'Chef', vgl. z. B. head of the department), die jeweils *ein* Wort in einem Satzbaustein hat. Diese Fachbezeichnung geht ihrerseits natürlich auf ein Körperbild zurück: Der *Kopf* ist die Steuerungszentrale für den ganzen Körper.

Auch dieses Bild hat eine räumliche Lesart: Der Kopf sitzt beim Menschen oben, beim Tier oft auch vorn – unter diesem Aspekt passt auch dieses Bild für die Wort-Anordnung innerhalb einer Konstituente nur begrenzt.

Ich arbeite im Folgenden mit dem Begriff *Kopf*.

In dem unterstrichenen Satzglied des Satzes Der alte Hund hört mit großem Vergnügen Mozart ist das nominativisch geprägte Nomen Hund der Kopf. Nach der Wortartzugehörigkeit dieses Kopfs wird die Wortgruppe insgesamt klassifiziert: als Nomengruppe oder Nominalgruppe, abgekürzt zu NG (man spricht auch von Nominalphrase und kürzt in dem Fall mit NP ab).

501 Die Nominativ-Prägung von Hund ist durch das Prädikat hört vorgegeben (= Rektion des Verbs). Der Kopf Hund gibt seinerseits den restlichen Wörtern der Nomengruppe – hier dem Adjektiv alte – die morphologische Prägung vor, nämlich Genus und Numerus (= Kongruenz); die Kasusprägung *übernimmt* das Adjektiv im Gefolge von Hund vom Prädikat (das Adjektiv *kongruiert* also mit dem Nomen, das seinerseits vom Verb *regiert* wird).

Die Artikel sowie einige weitere Pronomen (wie kein und die Demonstrativa), wenn sie als Begleiter verwendet sind, zähle ich mit zum Kopf-Nomen Hund, sehe sie also nicht als eigene Gruppe 'Artikel' bzw. 'Pronomen'.

502 Wird das attributive Adjektiv alte seinerseits durch ein attributives Adjektiv wie ungewöhnlich erweitert, setzt man für ungewöhnlich alte wieder eine eigene Wortgruppe an mit dem Adjektiv alte als Kopf; dieser Kopf gibt dem Adjektiv ungewöhnlich eine *infinite* Form vor. Graphisch kann man das so darstellen:

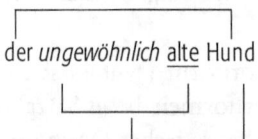

der *ungewöhnlich* alte Hund

In manchen Grammatiken setzt man für attributive Adjektive wie alte *grundsätzlich* einen eigenen Satzbaustein an, also auch dann, wenn sie *nicht* erweitert sind. Man orientiert sich damit an ihrer *Möglichkeit*, Kopf eines von ihnen abhängigen Attributs zu sein. Die graphische Darstellung ist dann

der alte Hund

Oder man wählt eine vereinfachte graphische Darstellung:

der alte Hund

Bei der *satzgliedwertigen* Wortgruppe mit großem Vergnügen ist die Präposition der Kopf; sie gibt dem Nomen Vergnügen die Kasusmarkierung Dativ vor. Es handelt sich also um eine präpositionale Wortgruppe, abgekürzt PG (man spricht auch von Präpositionalphrase und kürzt PP ab).

Dabei ist Vergnügen seinerseits Kopf einer *eigenen* Wortgruppe großem Vergnügen, denn die morphologische Charakteristik Genus und Numerus wird dem attributiven Adjektiv nicht direkt von der Präposition vorgegeben, sondern vom Nomen aus dessen eigener Kraft; nur den Kasus Dativ übernimmt es im Gefolge von Vergnügen von der Präposition. Die graphische Darstellung ist daher:

mit großem Vergnügen

Auch hier muss bei Erweiterung von großem zu erstaunlich großem eine *eigene* Adjektivgruppe ausgewiesen werden, da erstaunlich nicht von Vergnügen regiert wird, sondern von dem Kopf dieser Adjektivgruppe großem. Das graphische Pendant ist:

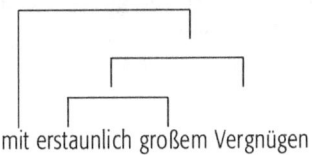

mit erstaunlich großem Vergnügen

Auch bei konjunktionalen Wortgruppen wie als (ein) typisches Raubtier ist eine solche zweistufige Analyse angemessen, gleich ob diese Wortgruppen satzgliedwertig verwendet werden wie in

Als typisches Raubtier besitzt der Hund Reißzähne.

oder attributiv wie in

Das Verhalten des Hundes als eines typischen Raubtiers ...

Hier ist es die Konjunktion als, die das Nomen Raubtier morphologisch wie semantisch an den Bezugsausdruck der Hund anschließt. Über diese Konjunktion geht die morphologische Charakteristik – hier also Nominativ Singular im ersten Beispiel bzw. Genitiv Singular im zweiten – auf Raubtier über. Man spricht von *Konjunktionalgruppe* (abgekürzt zu KG) oder auch von Konjunktionalphrase (und kürzt KP ab). Raubtier bzw. Raubtiers seinerseits ist Kopf einer Nominalgruppe und weist dem attributiven Adjektiv typisches / typischen seine Genus- und Numerus-Formen zu; den Kasus Nominativ bzw. Genitiv übernimmt dieses Adjektiv im Gefolge seines Kopfes Raubtier, von der Konjunktion gewissermaßen nur durchgereicht, von Hund / Hundes.

Diese zweischrittige Konstruktion von (satzgliedwertigen oder attributiven) Präpositionalgruppen und Konjunktionalgruppen würde in der weiter oben angesprochenen stufenförmigen Anordnung eingeebnet: Hier würde man, weil solche Gruppen nur in einem einzigen Schritt eingebaut werden können, die Präposition bzw. Konjunktion mit der von ihr regierten Nominalgruppe auf einer Stufe anordnen.

Bei Präpositionalgruppen und Konjunktionalgruppen ist es denkbar, die beiden Begriffe Kopf und Kern als komplementäre Beschreibungsmittel zu nutzen: In einer Konjunktionalgruppe wie als Pauls Vorgesetzter wäre die Konjunktion als der Kopf, also die syntaktische Steuerungszentrale, und (Pauls) Vorgesetzter der Kern, also die semantische Steuerungszentrale.

Einzelne Grammatiken, die diesen Ansatz nutzen, weisen bei Nominalgruppen dem Artikel den Kopf-Status zu. Ich halte dies für eine eher künstliche Aufwertung des Artikels: Der ist zwar wichtig für die Kontext-Beziehung einer Aussage und er kooperiert mit eventuellen Attributen bei der Anzeige von Flexionsmerkmalen, aber ein Kopf im Sinne einer syntaktischen Steuerungsinstanz ist er für mich nicht. Zudem wären dann Nominalgruppen bei artikellosem Gebrauch ziemlich kopflos.

Insofern gehe ich von einer einzigen Steuerungsinstanz *Kopf* aus, die dann syntaktische wie semantische Dimensionen enthält; Präpositional- und Konjunktionalgruppen analysiere ich wie oben gezeigt zweischrittig.

Morphologische Kooperation im Satzglied-Inneren

507 Die Zusammengehörigkeit der Wörter in einer Nominalgruppe wird durch Flexionsähnlichkeit gezeigt: Die flektierbaren Elemente einer Wortgruppe tragen grammatischen Partnerlook.

In jeder Wortgruppe muss wenigstens *ein* Element die morphologische Charakteristik verdeutlichen helfen. Sinnvollerweise tut dies das zuerst gehörte oder gelesene, also das am weitesten links stehende. Das ist oft ein Artikel, falls kein Artikel oder anderes Pronomen steht, ein attributives Adjektiv.

De<u>r</u> gelbe Hund – Ein gelbe<u>r</u> Hund – Gelbe<u>r</u> Hund gesehen!

Eine Folge dieses Verdeutlichungsprinzips ist der Wechsel von kein / ein in die starke Flexion:

Paul hatte ein Auto dabei, auch Paula hatte ein(<u>e</u>)s.

Falls der Artikel schwach flektiert bzw. statt des Artikels ein anderes schwach flektierendes Pronomen (wie kein oder zwei) steht, muss das nächste Element – in der Regel ein Adjektiv – mithilfe starker Flexion die grammatischen Merkmale verdeutlichen:

Paul hatte *ein* schön<u>es</u> Auto dabei.

Insofern hat natürlich auch der Artikel Einfluss auf die morphologische Charakteristik des nachfolgenden attributiven Adjektivs. Dennoch wird er dadurch allein nicht zum Kopf der Wortgruppe: Wenn er auch fehlen *kann*, kann er nicht gleichzeitig regierend wirken. Ich gehe von einer Markierungs-*Kooperation* von Pronomen und Adjektiv aus, die vom *Nomen* als Kopf gesteuert wird.

Wenn zwei Pronomen stehen wie in

dies<u>er</u> unser erster ernsthafter Versuch,

dann wird die starke Flexion von Dieser durch die schwache des nachfolgenden Pronomens unser offenbar neutralisiert, daher müssen hier die nachfolgenden Adjektive (parallel) stark flektiert sein, um die grammatischen Merkmale mit zu kennzeichnen.

508 Diese *Wortgruppen*-Flexion hat Folgen für die Kontrastierungsstellung:

Er wollte kein Geld.

→ Geld wollte er kein<u>es</u>.

> Er wollte kein klein<u>es</u> Geld.
> → Geld wollte er kein klein<u>es</u>.
> → Kleines Geld wollte er kein<u>es</u>.

Das Pronomen kein wird in der Begleiterrolle schwach flektiert (= erster Satz); wird es wie im zweiten Satz nach rechts abgespalten und übernimmt damit die Stellvertreterrolle, dann flektiert es selber stark. Im dritten Satz übernimmt in der Wortgruppe kein kleines Geld das attributive Adjektiv kleines durch starke Flexion die Genusmarkierung; das tut es auch, wenn im vierten Satz kein kleines nach rechts abgespalten wird. Wird aber wie im fünften Satz nur das Pronomen nach rechts abgespalten, muss es wieder durch starke Flexion die Genusmarkierung anzeigen.

Diese Kontrastierungsstellung ist für alle Kasus möglich außer für Genitiv *Singular:*

> Überall standen nur weinende Menschen. → Menschen standen überall nur weinende.
> Nur älteren Bettlern gab er gerne etwas. → Bettlern gab er nur älteren etwas.
> Er entsann sich keiner Kinder. → Kinder entsann er sich keiner.
> Bei diesem Fest bedurfte es unbedingt italienischen Rotweins. → *Rotweins bedurfte es bei diesem Fest unbedingt italienischen.

Nur wenn zum abgetrennten Adjektivattribut ein Pronomen hinzutritt und die Kasusmarkierung übernimmt, ist auch im Genitiv Singular Bifokus möglich:

> Rotweins bedurfte es bei diesem Fest unbedingt *eines* italienischen.

(Das klingt freilich so, als sollten die Herrschaften lieber zu Wasser greifen.)

2 Attribute abgrenzen

509 Um bestimmen zu können, welche Wörter innerhalb des Satzglieds zusammen ein Attribut bilden, muss man (zunächst) wissen, was alles zu dem betreffenden Satzglied gehört. Bei der Abgrenzung von Satzgliedern kann es Missverständnisse bzw. Doppeldeutigkeiten geben:

> *Parkzettel-Aufdruck (Aachen 2001):*
> Von außen gut lesbar hinter die Windschutzscheibe legen!

Naheliegend ist hier die Lesart, nach der von außen ein eigenes Satzglied (= lokales Adverbial) ist; erst die Irritation, wie man den Parkzettel 'von außen' *hinter* die Windschutzscheibe kriegen soll, führt zu der anderen Lesart, nach der eine gute Lesbarkeit von außen, also durch die Windschutzscheibe hindurch, gegeben sein muss.

   Es ist bedauerlich, dass *der Streit* zwischen Peter und Inge so viel Misstrauen hervorgerufen hat.

Hier kann der Streit und zwischen Peter und Inge als je ein eigenes Satzglied aufgefasst werden oder auch als ein gemeinsames, in dem dann zwischen Peter und Inge ein untergeordneter und daher weglassbarer Bestandteil, also ein Attribut wäre.

> *Frage 109 (von 364) aus einem kostenlosen Online-Führerscheinprüfungsvorbereitungstest:*
> Wann muss ein Pkw mit Anhänger außerorts auf Straßen mit nur einem Fahrstreifen für jede Richtung vom Vorausfahrenden einen so großen Abstand halten, dass ein Überholer einscheren kann? – Bei einer Zuglänge von …
>
> (http://www.nullfehler.com/learning/sets/show/9994?limit=none)

510 Das Verständnis von Präpositionalgruppen wird vom Verb und dessen Valenzeigenschaften beeinflusst; in den beiden folgenden Beispielen steuert das jeweilige Verb die Erwartung, ob die Präpositionalgruppe auf dem Fußboden als eigenes *Satzglied* (= Präpositionalobjekt) oder als präpositionales *Attribut* zu verstehen ist:

   Dieses Mal <u>fand</u> man <u>eine Blutspur</u> <u>auf dem Fußboden</u> (= *zwei* Satzglieder).
   Dieses Mal <u>führte eine Blutspur auf dem Fußboden</u> zur Aufklärung des Falls (= *ein* komplexes Satzglied).

> A: „Ich hab mein Brot fallen lassen."
> B: „Mit Absicht?"
> A: „Nein, mit Marmelade."

Weniger eindeutig und weniger einheitlich sind die Verhältnisse bei konjunktionalen 511
Gruppen. Zum einen geht es hier um *vergleichende* Konjunktionalgruppen wie die
folgenden:
> Sie sang heute nicht *schöner* als gestern. / Sie sang *so schön* wie gestern.
> *Schöner* als gestern sang sie heute nicht. / *So schön* wie gestern sang sie heute nicht.
> ... weil sie heute nicht *schöner* sang als gestern. / ... weil sie heute *so schön* sang wie gestern.

In allen Beispielen bezieht sich die zugeordnete Wortgruppe auf ein Satzglied (schöner /
so schön). Im ersten Beispiel ist von der Stellung her nicht erkennbar, ob die mit als bzw.
wie zugeordnete Wortgruppe attributiver Teil dieses Satzglieds ist (= schöner als gestern /
so schön wie gestern) oder ob es sich um zwei Satzteile handelt (= das Satzglied schöner / so
schön und der zugeordnete Satzteil als / wie gestern). Das zweite Doppel-Beispiel zeigt,
dass die zugeordnete Wortgruppe im Huckepack mit ins Vorfeld treten kann (was für
einen Status als Satzglied*teil* spricht); das dritte zeigt, dass sie aber auch selbstständig
im Nachfeld stehen kann (was für einen Status als *Satzglied* spricht). Wollte man diese
zugeordneten Wortgruppen einheitlich auf den Status Satzglied oder Attribut fest-
legen, dann müsste man bei der Option 'Attribut' das dritte Beispiel als Fall von
Satzglied-Splitting betrachten (→ 210–214). Ich schlage vor, solche vergleichenden
Konstruktionen nicht auf den Status Satzglied oder Attribut festzulegen, sondern sie
grundsätzlich und damit unabhängig von ihrer jeweiligen Stellung als konjunktional
zugeordnete Satz*teile* anzusehen. Dass sie dabei *nach* ihrem Bezugsausdruck stehen
müssen, halte ich für semantisch naheliegend (erst die Bezugsgröße, dann die darauf
bezogene Vergleichs-Information), also nicht für syntaktisch irgendwie aussagekräftig. Diese konjunktional zugeordneten Satzteile entsprechen zusammengesetzten
Sätzen (→ Bd. 3: 312 ff.):
> Sie sang heute nicht schöner[,] als [sie] gestern [sang]. / Sie sang heute so schön[,] wie [sie] gestern
> [sang].

Man muss sie deshalb nicht gleich als Ellipsen dieser Relativbeziehungen ansehen
(interessant wäre die Klärung, ob historisch gesehen die äquivalente *Teilsatzbeziehung*
die ältere oder jüngere Konstruktion ist).

Entsprechendes gilt, wenn sich die konjunktional zugeordnete Wortgruppe auf ein 512
Attribut bezieht:
> Ich möchte eine schnellere Bahnverbindung als letztes Mal. / ... (genau)so schnelle wie letztes Mal.
> Eine schnellere Bahnverbindung als letztes Mal brauche ich nicht. / Eine genauso schnelle Bahnverbin-
> dung wie letztes Mal wäre wirklich angenehm.
> ..., weil ich eine schnellere Bahnverbindung möchte als letztes Mal. / ... eine (genau)so schnelle
> Bahnverbindung möchte wie letztes Mal.

Für die zugeordnete Wortgruppe sind also die gleichen Stellungsoptionen gegeben
wie bei den satzgliedbezogenen. Es gibt auch die entsprechenden bedeutungsgleichen
Teilsatzbeziehungen:
> Ich möchte eine schnellere Bahnverbindung[,] als [ich] [(sie)] beim letzten Mal [hatte].

Ich ziehe daher auch die gleichen Folgerungen: Es handelt sich um konjunktional
zugeordnete vergleichende Satz*teile*.

513 Anders sind zugeordnete Konjunktionalgruppen wie die folgenden (→ 446) einzuschätzen:

> Er verhält sich als Vorsitzender sehr gut.
> Als Vorsitzender verhält er sich sehr gut.
> Er verhält sich sehr gut als Vorsitzender.
> Sehr gut verhält er sich als Vorsitzender.

Sie sind nicht vergleichend, sondern spezifizierend. Die mit als konjunktional zugeordnete Wortgruppe ist auf ein Satzglied (hier: das Subjekt er) bezogen und hat selber Satzglied-Status. Sie ist stellungsbeweglich und kann – im Unterschied zu den eben angesprochenen vergleichenden zugeordneten Wortgruppen – *vor* oder *nach* dem Bezugssatzglied stehen.

Wenn die Konjunktionalgruppe in ein Satzglied integriert ist (hier in eine lexikalisierte syntaktische Konversion zum Verb sich verhalten), dann verliert sie ihre Stellungsbeweglichkeit und ist eindeutig Attribut:

> Sein Verhalten als Vorsitzender gefiel uns sehr gut.
> *Sein Verhalten gefiel uns sehr gut als Vorsitzender.
> *Als Vorsitzender gefiel uns sein Verhalten sehr gut.

514 Wenn die Grenzen eines Satzglieds geklärt sind, dann beginnt die Analyse seines Innenbaus mit der Identifikation des (ranghöchsten) Kopfes.

Zur Klärung der Frage, welche Teile eines Satzglieds zu einem Attribut gehören und wie diese Attribute voneinander abhängen, kann man verschiedene Verfahren – ggf. in Kombination – nutzen; sie werden an dem folgenden Satzglied-Beispiel erläutert:

> das Auto des langjährigen Freundes seiner Schwester.

515 **Ersatzproben:** Das komplette Satzglied kann (z. B. pronominal durch es) ersetzt werden; das bestätigt den Status als Satzglied. Für die Suche nach dem ranghöchsten Element ist wichtig: Der Satzgliedteil des langjährigen Freundes seiner Schwester kann für sich ersetzt werden (und zwar entweder durch sein zu sein Auto oder – stilistisch etwas weniger akzeptiert – durch von ihm zu das Auto von ihm); man kann aber nicht das Auto für sich durch es ersetzen, dies würde zu der ungrammatischen Konstruktion es des langjährigen Freundes seiner Schwester führen. Also ist das Auto ranghöher und wird als Kopf eingestuft. Schließlich kann auch der Satzgliedteil seiner Schwester gesondert durch ihres ersetzt werden: das Auto ihres langjährigen Freundes. Wörter, die auf diese Weise gemeinsam ersetzt werden können, gelten – ausgenommen die als Kopf eingestufte Wortgruppe – als *ein* Attribut; auf diese Weise erhält man eine Staffelung von Attributen, bei denen die umfangreicheren Attribute die weniger umfangreichen umschließen.

516 **Weglassproben:** Im obigen Beispiel ist seiner Schwester weglassbar, ohne dass der restliche Satz ungrammatisch wird oder der restliche Sachverhalt in eine andere Bedeutung umspringt; also ist seiner Schwester ein Attribut. Auch langjährigen ist weglassbar (nicht aber des langjährigen oder langjährigen Freundes), also ist langjährigen ebenfalls ein Attribut. des langjährigen Freundes ist nur zusammen mit seiner Schwester weglassbar; also ist des langjährigen Freundes seiner Schwester insgesamt ein Attribut, freilich offenbar ranghöher

als seiner Schwester. Nicht weglassbar, ohne dass der Satzgliedrest ebenfalls weggelassen werden muss oder in seiner Bedeutung verändert wird, ist das Auto – der Kopf.

Frageproben: Einige der Attribute lassen sich als Antwort auf Fragen identifizieren. So erhält man im obigen Beispiel auf die Frage wessen Auto? als Antwort des langjährigen Freundes seiner Schwester und auf die Frage wessen Freundes (Auto)? als Antwort seiner Schwester; man erhält also unterschiedlich umfangreiche Attribute. Fragt man so, dass man das Auto als Antwort erhält, erhält man immer alle Attribute mitgeliefert: Was? – Das Auto des langjährigen Freundes seiner Schwester! Also ist das Auto die ranghöchste Konstituente in diesem Satzglied – der Kopf.

Wie schon bei der Verwendung der Frageprobe zur Satzgliedabgrenzung zeigt sich auch hier: Die Frageprobe kann nicht auf eine bestimmte Einbettungstiefe (hier: Attribut versus Satzglied) scharf gestellt werden, sondern die Genitiv-Frageprobe beispielsweise zielt auf *beliebige* Bausteine *im Kasus Genitiv* (wessen …? = des …) bzw. auf alle Bausteine, die 'Zugehörigkeit' anzeigen wie z.B. das Possessivpronomen ihrer in den folgenden Beispielen:

> Sie schenkt ihrer Freundin ein Auto: „Wessen Freundin?" = „ihrer".
> Sie kaufte das Auto ihrer Freundin: "Wessen Freundin?" = „ihrer".

Dabei spielt der Kasus dieser Zugehörigkeits-Anzeigen *keine* Rolle (ihrer ist im ersten Beispiel Dativ, im zweiten Genitiv).

Zudem lassen sich nicht alle Attribute (ohne Weiteres) spezifisch erfragen: Schon langjährigen ist schwer zu erfragen (etwa durch (*)welchen Freundes ihrer Schwester?), und in einem Satzglied wie z.B. das alte Auto mit dem Schiebedach würde man auf die Frage was für ein Auto / welches Auto? sowohl das alte (Auto) wie auch das Auto mit dem Schiebedach oder auch das komplette Satzglied als Antwort erhalten.

Satzglieder können Attribute auf mehreren Abhängigkeitsstufen kombinieren; deren hierarchische Struktur muss daher sichtbar gemacht werden.

Die strikte Trennung zwischen Satzglied- und Attributebene wird in dem folgenden lyrischen Text von Sarah Kirsch gebrochen:

> [...] mein Herzschlag
> ist siebfach geworden schickt unaufhörlich
> und kaum verschlüsselte Botschaften aus.

Durch die Satzteilkonjunktion und wird ein *Satzglied* – das Adverbiale unaufhörlich (vgl. mein Herzschlag [...] schickt unaufhörlich Botschaften aus) mit einem *Attribut* zusammengespannt (vgl. mein Herzschlag [...] schickt kaum verschlüsselte Botschaften aus). Botschaften ist obligatorische Akkusativergänzung zum Prädikat und zugleich Satzgliedkern für das genannte Attribut. Unter dem Aspekt grammatischer Korrektheit müsste das und fehlen: mein Herzschlag [...] schickt unaufhörlich kaum verschlüsselte Botschaften aus.

3 Attributstellung

Die Stellung der Attribute – d.h. ihre Verteilung auf die satzgliedinternen Felder wie auch ihre Reihenfolge innerhalb eines Feldes – wird in Grammatiken in der Regel nur knapp behandelt, obwohl sie für den Vergleich unterschiedlicher Sprachen bzw. Sprach-Typen interessant wäre.

519 Im klassischen Latein mit seiner ausgeprägten Kasus- und Numerusdifferenzierung war relativ freie Stellung möglich; das illustriert der folgende Satz von Ovid, in dem das Stellungsverhalten freilich sogar für das Lateinische relativ extrem ist:

Grandia *per multos* tenuantur flumina *rivos*.
Große Flüsse werden *durch viele Bäche* aufrechterhalten.

Im Deutschen ist eine solche 'Attribut-Streuung' nicht möglich. 'Was zusammengehört, steht auch beieinander' – diese Regel ist platt, aber nicht ganz falsch; die Umstellprobe zur Abgrenzung des Satzglied-Umfangs beruht auf diesem Zusammenbleiben von Satzglied-Teilen bei der Umstellung.

Eine Trennung der Satzgliedteile erschwert das Verstehen. Mithilfe des Kontextes und unseres Weltwissens verkraften wir solche Stellungs-'Turbulenzen' in begrenztem Umfang, insbesondere dann, wenn wir mit ihnen rechnen wie im poetischen Sprachgebrauch.

> In lieblicher Bläue blüht mit dem metallnen Dache der Kirchturm.
> Den umschwebt Geschrei der Schwalben; den umgibt die rührendste Bläue.
> Die Sonne geht hoch darüber und färbt das Blech
> im Winde; aber oben stille kräht die Fahne.
> Wenn einer unter der Glocke dann herabgeht, jene Treppen; ein stilles Leben ist es, weil,
> wenn abgesondert so sehr die Gestalt ist, die Bildsamkeit herauskommt dann des Menschen.
> Die Fenster, daraus die Glocken tönen, sind wie Tore an Schönheit.
> Nämlich, weil noch der Natur nach sind die Tore,
> haben diese die Ähnlichkeit von Bäumen des Waldes. [...]
>
> (Hölderlin zugeschriebenes Fragment in dem Roman „Phaeton"
> von Friedrich Waiblinger, 1823)

520 Für die Beschreibung der Attributstellung im Deutschen kann man analog zu den Stellungsfeldern bei den Satzgliedanalysen Stellungsfelder unterscheiden:

Bei Nominalgruppen sind es *drei* Felder:

Vorfeld	Begleiter	Mittelfeld	Kopf	Nachfeld
rechts	das	alte	Auto	mit dem Platten

Ob es lohnt, in Analogie zu dem Begriff *Prädikatsklammer* bzw. *Verbklammer* von einer *Nominalklammer* zu sprechen und dann fünf Felder zu unterscheiden, ist strittig. Ich tue es hier *nicht*, sondern arbeite mit *Kopf* statt mit *rechter Nominalklammer* und mit *Begleiter* (den es ohnehin nur bei nominalem Kopf gibt) statt mit *linker Nominalklammer*.

Bei den anderen Wortgruppen kann man *zwei* Stellungsfelder unterscheiden: Vorfeld und Nachfeld, also vor und nach dem jeweiligen Kopf der Wortgruppe (dem Adjektiv bzw. dem Adverb bzw. dem Pronomen).

Vorfeld	*Kopf*	*Nachfeld*
sehr	schön	
sehr	oft	
	wir	Dummköpfe

3.1 Attribute im Vorfeld

Das Vorfeld wird von Attributen vergleichsweise selten genutzt. Die attributiven Adverbien

    Rechts das Haus … (= Attribut im Vorfeld)

und

    Das Haus rechts … (= Attribut im Nachfeld)

sehe ich als bedeutungsgleich an: Ein Haus unter mehreren wird ausgegrenzt (das rechts stehende z. B. von drei auf einem Foto sichtbaren Häusern). Die Attributstellung im Vorfeld ist *markiert*.

Bei Präpositionalgruppen sind vergleichbare Adverbien *vor* und *nach* der Präpositionalgruppe *als ganzer* möglich:

    Rechts neben dem Haus steht ein kleiner Baum (= *ein* Haus; der Baum steht rechts davon).

In dieser Stellung wird durch rechts die semantisch noch zweideutige Lagebezeichnung neben dem Haus (= rechts neben dem Haus bzw. links neben dem Haus) vereindeutigt, nicht etwa ein Haus unter mehreren ausgegrenzt. Das Adverb rechts erweitert hier die Präpositionalgruppe *insgesamt*. Unter Satzgliedaspekt sind Adverb und Präpositionalgruppe ein zweigliedriges lokales Adverbiale. Vertauscht man diese beiden Adverbial-Komponenten zu

    Neben dem Haus rechts …,

bleibt die Bedeutung gleich. Freilich gibt es für diese Wortgruppe auch eine andere Lesart:

    Neben dem Haus rechts steht ein kleiner Baum (= *mehrere* Häuser; der Baum steht rechts oder links neben dem rechtesten).

Hier ist das Adverb rechts Attribut zu Haus.

Man kann die beiden Konstruktionen – das attributive Adverb rechts (= mit dem Bezugsnomen gemeinsam durch Unterstreichung markiert) und das Adverbialien-Tandem – kombinieren und damit geradezu ein Vexierspiel machen:

> *Rechts* neben dem Haus rechts siehst du einen kleinen Baum.
> *Links* neben dem Haus rechts siehst du eine Gartenschaukel.
> *Links* neben dem Haus links siehst du meine Oma beim Kartoffelschälen.
> *Rechts* neben dem Haus links siehst du meinen Lieblingshund Paula.

Und um das Maß (oder vermutlich: die Maß) vollzumachen: Wenn die beiden Komponenten eines Adverbialien-Tandems umstellbar sind, müsste das ja auch in *diesem* Satz gehen. Also:

> Neben dem Haus rechts *rechts* siehst du einen kleinen Baum.
> Neben dem Haus rechts *links* siehst du eine Gartenschaukel.

Es geht also zwar und ist korrekt, aber es ist verwirrend.

523 *Präpositional*-Attribute im Vorfeld wie

> (*)Am Freitag das Konzert hat mir sehr gut gefallen.

sind standardsprachlich nicht akzeptiert, zumindest grenzwertig.

524 *Fokuspartikeln* wie nur können im Vorfeld stehen:

> Diese Entscheidung kann *nur die Leitung* treffen. / ↑*Nur die* ↓*Lèitung* ...

Sie können ebenso im Nachfeld stehen unter der Bedingung, dass das von ihnen Fokussierte betont wird, sie selbst aber unbetont bleiben:

> Die Lèitung *nur* kann ...

Und sie können – ebenso unbetont – nach rechts abgespalten werden und stehen dann wie eigene Satzglieder:

> Die Lèitung kann diese Entscheidung *nur* treffen.

Insofern verhalten sich diese *Spezialisten* (→ Bd. 1: 471, 479 ff.) weder wie prototypische Satzglieder noch wie prototypische Attribute.

Dass sie nicht Satzglieder sind, ist auch daran erkennbar, dass sie nicht (in gleicher Bedeutung) allein im Vorfeld stehen können:

> *Nur kann die Leitung diese Entscheidung treffen.

3.2 Attribute im Mittelfeld

Insbesondere Nominalgruppen können ein komplexes Innenleben haben. Daher geht es im Folgenden um die Attributreihenfolge zunächst in Nominalgruppen, dann in weiteren Wortgruppen.

Attributreihenfolge in Nominalgruppen

525 Für die Analyse der Reihenfolge der Attribute gibt es mehrere Gesichtspunkte: semantische, morphologische, syntaktische, wahrnehmungspsychologische.

Wenn man Testpersonen die folgenden (hier alphabetisch geordneten) Attribute

> dortigen, eisernen, schönen, schweren, sizilianischen, teuren, zwei

im Mittelfeld von die ... Kerzenständer unterbringen lässt, ergibt sich als unmarkierte Reihenfolge dieser Attribute:

Zahl	Raum/Zeit	Qualität			Stoff	Herkunft	
die	zwei	dortigen	teuren	schönen	schweren	eisernen	sizilianischen	Kerzenständer.

Unter *semantischen* Gesichtspunkten kann man diese Attributreihenfolge mit folgender Hypothese plausibilisieren: Je 'substanznäher' ein Attribut ist, desto näher steht es am Bezugsnomen. Handwerkliche Herkunft oder Stoff sind enger auf die 'Substanz Kerzenständer' bezogen als die drei Qualitäts-Attribute (zu deren *interner* Reihenfolge weiter unten), und Hinweise zur raum-zeitlichen Lage (dortig, gestrig) haben mit der Substanz nichts mehr zu tun, ebenso wie die bloße Menge (zwei, weitere, alle, zahlreiche). 526

Unter *morphologischen* Gesichtspunkten kann man die Reihenfolge teilweise mit dem Wortarthintergrund dieser Attribute erklären: Stoff- und Herkunfts-Adjektive sind in der Regel Adjektivderivate aus Nomen; Attribute wie zwei oder alle sind – wie der Artikel auch – Pronomen. Die Hypothese dazu ist: Attribute werden entsprechend ihrer (Herkunfts-)Wortart zu den wortartgleichen Positionen im Satzglied gestellt, also Stoff- und Herkunftsadjektive direkt links neben das Nomen Kerzenständer, Numeralia direkt rechts neben den Artikel. 527

Unter *syntaktischen* Gesichtspunkten gelten qualifizierende attributive Adjektive wie teuer, schön, schwer als *prototypische* Attribute; sie stehen mittig. Attributive Adjektive wie eisern oder sizilianisch kann man zur Entlastung des Mittelfelds mithilfe ihrer zugrunde liegenden Nomenform auch präpositional ins Nachfeld entsorgen:

 die ... Kerzenständer *aus Eisen;*
 die ... Kerzenständer *aus Sizilien.*

Adjektive wie dortig oder gestrig kann man in ihrer *nicht* abgeleiteten Adverb-Version ebenfalls ins Nachfeld entsorgen:

 die ... Kerzenständer *dort;*
 die ... Kerzenständer *gestern.*

Bei den Simplizia teuer, schön, schwer gibt es keine solchen bereitliegenden Alternativen; hier wäre eine Entlastung des Mittelfelds nur umständlich mit Hilfe von Genitivattributen möglich:

 Kerzenständer *hohen Preises;*
 Kerzenständer *großer Schönheit;*
 Kerzenständer *hohen Gewichts.*

Unter *wahrnehmungspsychologischer* Perspektive kann man noch einmal die Hypothese heranziehen, die auch im Zusammenhang mit der Satzglied-Reihenfolge eine Rolle spielt (den klassischen Behaghel'schen Ausspruch vom „Gesetz der wachsenden Glieder"): Die Attribute werden von links nach rechts 'schwerer', d.h. durchschnittlich umfangreicher, und damit wird ihre Dekodierung aufwändiger: 528

— Im Vorfeld stehen allenfalls (einwortige) Adverbien (rechts das alte Haus ...).
— Im Mittelfeld stehen (einwortige) Adjektive (das alte Haus) sowie Genitivattribute, die dann aber in der Regel einwortige Eigennamen sind: Paulas Haus / Müllers Haus.
— Erst im Nachfeld – also nach dem Bezugsnomen – stehen zweiwortige Genitivattribute (das Haus meiner Schwester).
— Und erst nach diesen Genitivattributen stehen zwei- und mehrwortige präpositionale Attribute (das Auto mit den grünen Ledersitzen).

Auf diese Weise stehen die schweren Genitiv-Versionen und die generell schweren Präpositionalattribute erst *nach* dem Bezugsnomen, dessen Kenntnis ihre Dekodierung erleichtert.

529 Für die Klärung der Reihenfolge innerhalb der qualifizierenden Adjektivattribute lässt sich wiederum der Gesichtspunkt der Substanznähe nutzen: teuer hat nichts mit der Substanz von Kerzenständer an sich zu tun, sondern mit ihrem derzeitigen Marktwert; schön ist zwar eine bewertende Zuschreibung durch Menschen, gilt aber als in der Gestalt des Kerzenständers verankert; schwer schließlich ist unabhängig von Wahrnehmung und Zuschreibung eine Qualität, die direkt mit der Substanz des Kerzenständers gegeben ist (außer man schreibt eine Grammatik während eines Aufenthalts in einer Raumstation).

530 Man kann solche Stellungsregularitäten mit Schülerinnen und Schülern testen (und damit auch diese Hypothesen plausibilisieren), indem man ihnen die Anweisung gibt:

„Setze in die beiden offen gelassenen Attributfelder die beiden dahinter stehenden Adjektive ein:

„eine … … Rose" (rot / langstielig);

„eine … … Suppe" (köstliche / heiße);

„… … Haar" (lang / blond)."

Ggf. setzt man diese beiden Adjektive über- oder untereinander, um sog. Priming-Effekte (= Einflüsse der Reihenfolge, in der die Adjektive vorgegeben werden, → 38) zu vermeiden.

Die (große) Mehrzahl der Schülerinnen und Schüler wird die Reihenfolge eine langstielige, rote Rose bzw. eine köstliche, heiße Suppe anbieten; bei dem Adjektiv-Tandem lang und blond wird es vermutlich neben der Reihenfolge langes, blondes Haar in geringerem Umfang auch blondes, langes Haar geben (möglicherweise auch deshalb, weil die Haarfarbe heute kein stabiles Merkmal mehr ist).

Die Hypothese dazu ist: rot ist für Rose typischer als langstielig, heiß suppentypischer als köstlich und blond haartypischer als lang. Wenn die (in einer Sprachgemeinschaft) als *substanznäher* eingestuften adjektivischen Attribute auch näher an das Bezugswort herangesetzt werden, wäre also die Reihenfolge *semantisch* aussagekräftig; sie hätte damit (begrenzt) ikonischen (= bedeutungsabbildenden) Charakter.

Zu solchen Überlegungen gibt es interessante empirische sprachpsychologische Befunde. Zum Beispiel berichtete Pechmann über einen Versuch: Er präsentierte Versuchspersonen zwei Blöcke, in denen untereinander ein Farbadjektiv, ein Größenadjektiv und ein Nomen standen, und forderte sie auf, schnellstmöglich einen grammatisch durchgeformten Ausdruck zu sprechen. Wurde bei diesem Experiment erst das Größenadjektiv und dann das Farbadjektiv präsentiert, also z. B.

groß
blau
Hut,

dann produzierten die Versuchspersonen den Ausdruck großer blauer Hut schneller, als sie bei dem Wort-Angebot

blau
groß
Hut

den Ausdruck blauer großer Hut bildeten. Erwartbar ist entsprechend, dass kurzes blondes Haar schneller produziert würde als blondes kurzes Haar. Offenbar wird die Attributreihenfolge 'erst Größenadjektiv, dann Farbadjektiv' durch die Speicherung entsprechender Reihenfolgemuster im Hirn begünstigt (vgl.: Thomas Pechmann (1994): Sprachproduktion: Zur Generierung komplexer Nominalphrasen. Westdeutscher Verlag GmbH, Opladen).

Wenn im Mittelfeld ein attributiver Genitiv steht, dann ersetzt dieser syntaktisch wie topologisch den dort sonst stehenden Artikel: 531

die zwei schönen siamesischen Katzen Pauls;
→ Pauls zwei schöne siamesische Katzen.

Dieser 'sächsische' Genitiv (mit 'sächsisch' ist 'angelsächsisch' gemeint) steht also grundsätzlich am linken Außenrand, vor allen möglichen weiteren Attributen.

Das Genitivattribut ersetzt zwar den bestimmten Artikel, kann dabei aber nicht die Kennzeichnung grammatischer Merkmale (Kasus, Numerus, Genus) übernehmen, die der Artikel im Zusammenspiel mit den restlichen Satzglied-Elementen übernommen hätte. Daher geht die Kennzeichnungs-Pflicht auf die nächste rechte kennzeichnungsfähige Komponente über, hier die beiden Adjektive, die daher *stark* flektiert werden müssen (= schöne siamesische statt schönen siamesischen).

Ein attributives Nomen im Mittelfeld steht *nach* ev. attributiven Adjektiven unmittelbar vor dem Bezugs-Nomen: 532

unser *lieber* Professor Maier.

Wenn ein attributives Partizip bzw. partizipial ergänzbares Adjektiv seinerseits wieder Unter-Attribute hat, wird die Mittelfeld-Reihenfolge der äquivalenten Satzglieder in einem äquivalenten Teilsatz als Mittelfeld-Reihenfolge dieser Attribute übernommen; das heißt, dass die dem Partizip (bzw. Adjektiv) am nächsten stehenden Attribute auch die ihm am engsten zugehörenden sind:

Mein mir regelmäßig den Flug *zahlender* Freund ...
= Mein Freund, der mir regelmäßig den Flug *zahlt*, ...

Attributreihenfolge in anderen Wortgruppen

Für die Attributreihenfolge in *Präpositionalgruppen* gelten, soweit es sich um kasusgeprägte handelt, die Aussagen zu Nominalgruppen analog.

In *Adjektivgruppen* stehen primäre Attribute wie 533

Er fuhr sehr schnell. / ... ungewöhnlich schnell. / ... über alle Maßen schnell.

grundsätzlich *vor* dem Bezugs-Adjektiv. Für sekundäre Attribute (einschließlich valenzgebundener) gelten, wie weiter oben angesprochen, die Reihefolgebedingungen entsprechender Teilsatz-Mittelfelder:

Es handelt sich um einen ihr abends angeblich auffällig zugewandten Kater.
... um einen Kater, der ihr abends angeblich auffällig zugewandt ist.

In Adverbgruppen wie 534

ziemlich oft / ungewöhnlich oft

stehen Attribute grundsätzlich *vor* dem Bezugs-Adverb.

In *Pronominal*gruppen wie
> Wir blöden Typen haben mal wieder vergessen, ...

stehen die (grundsätzlich nominalen) Attribute immer *nach* dem Bezugs-Pronomen.

Dass blöden Typen das Attribut ist und nicht etwa wir, zeigt sich u. a. bei einer versuchsweisen Linksherausstellung:
> → *Wir* blöden Typen, wir haben mal wieder ...
> *→ Wir *blöden Typen,* die haben mal wieder ...

3.3 Attribute im Nachfeld

535 Bei *Nominalgruppen* stehen im Nachfeld attributive Genitive wie in
> das Haus meiner Schwester,

präpositionale Attribute wie in
> ihr Haus in Frankfurt,

einige spezifische attributive Nomen wie in
> der von der Verteidigung bestellte Zeuge Müller

und vereinzelt attributive Adverbien:
> das alte Haus rechts.

536 Wenn im Satzglied zwei Genitivattribute stehen, muss eins davon im Mittelfeld und eines im Nachfeld stehen:
> Pauls *Untersuchung* des Stellungsverhaltens von Satzgliedern ....

Zwei Genitivattribute im *Nachfeld* sind nicht möglich:
> *Die *Untersuchung* Pauls des Stellungsverhaltens von Satzgliedern ...

> *Aus der Bachelor-Arbeit einer Studentin:*
> Auffällig [...] ist die Beurteilung der Männer ihres eigenen Geschlechts

537 Demgegenüber können mehrere Präpositionalattribute zum gleichen Bezugsnomen im Nachfeld stehen:
> das *Haus* von seinem Bruder aus dem 19. Jahrhundert mit der wunderschönen Berankung.

538 Wenn mehrere Attribute im Nachfeld stehen, gilt für die Reihenfolge dieser Attribute:
– Attributives Nomen steht *direkt nach* dem Bezugsnomen:
> das Stück Käse meines Bruders;
> *das Stück meines Bruders Käse.

– Attributiver Genitiv steht *vor* präpositionalen Attributen:
> die Entlassung meines Bruders am letzten Samstag;
> *die Entlassung am letzten Samstag meines Bruders.

Ein Genitivattribut bezieht sich also immer auf das *unmittelbar* vorausgehende (also das benachbarte) Nomen, während präpositionale Attribute sich auch auf ein weiter entfernt stehendes Nomen beziehen und dabei sowohl ein Genitivattribut wie auch ein oder mehrere weitere Präpositionalattribute 'überbrücken' können.

Hängt dies mit der Regelung zusammen (die analog bereits bei der Stellung der *Flexionsmorpheme* angesprochen wurde, → Bd.1: 53–56), dass in Genitivattributen 'substanz*näbere*' Informationen kodiert sind als in Präpositionalattributen, nämlich z. B. 'Zugehörigkeit' (der Hund des Bürgermeisters) oder Subjektfunktion (die Verabredung des Angeklagten mit seinem Rechtsanwalt) bzw. Akkusativobjekt-Funktion (die Bestrafung des Angeklagten mit 5 Jahren Gefängnis)? Freilich enthalten auch Präpositionalattribute oft valenzgebundene Informationen (die Empörung über mein Verhalten).

Oder ist bei entfernten Präpositionalattributen der Bezug auf den Kern aufgrund der Präpositionsbedeutung einfacher bzw. eindeutiger möglich als beim bloßen Genitiv?

— Attributive Adverbien stehen nach attributivem Genitiv und vor *oder* nach präpositionalen Attributen:

die Empörung meiner Schwester gestern wegen meines Vorwurfs;
die Empörung meiner Schwester wegen *meines Vorwurfs* gestern.

Dieses zweite Beispiel ist doppeldeutig: gestern kann rechtsständiges Attribut zu Empörung oder Sub-Attribut zu Vorwurf sein.

— Bei mehreren Präpositionalattributen stehen *valenzgebundene* bei unmarkierter Stellung näher beim Bezugsnomen:

der Streit meiner Schwester *mit ihrem Freund* am letzten Sonntag.

Gegenüber dieser Stellung ist die folgende *markiert:*

der Streit meiner Schwester am letzten Sonntag *mit ihrem Freund.*

Generell können für jedes Attribut, das nach einem oder mehreren anderen Attribut(en) steht, Doppeldeutigkeiten entstehen, weil dadurch mehr als ein möglicher Bezugspunkt zur Verfügung steht:

Der Hund des Bürgermeisters mit dem treuen Blick ....

Die beiden Lesarten, die syntaktisch *nicht* entschieden werden können, sind

Der treu blickende Hund des Bürgermeisters ...

und

Der Hund des treu blickenden Bürgermeisters ...

Entsprechend das folgende Beispiel in der Süddeutschen Zeitung am 18.7.01, S. 23 unter der Überschrift „embryonale Stammzellen":

In Bayern hingegen überwiegt die Skepsis gegen den Einsatz dieser Zellen in der Wissenschaft.

in der Wissenschaft kann sich auf die Skepsis oder den Einsatz ... oder – mit ein bisschen Anstrengung – auch auf dieser Zellen beziehen. Eine Umstellung ist möglich; sie würde helfen, z. B. den Bezug auf die Skepsis zu verdeutlichen: ... überwiegt in der Wissenschaft die Skepsis gegen ...

> *Friedrich Waiblinger (aus: „Phaeton")*
> Der Tugend Heiterkeit verdient auch gelobt zu werden vom ernsten Geiste,
> der zwischen den drei Säulen wehet des Gartens.

3.4 Stellungsbesonderheiten

540 Bei Attributen zu nominalisierten Verben gibt es interessante Stellungsvarianten: Während eine direktionale attributive Ergänzung zu *lexikalischen* Konversionen wie der Lauf nur im Nachfeld stehen kann wie bei

der Lauf nach Rom,

ist bei *syntaktischen* Konversionen wie das Laufen neben der unauffälligen Nachfeldstellung bedingt auch Stellung im Mittelfeld möglich:

das Laufen nach Rom;
(*)das nach Rom Laufen;

ebenso:

Das in feuchten Räumen Wohnen gilt als sehr ungesund.

Bei dieser Stellung wird oft eine Bindestrich-Schreibung gewählt, die den Ausdruck als Halb-Kompositum präsentiert:

Das In-feuchten-Räumen-Wohnen ...

Diese Stellungsoption deutet auf den Zwitter-Status syntaktischer Konversionen hin: Auch wenn Laufen die syntaktische Rolle eines Nomen übernimmt, bleibt es seiner Basis-Wortart Verb zugehörig und platziert die Satzteile *links* von sich: nach Rom laufen / in feuchten Räumen wohnen.

541 Attributive Adjektive stehen im Deutschen in flektierter Form nur im Mittelfeld. In den romanischen Sprachen können sie im Mittelfeld oder im Nachfeld stehen:

una *bellissima* macchina (= im Mittelfeld);
una macchina *bellissima* (= im Nachfeld).

Für welche Adjektive welches der beiden Stellungsfelder das reguläre ist, ist für jede Sprache einzeln geregelt; im Französischen stehen z. B. grand und bon normalerweise im Mittelfeld, die meisten anderen Adjektive normalerweise im Nachfeld; die jeweils andere Stellung ist markiert. Die romanischen Sprachen haben auf diese Weise eine Option mehr, um Informations-Relevanz anzuzeigen.

Die für das Deutsche (und Englische) typische Stellung im Mittelfeld erschwert im Grunde die Rezeption, weil der semantische Bezugspunkt erst *nach* den Attributen geliefert wird:

In der Ecke sah er ein [was?] ziemlich großes [was denn??] und offenbar von irgendjemandem grell pink angemaltes dickes [was denn nun???] ...
(Ich sag es nicht!)

Ähnlich erschwert in Sätzen mit mehrteiligem Prädikat die Endstellung des *valenzhaltigen* (und damit syntaktisch-semantisch orientierenden) infiniten Prädikatsteils (bzw. in konjunktionalen Nebensätzen die Endstellung des Prädikats insgesamt) das Verstehen der vorher gesprochenen oder geschriebenen Satzglieder:

> Sie *hat* sich gestern mit mir nach ziemlich heftigen Auseinandersetzungen in diesem heiklen Punkt, den wir bereits zwei Mal miteinander angesprochen haben, endgültig *zerstritten*.

Es gibt – jedenfalls auf den ersten Blick – einige Ausnahmen. Teils sind sie fachsprachlicher Art: 542

> Forelle blau.

Teils sind sie aber auch *nicht*-fachsprachlicher Herkunft; sie werden insbesondere in der Werbung häufiger gebraucht:

> Wellness pur.
>
> Das ist Vergnügen pur!

> Ferienspaß total
>
> Auch wenn Sie mal keine Lust auf größere Aktivitäten haben, können Sie sich auf fast 10.000 Quadratmeter Hof, Obstbaumwiese und Weide ausruhen. Genießen Sie Ihr Frühstück in der Morgensonne, oder suchen Sie sich für Ihren Liegestuhl ein schattiges Plätzchen unter blühenden Apfelbäumen! Sie können die Hühner beim Scharren beobachten, oder lassen Sie sich beim Schaukeln in der Hängematte von Schafen und Gänsen bestaunen.
>
> (http://www.tarmitz4.de – 12.10.2008)

Zu dieser topologischen Abweichung kommt auch eine morphologische hinzu, dass nämlich das attributive Adjektiv *unflektiert* verwendet werden muss; es heißt also nicht 543

> *Forelle blau<u>e</u>;
>
> *Vergnügen pur<u>es</u>.

Ein Erklärungsversuch für beide Beispieltypen ist, dass die Adjektive prädikativ zu verstehen sind; dazu würde sowohl die topologische Besonderheit passen, dass dieses prädikative Adjektiv *nach* seinem Bezugswort steht, wie auch die morphologische Besonderheit, dass es *unflektiert* verwendet wird, dies ist genauso bei prädikativen Ergänzungen wie

> Paula ist schön.

oder zugeordneten prädikativen Angaben wie

> Paula musiziert am liebsten hungrig.

Für eine solche prädikative Lesart spricht auch, dass man die Ausgangsbeispiele semantisch mit prädikativen Strukturen paraphrasieren kann: Zu Forelle blau gibt es in der Gastronomie viele entsprechende rituelle Fragen des Typs

> „Wie wollen Sie den Fisch?"
>
> „Wollen Sie ihn gekocht (bei Forelle: blau) oder gegrillt oder gebacken?"

3 Attributstellung

Und dem zweiten Beispieltyp entspricht eine prädikative Paraphrase wie

Das ist *Vergnügen* <u>in seiner reinsten Form</u>.

mindestens so gut wie eine attributive:

Das ist <u>pures</u> Vergnügen. / Das ist *das* <u>pure</u> Vergnügen.

Wenn man diesem Erklärungsansatz folgt, dann handelt es sich in beiden Fällen nicht um Ausnahmen von der regulären Mittelfeldstellung attributiver Adjektive, sondern um eine etwas andere Konstruktion.

Zu diesem Erklärungsversuch passt allerdings *nicht* das in diesem Zusammenhang üblicherweise zitierte Beispiel aus Goethes „Heidenröslein", das aber *poetischen* Sprachgebrauch darstellt (und für die *rhythmische* Gestaltung eine gewisse Stellungsfreiheit nutzt):

Heidenröslein

Sah ein Knab' ein Röslein stehn,
Röslein auf der Heiden,
War so jung und morgenschön,
Lief er schnell es nah zu sehn,
Sah's mit vielen Freuden.
Röslein, Röslein, Röslein rot,
Röslein auf der Heiden.

(Hätte er etwa schreiben sollen: Röslein, rotes Röselein!?)

4 Attributstufen

Attribute sind Teile von Satzgliedern und beziehen sich innerhalb eines Satzglieds auf einen anderen, ihnen übergeordneten Satzgliedteil; zu vielen dieser Attribute sind Unter-Attribute möglich, die Attribute der 2. Stufe darstellen; zu diesen sind wiederum Attribute der 3. Stufe möglich usw. Satzglieder können grundsätzlich unendlich komplex gestuft sein.

Der ranghöchste Satzgliedteil, von dem die anderen Satzgliedteile direkt oder indirekt als Attribute abhängig sind, wird als *Satzglied-Kopf* bezeichnet.

Die Analyse dieser Stufung bringt etwas mehr Klarheit in die innere Struktur eines Satzglieds, jedoch zunächst nur in die Unterordnung jeweils eines Subattributs unter das ranghöhere Attribut. Unklar bleibt dabei die Beziehung zwischen zwei Attributen auf der gleichen Stufe; dies ist ein eigener Analyseschritt.

Die folgenden Darstellungen beziehen sich auf *primäre* Attribute. Später (→ 617 ff.) wird die Darstellung auch auf *sekundäre* Attribute ausgedehnt, also Attribute, die im Gefolge attributiver Partizipien auftreten (z. B. der über diesen Preis entsetzte Käufer).

> Peter Weiß
> Der Schatten des Körpers des Kutschers

Attributstrukturen sind *rekursiv:* Man kann in ein Attribut denselben Attributtyp immer wieder als Subattribut einbauen. Das ist bei Genitivattributen innerhalb des *Nachfelds* möglich:

  der Hund des Bekannten des Ehemanns meiner Schwester.

Dasselbe gilt für präpositionale Attribute:

  Das Treffen auf dem Berg mit der schönen Hochalm mit der Berghütte mit dem gelben Dach.

Der Begriff Rekursivität ist hier eng ausgelegt: Es wird immer derselbe Attributtyp eingebettet. Man kann auch die mehrfache Einbettung form*beliebiger* Attribute schon als rekursiv bezeichnen. So oder so ist Rekursivität ein Zeichen der *grenzenlosen* Produktivität, die wir mit *endlichen* sprachlichen Mitteln realisieren können.

> Peter Handke
> Die Innenwelt der Außenwelt der Innenwelt

In komplexen Attributen (der 1. Stufe) kann man analog zu den Satzgliedern den *Attribut*-Kopf bestimmen, der selber wieder durch Attribute der 2. Stufe näher bestimmt ist: In dem Satzglied die Bescheinigung des regelmäßigen Besuchs des Kurses

ist die Bescheinigung Satzglied-Kopf, des regelmäßigen Besuchs des Kurses das seinerseits komplexe Attribut der 1. Stufe mit des Besuchs als Attribut-Kopf; dieser Attribut-Kopf ist durch zwei Attribute der 2. Stufe (des Kurses und regelmäßigen) näher bestimmt.

> *Aus den gesetzgeberischen Aktivitäten des Innenministeriums NRW:*
>
> Entwurf einer Verordnung über das Wahlverfahren zur Aufstellung des Vorschlags der Versammlung der Beschäftigten des Eigenbetriebs für die Wahl von Beschäftigten als Mitglieder des Werkausschusses und ihrer Stellvertreter (Wahlordnung für Eigenbetriebe – Eig-WO).
>
> („Der Spiegel", Ausgabe unbekannt, „Hohlspiegel")
>
> Viel Spaß bei der Analyse!

Einbettungstiefe

547 Wenn man einen Satz mit komplexen Satzgliedern hat, kann man diese Attributstufung schrittweise herausarbeiten:

> Er kaufte das für die sorgsame Darstellung der sozialen Ungerechtigkeit berühmte Bild Picassos.

Zunächst bestimmt man das Prädikat und die Satzglieder: Von dem Prädikat kaufte hängen in diesem Satz zwei Ergänzungen ab – das Subjekt er und das Akkusativobjekt

> das für die sorgsame Darstellung der sozialen Ungerechtigkeit berühmte Bild Picassos.

Dieses komplexe Satzglied kann nun in vier Schritten analysiert werden:

(1) Der Kopf dieser Wortgruppe ist Bild. Auf diesen Kopf beziehen sich zwei attributive Wortgruppen der 1. Stufe:

> x-ige = für die sorgsame Darstellung der sozialen Ungerechtigkeit berühmte

und

> Ys = Picassos.

(2) Das erste dieser beiden Attribute ist seinerseits komplex aufgebaut; darin ist berühmte der Kopf. Dieser wird durch ein Attribut der 2. Stufe näher bestimmt:

> für die sorgsame Darstellung der sozialen Ungerechtigkeit.

(3) Auch dieses Attribut ist komplex; darin ist für die Darstellung der Kopf.

Dies ist eine verkürzte Darstellung. Streng genommen müsste man in zwei Schritten vorgehen: (1) für X ist eine Präpositionalgruppe mit für als Kopf. (2) X ist seinerseits eine Nominalgruppe, nämlich die x-ige Darstellung Ys mit Darstellung als Kopf.

Dieser Kopf wird durch zwei Attribute der 3. Stufe näher bestimmt:

> sorgsame

und

> der sozialen Ungerechtigkeit.

(4) Das zweite dieser beiden Attribute ist seinerseits komplex; darin ist der Ungerechtigkeit der Kopf. Dieser wird durch ein Attribut der 4. Stufe näher bestimmt:
sozialen.

Dieses Attribut ist nicht mehr komplex.

Man kann solche Attributstrukturen auf mehreren Ebenen übersichtlich in einer Art Attribut-Partitur darstellen – und zwar so, dass alle Wörter des Ausgangsbeispiels nur ein Mal erscheinen:

0	[Er]	[kaufte]	[das					Bild	
1							berühmte		Picassos].
2			für die	Darstellung					
3				sorgsame	der	Ungerechtigkeit			
4						sozialen			

Dabei verweist die Zahl der Partiturzeile auf die Einbettungstiefe des jeweiligen Attributs.

Eine andere Darstellungsweise arbeitet mit Klammerpaaren:
[Er] [kaufte] [das [[für die [sorgsame] Darstellung [der [sozialen] Ungerechtigkeit]] berühmte] Bild [Picassos]].

Auch hier gibt die Zahl der gestaffelten Klammern direkt die Einbettungstiefe des betreffenden Attributs an.

Die Partiturschreibung ist übersichtlicher als die Klammerdarstellung, sie ist aber graphisch aufwändiger und nimmt mehr Platz ein.

Sie lädt zudem zu einem Irrtum ein: Wenn man bei Partiturdarstellungen die einzelnen Attribute nennen will, muss man ev. zugehörige *rangniedere* Attribute *mit* nennen: Man darf also z. B. nicht sagen, für die Darstellung sei ein Attribut zu berühmte, sondern für die sorgsame Darstellung der sozialen Ungerechtigkeit ist *insgesamt* Attribut zu berühmte; oder man repräsentiert diese rangniederen Attribute durch Kürzel: für die x-ige Darstellung Ys. Die Klammerdarstellung erinnert eher daran, dass jeweils Unterattribute dazugehören – weil sie diese eben *nicht* auf die nächste Stufe 'beseitigt'.

Diese Stufungsanalysen geben lediglich Aufschluss über die *syntaktische Einbettungstiefe*. Ein weiterer Aspekt ist die *semantische* gleich- oder ungleichrangige *Kooperation* mehrerer Attribute zu ein und demselben Bezugswort. (Syntaktische) Stufe und (semantischer) Rang sind zwei zwar zusammenhängende, aber nicht identische Analysegesichtspunkte: In einer vergleichsweise harmlosen Attributkonstruktion wie
Das *teure* Konzert *in der Philharmonie* ...

würde das Adjektiv auf die gleiche Einbettungsstufe gesetzt wie die Präpositionalgruppe. Es steht aber in seiner Bedeutung dem Kopf Konzert weniger nahe als die Präpositionalgruppe: teure bezieht sich auf den 'Gesamtbegriff' Konzert in der Philharmonie.

Man kann das mit zwei alternativen Paraphrasen plausibilisieren:
Das Konzert in der Philharmonie war teuer.
Das teure Konzert fand in der Philharmonie statt.

Die erste Paraphrase entspricht eher der Satzglied-Gesamtbedeutung als die zweite.

Auch in dem (schon komplexeren) Beispiel

Seine große Lust auf Champagner ...

operiert das Attribut große in der semantischen Hierarchie oberhalb des präpositionalen Attributs auf Champagner, das auf der gleichen Attributstufe anzusetzen ist; das Possessivum Seine wiederum operiert oberhalb von große. Die entsprechenden Paraphrasen sind:

Er hatte große Lust auf Champagner.

Die Lust auf Champagner war groß (nicht: Die große Lust richtete sich auf Champagner).

550 Noch komplexer sind Fälle wie der folgende:

Ihre schnelle Erledigung der Arbeit [wurde in der Abschlussbesprechung positiv hervorgehoben].

Betrachtet man diese Konstruktion vor dem Hintergrund der kontextintegrierenden Paraphrase

... Diese mühevolle Arbeit war Paula übertragen worden. *Sie hat die Arbeit schnell erledigt*. Das wurde in der Abschlussbesprechung positiv hervorgehoben,

dann erweist sich das Possessivum Ihre als Subjektäquivalent und das Genitivattribut der Arbeit als Genitivus obiectivus, also als Äquivalent zu einer Akkusativergänzung. Hier würde man folgende syntaktische *Stufung* bzw. folgenden semantischen *Rang* ansetzen:

Stufung:			Rang:	
0		Erledigung	Ihre	Erledigung
1	Ihre schnelle	der Arbeit.		der Arbeit.
2			schnelle	

Eine graphische Darstellung könnte so aussehen:

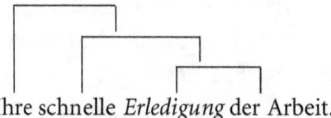

Ihre schnelle *Erledigung* der Arbeit.

Wir interpretieren also die hintereinander aufgereihten Wörter eines Satzes parallel hinsichtlich ihrer *syntaktischen* und ihrer *semantischen* Hierarchie und ordnen ihnen eine gegliederte Gesamtbedeutung zu.

5 Relationen zwischen Attributen

Die bisherigen Ausführungen zu Einbettungstiefe und zu Rektionsbeziehungen zwischen Kopf und Satzteilrest sind nur ein erster Schritt, um den Bedeutungsaufbau innerhalb eines Satzglieds zu beschreiben.

Im Folgenden geht es um die Bedeutungsbeziehungen zwischen zwei (oder mehreren) Attributen, und zwar sowohl zwischen Attributen innerhalb des *gleichen* Stellungsfelds als auch zwischen Attributen, die in *verschiedenen* Feldern stehen.

Ein kleine Stärkung vorweg:

> Auf einer Speisekarte („Kaiserhof" in Siegburg – 13.8.2008):
> Variation aus Jakobsmuschel und Babysteinbutt auf gefüllten Nudeltaschen mit Ricotta und Rucola in Paellasauce

5.1 Attribute im gleichen Stellungsfeld

Bei mehreren Attributen im *gleichen* Stellungsfeld können die Attribut-Nachbarn in unterschiedlichen Relationen stehen (und dies kann u. a. Folgen für die Kommasetzung haben).

Syntaktische Subordination

Innerhalb des *Nachfeldes:*
> die Diskussion der Punkte der Tagesordnung der Konferenz der Außenminister.

Hier ist jedes Genitivattribut seinerseits wieder Bezugspunkt für das nächstfolgende Genitivattribut, d.h. der nächste Nachbar steht jeweils auf der nächsten Abhängigkeitsstufe; daher wird hier *kein* Komma bzw. *kein* und (oder andere nebenordnende Konjunktionen) gesetzt. Diese gestufte Einbettung ist theoretisch unendlich oft möglich (sie ist ab einer gewissen Komplexität freilich nicht mehr zuverlässig verstehbar); es entstehen dabei entsprechend tief eingebettete Attribute.

In einer *Familien*-Metapher könnte man hier von *Mutter-Kind*-Beziehungen sprechen.

Eine solche stufenweise Einbettung ist auch für präpositionale Attribute möglich:
> mein Ärger über ihre heftige Wut auf meine Verabredung mit meinem Freund aus München.

553 Ein Beispiel für Subordination innerhalb des *Mittelfeldes:*

> ein billiges altes italienisches Cello.

Ein vorsorglicher Hinweis für Nicht-Cellisten: Die drei attributiven Adjektive sind hier gleichrangig gemeint (man kann sie daher auch nicht durch Komma trennen): Es geht um ein italienisches Cello (= Güte-Siegel), und zwar um ein *altes* (= besonders teuer), und zwar um ein wundersamerweise gefundenes *billiges* Exemplar. Die Partitur-Ansicht wäre:

```
0   ein                         Cello
1                  italienisches
2              altes
3         billiges
```

Attribute, die einander über- bzw. untergeordnet sind, werden also nicht durch Komma oder Satzteilkonjunktion (und oder oder usw.) voneinander getrennt.

Syntaktische Koordination

Hier stehen die Nachbar-Attribute auf der gleichen *syntaktischen* Abhängigkeitsstufe. Es gibt dabei *zwei* Muster der Stufengleichheit:

554 (1) Muster *Komplementarität*

Innerhalb des *Nachfeldes:*

> der Hund des Nachbarn mit der kaputten Pfote.

Man kann sich natürlich auch eine subordinative Lesart zurechtlegen: dass der *Nachbar* eine kaputte 'Pfote' hat. Dann läge eine *subordinative* Attributbeziehung vor.

> die Wanderung am Freitag nach Monschau zur Pilzsuche.

Bei diesem Beispiel sind drei Attribute unterschiedlicher semantischer Kategorie *gleichrangig* mit dem Satzgliedkern die Wanderung verbunden. Es kann nur eine *begrenzte* Zahl von Attributen koordiniert auftreten, nämlich nur so viele, wie es passende semantische Kategorien gibt. Man könnte hier z. B. modale Attribute ergänzen, etwa bei schlechtem Wetter, unter Tränen, mit den Kindern:

> die Wanderung am Freitag mit den Kindern unter Tränen bei schlechtem Wetter nach Monschau zur Pilzsuche.

555 Innerhalb des *Mittelfeldes:*

> ihr gestriger müheloser Sieg im Marathon.

Auch hier kann man sich eine subordinative Lesart ausdenken: Ihr gèstriger müheloser Sieg ... – dann hätte sie vorher schon einmal einen Marathonlauf gewonnen.

In der *Familien*-Metapher könnte man sagen: Die Attribute sind *Geschwister*.

Attribute, die zueinander komplementär sind, werden nicht durch Komma oder Satzteilkonjunktionen voneinander getrennt.

556 (2) Muster *Mehrfachbesetzung*

Häufig ist eine Attributstelle mehrfach besetzt, und zwar semantisch betrachtet entweder als *Addition / Aufzählung* oder als *Variation:*

> die Opern <u>Mozarts</u>, <u>Bizets</u> und <u>Wagners</u>;
> die Quartette <u>Beethovens</u> oder <u>Bartoks</u>.

In beiden Fällen liegt eine Mehrfachbesetzung des attributiven Genitivs vor. Entsprechend stellen die drei Adjektivattribute in

> der <u>schöne</u>, <u>alte</u>, <u>müde</u> Hund

eine *mehrfache* Besetzung desselben Attributtyps dar.

Mehrfachbesetzung ist syntaktisch *unendlich* oft *möglich* (kommunikativ freilich nur in begrenztem Umfang *sinnvoll*).

Das Gesellschaftsspiel „Ich packe meinen Koffer" arbeitet mit einer möglichst umfangreichen Mehrfachbesetzung ein und desselben *Satzglied*typs – einer Akkusativobjektstelle:

> Ich packe meinen Koffer und nehme X (= X1, X2, X3 usw.) mit.

Das könnte man natürlich auch mit *Attributen* spielen.

In der *Familien*-Metapher wären solche Attribute *Zwillinge* (bzw. Drillinge usw.). Ein Spezialfall dieser Mehrfachbesetzung ist:

> Ich finde sie sehr, sehr schön.

In der Familien-Metapher: Hier ist das Attribut *geklont*.

Attribute, die ein und dieselbe Attributstelle mehrfach besetzen, werden voneinander durch einzelnes Komma getrennt (dazu näher weiter unten → 560 ff.).

Diese drei Attribuierungsverfahren sind kombinierbar. So kann man beispielsweise in dem Satzglied   557

> die Wanderung <u>am Freitag</u> <u>nach Monschau</u> <u>zur Pilzsuche</u>

das erste der drei koordinierten Attribute durch ein *subordiniertes* Attribut erweitern

> die Wanderung <u>am Freitag *nach Pfingsten*</u> <u>nach Monschau</u> <u>zur Pilzsuche</u>

und das zweite durch eine *Mehrfachbesetzung*:

> die Wanderung <u>am Freitag nach Pfingsten</u> <u>nach Monschau, (nach) Niederkall und (nach) Simmerath</u> <u>zur Pilzsuche</u>.

Mehrfachbesetzung / Addition ist in schriftsprachlichem Gebrauch relativ leicht an Kommas zu erkennen, im mündlichen Sprachgebrauch an einer 'reihenden' Stimmführung und an ev. Konjunktionen (und usw.). Sofern keine Konjunktionen vorliegen, kann man diese Attribute – wenn es sich um Addition handelt – durch und verbinden: 558

> Der *schöne* und alte *und* müde Hund ...

Dies geht *nicht* mit komplementären Attributen:

> *die Wanderung am Freitag *und* nach Monschau *und* zur Pilzsuche.

Und mit subordinierten geht es ohnehin nicht.

Ob bei einem Satzglied mit zwei oder mehr Attributen *Koordination* oder *Subordination* vorliegt (oder beides gemischt), kann man nur durch probeweise Zuordnung einer Satzbedeutung herausfinden. Dann ist in den meisten Fällen unstrittig, ob eine koordinierte oder eine subordinierte Struktur angemessen ist. So ist in dem Beispiel   559

> Das Auto <u>meiner Schwester</u> <u>mit der Beule</u> ...

zwar Subordination zwischen den beiden Attributen denkbar (dann hätte die Schwester die Beule, nicht das Auto), aber es ist die sachlich fernerliegende Lesart, die man als Leser bzw. Hörer spontan *nicht* wählt. Bei der Suche nach der angemessenen Lesart halten wir uns bei dem oben genannten Koordinationsbeispiel

> die Wanderung am Freitag nach Monschau zur Pilzsuche

vermutlich auch an das prädikatsbildende Verb wandern, auf das die nominale Suffixbildung Wanderung zurückgeht:

> Wir wandern am Freitag nach Monschau zur Pilzsuche.

Die drei koordinierten *Attribute* entsprechen hier drei koordinierten *Satzgliedern*.

> *Aus dem „Bonner Generalanzeiger":*
>
> Das Universitätsklinikum Bonn und die Fachhochschule Ludwigshafen suchen Probanden, die
> – weiblich
> – 25–65 Jahre alt sind,
> für eine wissenschaftliche Untersuchung zum Kaufverhalten im Kernspintomographen.
>
> („Der Spiegel" 11/2008, S. 174 – „Hohlspiegel")

Kommasetzung bei Attribut-Mehrfachbesetzungen

560 Wenn in einem Satz eine oder mehrere syntaktische Positionen mehrfach besetzt sind, könnten – ohne Kommas – Unklarheiten hinsichtlich der Baustein-Grenzen entstehen. In einem Satz wie

> Die Polizei hat gestern das Auto der Kollegin der Schwester des Hausmeisters und der Sekretärin beschlagnahmt.

kann es sich um einen Sachverhalt mit einem oder zwei oder drei oder vier Autos handeln; die Version mit *vier* Autos ist:

> Die Polizei hat gestern das Auto der Kollegin, der Schwester, des Hausmeisters und der Sekretärin beschlagnahmt.

Darum werden *gleichrangige* Mehrfachbesetzungen *innerhalb* ein und derselben syntaktischen Position durch einzelne Kommas getrennt.

Diese markieren hier also gerade *nicht* Grenzen *zwischen* zwei unterschiedlichen Positionen; denkbar wäre es natürlich, durch eine spezifische Zeichenart (z. B. durch |) die Grenzen *zwischen* Satzgliedern eines Satzes (oder *zwischen* Attributen innerhalb von Satzgliedern) zu markieren, so wie Grenzen zwischen Wörtern durch einen Leerraum (Spatium) markiert sind.

561 Kommas sind natürlich nur eine Sortier-*Hilfe;* z. B. ist angesichts der mehrfachen Markierungsfunktion eines Kommas bei dem folgenden Satzanfang noch nicht klar, wie es weitergeht:

> Er aß gerne Äpfel, Birnen und Apfelsinen ...

Möglich ist, dass dieses Komma gemeinsam mit dem und innerhalb des Satzglieds Äpfel, Birnen und Apfelsinen die Grenzen zwischen den *drei* gleichrangigen Besetzungen der Stelle eines Akkusativobjekts anzeigt; möglich ist aber auch, dass das Komma die

Grenze zwischen zwei gleichrangigen Besetzungen der syntaktischen Position 'Hauptsatz' anzeigt, dann ginge dieser Satz z. B. so weiter:
> Er aß gerne Äpfel, Birnen und Apfelsinen mochte er nicht.

Bei der oben schon einmal genannten Äußerung
> Die Polizei hat gestern das Auto der Kollegin der Schwester des Hausmeisters und der Sekretärin beschlagnahmt.

ist in mündlicher Sprachverwendung – wenn keine eindeutigen stimmlichen Informationen und/oder inhaltlichen Indikatoren die Rezeption steuern – nicht gleich klar, ob zwischen den nebeneinander stehenden Attributen Mehrfachbesetzung oder Unterordnung (hier: Apposition/Einschub) vorliegt. Die möglichen Bedeutungs-Konstellationen werden hier teilweise durch einzelnes Komma zwischen Mehrfachbesetzungen und paariges Komma um Einschübe herum verdeutlicht (die Elemente einer Mehrfachbesetzung werden zudem unterstrichen); ich führe nur diejenigen Bedeutungs-Konstellationen an, bei denen das Auto einer einzigen Person gehört:

> das Auto der Kollegin, der Schwester, des Hausmeisters und der Sekretärin ... (= 4 Autos);
> das Auto der Kollegin der Schwester, des Hausmeisters und der Sekretärin ... (= 3 Autos);
> das Auto der Kollegin, der Schwester des Hausmeisters und der Sekretärin ... (= 3 Autos);
> das Auto der Kollegin, der Schwester des Hausmeisters, und der Sekretärin ... (= 2 Autos);
> das Auto der Kollegin der Schwester des Hausmeisters, und der Sekretärin ... (= 2 Autos);
> das Auto der Kollegin, der Schwester des Hausmeisters und der Sekretärin, ... (= 1 Auto);
> das Auto der Kollegin der Schwester des Hausmeisters und der Sekretärin ... (= 1 Auto);
> das Auto der Kollegin der Schwester des Hausmeisters und der Sekretärin ... (= 1 Auto).

(Hab ich eine Möglichkeit vergessen?)

Solange ich dem Schreiber eines Textes Kommasetzungskompetenz unterstelle, halte ich mich an die im jeweiligen Beispiel gewählte Kommasetzung; ich nehme sie als Verstehens*anweisung*. Manchmal bricht die gewählte Verstehens-Hypothese zusammen – manchmal sehr schnell, manchmal aber auch nicht schnell, sodass man längere Zeit 'auf dem falschen Dampfer' fährt.

Während man sich bei den bisherigen Beispielen zwischen verschiedenen in sich klar konturierten Lesarten entscheiden muss, sind bei mehreren im Mittelfeld stehenden adjektivischen Attributen die zur Wahl stehenden Bedeutungen selbst nicht immer leicht voneinander zu unterscheiden. Hier hat daher auch der Produzent selbst manchmal Probleme zu entscheiden, ob er ein Komma setzen will bzw. sollte.

Stehen ein *adverbiales* und ein *qualifizierendes* Adjektiv zu einem deverbalen Nomen nebeneinander wie in
> die gestrige lange Fahrt,

ist die Entscheidung klar: Hier steht *kein* Komma, denn die beiden Attribute lassen sich *keinesfalls* durch und verbinden. Bei einem Nebeneinander *zweier* qualifizierender Adjektive gibt es demgegenüber oft zwei Lesarten – die eine erfordert ein Komma, die andere nicht:
> Er trank guten, teuren Wein (= Wein, der gut und teuer war).
> Er trank guten teuren Wein (= während einem in Restaurants oft *schlechter* Wein für viel Geld serviert wird).

564 In den Amtlichen Regeln heißt es:

> § 71: Gleichrangige (nebengeordnete) Teilsätze, Wortgruppen oder Wörter grenzt man mit Komma voneinander ab.

Die beiden in unserem Zusammenhang relevanten Beispiele sind:

> „Er trug einen schwarzen, breitkrempigen Hut."
> „Das ist ein ausgesprochen süßes, widerlich klebriges Getränk."

Dass im *zweiten* Beispiel nicht auch noch ein Komma zwischen die beiden Adjektive ausgesprochen süßes bzw. widerlich klebriges gesetzt werden kann, ist unstrittig: Unflektiert gebrauchte Adjektive wie ausgesprochen und widerlich sind durch fehlende Flexionsmerkmale von vornherein als nicht-gleichrangig identifizierbar; sie können aus syntaktischen Gründen kein Attribut-Zwilling sein. Zu dem *ersten* der beiden in den Amtlichen Regeln zur Verdeutlichung angeführten Beispiele gibt es demgegenüber auch eine komma*lose* Option, die in den Amtlichen Regeln nicht erwähnt wird:

> Er trug (dieses Mal) einen schwärzen breitkrempigen Hut [sonst meist einen braunen!].

Und wenn man sich anstrengt, findet man auch zu dem zweiten Beispiel einen Kontext, in dem überhaupt kein Komma gesetzt werden muss.

565 In der Ergänzungsregel E1 wird nur die komplementäre Regel expliziert, also keine neue Erkenntnis bereitgestellt:

> E1: Sind zwei Adjektive nicht gleichrangig, so setzt man kein Komma:
> die letzten großen Ferien, eine neue blaue Bluse, dunkles bayerisches Bier, die allgemeine wirtschaftliche Lage, zahlreiche wertende Stellungnahmen.

Auch hier kann man zu dem zweiten Belegbeispiel mit wenig Aufwand eine zweite Lesart mit Komma finden:

> „eine neue blaue Bluse" (= weil die *alte* blaue Bluse eingerissen war);
> eine neue, blaue Bluse (= eine neue Bluse, dieses Mal eine blaue).

Immerhin wird in den Amtlichen Regeln darauf hingewiesen, dass es diese Uneindeutigkeiten gibt, wenn auch nur an einem einzigen Beispiel:

> „neue, umweltfreundliche Verfahren" / „neue umweltfreundliche Verfahren".

566 In den Amtlichen Regeln wird grundsätzlich nur an Beispielen mit *zwei* benachbarten Attributen gearbeitet. Analoge Probleme können aber auch entstehen, wenn Sätze *drei* (oder mehr) attributive Adjektive enthalten. In dem Beispiel

> die gegenwärtige allgemeine wirtschaftliche Lage

kann kein Komma gesetzt werden, da die drei Adjektive einander von links nach rechts semantisch beeinflussen, also nicht gleichrangig sind. In dem folgenden Beispiel gibt es die Option mit und ohne Komma:

> Endlich fand sie eine große, alte griechische Vase (= im Antiquitätenladen).
> Hier beziehen sich schöne und alte beide auf griechische Vase; sie sind untereinander *gleichrangig* und daher durch Komma getrennt.
> Endlich fand sie eine größe alte griechische Vase (= bei den Ausgrabungen, nachdem sie lange Zeit nur kleine gefunden hatte).

Hier wird alte durch große modifiziert, und beide zusammen modifizieren griechische; alle drei Attribute sind also *nicht* gleichrangig, daher wird kein Komma gesetzt.

Insofern sollte man in den Amtlichen Regeln auch ein Beispiel mit *drei* nebeneinanderstehenden Attributen aufführen und in der Regelformulierung von E1 schreiben: „Sind zwei *oder mehr* Adjektive …".

Zudem wäre ein Hinweis auf die Rolle der stimmlichen Markierung in der gesprochenen Sprache angebracht: Wird bei zwei (oder mehr) benachbarten Attributen *eines* stimmlich markiert, dann ist es gegenüber dem (bzw. den) Nachbarattribut(en) *nicht* gleichrangig:

Das ist eine große alte Vase.
Das ist eine große alte griechische Vase.
Das ist eine große, alte griechische Vase.

Nach der Formulierung der Amtlichen Regeln in § 71 (inklusive E1) und § 72 ist bei Mehrfachbesetzungen trennendes Komma *grundsätzlich* nötig, kann aber durch bestimmte (in einer Liste angeführte) Konjunktionen ersetzt werden:

und, oder, beziehungsweise / bzw., sowie (= und), wie (= und), entweder … oder, nicht … noch, sowohl … als (auch), sowohl … wie (auch), weder … noch.

Wenn also in ein Beispiel wie

Diese Lösung ist *einerseits* preiswert, *andererseits* nachhaltig.

eine dieser Komma ersetzenden Konjunktionen eingebaut wird, muss das Komma entfallen:

Diese Lösung ist *einerseits* preiswert und *andererseits* nachhaltig.

Mit der Ergänzungsregel E2 zu § 72 wird dann aber für bestimmte Konjunktionen eine Art Gegenregel aufgestellt:

E2: Bei entgegenstellenden Konjunktionen wie aber, doch, jedoch, sondern steht nach der Grundregel (§ 71) ein Komma, wenn sie zwischen gleichrangigen Wörtern oder Wortgruppen stehen:
Sie fährt nicht nur bei gutem, sondern auch bei schlechtem Wetter.
Der März war sonnig, aber kalt.
Er hat mir ein süßes, jedoch wohlschmeckendes Getränk eingeschenkt.

Das ist nicht nur unnötig, sondern begünstigt möglicherweise Probleme bei Sätzen wie dem folgenden:

Für diese Klebeverbindungen kann man Zweikomponentenkleber *oder aber* Heißkleber nehmen.

Vor dem Hintergrund von § 71 und § 72 gäbe es hier kein Problem: Hier liegt ein Komma ersetzend*es* oder vor, also wird *kein* Komma gesetzt. Vor dem Hintergrund von E2 kann hier aber Ratlosigkeit entstehen, weil mit oder und aber eine Komma *ersetzende* und eine Komma *fordernde* Konjunktion aufeinandertreffen. Insofern sollte E2 vorsorglich gestrichen werden.

Formuliert man diesen Beispielsatz um zu

Für diese Klebeverbindungen kann man Zweikomponentenkleber, *aber auch* Heißkleber nehmen,

dann ist ein Komma notwendig, weil hier *keine* Komma ersetzende Konjunktion vorliegt.

In § 80 bieten die Amtlichen Regeln die Option an, statt Einzel-Komma Semikolon zu nutzen. Die entsprechende Regel lautet:

> Mit dem Semikolon kann man gleichrangige (nebengeordnete) Teilsätze oder Wortgruppen voneinander abgrenzen. Mit dem Semikolon drückt man einen höheren Grad der Abgrenzung aus als mit dem Komma und einen geringeren Grad der Abgrenzung als mit dem Punkt. […]
> Dies betrifft […] (2) gleichrangige Wortgruppen gleicher Struktur in Aufzählungen […]

Das uns betreffende dortige Beispiel heißt:

> „Unser Proviant bestand aus gedörrtem Fleisch, Speck und Rauchschinken; Ei- und Milchpulver; Reis, Nudeln und Grieß."

Hier wird die unterschiedliche Trennungs-Stärke von Semikolon und Komma benutzt, um zwei Ordnungs-Stufen zu unterscheiden: Das Semikolon als das stärker trennende Satzzeichen zeigt hier die Unterscheidung von Nahrungsmittel-*Gruppen* (Fleisch – Eiweißprodukte – Grundnahrungsmittel) an, das Komma als das schwächer trennende Satzzeichen trennt *innerhalb* dieser Gruppen die *einzelnen* Nahrungsmittel (z. B. bei den Grundnahrungsmitteln: Reis, Nudeln und Grieß).

570 Mir erscheint diese Option, innerhalb eines Satzes ein Semikolon zur Trennung von Satzglied-Zwillingen und -Drillingen zu nutzen, unangemessen. Das Semikolon trennt im Schriftsprachgebrauch *selbstständige* Einheiten voneinander, auch selbstständige *Wortgruppen* wie bei Heute mal wieder müde; schlecht geschlafen; unwillig, irgendetwas zu arbeiten. Im Ausgangsbeispiel ging es aber um *nicht* selbstständige Wortgruppen innerhalb desselben Prädikatsterritoriums. Das Semikolon ist in seinem etablierten Gebrauch eben kein Zwitter genau in der Mitte zwischen Punkt und Komma – es ist ein 'schwacher Punkt', kein 'starkes Komma'.

Man muss deswegen nicht auf die zweistufige Gliederung verzichten (und überall Komma setzen, wie es die Amtlichen Regeln anbieten); man kann sie ersatzweise durch gruppenweise Wiederholung der Präposition aus vornehmen:

> Unser Proviant bestand aus gedörrtem Fleisch, Speck und Rauchschinken, aus Ei- und Milchpulver, aus Reis, Nudeln und Grieß.

Diese Form der Einbindung von Aufzählungen finde ich zudem stilistisch professioneller.

In einzelnen *Auslegungen* der Amtlichen Regelung wird vorgeschlagen, auch *untereinander* homogene Ausdrücke statt durch Komma durch Semikolon zu trennen, also z. B. statt

> Paul quengelte, weinte, schrie.

nun eben

> Paul quengelte; weinte; schrie.

Diese Auslegung entspricht in meiner Sicht überhaupt nicht der Funktion der in § 80 angebotenen Kombination aus Komma und Semikolon; die sollte einen Gliederungsgewinn ermöglichen.

> *Arno Holz*
> Berliner Himmelfahrtstag
> […]
> Zwischen
> entleerten, ausverzehrten,
> zackenrandrissigen, zackenranddeckeligen, zackenrandsplissigen
> Konservenbüchsen,
> zerknülltem, zerknüttertem, zerknautschtem
> Stullenpapier
> und
> kaputten, abgepellten,
> weggeworfenen, weggestreuten,
> ausgetutschten,
> ausgenutschten, ausgelutschten
> Eierschalen
> suchen sie … die blaue
> Blume!
> (1916)

5.2 Koordination über die Felder-Grenzen hinweg

Koordination kann auch zwischen Attributen *zweier* Felder bestehen:

    Pauls Unterstützung meiner Freundin.

Unklarheiten können darüber bestehen, in welchen Schritten die Teilbedeutungen der stufengleichen Attribute in die Gesamtbedeutung des Satzglieds integriert werden. Diese Frage wird klassischerweise unter dem Stichwort 'Gesamtbegriff' diskutiert. Wie ist bei Konstruktionen mit mehreren Attributen, die zudem auf zwei Felder verteilt sind, das Zusammenspiel dieser Attribute untereinander und mit dem Kopf des Satzes geregelt?

In dem Ausgangsbeispiel regelt das 'prozessuale' Nomen Unterstützung – vor dem Hintergrund des Verbs unterstützen, von dem es abgeleitet ist – den Aufbau der Gesamtbedeutung: Beide Attribute sind valenzgebunden, sie entsprechen in ihrer Bedeutung und ihrem Zusammenspiel den entsprechenden Satzgliedern:

    Paul unterstützt meine Freundin.

Im folgenden Beispiel ist nur eines der Attribute valenzgebunden, das andere nicht:

    die schnelle Fahrt nach Köln.

Man kann die unterschiedliche Nähe der Attribute zum Kern durch alternative Paraphrasen herausarbeiten, indem man mal das eine, mal das andere Attribut in ein eigenes Satzglied auslagert; die plausiblere, d. h. der Ausgangskonstruktion bedeutungsmäßig besser entsprechende Paraphrase wird dann für die Analyse herangezogen. In diesem Beispiel ist die valenzgebundene Präpositionalgruppe nach Köln enger an den Kopf Fahrt gebunden als das attributive Adjektiv schnelle:

> die schnelle Fahrt nach Köln;
> → Die Fahrt nach Köln war *schnell.*

und eher *nicht*

> → Die schnelle Fahrt führte *nach Köln.*

Bei Konstruktionen wie

> die angebliche Entführung seines Sohnes

ist das nicht valenzgebundene Attribut angebliche auf den restlichen Ausdruck bezogen, es entspricht einem Aussagestatus kommentierenden Satzglied – einem der 'Spezialisten' (→ 473 ff.):

> Sein Sohn war angeblich entführt worden.

Hier gibt es zum Ausgangsbeispiel nur *eine* einigermaßen passende Paraphrase:

> Die Entführung seines Sohnes wurde zunächst nur *vermutet.*

Valenzgebundene Attribute sind in der Regel kopfnäher als nicht valenzgebundene. Daher rekonstruieren wir die Gesamtbedeutung des Satzglieds zunächst aus den *valenzgebundenen* Attributen.

573   Bei den folgenden Beispielen ist *keines* der Attribute valenzgebunden. Hier kann es je nach der Konstellation der *semantischen* Kategorien zwischen den Attribut-Geschwistern unterschiedliche Rangfolgen geben, nach denen die Gesamtbedeutung aufgebaut wird; möglicherweise spielt auch die Platzierung im Mittel- bzw. Nachfeld eine Rolle.

Ein erster Blick auf diese mögliche semantische Hackordnung mithilfe der gleichen Paraphrase-Experimente:

> An der Ecke stand das grüne Auto meines Freundes.
> → An der Ecke stand das Auto meines Freundes, es war grün.
> Eher *nicht* → An der Ecke stand das grüne Auto, es gehörte meinem Freund.
> *Vermutung:* Zugehörigkeit = ranghöher als Modalität (hier: Aussehen)?
>
> Er freute sich immer über den alten Baum auf dem Felsvorsprung.
> → Er freute sich immer über den Baum auf dem Felsvorsprung, der war *alt.*
> Eher *nicht* → Er freute sich immer über den alten Baum, der stand auf *einem* Felsvorsprung.
> *Vermutung:* Ort = ranghöher als Eigenschaften wie Modalität (hier: Alter)?
>
> Er erinnerte sich an das schöne Konzert am letzten Sonntag.
> → Er erinnerte sich an das Konzert am letzten Sonntag, es war schön.
> Eher *nicht* → Er erinnerte sich an das schöne Konzert, es fand am letzten Sonntag statt.
> *Vermutung:* Zeit = ranghöher als Eigenschaften wie Modalität (hier: Qualität)?
>
> das gestrige Konzert in der Philharmonie;
> → Das Konzert in der Philharmonie fand gestern statt.
> Eher *nicht* → Das gestrige Konzert fand in der Philharmonie statt.
> *Vermutung:* Ort = ranghöher als Zeit?

Sind diese 'kleinen' empirischen Befunde semantisch zu lesen als: Lokale Attribute sind kopfnäher als temporale und die näher als modale? Diese Befunde geben jedenfalls nicht her, dass die Kopf-Nähe direkt mit der Verteilung auf Mittel- oder Nachfeld zusammenhängt.

Man könnte – analog zu den Reihenfolgetests bei den Satzgliedern – auch hier alle möglichen Kombinationen der semantischen Kategorien durchtesten; dann erhielte man weitere Hinweise auf die Rangfolge, in der nicht valenzgebundene Attribute beim schrittweisen Aufbau der Gesamtbedeutung beteiligt sind.

In dem Beispiel 574

> das erste Spargelessen am letzten Samstag

erzeugt das attributive Adjektiv vor dem Kopf aufgrund seiner Bedeutung (= die Ordinalzahl erste impliziert den Kontrast zu zweite usw.) zwei Lesarten: Bei der einen (= der unserer Erfahrung eher entsprechenden) bezieht sich das nach dem Bezugsnomen stehende Attribut auf den 'Gesamtausdruck' das erste Spargelessen. Bei der zweiten Lesart gab es an dem besagten Samstag mehr als ein Spargelessen (vielleicht weil gerade die Spargelzeit begonnen hatte); hier bezieht sich das vor dem Kopf stehende Attribut auf den Gesamtausdruck das Spargelessen am letzten Samstag; in diesem Fall würde im mündlichen Sprachgebrauch èrste betont.

Demgegenüber lässt ein Beispiel wie 575

> das *gemeinsame* Kind mit ihrem Freund

keine grammatisch korrekte Interpretation zu; ich stufe es als topologisch unzulässig ein: Das Attribut mit ihrem Freund ist an die Valenz des seinerseits *attributiven* Adjektivs gemeinsame gebunden; es ist ein Attribut der 2. Stufe. In dem zitierten Gebrauch wird es 'nachgereicht'; valenzgebundene Attribute können aber nicht an der langen Leine mitgeführt werden, das ist nur für die zweitabhängigen Satzteile möglich (→ 400 ff.). Topologisch korrekt wäre die Stellung, in der beide Komponenten des Attributs auf derselben (hier: der linken) Seite des Kopfes sind:

> das mit ihrem Freund gemeinsame Kind.

Korrekt wäre sowohl das gemeinsame Kind wie auch das Kind mit ihrem Freund (= das Kind, das sie mit ihrem Freund hat). Erst bei *Kombination* der beiden Attribute entstehen die angesprochenen Komplikationen.

> *Aus einer Proseminararbeit:*
> … Diese relevante Frage für Lehramtsanwärter …

6 Klassifikation von Attributen: morphologisch

In diesem Abschnitt werden zuerst die *prototypischen* Attribut-*Formen* (= die Formen primärer Attribute) zusammengestellt, zu einzelnen folgen ausführlichere Beschreibungen. In Abschnitt 6.2 wird dargestellt, zu Köpfen welcher Wortarten welche dieser Formen möglich sind.

Teilsatzförmige Attribute werden im Rahmen des *zusammengesetzten Satzes* behandelt.

6.1 Prototypische Attribut-Formen

576 Attribute – valenzgebunden oder nicht valenzgebunden – können, auf der ersten oder einer tieferen Abhängigkeitsstufe, folgende morphologische Charakteristik haben:

- Nomengruppe
    - im Nominativ/DativAkkusativ (je nach Kasus des Kopfs):
        wir Dummköpfe; uns Dummköpfen; uns Dummköpfe;
    - im Genitiv:
        die Schwester meines Freundes;
    - kasusundefiniert:
        heute Abend;
- Partizipien:
    die versteckte Kamera;
- *flektierte* und *unflektierte* Adjektive:
    der alte Hund;
    ungewöhnlich schnell;
    Vergnügen pur;
- Adverbien:
    unser Treffen morgen;
    rechts das Auto / das Auto rechts;
- Partikeln:
    sehr schnell;
    nur langsam / langsam nur;
- Konjunktionalgruppen:
    Paulas Versagen als Leiterin;

- Präpositionalgruppen:
  der Flug am Sonntag;
  die Flucht nach vorn.

Wenn man Attribute unter morphologischer Perspektive bezeichnet, wird der Status 'Attribut' entweder durch *attributiv* oder durch das Grundwort *-attribut* angezeigt, die morphologische Charakteristik komplementär als Nomen (wie in *attributive Partikel* für sehr in sehr schnell) oder als Bestimmungswort (wie in *Partikel-Attribut*).

Wenn man auch semantische Klassifikationen berücksichtigen möchte, entstehen lange Bezeichnungen. Dazu weiter unten (→ 607).

Wenn es in Abschnitt 6.2 um die unterschiedlich ausgebaute Möglichkeit der einzelnen Bezugsausdrücke (also Nomen, Adjektive usw.) geht, werden diese unterschiedlichen Attributformate noch einmal sortiert. Und bei der Darstellung der valenzgebundenen Attribute (z. B. Schmerzen gewohnt zum valenztragenden Adjektiv gewohnt) in Abschnitt 8 werden auch noch einmal bestimmte Attributformate nach valenzgebunden / nicht valenzgebunden geordnet werden.

Aus der „Frankfurter Allgemeinen":

Zwei Tage vor der Parlamentswahl in Spanien ist am Freitag im Baskenland ein Mitglied der Sozialistischen Partei von Ministerpräsident Zapatero getötet worden

(„Der Spiegel" 12/2008, S. 182 – „Hohlspiegel")

Komplikationen bei attributiven Nomen

Wenn ein nominaler Kopf durch ein Nomen attribuiert wird, kommen zwei Nomen nebeneinander zu stehen. Hier ist oft nicht leicht und manchmal auch nicht sicher zu entscheiden, welches Nomen Kopf und welches Attribut ist. Kompliziert sind die syntaktischen Verhältnisse insbesondere bei *Titelangaben* und *Anreden* sowie bei Maßangaben.

Bei artikellosen *Titelangaben* wie

Professor Meier / Direktor Müller

wird durch einen Kongruenztest deutlich, dass bei Professor Meier nicht Meier, sondern die Titelangabe Professor das nominale Attribut ist:

Die Lieblingshündin Professor Meiers ist tot.

Flektiert wird hier Meier, also ist dies das Bezugsnomen (entsprechend bei Müller). Demgegenüber ist bei artikelhaltigen Titelangaben wie

der Mitarbeiter Hoffman / der Direktor Müller

der Eigenname das Attribut, nicht die Funktions- bzw. Titelbezeichnung der Mitarbeiter / der Direktor. Das zeigt auch hier ein Kongruenztest:

Die Arbeitsplatzbeschreibung des Mitarbeiters Meier wurde geändert.
Die Lieblingshündin des Professor(s) Meier ist tot.

579 Bei flektierbaren Anreden wie Herr in Dies ist Herr Schröder spricht zwar ein Weglasstest eindeutig dafür, dass der Eigenname Kopf und die Anrede nominales Attribut ist: Dies ist Schröder / *Dies ist Herr. Bei der Kasusmarkierung sind aber *beide* Komponenten beteiligt:

> Das ist Herr Schröder.
> Das ist Herrn Schröders Hund.
> Heute Abend begegne ich Herrn Schröder.
> Heute Abend treffe ich Herrn Schröder.

Da Eigennamen nur im Genitiv eine kasusmarkierende Form haben und die Flexionsformen der Anrede Herr für Genitiv, Dativ und Akkusativ *identisch* sind, tun sich gewissermaßen beide Komponenten zusammen, um die Kasus wenigstens begrenzt zu markieren. Auch so ist noch zwischen Dativ und Akkusativ morphologisch nicht zu unterscheiden. Demgegenüber ist der Genitiv doppelt markiert; insofern ist hier die Reduktion der Genitivmarkierung beim *Attribut* erwartbar; sie ist in folgendem Internet-Beispiel auch belegt:

> Aus einem Weblog:
> N. N. (23.5.2005):
>
> [...] Hübsche und große Menschen sollen ja erfolgreicher sein, und ich muss ehrlich sagen, dass mir Herr Schröders Lächeln sympathischer ist als Frau Merkels [...]
>
> (http://praegnanz.de/weblog/schroeder-soll-bleiben – 9.11.2008)

580 Besonders kompliziert liegen die Verhältnisse bei nominalen Attributen zu *maßangebenden* Bezugsnomen. In manchen Fällen ist auf den ersten Blick nicht zu entscheiden, welches Nomen bzw. welche Nomengruppe Kopf und welche/s Attribut ist:

> Gestern wurde ein Zentner Sand geliefert.

Ein *Weglasstest* lässt zunächst einmal beide syntaktischen Optionen offen:

> Gestern wurde Sand geliefert (= ein Zentner als Attribut!).
> Gestern wurde ein Zentner geliefert (= Sand als Attribut?).

Die erste dieser Weglassungen wirkt bedeutungsnäher; der Weglasstest legt also die Mengenangabe ein Zentner als das Attribut nahe.

581 Ein *Kongruenztest* macht demgegenüber deutlich, dass hier Sand, nicht etwa ein Zentner das nominale Attribut ist:

> Gestern wurde ein Zentner Sand geliefert.
> Gestern wurden zwei Zentner Sand geliefert.

Wendet man daraufhin den Weglasstest noch einmal an, und zwar auf diese Pluralversion, dann führt auch er zum gleichen Befund – nur Sand ist weglassbar, ist also Attribut:

> Gestern wurden zwei Zentner geliefert.
> *Gestern wurden Sand geliefert.

Demgegenüber ist ein *Pronominalisierungstest* nicht trennscharf: 582
> Gestern wurden zwei Zentner Sand geliefert.
> → Sie liegen noch hinter dem Haus.
> → Er liegt noch hinter dem Haus.

Steht statt der bloßen Stoffbezeichnung Sand eine konkretisierende Angabe wie feinster Sand, dann ist dieses Attribut zumindest optional im Genitiv flektierbar und erweist sich damit als Genitivus partitivus:
> Er kaufte zwei Zentner feinsten Sandes, um eine besonders glatte Oberfläche zu schaffen.

Das bei solchen Konkretisierungen zum attributiven Nomen hinzutretende adjektivische Attribut feinsten sichert zugleich die erkennbare Genitivmarkierung, auch bei einem femininen Nominalattribut wie in
> Er kaufte zwei Packungen feinster weißer Kreide.

Zu dieser Identifizierungsunsicherheit tragen zwei Sonderbedingungen bei, die für das nominale Attribut bzw. das Kopfnomen Folgen haben: mangelnde Kasusmarkierungen bei Stoffangaben bzw. Kasus reduzierender Gebrauch von Mengenangaben. 583

Die eine dieser Bedingungen, die sich auf das *nominale Attribut* bezieht, ist die, dass nach Maßangaben häufig *nicht spezifizierte* Stoffangaben stehen; diese haben genusübergreifend im *Plural* keine eindeutigen Genitivmarkierungen:
> drei Pfund Kartoffeln (vgl.: drei Pfund dieser leckeren jungen Kartoffeln);
> drei Tonnen Balken (vgl.: drei Tonnen alter Balken aus Hausabbrüchen);
> zehn Bund Radieschen (vgl.: zehn Bund eurer biologischen Radieschen).

Feminine Nominalattribute haben auch im *Singular* keine Genitivmarkierung (vgl. zwei Packungen Kreide). Insofern wird bei solchen nicht spezifizierten Stoffangaben nach maßangebenden Nomen die historisch in allen Fällen zugrunde liegende Form des Genitivus partitivus nicht sichtbar. Im Gefolge dessen hat sich auch für Nominalattribute im Singular der *Maskulina* und *Neutra*, die an sich über eine Genitivmarkierung verfügen, eine nicht flektierte Form des Nominalattributs etabliert: ein Glas Wein. Die Genitiv-Form erscheint inzwischen bei nicht spezifizierten Stoffangaben stilistisch markiert und geradezu 'altertümlich':
> (*)Er gab mir noch ein Glas Weines.

Bei spezifizierten – also attributiv erweiterten – Stoffangaben ist sie nach wie vor unauffällig:
> Er gab mir noch ein Glas dieses wunderbaren erfrischenden Weines.

Weniger markiert ist heutzutage sicher ein präpositionaler Attributanschluss:
> Er gab mir noch ein Glas von diesem wunderbaren erfrischenden Wein.

Die andere Sonderbedingung, die zum Problem der Identifizierung beiträgt, ist, dass auch die Köpfe – also maßangebende Nomen wie Liter, Zentner usw. – *un*flektiert gebraucht werden können, insbesondere in der gesprochenen Sprache:
> Sie machten einen Riesenbauernschmaus mit drei Eimern / Eimer Kartoffeln.

Ich nehme an, dass hier nicht nur die *Kasus*markierung Dativ *innerhalb* der Pluralform nicht vollzogen wurde, sondern auch die *Plural*markierung selbst; bei Eimer liefe zwar beides auf *dieselbe Wortform* hinaus, aber eben nicht auf dasselbe *syntaktische* Wort (→ Bd. 1: 15 f.). Dafür sprechen Beispiele wie
> mit drei Sack Kartoffeln

als unflektierte (= plural- und kasuslose) Version von
> mit drei Säcken Kartoffeln.

Nicht möglich ist
> *mit drei Säcke Kartoffeln.

> Ein Mann zu seinem Bar-Nachbarn: „Kennen Sie die Wüste Gobi?"
> Der Angesprochene: „Nein, mit solchen Frauen gebe ich mich nicht ab!!"

(auf den ersten Blick frauenfeindlich, auf den zweiten Blick männerkritisch)

Komplikationen bei attributiven Genitiven

Der Genitiv ist ein 'sensibler' Kasus; er ist auch bei den Attributen an spezifische syntaktische Bedingungen gebunden. Drei Besonderheiten werden im Folgenden angesprochen.

584 Generell gilt (→ Bd. 1: 203): Kasusreduktion führt zu Verschiebungen innerhalb von Satzglied- bzw. Attributstrukturen, insbesondere zur Ersetzung von Genitiv- durch Präpositional-Strukturen (die ihrerseits Spielraum für weitere Kasusreduktion gibt):
(1) Anstelle von attributiven Genitiven wie

> die Schwester meines Freundes

werden – zumindest mündlich – zunehmend Präpositionalattribute verwendet:

> die Schwester von meinem Freund.

Sorry – noch einmal von vorn: Anstelle *attributiver Genitive* werden zunehmend Präpositionalattribute verwendet. – Hier ist ein Genitivattribut umstandslos möglich. In dem Satz davor habe ich zwei präpositionale Anschlüsse verwendet, bei denen Genitivanschlüsse nicht ohne Weiteres möglich gewesen wären:

> Kasusreduktion führt zu Verschiebungen innerhalb von Satzglied- bzw. Attributstrukturen.

Hier ist *nicht* möglich *... führt zu Verschiebungen innerhalb Satzglied- bzw. Attributstrukturen, weil die von der Präposition innerhalb geforderte Genitivprägung nicht sichtbar ist. Sobald man z. B. die beiden Komposita Satzgliedstrukturen / Attributstrukturen zu attributiven Konstruktionen umformt, ist Genitivanschluss möglich:

> Kasusreduktion führt zu Verschiebungen innerhalb satzglied- bzw. attributwertiger Strukturen.

Entsprechendes gilt für den zweiten oben von mir benutzten Präpositionalanschluss:

> Kasusreduktion führt ... insbesondere zur Ersetzung von Genitiv- durch Präpositional-Strukturen.

Auch hier wird Genitivanschluss möglich, wenn man das Kompositum Genitivstrukturen umformt:

> Kasusreduktion führt ... insbesondere zur Ersetzung genitivischer durch präpositionale Strukturen.

> *Baustellen-Schild an der Autobahn Köln Aachen (4.8.2008):*
> Erneuerung 2 Brückenabschnitte

585 (2) Bei Eigennamen wird die Genitivform – genusübergreifend – durch -s markiert: Pauls Auto. Falls sie bereits auf einen s-Laut enden, erhalten sie im Genitiv einen Apostroph: Klaus' Auto. Es finden sich – insbesondere auf Firmenschildern und in Werbeanzeigen – inzwischen häufig von dieser Regel abweichende Schreibungen mit Apostroph *und* Genitiv-s wie z. B.

> (*)Paul's Bio-Ecke.

Diese Schreibung wird heutzutage sicher gestützt durch die Schriftsprachregeln des Englischen (man spricht daher auch von 'graphischem Anglizismus'), die zwischen dem Eigennamen und dem s des *sächsischen Genitivs* (= *angel*sächsischen Genitivs) *grundsätzlich* einen Apostroph verlangen. Dass sie durch den Kontakt mit dem Englischen erst *ausgelöst* worden ist, ist demgegenüber unwahrscheinlich. Die Schriftgestalt gerade von Eigennamen durch die Verwendung des Apostrophs zu schützen, könnte ein gutes sprachsysteminternes Motiv sein.

(3) Statt des vorangestellten Genitivattributs Pauls Schwester oder dessen Schwester wird in mündlichem Sprachgebrauch oft eine dativhaltige Version verwendet: 586

Das ist dem Paul seine Schwester bzw. dem seine Schwester.

Diese Konstruktion wird einleuchtend, wenn man von einer Version mit Possessivum ausgeht:

meine Schwester – deine Schwester – seine / ihre Schwester;
unsere Schwester – eure Schwester – ihre Schwester.

Während für die erste und zweite Person – also die Dialogbeteiligten – damit bereits festgelegt ist, um wessen Schwester es geht, bleibt dies für die dritte Person unbestimmt. Diese Unbestimmtheit wird durch das Dativattribut in der *nominalen* Version dem Paul seine Schwester / den Tanten ihr Haus bzw. der *pronominalen* Version dem seine / der ihre Schwester bzw. denen ihre Schwester reduziert; insofern leuchtet es ein, dass es diese analytische Version für die erste und zweite Person (*mir meine Schwester / *dir dein Bruder oder *uns unser Vater usw.) nicht gibt.

Das Dativattribut ist bei dieser Konstruktion nicht direkt auf den nominalen Kopf Schwester bzw. Haus bezogen, sondern bestimmt das *Possessivum* näher; bei den Tanten ihr Haus ist das Dativattribut zwar weglassbar (ihr Haus), aber nie *ohne* Possessivum möglich (*den Tanten das Haus); umgekehrt ist der nominale Kopf weglassbar: den Tanten ihres. Insofern halte ich den gelegentlich verwendeten Terminus 'ad*nominaler* Dativ' für nicht genau genug.

Eine andere, *semantisch* orientierte Bezeichnung ist *Possessorkonstruktion* – also Eigentümerkonstruktion. Die ist zutreffend, enthält aber keine morphologischen Hinweise. Insofern arbeite ich mit der Bezeichnung *Dativattribut*. Dieses Dativattribut erhält seine possessive Funktion erst im Zusammenwirken mit dem Possessivum.

Diese Konstruktion bietet wie der vorangestellte Genitiv die Möglichkeit, bereits vor der Nennung der thematisch zentralen Person oder des thematisch zentralen Gegenstands deren bzw. dessen Zugehörigkeit anzuzeigen (während die entsprechende präpositionale Version von Paul nur im *Nachfeld* möglich ist). Sie unterliegt zudem nicht wie die Genitiv-Version der Beschränkung auf *Eigennamen*: 587

Kennst du Paulas Freund?
(*)Kennst du meiner Schwester Freund?
Solche Genitivattribute im Vorfeld sind nur noch in 'gehobener' Sprache bzw. zur Figuren-Charakterisierung in poetischem Kontext üblich; sie sind in jedem Fall stilistisch markiert.

Kennst du (der) Paula ihren Freund?
Kennst du meiner Schwester ihren Freund?

Die Konstruktion ist unberührt von Beschränkungen, die das Genitivattribut bei Eigennamen mit s-Auslaut hat: 588

6 Klassifikation von Attributen: morphologisch

(*)Das ist Doris' Mann. / *Das ist der Mann Doris.

Hier wird in mündlicher Kommunikation gelegentlich zur Vermeidung der Doppeldeutigkeit (Doris Mann als Vorname + Nachname) eine nicht auf s-Laut endende *Langform* erzeugt, die die Kasusmarkierung dann anzeigen kann: Dorissens Mann.

Das ist (der) Doris ihr Mann. / Das ist (der) Doris ihrer.

589 Die Dativ-Version erlaubt zudem im Unterschied zum vorangestellten Genitiv eine rekursive *Mehrfach*einbettung:

Kennst du dem Paul seiner Schwester ihren Freund?

Ich krieg dem Paul seiner Schwester ihrem Freund sein altes Auto geschenkt!

Eine solche Mehrfacheinbettung ist mit der standardsprachlichen Genitiv-Version nicht möglich:

*Kennst du Pauls Schwesters Freund?

Insofern ist diese Dativ-Version ein interessantes und offenes grammatisches Zusatzinstrument für die Angabe von Zugehörigkeit.

Eine solche zweifache Einbettung hat im Wahlkampf der SPD für die Bundestagswahl 2002 Aufsehen erregt. Es war ein Aufkleber aus einem SPD-Ortsverein in Unna:

> Ich wähle Doris ihren Mann seine Partei

Zu diesem Original mit seiner dialektüblichen Kasusabweichung (ihren statt ihrem Mann) und ohne den bei dieser Konstruktion üblichen Artikel vor dem Eigennamen (der Doris ihrem Mann) gab es dann die halbveredelte Version des damaligen Bundeskanzlers:

> Wer mithelfen will, dass diese Politik bestätigt wird, muss am kommenden Sonntag ganz schlicht Doris ihrem Mann seine Partei wählen.
>
> (Gerhard Schröder am 20.9. in Dortmund beim zentralen Wahlkampfabschluss der SPD)

Die Dativ-Konstruktion wird dem Substandard zugerechnet. Ob sie bereits im Althochdeutschen bzw. im Mittelhochdeutschen entwickelt war, ist schwer zu entscheiden. Zwar sind Konstruktionen wie die folgenden belegt:

> du uuart demo Balderes uolon sin uuoz birenkit
>
> (= Da wurde dem Fohlen Balders sein Fuß verrenkt – aus dem zweiten der Merseburger Zaubersprüche, vermutlich aus dem 9. Jahrhundert)

> Nun fliehent die junger und erwuscht Malchus dem blinden Marcello sin mantel und entrint er nackent.
>
> (Aus dem Donaueschinger Passionsspiel – 15. Jahrhundert, zitiert nach Hermann Paul, Mittelhochdeutsche Grammatik)

In beiden Textstellen kann man aber die Dativgruppe (dem Fohlen sein Fuß bzw. dem Marcello seinen Mantel) auch als *Satzglied* ansehen, nämlich als Dativangabe (= Dativus incommodi) (→ 337).

Attribute wie die beiden folgenden Genitive

Da saß wie ein Häuflein Unglück der sich seiner Feigheit schämende Mann ...
Die des Abends müden Gäste ...

sehe ich als *sekundäre* Attribute an, die im Gefolge von Partizipien (hier: sich schämende) bzw. partizipial *ergänzbaren* Adjektiven (hier: müde [seiendend]) importiert werden. Vgl. dazu weiter unten (→ 591).

Sekundäre Attribut-Formen

Zu diesen *prototypischen* Attribut-Formen der *primären* Attribute treten weitere hinzu, die im Schlepptau attributiver Partizipien auftreten. Das Partizip geschenkten in

Einem geschenkten Gaul schaut man nicht ins Maul.

verfügt auch in seiner attributiven Rolle über die Valenzen von schenken und ist gewissermaßen Spinne im Satzglied-Netz. Es kann entsprechende Attribute an sich binden:

Dem mir von Paul letzte Woche ja gegen meinen Willen geschenkten und meinen wunderschönen Wildrasen fressenden Gaul ...

Hier tauchen alle aus der Satzgliedanalyse vertrauten Satzglied-Typen außer dem Subjekt in *attributiver* Funktion auf, und zwar in ihren 'originalen' Satzglied-Formen: mir als 'attributive Dativergänzung', von Paul als 'attributive Präpositionalergänzung' (beide zum attributiven Partizip von schenken), meinen wunderschönen Wildrasen als 'attributive Akkusativergänzung' (zum attributiven Partizip von fressen), letzte Woche als 'attributiver Adverbialakkusativ' und gegen meinen Willen als 'attributive Präpositionalgruppe' (beide bezogen auf das attributive Partizip geschenkten) und schließlich der Dialogspezialist ja.

Solche Attribute bezeichne ich als *sekundäre* Attribute. Ihr Formenreichtum entsteht aus der Übernahme des Formenreichtums der Satzglieder:

Dem Gaul, der mir von Paul letzte Woche ja gegen meinen Willen geschenkt worden ist und der meinen wunderschönen Wildrasen frisst, ...

Gleiches gilt für Attribute zweiter (oder tieferer) Attributstufe, die sich auf ein Adjektiv beziehen wie bei

eine ihm meines Erachtens nach seinem Linguistikstudium ja wohl vertraute Aufgabenstellung.

Diese Attribute sind in einem Satz mit dem Verb sein und dem Prädikativum vertraut je eigene Satzglieder (bzw. – bei den Einstellungspartikeln ja und wohl – Satzteile):

Die Aufgabenstellung ist ihm meines Erachtens nach seinem Linguistikstudium ja wohl vertraut.

Man kann nun argumentieren, auch das attributive Adjektiv vertraut selber könne als sekundär eingestuft werden, da es einem Satzglied in einem bedeutungsäquivalenten Satz entspräche. Das Entsprechende gälte z. B. auch für attributive Adverbien wie rechts in Das Auto rechts gehört mir. Auch hier könnte man auf die Äquivalenz zu

Rechts *steht* ein Auto; das gehört mir.

verweisen. Entsprechend auch bei attributiven Präpositionalgruppen:

Der Mann auf der Bank ← Der Mann, der auf der Bank saß, ...

Ich folge dieser Argumentation nicht, sondern sehe attributive Adjektive, Adverbien und Präpositionalgruppen wie auch attributive Genitivgruppen als für Nomen grundsätzlich mögliche primäre Attribut-Formate an.

Die fast grenzenlose Produktivität dieses Importverfahrens im Gefolge attributiver Partizipien wird besonders in fachsprachlichen Texten oft extensiv genutzt.

> *Aus einem Leserbrief des Wiener Staatsoperndirektors Ioan Holender in der „Frankfurter Allgemeinen":*
>
> Zuerst der sehr teure Rausschmiss des kurz davor verlängerten Operndirektors Maier wegen des danach dann auch abgetretenen Chefdirigenten Chailly.
>
> („Der Spiegel" 45/2008, S. 190 – „Hohlspiegel")

6.2 Wörter welcher Wortarten sind attribuierbar?

592 Attribute werden in Wortgruppen eingelagert. Ob Attribute und gegebenenfalls welche Arten von Attributen möglich bzw. üblich und insofern prototypisch sind, hängt von der Wortart des Kopfes ab. Insofern kann man nach der Attribuierbarkeit von Wort-*Arten* fragen.

In Schulbüchern wird oft in unangemessener Vereinfachung suggeriert, dass sich Attribute grundsätzlich nur auf Nomen beziehen und daher nur *nominale* Wortgruppen erweiterbar sind. Zwar sind für Nomen die Möglichkeiten der Attribuierung am umfangreichsten, aber auch Adjektive, Pronomen, ein Teil der Adverbien sowie einzelne Vertreter weiterer Wortarten lassen Attribuierung zu.

Im Folgenden gehe ich die infrage kommenden Kopf-Wortarten durch und gebe die jeweils möglichen Attribut-Formate an.

Innerhalb jeder der Wortarten führe ich zunächst die Formate primärer, dann (= bei Adjektiven und bei Verben in der Verbform Partizip) sekundärer Attribute auf, bei den Formaten primärer Attribute zunächst die der nicht valenzgebundenen Attribute, dann die der valenzgebundenen.

Hinter den Beispielen wird jeweils in Klammern das Stellungsfeld des Attributtyps angegeben: bei Attributen zum Nomen mit Kürzeln für drei Felder – Vorfeld (VF), Mittelfeld (MF) und Nachfeld (NF) – und bei den Attributen zu anderen Wortarten mit Kürzeln für zwei Felder: Vorfeld (VF) und Nachfeld (NF).

Attribute zu Nomen

593 Mögliche Formate *nicht* valenzgebundener Attribute sind die folgenden:
– Adjektiv: der müde Hund (MF – dann *flektiert*), Forelle blau (NF – dann *unflektiert*);

6.2 Wörter welcher Wortarten sind attribuierbar?

- Genitivgruppe: <u>Paulas</u> Krokodil (MF), der Hund <u>meiner Schwester</u> (NF);
- Pronomen: Am Waldrand standen <u>neun</u> Rehe (MF). / Zimmer <u>neun</u> (NF);
- Präpositionalgruppe (= die Präposition regiert den *Dativ*): der Hund <u>in der Scheune</u> (NF);
- Adverb: <u>rechts</u> der Laster (VF), der Laster <u>dort</u> (NF);
- Partikel: <u>nur</u> Paula (VF) / Paula <u>nur</u> (NF);
- *unflektiertes* Nomen: <u>Direktor</u> Meier (MF), die Wüste <u>Gobi</u> (NF);
- *zugeordnete* Konjunktionalgruppe: wegen *ihres Rufs* <u>als tolle Sängerin</u> (NF).

Jedes Nomen kann mit einem (semantisch kompatiblen) Adjektiv attribuiert werden, jedes mit einem attributiven Genitiv, jedes mit einem präpositionalen Attribut usw. Man kann sagen, dass die Attribuierung hier weitgehend von der Wortart des Kopfes her, also *kategorial* gesteuert ist. Bei den weiter unten angesprochenen Fällen von valenzgebundenen Attributen ist sie demgegenüber *lexikalisch* gesteuert, also von den individuellen syntaktisch-semantischen Charakteristika des jeweiligen Kopfes her. Das führt dort im Einzelfall zu zusätzlichen oder morphologisch veränderten Attributformaten; Präpositionalattribute mit einer Präposition, die *Akkusativ* regiert, sind z. B. nur valenzgebunden möglich: der *Hund* in <u>der</u> Scheune gegenüber der *Gang* in <u>die</u> Scheune. *Dieses* Präpositionalattribut ist valenzgebunden an Gang.

Während im Gegenwartsdeutschen Adjektivattribute im Mittelfeld grundsätzlich flektiert werden, gab es in älteren Sprachstufen die Option, adjektivische Attribute im Mittelfeld *nicht* zu flektieren. Ein Beleg aus dem Anfang des 13. Jahrhunderts aus den sog. Mädchengedichten Walthers von der Vogelweide:

594

> Under der linden
> an der heide,
> dâ unser zweier bette was,
> dâ muget ir vinden
> schône beide
> *gebrochen* bluomen unde gras.
> vor dem walde in einem tal,
> tandaradei,
> schône sanc diu nahtegal.

Und ein sehr viel späterer Beleg aus dem 18. Jahrhundert aus den „Volksmährchen der Deutschen" von Johann Karl August Musäus (1786):

> Sein Körper war regelmäßig gebauet, dabey fest und konsistent; seine Gemüthsart heiter und jovialisch, als wenn *geräuchert* Ochsenfleisch und alter Franzwein auf seine Existenz Einfluß gehabt hätten.

Es ist möglich, dass hier rhythmische Gesichtspunkte eine Rolle spielen: Das Weglassen der Flexionsmorpheme bei geräuchert[es] führt zu einem jambischen Maß, das als wohlklingender empfunden wird als das sonst gegebene daktylische (… als wènn geräu-cher-tes Òch-sen-flèisch …). Entsprechendes gilt für gebrochen bluomen: Auch hier würde eine flektierte Form statt des vorherrschenden

Trochäus einen Daktylus erzeugen (gebròchene blùomen). Alternativ bzw. zusätzlich kann die Wahl der unflektierten Form mit dem Status Partizip II zusammenhängen (zusätzlich, insofern die Grundform dieses Partizips unbetont endet, ein nachfolgendes Flexionsmorphem also eine zweite unbetonte Silbe ergäbe). Mir schiene auch heutzutage eine unflektierte Version wie

> Das war ein rührend Lied.

zwar stark markiert, aber nicht grob falsch.

595 *Zusätzliche* mögliche Formate *valenzgebundener* Attribute sind nur die oben (→ 593) schon angesprochenen Präpositionalattribute, in denen die Präposition (gewissermaßen im Auftrag des Verbs, zu dessen Valenzplan sie gehört) einen *Akkusativ* vorgibt:

> der *Gang* in *die* Scheune;
> der *Tritt* in *den* Hintern.

Attribute zu Adjektiven

596 Mögliche Formate *nicht* valenzgebundener Attribute sind:
- *unflektiertes* Adjektiv: Sie fuhr ungewöhnlich schnell (VF).
- Partikel: Sie sang äußerst schön. / ... zu schön / ... schön genug (VF), nur schön (VF).
   Die Gradpartikel zu (zu müde ...) und das Indefinitpronomen genug (müde genug ...) stehen unmittelbar vor bzw. nach ihrem Bezugsadjektiv, sie eröffnen beide eine – direkt oder weiter rechts stehende – fakultative Valenz mit zu x-ig zu Y / x-ig genug zu Y:

   Er war zu müde zum Cellospielen. / Weil er zu müde war zum Cellospielen ...
   Er war müde genug zum Einschlafen. Weil er müde genug war zum Einschlafen ...

   Dies wäre ein Einzelfall, wo auch eine *Partikel* bzw. ein *Pronomen* Valenzträger sein kann. Beide Anschlüsse sind ein Tandem mit der Bedeutung 'Eignung / Nicht-Eignung'. Sie sind äquivalent zu folgender Adverbialbeziehung (→ Bd. 3: 346 f.):

   Er war zu müde, als dass er noch hätte Cello spielen können / mögen.
   Er war müde genug, um einschlafen zu können.

- Präpositionalgruppe: Er ist über alle Erwartung sympathisch (VF).

> *Rainer Maria Rilke*
>
> Blaue Hortensie
>
> Doch plötzlich scheint das Blau sich zu verneuen
> in einer von den Dolden, und man sieht
> ein rührend Blaues sich vor Grünem freuen.

Auch bei Adjektiven ist die Attribuierung *kategorial* gesteuert: Jedes prototypische Adjektiv ist durch graduierende Attribute unterschiedlicher morphologischer Form attribuierbar. Das ist nicht verwunderlich, weil Adjektive prototypisch für Komparation offen sind, und die setzt Graduierbarkeit voraus. Sie sind zudem fokussierbar.

Selbst Adjektive wie tot oder schwanger oder lila können – im Bewusstsein, dass dann ein *unüblicher*, aber nicht im engeren Sinn *ungrammatischer* Sprachgebrauch vorliegt – im Komparativ bzw. mit graduierendem Attribut verwendet werden:

> Du bist aber wirklich schon sehr schwanger!

> Gemeinde Hardheim soll noch mehr liebenswerter werden
> („Der Spiegel" 31/2008, S. 154 – „Hohlspiegel")

Zusätzliche Formate *valenzgebundener* Attribute: 597
- Akkusativgruppe (= adverbialer Akkusativ): Er ist mit einen Meter *langen* Skiern gefahren!
- Dativgruppe: ein ihm *vertrautes* Problem;
- Genitivgruppe: viele des Schreibens *kundige* Mönche.

Diese drei Attributformate spielen bei den sekundären Attributen erneut eine Rolle; insofern hätte man sie auch erst dort aufführen können.

Zusätzliche Formate *sekundärer* Attribute: 598
- Adverb: ihre meistens *unterhaltsamen* Lesungen (VF);
- Kommentaradverb: ein leider *trauriges* Ereignis (VF);
- Kommentarpartikel: ein sozusagen *vollkommener* Mann (VF);
- Einstellungspartikel: ein dir ja wohl *bekannter* Begriff (VF).

Attribute zur Verbform Partizip

Mögliche Formate *nicht* valenzgebundener Partizipien sind: 599
- *unflektiertes* Adjektiv: die schnell *beendete* Besichtigung (VF);
- Partikel: die sehr *beschämende* Niederlage / ... zu *beschämende* (VF);
- Präpositionalgruppe: eine über alle Erwartung *beglückende* Erfahrung (VF).

Bei Partizipien macht – stärker noch als bei den Adjektiven – eine Trennung in valenzgebundene primäre Attribute und in sekundäre keinen Sinn. Daher lasse ich den Absatz zu *zusätzliche Formate valenzgebundener Attribute* weg.

Zusätzliche Formate *sekundärer* Attribute: 600
- Akkusativgruppe: Er hat einige uns *belastende* Aufzeichnungen vorgelegt.
- Dativgruppe: ein ihm *geschriebener* Brief;
- Genitivgruppe: die des Abends *angereisten* Gäste / der sich seiner Kindheit immer wieder *erinnernde* alte Autor;
- Adverb: ihre meistens *abgebrochenen* Lesungen (VF);
- Kommentaradverb: ein leider *verlorenes* Buch (VF);
- Kommentarpartikel: ein sozusagen *unabgeschlossenes* Kapitel ihrer Geschichte (VF);
- Einstellungspartikel: ein mir ja wohl längst *versprochener* Urlaub (VF).

Attribute zu Pronomen

Mögliche Formate *nicht* valenzgebundener Attribute (valenzgebundene gibt es zu 601 Pronomen nicht) sind die folgenden:
- *flektiertes* Nomen: Wir Dummköpfe haben das nicht gemerkt (NF).
- *nominalisiertes* Adjektiv: Dazu brauchen wir wen Erfahrenes! (NF);

- Adverb: *Du da!* (NF);
- Partikel: ganz *viele* Leute (NF); nur er (VF) / er nur (NF);
- Genitivattribut: In meiner Liste gibt es *mehrere* dieses Namens (NF). / deren *viele* (VF);
- Präpositionalgruppe: Wir brauchen dazu *jemand(en)* aus Aachen (NF). / zwei von dort (NF);
- Konjunktionalgruppe: *einer* wie du (NF).

> *Anfrage eines jungen Mannes (mit Spanisch als Erstsprache) in einem Internet-Forum:*
>
> Hallo! Ich habe eine Frage an euch. Statt des Satzes: „Ich bin jemand, der nett ist" kann ich sagen: „Ich bin jemand Nettes"? Oder auch „ich habe jemanden, der nett ist, kennen gelernt" und „ich habe jemanden Nettes kennen gelernt" usw. Ich habe schon diese Frage einem deutschen Freund gestellt, aber er hat sie nicht antworten können. Könnt ihr bitte mir sagen, ob man „jemand Nettes" sagen kann? Und übrigens, im Hochdeutschen.
>
> *Antwort eines jungen Mannes (mit Deutsch als Erstsprache):*
>
> [...] Diese Frage ist eigentlich nicht schwer zu beantworten, da man im Umgangssprachlichen „jemand nettes (klein geschrieben)" sagen kann. Ich bin mir aber nicht sicher, ob es Standarddeutsch ist. Man kann es auf jeden Fall sagen, aber wie gesagt ist es nicht feinstes Deutsch. Jeder versteht es aber.
> Ich hoffe, ich konnte deine Frage beantworten. Also viel Spaß noch beim Deutschlernen.
>
> (Quelle: http://forum.wordreference.com/showthread.php?t=26891 – 25.12.2008)

Attribute zu Adverbien

602 Mögliche Formate *nicht* valenzgebundener Attribute sind die folgenden:
- Partikel (= Gradpartikel): Das passiert sehr oft (VF).
- *unflektiertes* Adjektiv: Das passiert ungewöhnlich oft (VF).
- Präpositionalgruppe: Das passierte über die Maßen oft (VF).
- *unflektiertes* Nomen: Paula kommt morgen Abend (VF).

603 Bei Adverbien sind nur wenige Subgruppen attribuierbar: Unter den *aussageerweiternden* Adverbien sind einzelne modale wie gern oder temporale wie oft *graduierbar* (mit Gradpartikeln wie bei sehr oft, mit Adjektiven wie bei unendlich gern und weiteren Adjektivformen).

Ein sehr spezielles Attributformat zu oft ist

   Ich habe dir wer weiß wie oft gesagt, dass du ...!

Man kann diese Attributkonstruktion zwar rekonstruieren als Ellipse eines Ergänzungssatzgefüges:

   Ich habe dir – wer weiß [noch], wie oft [ich das schon getan habe]? – gesagt, dass ...

Und man könnte vor diesem Konstruktionshintergrund daher die folgende Schreibung wählen:

   Ich habe dir – wer weiß, wie oft – gesagt, dass du ...!

Ich sehe die Konstruktion wer weiß wie als bereits verfestigtes Attribut an; ihre Bedeutung ist 'unbestimmt häufig'.

604 Bei temporalen Adverbien wie gestern / heute sind nominale Attribute wie gestern Abend / Morgen / Mittag möglich. (Ihr Verhalten bei der Weglassprobe spricht für diese Einstufung als Attribut.)

Etwas anders ist es mit den temporalen Adverbien morgens, mittags, abends, alle drei denominale Derivate: Sie treten im Tandem mit den unflektierten Adjektiven früh und spät auf: spät abends und abends spät. In solchen Tandems wird jeweils eine Tageszeit-Angabe (abends) mit einer relationalen Angabe (früh / spät) differenziert. Denkbar wäre, hier zwei bedeutungsähnliche, aber syntaktisch unterschiedliche Konstruktionen anzusetzen; bei spät abends wäre dann abends das Attribut, bei abends spät demgegenüber spät. Eine zweite Option wäre, ein 'Cluster' vorzusehen, bei dem ähnlich wie bei Kopulativ-Komposita die beiden Ausdrücke *gleichrangig* – und daher auch in ihrer Reihenfolge beliebig – sind. Ich schlage eine dritte Möglichkeit vor: beide Tandempartner als autonome Satzglieder anzusehen, die entweder einzeln operieren wie in

 Paula ist abends zurückgekommen. / Paula ist spät zurückgekommen.

oder im Tandem, und dann in mehreren topologischen Varianten:

 Paula ist abends spät zurückgekommen. / Paula ist spät abends zurückgekommen.
 Abends ist Paula spät zurückgekommen. / Spät ist Paula abends zurückgekommen.
 Paula ist spät zurückgekommen abends. / (*)Paula ist abends zurückgekommen spät.

Im Kapitel Satzglieder sind vergleichbare Stellungsoptionen von Adverbialien-Tandems diskutiert worden (→ 206).

Die aussagekommentierenden Adverbien (wie z. B. leider) sind nicht attribuierbar, das Kommentaradverb vielleicht durch eine einzige Gradpartikel: Ganz vielleicht kommt er noch.

Attribute zu Partikeln

Einziges mögliches Formate *nicht* valenzgebundener Attribute (valenzgebundene gibt es zu Partikeln nicht) ist eine attributive Partikel: Sie haben fast nur kleine Fische gefangen.

Auf den ersten Blick können auch Präpositionen durch Adjektive oder adverbiale Akkusative attribuiert werden:

 Direkt *vor* uns ...
 Zweihundert Meter *vor* uns ...

Ich sehe diese Konstruktion aber als Attribut zu der Präpositionalgruppe *insgesamt* an; dafür spricht der und-zwar-Test mit *Präpositionaladverbien* wie davor, danach usw.:

 vor dem Haus, und zwar direkt *davor.*

Entsprechendes gilt für eine temporale Konstruktion wie

 zwei Sekunden *nach dem Knall* → nach dem Knall, und zwar zwei Sekunden *danach.*

In beiden Fällen bezieht sich die Spezifizierung nicht auf die Präposition bzw. den präpositionalen Anteil des Präpositionaladverbs allein, sondern auf die komplexe Orts- bzw. Zeitbestimmung *insgesamt.*

Analog kann man bedingt von der Attribuierbarkeit einiger unterordnender Konjunktionen (→ Bd. 3: 377) sprechen:

 Bevor er starb, machte er eine große Südamerikareise.
 → Kurz bevor ...

Über die morphologische Charakterisierung hinaus kann man für die Beschreibung des Innenbaus von Satzgliedern Klassifikations-Gesichtspunkte berücksichtigen, die schon bei der Analyse der Satzglieder selbst wichtig waren:

1. die Attribut-Stellung, also die Umstellbarkeit bzw. die Stellungsfestigkeit der Satzglied-Teile, vgl. z. B. das Auto meines Vaters – meines Vaters Auto;
2. den semantischen Wert des Attributtyps;
3. die Valenzgebundenheit mancher Attribute.

Um die semantische Klassifikation geht es im folgenden Abschnitt, um Valenzgebundenheit im Abschnitt 8.

7 Klassifikation von Attributen: semantisch

In diesem Abschnitt geht es zunächst um die Bedeutung der *primären* Attribute, dann um die der *sekundären*.

Wenn man Attribute nur unter semantischer Perspektive bezeichnen will, entstehen entweder Komposita wie *Temporalattribut* (z. B. für gestrige in die gestrige Zeitung) oder zweiwortige Bezeichnungen wie *temporales Attribut*.

Koppelt man semantische mit morphologischen Klassifikationen, werden die Bezeichnungen komplexer: gestrig kann man dann als *temporales Adjektiv-Attribut* bezeichnen oder als *adjektivisches Temporal-Attribut*. Man kann aber solche komplexen Ausdrücke vermeiden und schrittweise Bezeichnungen aufbauen: gestrig ist dann z. B. ein *attributives Adjektiv mit temporaler Bedeutung*. Für Lerner sind solche 'beweglichen' Formulierungen in meiner Einschätzung angemessener – sie wirken nicht so 'hakelig' und halten in Erinnerung, dass auch Fachtermini möglichst sparsam und gezielt unter den jeweiligen Analyseabsichten verwendet werden sollen.

Das gilt erst recht, wenn man außer den morphologischen und semantischen Klassifikationen auch noch den Status als valenzgebunden oder nicht valenzgebunden einbeziehen will; dann entstehen komplexe Bezeichnungen – oder man reduziert die Zahl der Gesichtspunkte auf den einen oder die zwei, die gerade den Fokus bilden. Dazu weiter unten (→ 653).

7.1 Bedeutung primärer Attribute

Bei den primären Attributen wird im Folgenden unterschieden nach valenzgebundenen und nicht-valenzgebundenen.

Nicht valenzgebundene Attribute

Adjektiv-Attribute dienen der Sachverhalts-Differenzierung. Bei *nichtprozessualen* Bezugsnomen dienen sie der Gegenstands-Profilierung:

> der alte Mann, die kranke Frau, das grüne Auto.

Bei *prozessualen* Bezugsnomen dienen sie der Prozess-Konturierung:

> die schnelle Fahrt.

Es gibt nur für die attributive Funktion entwickelte Adverbderivate wie dortig, heutig, gestrig, die diese Situierung mühelos leisten. Ohne solche Derivate müsste man z. B. statt

> das gestrige Konzert

eine partizipiale Umgehung konstruieren wie

> das gestern stattgefunden habende Konzert.

609 Adjektiv-Attribute können bei prozessualen wie nichtprozessualen Bezugsnomen der Aussagen-Kommentierung dienen:

> Die angeblich sorgfältigen Untersuchungen entpuppten sich als schlampige Recherchen
> (= die Untersuchungen, die *angeblich* sorgfältig durchgeführt wurden).
>
> die angebliche Untersuchung
> (= die Untersuchung, die *angeblich* stattgefunden hatte).

Im zweiten Fall handelt es sich nicht um eine *spezifische* Untersuchung, sondern um eine, die möglicherweise gar nicht stattgefunden hat. Die semantische Funktion dieses Adjektivattributs ist also eine ganz andere als die qualifizierender Adjektive wie die *gründliche* Untersuchung (das *ist* in jedem Fall eine).

610 Die attributiven *Nomen* sind in zwei Bedeutungsvarianten möglich: zum einen *bewertend* nur auf 1. und 2. Person (im Singular *und* Plural) beziehbar und nur mit entsprechenden (= *bewertenden*) Nomina wie bei

> Ich Dummkopf hab vergessen, ... / Ihr Trantüten habt immer noch nicht ...;

zum andern in *gruppendefinierender* Funktion (nur im Plural) möglich:

> Wir *Bankmanager* ...

Demgegenüber ginge *nicht* *Ich Bankmanager ... (es sei denn, Bankmanager zählt einmal zu den *abwertenden* Nomen).

> *Eine – in Tonfall und Körpersprache relativ aggressive – Anmache eines Tübinger Kollegen durch einen Betrunkenen auf der Straße:*
>
> Du – – du – du Exischtenzialischt!

611 *Genitiv*-Attribute haben im weitesten Sinne die Funktion von *Zuordnung*.

Hinter ein und derselben Form des attributiven Genitivs stehen mehrere Fügungsbedeutungen, für die es eine Reihe klassischer Bezeichnungen gibt; welche Fügungsbedeutung im Einzelfall zwischen Attribut und Bezugsausdruck vorliegt, sieht man der morphologischen Gestalt nicht an:
– *Genitivus possessivus.* Den gibt es in verschiedenen Varianten:
  – im engeren Sinn 'besitzanzeigend' (das Haus meiner Schwester);
  – *Zusammengehörigkeit:* die Mitglieder unserer Arbeitsgruppe;
  – *Zugehörigkeit:* Goethes Italien.
– *Genitivus partitivus:*

  > ein Liter warmen Wassers.

  Das Attribut 'partitivus' (von lateinisch partitio = Teilung / Einteilung) verweist auf die Bedeutung dieser Variante der Genitivattribute: Die Mengenangabe ein Liter gliedert einen Teil aus der (beliebig großen) Menge warmen Wassers aus.
– *Genitivus qualitatis* (von lateinisch qualitas = Beschaffenheit):

  > Gemälde großer Schönheit.

Solche Genitive müssen immer durch flektierte Attribute erweitert sein, weil sonst das attributive Nomen die grammatischen Merkmale Kasus und Genus nicht hinreichend anzeigen könnte:

*Gemälde Schönheit.

Wegen der Pflicht-Adjektive im Gefolge dieser sog. Genitivregel erscheinen solche attributiven Genitive 'geziert', sie sind in jedem Fall stilistisch markiert.

Weitere Bedeutungen des attributiven Genitivs werden bei den valenzgebundenen Attributen erläutert.

Adverb-Attribute sind weitgehend begrenzt auf lokale und temporale Situierung von Gegenständen und Handlungsabläufen:

rechts das Haus;
das Haus dort mit dem großen Schornstein;
sein Geburtstag gestern;
unsere Verabredung nachher.

Gelegentlich werden auch Pronominaladverbien attributiv benutzt:

der unerträgliche Krach dabei;
das schlechte Gefühl danach.

Partikel-Attribute sind bei den primären Attributen begrenzt auf einzelne der Fokuspartikeln wie nur. Auch nur operiert mit seiner auffälligen Stellungsbeweglichkeit an der Grenze zwischen Attribut- und Satzglied-Status:

Nur èr wollte noch ins Kino gehen. / Èr nur wollte noch ... / Èr wollte nur noch ins Kino gehen.

Diese Distanzstellung im letzten der drei Beispiele ist daran gebunden, dass das Skopuselement er den Hauptakzent behält; andernfalls würde ins Kino zum Skopus, weil die unmarkierte Stellung der Fokuspartikel die *vor* ihrem Skopus ist. Wenn also – wie im schriftlichen Sprachgebrauch – Stimminformationen den Skopus-Status nicht einem *anderen* Element zuweisen, gilt das nächste skopusfähige Element *rechts* – hier: ins Kino – als Skopus. Im mittleren der drei Beispiele ist auch im Schriftsprachgebrauch klar, dass die Fokuspartikel sich auf das Subjekt er bezieht, weil die gemeinsame Vorfeldstellung nur diese Lesart erlaubt.

Präpositional-Attribute dienen der Situierung von Gegenständen, Sachverhalten und Handlungsabläufen:

das Konzert
... von Paul;
... in München;
... am Sonntag;
... mit Paula;
... bei strahlendem Wetter.

Sie sind durchweg sachverhaltsergänzend. Ihr Bedeutungsspektrum ist angesichts der großen Zahl von Präpositionen sehr groß. Ich ordne diese Bedeutungen in Orientierung an Kategorien, die bereits bei der Klassifikation der Adverbialien benutzt worden sind:

- lokal: das Picknick auf dem Berg;
- kausal: der Streit wegen ihres Lovers;
- konditional: die Möglichkeit der Rückgabe bei Nichtgefallen;
- konzessiv: ein Sieg trotz widrigster Umstände;
- konsekutiv: Er war zum Umfallen müde.

  Ich stufe dieses Präpositionalattribut aufgrund der möglichen bedeutungsähnlichen Paraphrase

  Er war so müde, dass er hätte umfallen können

  als konsekutiv ein.
- final (Variante 'Eignung'): ein Topf zum Spargelkochen.

  Der Anschlusswert der Präposition kann durch folgende Paraphrase verdeutlicht werden:

  ein Topf, mit dem man Spargel kochen kann / könnte.
- modal:
  - unspezifisch: eine Regelung von großer Umsicht;
  - Begleitumstand: ein Rücktritt unter Tränen / Genuss ohne Reue;
  - Begleitperson: der Spaziergang mit Freunden;
- instrumental: der Schlag mit dem Hammer;
- temporal:
  - *vor*zeitig: der Besuch nach dem Mittagessen.

    Auf den ersten Blick mag es überraschen, dass unter *vorzeitig* ein Beispiel mit der Präposition nach aufgeführt wird (und entsprechend bei *nachzeitig* eines mit der Präposition vor). Ich wähle hier die gleiche Zuordnung wie bei den Bezeichnungen der temporalen Teilsatzbeziehungen (→ Bd. 3: 368):

    Er besuchte ihn, nachdem er Mittag gegessen hatte.

    Der Nebensatz wird als vorzeitig bezeichnet, weil die im Nebensatz angesprochene Handlung vor der im Hauptsatz angesprochenen erfolgt (erst essen, dann den Besuch machen). Da dieser Nebensatz funktional dem temporalen Attribut entspricht, wird auch *nach* dem Mittagessen als temporal *vorzeitig* bezeichnet.
  - *nach*zeitig: der Besuch vor 17 Uhr;
  - gleichzeitig: das Foto während der Siegerehrung.

615 *Konjunktional* zugeordnete Attribute wie in ihr Versagen als Leiterin des Krisenstabs schränken – wie bei den zugeordneten Satzgliedern auch – die *Geltung* einer Aussage ein, hier die im Bezugsnomen Versagen liegende negative Bewertung.

Valenzgebundene Attribute

616 Über die Bedeutung eines valenzgebundenen Attributs kann man nur begrenzt Aussagen machen; wie bei den valenzgebundenen Satzgliedern auch (→ 279) ist z. B. die Bedeutung des valenzgebundenen Dativattributs mir in ein mir vertrauter Geruch Teil eines Bedeutungskomplexes, der von dem Valenzträger vertraut her bestimmt werden müsste. Man kann für die Teil-Bedeutung der Dativ-Valenz zunächst noch sehr allgemein 'Bezogenheit' angeben. Bei einem anderen valenztragenden Adjektiv mit Dativvalenz wie z.B. angenehm (in ein mir angenehmer Geruch) gilt eine solche allgemeine Angabe wie 'Bezogenheit' noch, auch wenn hier etwas andere Aspekte im Vordergrund stehen, nämlich 'Bewertungsinstanz'.

Bei attributiven *Präpositional*ergänzungen wie

    Ihre Wut <u>auf ihn</u>

kann die Bedeutung des präpositionalen Anschlusses auf nicht isoliert von dem (hier: nominalen) Valenzträger Wut verstanden werden.

Ein intensivierender Ausbau der Präposition, der bei adverbialem Gebrauch möglich ist

    Er sprang auf den Tisch. → ... auf den Tisch drauf,

ist bei dem Ausgangsbeispiel nicht möglich:

    ihre Wut auf ihn *→ Ihre Wut auf ihn drauf

(auch wenn es angemessen drastisch klingen mag).

Für valenzgebundene Attribute gilt also das Gleiche wie für die valenzgebundenen Satzglieder (hier: bei den Präpositionalobjekten).

Nur bei attributiven *adverbialen* Ergänzungen wie

    Die Fahrt <u>nach Rom</u> ...

sind die Präpositionen semantisch autonom und daher in ihrer Bedeutung klar einschätzbar; auch dies ist analog zu den direktionalen Satzgliedern zu entsprechenden Verben (Sie fährt nach Rom).

7.2   Bedeutung sekundärer Attribute

In einem Satz wie   617

    Der zerkratzte Sessel links kommt morgen in den Sperrmüll.

enthält das Subjekt zwei auf den nominalen Kopf Sessel bezogene Attribute, nämlich zerkratzte und links. Das erste dieser Attribute – ein attributives Partizip II zu kratzen – kann seinerseits durch sekundäre Attribute wie

    Der <u>nach ihrer Aussage</u> <u>von ihrer Katze</u> <u>trotz Beschimpfung</u> <u>seit langem</u> vollständig zerkratzte Sessel ...

attribuiert werden. Diese sekundären Attribute haben die gleichen morphologischen Formate, wie sie die entsprechenden Satzglieder in einem Satz zum Prädikat mit kratzen hätten:

    Der Sessel ist angeblich von ihrer Katze trotz Beschimpfung ... zerkratzt worden.

Die gleichen Optionen haben auch Adjektiv-Attribute wie müde in   618

    Draußen vor der Tür stand mein *müder* Vater.
    → mein <u>heute</u> <u>vom Treppensteigen</u> <u>zu seinem Erschrecken</u> <u>ungewöhnlich</u> *müder* Vater.

Auch hier haben diese sekundären Attribute die gleichen morphologischen Formate wie die entsprechenden Satzglieder in einem Relativsatz mit Kopula und der Adjektivergänzung müde:

    [mein Vater, der] heute von dem Treppensteigen zu seinem Erschrecken ungewöhnlich *müde [war]*.

Man kann insofern sekundäre Attribute zu einem attributiven Partizip oder attri-   619
butiven Adjektiv als Ex-Satzglieder ansehen, die über das Partizip bzw. das Adjektiv mit 'eingeschleppt' worden sind, und zwar – gewissermaßen syntaktisch noch un-

verdaut – in der morphologischen Kontur, die sie als Satzglieder hatten, und in ihrer Original-Reihenfolge.

Ihre Bedeutung können wir daher unter Rückgriff auf ihre 'Satzglied-Herkunft' verstehen und beschreiben. Ihrer Herkunft nach handelt es sich dabei teils um valenzgebundene Attribute (wie von ihrer Katze), teils um nicht valenzgebundene (= alle weiteren Attribute in den beiden Beispielsätzen (also trotz Beschimpfung, heute, zu seinem Erschrecken usw.).

620 Diese Partizipien und Adjektive stehen im Mittelfeld von Attributen zu Nomen, die sowohl Verbalabstrakta sein können wie

> Die uns überfordernde Untersuchung ...

als auch Konkreta wie

> Der uns immer wieder beschimpfende Mann ...

621 Unter diesen sekundären Attributen treffen wir auch die 'Spezialisten' wieder, die wir bei der Beschreibung der Satzglieder teilweise als Zwitter zwischen Satzglied- und Attributstatus gekennzeichnet hatten. Hier bei den sekundären Attributen sind sie in ihrem Stellungsverhalten jedoch eingeschränkt und vom Status her unstreitig Attribute. Sie sind gewissermaßen topologisch gezähmt.

Im Folgenden werden sie – in der gleichen Reihenfolge wie bei den Satzgliedern – aufgeführt und in ihrem Verhalten als sekundäre Attribute beschrieben. Es geht um Sachverhalts-Spezialisten (mit den Funktionen Negation, Graduierung, Fokussierung, Evaluation und Bewertung), um die Aussagen-Spezialisten (mit den Funktionen Aussagen-Form und Aussagen-Status) und um die Dialog-Spezialisten.

Negation

622 Für die syntaktischen Komponenten des 'Negierens' innerhalb der sekundären Attribute sind mehrere Negationswörter zuständig: die Partikel nicht, die Indefinitpronomen kein, niemand / nichts, das Adverb keinesfalls, teils als Solisten, teils in festem Verbund wie z. B. bei unter keinen Umständen:

> ... der von derartigen Problemen nicht beeindruckte Kollege ...
> ... der von keinen derartigen Problemen beeindruckte Kollege ...
> ... der zu Absprachen angeblich keinesfalls / unter keinen Umständen bereite Kollege ...

Sie teilen sich diese syntaktische Arbeit nach vergleichsweise komplexen Regeln. Dabei kooperieren sie mit zusätzlichen Wortbildungsmitteln wie z. B. bei

> ... der von derartigen Problemen überhaupt nicht beeindruckte Kollege ...
> ... der von derartigen Problemen völlig unbeeindruckte Kollege ...

und verschiedenen lexikalischen Zusatz-Optionen wie z. B.

> ... der derartigen Problemen gegenüber indifferente Kollege ...
> ... in das dieses Mal leider nicht sehr warme Zimmer ... / ... relativ kalte Zimmer.

Dazu kommen in mündlicher Kommunikation lexikalische Optionen bei heftigem Affekt und / oder drastischen Umgangsformen wie z. B.

> Du kümmerst dich mal wieder überhaupt nicht / einen Dreck um die Kinder!

Für nicht gibt es im Satzgliedinneren – wie im Satzrahmen auch (→ 464) – eine 623
Begrenzung seines Skopus (= des Geltungsbereichs der Negation) durch 'Spezialisten' wie angeblich, leider, sozusagen und Einstellungspartikeln:

... das mir *angeblich / leider / ja* gestern von Paul nicht zurückgebrachte Buch ...

Diese Spezialisten werden durch nicht nicht mitnegiert, sondern beziehen sich auf den negierten Sachverhalt insgesamt.

Es gibt (analog zur Unterscheidung von *satz*bezogener und *satzteil*bezogener Verwendung von nicht im Satzrahmen) zwei Verwendungen von nicht: eine auf den Attributkomplex bezogene und eine auf ein einzelnes Attribut bezogene Verwendung. Ich kontrastiere die beiden Verwendungsweisen an derselben Attributreihenfolge bei lediglich veränderter Akzent- und Stimmhöhenkontur: 624

... das mir gestern nìcht von Paul mitgebrachte Buch (= obwohl er es mir versprochen hatte!);
... das mir gestern nicht von Pàul (= sondern von Paula) mitgebrachte Buch.

Diese Aussageweiterführungen helfen die fehlenden plastischen Stimmführungs-Erfahrungen zu kompensieren. In beiden Fällen gilt zwar die Aussage, dass das Buch dem Sprecher gestern nicht von Paul mitgebracht worden ist. Im ersten Fall (= auf den ganzen Attributkomplex bezogen) bleibt dabei aber offen, ob der Sprecher das Buch von jemand anders mitgebracht bekommen hat, ggf. später; im zweiten Fall (= einzelattributbezogene Verwendung) ist demgegenüber klar, dass der Sprecher das Buch hat.

Ich habe hier die innerhalb der ersten Verwendungsweise (= der auf den ganzen Attributkomplex bezogenen Negation) möglichen Fokussierungs-Varianten nicht erläutert. Es gelten analog die Ausführungen zur Negation im Satzrahmen (→ 464 f.).

Graduierung

Bei Graduierung geht es um die Spezifizierung des Ausprägungsgrads (*heftig* schwitzende 625 ..., der *ein bisschen* lächelnde ...) bzw. um Mengenangaben (ein *fast* allen bekannter ..., ein *etwas* müder ...).

In dieser graduierenden Funktion wirken bei den sekundären Attributen viele Adjektive (heftig) mit, aber auch einzelne Pronomen (etwas), im Einzelfall Nomengruppen (ein bisschen) und vereinzelte Partikeln (höchst) sowie zahlreiche Präpositionalgruppen wie in hohem Maße.

Alle graduierenden Attribute operieren einheitlich auf einer Attributstufe unterhalb ihres Bezugs-Partizips bzw. -Adjektivs. Sie stehen grundsätzlich vor ihrem Skopus-Ausdruck:

Sie fand in der Zimmerecke einen ziemlich *müden* und *kleinlauten* Paul vor.

Fokussierung

An dieser Funktion 'Fokussieren' beteiligen sich die *Fokuspartikeln* nur, gerade, auch, 626 sogar, zumindest usw. sowie *Adjektive* (vorrangig) und *präpositional* eingeleitete Wortgruppen (vor allem):

ein <u>nur</u> *anfangs* erfolgreicher Film / ein *anfangs* <u>nur</u> erfolgreicher Film;

ein <u>vor allem</u> *in den USA* erfolgreicher Film / ein *in den USA* <u>vor allem</u> erfolgreicher Film.

Diese Fokussierer sind lexikalische 'Strahler', die den Bezugsausdruck oder eines der anderen sekundären Attribute in die besondere Aufmerksamkeit rücken helfen. In mündlicher Kommunikation kooperieren sie dabei mit Stimminformationen (Akzent und Stimmhöhenverlauf) und sind durch sie ersetzbar. Die Fokussierer behalten von der Stellungsvariabilität, die sie im Satzrahmen haben (→ 467), die Option, vor oder hinter ihrem Skopus zu stehen; in beiden Stellungen trägt das Skopuselement den Hauptakzent, der Fokussierer allenfalls einen Nebenakzent.

Evaluation

627 Hier geht es um Einschätzungen des Erfolgs oder Misserfolgs von Handlungen. Insofern operieren evaluative Attribute nur im Rahmen von Partizipialattributen. Zur Verfügung stehen Adjektive (vergeblich / erfolgreich), Adverbien (vergebens) und Präpositionalgruppen (mit / ohne Erfolg).

ein von ihr beim zuständigen Amtsgericht gestern <u>vergebens</u> *eingereichter* Einspruch;

ein <u>vergebens</u> von ihr gestern beim zuständigen Amtsgericht *eingereichter* Einspruch.

Diese Attribute sind innerhalb des Attributrahmens stellungsbeweglich.

Bewertung

628 Es geht um *wertende* Stellungnahme. Zur Verfügung stehen Kommentaradverbien auf -weise, leider und präpositionale Gruppen wie zu meinem Bedauern, zum Glück.

die <u>zum Glück</u> *erfolgreiche* Bewerbung / die von ihr <u>leider</u> auf der Fahrt *verlorenen* Unterlagen.

Diese evaluativen Attribute sind innerhalb des Attributrahmens stellungsbeweglich.

Aussagen-Form

629 Mit Attributen wie gleichsam, gewissermaßen, sozusagen werden Aussagen hinsichtlich ihrer jeweiligen Aussagen-Form kommentiert. Diese Attribute können sich auf eines der anderen sekundären Attribute beziehen oder auf das ranghöhere Adjektiv oder Partizip selber:

der sozusagen zum Nùlltarif erreichte Sieg / der zum Nùlltarif sozusagen erreichte Sieg;

der ihr auf diese Weise gewissermaßen geschenkte Sieg.

Die formkommentierenden Attribute können, sofern sie sich auf ein anderes sekundäres Attribut beziehen, vor oder hinter diesem stehen. Beziehen sie sich auf den ranghöheren Ausdruck, müssen sie *vor* ihm stehen.

Aussagen-Status

630 Es geht um Attribute unterschiedlicher Form und Wortartzugehörigkeit: wahrscheinlich (= Adjektiv), vielleicht (= Adverb), meines Wissens (= Genitivgruppe), nach meiner Kenntnis (= Präpositionalgruppe). Diese Attribute kommentieren die Gesamtaussage des Attributkomplexes im Hinblick auf deren Geltungsbedingungen. Dabei kann man mit

Angaben wie vielleicht, wahrscheinlich und sicherlich differenzieren, wie sicher die Aussage zutrifft. Zudem kann man mit Angaben differenzieren, worauf sich die jeweilige Aussage gründet: auf eigene Informationen (meines Wissens), auf die Plausibilität eines Eindrucks (offensichtlich) oder auf Einschätzungen Dritter (angeblich).

> die ihr gestern angeblich von einem Freund gegen Provision zugespielten Informationen;
> die ihr gestern von einem Freund angeblich gegen Provision zugespielten Informationen.

Die Platzierung des geltungskommentierenden Attributs fokussiert zugleich die Teilaussage, die für die eingeschränkte oder zuverlässige usw. Geltung hauptverantwortlich ist. Das ist ohne spezifische Stimminformationen die rechts von ihm folgende oder auch im Einzelfall – bei entsprechender stimmlicher Hervorhebung – die ihm links vorausgehende Teilaussage:

> die ihr gestern von einem Freund angeblich zugespielten Informationen.

Dialog-Spezialisten

Es geht bei diesen dialogsteuernden Attributen um einen Ausschnitt der Einstellungspartikeln: 631

> der von euch ja nun schon zum zweiten Mal *abgesagte* Besuch;
> diese von dir ja doch wohl nur versehentlich *gemachte* Behauptung.

Einstellungspartikeln wie bloß, nur, auch, denn operieren nicht innerhalb von sekundären Attributen, weil sie an Aufforderungs- oder Vorwurfs-Handlungen gebunden sind, die man nur im Satzrahmen etablieren kann.

Solche Partizipialgruppen können, wenn sie überkomplex zu werden drohen oder unbeholfen wirken könnten, durch Relativbeziehungen 'stilistisch neutralisiert' werden.

> Der uns angeblich schon gestern von Paul geschenkte Hummer ...
> → Der Hummer, der uns angeblich schon gestern von Paul geschenkt worden ist, ...
> Der angeblich tote Hummer zappelte leider noch sehr.
> → Der Hummer, der angeblich schon tot war, zappelte leider noch sehr.

7.3 Bedeutungsprobleme

Attribute zu Komposita

Schon bei der Behandlung der Wortbildung wurde auf Attribuierungs-Probleme hingewiesen: 632

> (*) eine psychologische Beratungsstelle, *ein vierköpfiger Familienvater.

Hier werden Attribute dem Bezugsnomen insgesamt zugeordnet, obwohl sie sich nur auf einen Teil davon, nämlich das Bestimmungswort dieses Kompositums beziehen (sollen).

> Aus dem „Tagesspiegel":
> Beruf und Familie trennt der fünfköpfige Familienvater sonst streng
> („Der Spiegel" 32/2008, S. 154 – „Hohlspiegel")
> (Hier sind es sogar fünf Köpfe!)

Bei solchen Attributbeziehungen sichert das unmittelbare Nacheinander von Attribut und Bestimmungswort die beabsichtigte Interpretation.

Schwieriger wird es – und diese Option wird auch seltener genutzt –, wenn sich attributive Genitive oder Präpositionalattribute auf das Bestimmungswort beziehen, weil hier zwischen den beiden Bedeutungsträgern (dem Bestimmungswort und dem Attribut im Nachfeld) das Grundwort steht:

(*)Der Beschwerdebrief über die unfreundliche Behandlung ...

Man kann zwar argumentieren, es handele sich um einen Brief über die unfreundliche Behandlung, angemessener ist aber die Paraphrase

Der Brief mit der Beschwerde über die unfreundliche Behandlung.

Relativsätze zu attribuierten Nomen

633 Grammatisch korrekt, aber störanfällig ist der Bezug von Relativsätzen auf Satzgliedkerne, wenn zugleich ein Attribut als möglicher Bezugsausdruck vorliegt:

> Aus der Tageszeitung „Die Rheinpfalz":
> Die Energie dazu liefern die Äcker und Wiesen zwischen Wallhalben und Saalstadt, die in der ersten Biogasanlage im Landkreis zu Methan vergärt werden.
> („Der Spiegel" 33/2008, S. 158 – „Hohlspiegel")

Hier ist der Relativsatz so platziert, dass er auf das Attribut Wallhaben und Saalstadt bezogen werden könnte statt auf den Satzgliedkern Äcker und Wiesen. (Im Übrigen ist auch bei korrektem Anschluss noch ungewöhnlich, dass die Äcker und Wiesen offenbar insgesamt vergoren werden sollen, nicht nur ihr Grün-Ertrag.)

Adverbiale und nicht-adverbiale Lesart adjektivischer Attribute

634 Einige Attribute verlangen grundsätzlich eine adverbiale Lesart, und zwar
– lokale:
  sein *dortiger* Aufenthalt;
  → Er hält / hielt sich *dort* auf.
  *→ *Sein Aufenthalt ist *dortig*.
  Ein *direktionales* Attribut ist nur im Nachfeld möglich: seine Fahrt *dorthin*.
– temporale:
  sein *damaliger* Aufenthalt = Er hielt sich *damals* ... auf.

Bei diesen lokalen und temporalen Adjektiven handelt es sich um ganz spezielle Adverb*ableitungen;* in ihrem semantischen Verhalten entsprechen sie letztlich den vertrauten Adverbien damals und dort, die lediglich mit Wortbildungsmitteln ihre 'syntaktische Arbeitskleidung' gewechselt haben.

Auch ein relationales Adjektiv wie lang(e) lässt sich im Rahmen eines Verbalabstraktums wie z. B. Aufenthalt *adverbial* lesen:

    Sein *damaliger dortiger langer* Aufenthalt = Er hielt sich damals dort lange auf.

Es gibt unter den Adjektiven auch solche wie angenehm, die nur *nicht*-adverbial lesbar sind:

    sein angenehmer Aufenthalt in Berlin;
    *→ Er hielt sich angenehm in Berlin auf.
    → Sein Aufenthalt in Berlin war angenehm.

Adverbial und nicht-adverbial lesbare Attribute können in friedlicher Nachbarschaft nebeneinanderstehen: 635

    sein *dortiger* angenehmer Aufenthalt;
    → Er hielt sich *dort* auf, dieser Aufenthalt war angenehm.

Man kann alle vier Attribute in diesem Beispiel unterbringen:

    sein damaliger dortiger langer(,) angenehmer Aufenthalt.

Je nach Kommasetzung kann dieser Satz paraphrasiert werden mit

    Sein damaliger dortiger Aufenthalt war lange und angenehm (falls Komma).
    Sein damaliger dortiger langer Aufenthalt war angenehm (falls *kein* Komma).

oder, wenn alle Attribute zu Satzgliedern umgeformt werden sollen, mit

    Er hielt sich damals dort auf; dieser Aufenthalt war lange und angenehm (falls Komma).

Zwischen die beiden adverbial lesbaren Attribute kann man natürlich kein Komma setzen:

    *Sein damaliger, dortiger Aufenthalt.

Es handelt sich um Geschwister, nicht um Zwillinge, analog zu den entsprechenden Attributen im Nachfeld:

    Sein Aufenthalt dort damals.

Auch bei diesen adverbialen Attributen im Mittelfeld gibt es Reihenfolge-Vorgaben   636 der bekannten Art: Ein *lokales* Attribut ist eine attributive Ergänzung und steht daher näher am Nomen als ein temporales, also direkt links oder direkt rechts davon. Sofern ein Genitivus subiectivus im Nachfeld steht, muss er näher am Nomen stehen als eine dort stehende adverbial lesbare attributive Ergänzung:

    der damalige Aufenthalt *Pauls* dort (mit seinem besten Freund).

Adverbial lesbare und attributiv lesbare Attribute können dabei in gemischter Folge stehen:

    sein unvergesslicher *damaliger* berühmter *Berliner* Sieg.

Zieht man die adverbial lesbaren (= kursiv markiert) heraus, ergibt sich ein erster möglicher Satz:

    Er siegte damals in Berlin, …

Zieht man die attributiv lesbaren (= die nicht-kursiven) heraus, ergibt sich ein zweiter möglicher Satz:

> ..., dieser Sieg ist berühmt; er ist unvergesslich.

Beide zusammengenommen ergeben die Bedeutung, die die fünf Attribute im Ausgangsbeispiel mit ihrem Bezugsnomen Sieg zusammen aufbauen.

Insofern sind Verb-Derivate als Bezugsnomen bifunktional: Sie sind zum einen Container, die ganze Ladungen von Satzgliedern des der Ableitung zugrunde liegenden Verbs komprimiert transportieren. Zum andern sind sie aber auch eigene, 'autonome' Nomen, die ihr Potenzial nutzen, in eigener Kraft Attribute an sich zu binden; für diese Attribute gibt es allenfalls Paraphrasen mit Kopula und Prädikativum.

637 Die unterschiedliche Lesart – adverbial oder nicht-adverbial – fällt allenfalls dann auf, wenn ein attributives Adjektiv über beide Lesarten verfügt und dabei unterschiedliche Bedeutungen trägt:

> ein *starker* Mann;
> ein *starker* Raucher.

Von den zwei Bedeutungen des Attributs stark wird im ersten Beispiel die uns vertrautere (= *körperlich* stark) aufgerufen, die *nicht* adverbial gelesen werden kann. Im zweiten Beispiel wird durch das Nomen agentis die zweite Bedeutung aufgerufen (= in der Ausprägung eines Verhaltens stark / intensiv); in dieser Bedeutung ist das Attribut nur adverbial lesbar:

> ein Mensch, der stark ist;
> jemand, der stark raucht.

Adjektiv-Attribute zu einem Nomen agentis

638 In der Attribut-Fügung

> ein starker Raucher

bezieht sich das attributive Adjektiv formell auf das deverbale Nomen Raucher, soll sich aber im Grunde auf die Handlung des dieser Suffixbildung zugrunde liegenden Verbs rauchen beziehen:

> jemand, der stark raucht;

und nicht

> ein Raucher, der stark ist.

Weitere Beispiele dieser Art sind: starker Trinker, starker Esser, aber auch schneller Denker oder schlechter Esser.

Im Englischen sind die Ausdrücke starker Raucher und starker Trinker analog zum Deutschen konstruiert: heavy smoker, heavy (oder auch hard) drinker; bei starker Esser wählt man demgegenüber eine Redewendung: He plays a good knife and fork (= Er geht gut mit Messer und Gabel um).

639 Da solche Fügungen im Sprachgebrauch etabliert sind, erzeugen sie allenfalls dann Störungen, wenn wie in

> eine schöne starke Raucherin

zwei verschiedene Attribut-Fügungen gekoppelt sind. Wenn wir in diesem Nacheinander von schöne und starke automatisch auch starke *nicht*-adverbial, also als Charakterisierung der Raucherin, nicht ihres Rauchens interpretieren, dann müsste – bei nichtmarkierter Aussprache bzw. ohne markierenden Kontext – ein Komma zwischen den beiden koordinierten Attributen stehen:

> eine schöne, starke Raucherin.

Informell-sprachlich hat stark noch eine dritte Bedeutung, nämlich super, eindrucksvoll:
> Du siehst echt stark aus!

Auch diese Bedeutung könnte man in einem geeigneten Kontext aktivieren:
> Toll, wie der die Zigarette hält und wild um sich schaut – ein wirklich starker Raucher!!

> ich bin einn schwacher Mensch doch ein starker Raucher
>
> (http://123qwe.blog.de/2008/01/01/title~3515139?comment_ID=5636170&rtc=1)

7.4 Restriktive und nicht-restriktive Lesart von Attributen

Wenn man Aussagen über Sachverhalte macht, dann grenzt man den Umfang der Aussage so ein, dass sie zum eigenen sicheren Kenntnisstand passt. In einer Aussage wie

> Paula isst nur knackige Äpfel.

wird Paulas Apfellust durch das Attribut knackige – von der Fokuspartikel nur noch unterstützt – auf eine ganz bestimmte Konsistenz von Äpfeln begrenzt: auf knackige. Daher kann man dieses Adjektivattribut nicht weglassen, ohne die Aussage deutlich zu verändern und damit die Geltung des Aussagenrests Paula isst Äpfel zu beeinträchtigen.

Man klassifiziert Attribute unter diesem Gesichtspunkt als *restriktiv* (und daher notwendig, nicht weglassbar) oder als *nicht-restriktiv* (und daher nicht notwendig, weglassbar). Notwendige Attribute schränken den Begriffs-Umfang des von ihnen attribuierten Bezugsausdrucks ein: knackige Äpfel ist nur eine Untermenge von Äpfel. In der Bifokus-Struktur

> Äpfel isst Paula nur knàckige.

bleibt diese Restriktion (nur knackige Äpfel) erhalten, es erfolgt aber zugleich eine zweite: Das Spezifizierungsmerkmal knackige wird begrenzt auf die Obstsorte 'Apfel'; für andere Obstsorten gelten damit implizit andere Vorlieben (z. B. ..., Bírnen lieber mèhlige). Hier liegt also eine *doppelte* Restringierung vor.

Bei vielen Attributen ist *schriftsprachlich* nicht ohne Weiteres klar, ob eine restriktive oder eine nicht-restriktive Lesart angemessen ist. In dem Beispiel

> Paula fuhr mit ihrem hübschen Mann nach Venedig.

gibt es (in einer auf Monogamie verpflichtenden Gesellschaft wie unserer) nur eine *nicht*-restriktive Lesart: Es gibt nur diesen einen Mann und der ist eben hübsch. (Schön für sie.)

Auch in dem Beispiel

> Paula fuhr mit ihrem hübschen Freund nach Venedig.

gäbe es in einem eindeutig erzählenden Kontext keinen Grund für eine restriktive Lesart; in solchen Kontexten ist klar, um wen es geht.

Aber wenn man diesen Satz isoliert oder in einen spezifischen Kontrast stellt (... und mit ihrem reichen fährt sie nach Mailand), gibt es dafür auch eine *restriktive* Lesart: Sie hat *mehrere* Freunde, das Attribut begrenzt diese Auswahl auf einen von ihnen: den hübschen. Im mündlichen Sprachgebrauch würde man die restriktive Version an einem Akzent auf hübschen erkennen.

Verändert man das Attribut, reduziert sich diese Doppeldeutigkeit wieder:

> Paula fuhr mit ihrem bildhübschen Freund nach Venedig.

Offenbar benutzt man ein solches Kompositum zum Lobpreisen, nicht zum Selegieren.

642 Ein Beispiel wie

> Paulas abendliche Spaziergänge dauern sehr lang.

hat ohne festlegenden Kontext zwei mögliche Lesarten: In der restriktiven Lesart schränkt das attributive Adjektiv abendlich (in der Regel dann *betont* gesprochen) die *langen* Spaziergänge auf diejenigen ein, die abends stattfinden (Spaziergänge z. B. am frühen Nachmittag dauern nur kurz). In der *nicht*-restriktiven Lesart (bei der abendliche nicht betont gesprochen wird) gibt es zwei mögliche Bedeutungen dieses Satzes: Bei *unbetont* gesprochenem Spaziergänge gibt es keine besonderen Kontrastierungen; bei betont gesprochenem Spaziergänge werden die langen abendlichen Handlungen auf Spaziergänge beschränkt (d. h. andere abendliche Handlungen wie Essen oder Lesen sind dann offenbar kurz).

Entsprechendes gilt für präpositionale Attribute, hier etwa:

> Paulas Spaziergänge *am Abend* dauern sehr lang.

643 Je nach Bezugsnomen (und Sachverhaltskontext) kann im Einzelfall eine restriktive Lesart unwahrscheinlich oder gar ausgeschlossen sein:

> Er bat seinen reichen Onkel um Unterstützung.

Hier ist gleichermaßen restriktive wie nicht-restriktive Lesart möglich. Darüber entscheidet entweder (in mündlichem Sprachgebrauch) die stimmliche Markierung von rèichen Onkel oder aber die Kontextinformation: Wenn der Neffe nur einen einzigen Onkel hat, ist nicht-restriktive Lesart zwingend.

Im folgenden Beispiel ist die restriktive Lesart unwahrscheinlich:

> Er bat seinen reichen Onkel Paul um Unterstützung;

denn das würde voraussetzen, dass der Neffe mehr als einen Onkel mit Vornamen Paul hätte.

Im folgenden Beispiel ist eine restriktive Lesart praktisch ausgeschlossen:

> Er bat seinen reichen Vater um Unterstützung.

Dieser Satz könnte allenfalls dann restriktiv verstanden werden, wenn Er ein Adoptivkind wäre (und dann wäre die Verwandtschaftsbezeichnung ungenau, weil nicht zwischen 'Vater' und 'leiblicher Vater' unterschieden worden wäre).

Die Unterscheidung restriktiv/nicht-restriktiv wird klassischerweise nur für *Attribute* diskutiert, und zwar ist dieser Gesichtspunkt aus der Beschreibung von *Relativsätzen* übernommen. Auch das Begriffspaar restriktiv/nicht-restriktiv wird exklusiv in diesem Relativsatz- bzw. Attribut-Kontext verwendet.

Ich denke, man kann diese Unterscheidung doppelt erweitern: zum einen auf *andere* Teilsatzbeziehungen als die relativischen (→ Bd. 3: 182), zum anderen auf restriktive Effekte im Zusammenspiel der Bedeutung von *Satzgliedern*. Hierzu einige Ausführungen anhand eines Beispiels, das analog ist zu dem oben schon einmal mit Blick auf die restriktiven Effekte von *Attributen* betrachteten:

> Paula geht *abends* sehr lange spazieren.

Auch dieser Satz hat zwei Lesarten, auch wenn sie üblicherweise nicht als restriktiv und nonrestriktiv bezeichnet werden. Der übliche Blick auf die Funktion von Adverbialien ist, dass das temporale Adverbiale abends der *Situierung* der Handlungsangabe lange spazieren gehen dient. Diese Situierung *kann* aber zugleich eine *Restringierung* enthalten: Solche Handlungen finden bei dieser Lesart nur abends statt.

Freilich gibt es für die Vereindeutigung von Adverbialien in der Schriftsprache mehr Optionen als für die von Attributen. Eine relativ schwache Option ist Topikalisierung:

> Paula geht *abends* sehr lange spazieren.
> → *Abends* geht Paula sehr lange spazieren.

Eine weitere, stärkere ist die Verwendung von Fokuspartikeln:

> Paula geht nur *abends* sehr lange spazieren.
> Nur abends geht Paula sehr lange spazieren.

Bei *Attributen* wirken solche Fokuspartikeln nicht unbedingt vereindeutigend: Der Satz

> Nur Paulas abendliche Spaziergänge dauern sehr lange.

ist in neuer Weise dreideutig: Die Fokuspartikel kann sich jetzt nicht nur auf abendliche, sondern auch auf Paulas beziehen (= *Paul* macht im Unterschied zu ihr immer nur *Kurz*spaziergänge) und auch auf Spaziergänge (= Paulas abendliche *Spaziergänge* dauern sehr lang; *andere* abendliche Handlungen wie Gesichtspflege und Hundefütterung dauern dagegen nur kurz).

Erst der Einbau einer Fokussierungskonstruktion wie die x-igen unter y brächte Eindeutigkeit:

> Nur die abendlichen unter Paulas Spaziergängen dauern sehr lange.

(Das wäre aber nicht sehr elegant.)

In der gesprochenen Sprache kann zur Vereindeutigung Betonung eingesetzt werden:

> Paulas àbendliche Spaziergänge dauern sehr lange.
> Àbends geht Paula sehr lange spazieren.

An diesen Beispielen wird zugleich deutlich, dass die Unterscheidung restriktiv/nonrestriktiv zusammenspielen kann mit der von Fokus und Hintergrund. Restriktivität bezieht sich auf die betreffende Aussage selbst, Fokussierung auf die Aussage in ihrer Beziehung zu anderen Aussagen.

Betonung und Restriktivität

647 Ich greife noch einmal zu dem weiter oben (→ 553) schon einmal betrachteten italienischen Cello (ich habe halt selber – leider – keines!):

Das ist das alte italienische Cello meines Bruders.

Die Aussage gibt an, dass mein Bruder ein Cello hat, und zwar ein italienisches, und zwar ein altes. Die Struktur lässt sich graphisch folgendermaßen darstellen:

Lässt man eines dieser drei Attribute weg, reduziert sich zwar die Differenzierung der Aussage, die jeweilige Rest-Aussage bleibt aber zutreffend.

648 Die drei folgenden Aussagen enthalten diese Angaben ebenfalls, implizieren aber durch die stimmliche Fokussierung eine zusätzliche Information über weiteren Besitz bzw. weiteres Eigentum (und setzen damit zugleich einen Kontrast):

Das ist das àlte italienische Cello meines Bruders
(= Er hat mindestens noch ein *neues* italienisches Cello, vielleicht auch noch weitere).

Das ist das alte italièische Cello meines Bruders
(= Er hat mindestens noch ein altes Cello *anderer* Herkunft).

Das ist das alte italienische Cello meines Brùders
(= Mindestens eine *weitere* Person hat auch noch ein altes italienisches Cello).

Lässt man in diesen Sätzen das *betonte* Attribut weg, passt die verbleibende Aussage nicht mehr zu dem in Klammern angedeuteten Kontext, es müsste zumindest der bestimmte durch den *unbestimmten* Artikel ersetzt werden:

Das ist ein italienisches Cello meines Bruders.
Das ist ein altes Cello meines Bruders.
Das ist ein altes italienisches Cello.

Im folgenden Fall

Das ist das alte italienische Cèllo meines Bruders.

hat der Bruder zwar nur ein einziges Cello, aber noch *andere* alte italienische Instrumente bzw. Wertgegenstände.

649 In mündlichem Sprachgebrauch können Attribute auch mit stimmlichen Mitteln als nicht-notwendig präsentiert werden:

Paul hatte die *für mich überraschende* Fähigkeit, Oldtimer zu reparieren.

Durch stimmliche Abstufung des betreffenden Attributs und kurze Pausen davor und danach kann 'Beiseitesprechen' angedeutet werden.

In der geschriebenen Sprache nutzt man ersatzweise interpunktorische Mittel:

Paul hatte die – für mich überraschende – Fähigkeit, Oldtimer zu reparieren.
Paul hatte die (für mich überraschende!) Fähigkeit, Oldtimer zu reparieren.

Dies kann durch Textadverbien wie *übrigens* lexikalisch verstärkt werden:

Paul hatte die – für mich übrigens überraschende – Fähigkeit, Oldtimer zu reparieren.

8 Valenzgebundenheit von Attributen

Wenn Attribute im Stellenplan eines Nomens verankert sind wie in
   seine *Verwunderung* über diese Angriffe
bzw. im Stellenplan eines Adjektivs wie in
   der über diese Angriffe *erhabene* Onkel,
dann spricht man auch von *Rektionsattributen*. Man bezeichnet damit Attribute, bei denen ein grammatisches Merkmal durch das jeweilige Nomen bzw. Adjektiv vorgegeben ist (= *regiert* wird). In der *klassischen* engen Definition des Begriffs war dieses Merkmal einer der drei Kasus Genitiv, Dativ oder Akkusativ; in der heute üblichen *erweiterten* Definition kann es auch eine Präposition (und der von ihr an das nachfolgende Nomen bzw. Pronomen *weitergereichte* Kasus) sein. Genitivattribute und Präpositionalattribute können also Rektionsattribute sein.

Bei Präpositionalobjekten (wie Er *wunderte* sich über sie) und bei Adverbialergänzungen zu Verben mit einer Richtungs-Ergänzung (wie Er *stellte* den Besen in die Kammer) oder einer Orts-Ergänzung (wie Er *wohnte* im kleinen Zimmer) wird der *Kasus* nicht von der Präposition vorgegeben, sondern vom jeweiligen Verb 'durch die Präposition hindurch' dem Nomen zugeteilt. Hier ist die Präposition also nicht im eigentlichen Sinn *Kopf*, sondern eher 'Sekretär': Sie reicht lediglich Vorgaben des Valenzträgers weiter.

Freilich wäre der Begriff Rektionsattribut zu eng, wenn man darunter nur direkt oder indirekt *kasus*regierte Attribute verstünde, denn in dem o. g. Beispiel seine Verwunderung über diese Angriffe entspricht auch das *Possessivum* (seine) einer Satzgliedstelle (= der Subjektstelle) in dem äquivalenten Satz Er wunderte sich über diese Angriffe, ohne über den Begriff der Rektion fassbar zu sein. Insofern finde ich es angemessener, von '*valenzgebundenen Attributen*' zu reden (der komplementäre Terminus wäre dann 'nichtvalenzgebundene Attribute') oder von *attributiven Ergänzungen* (dann wäre der komplementäre Terminus *attributive Angaben*).

Aus dem gleichen Grund ist es auch sinnvoll, attributive Possessiva nicht wie den Artikel zum Bezugsnomen zu rechnen, sondern als eigenes Attribut anzusehen.

Dies gilt dann auch für andere Pronomina wie z. B. das Demonstrativum diese in
   Die Klärung *des Vorfalls* war noch nicht abgeschlossen; *diese* Klärung dauerte deshalb so lang, weil ....
Hier vertritt das rückverweisende diese das *valenzgebundene* Attribut des Vorfalls.

Zur Terminologie

Wenn ich primäre Attribute unter Valenzperspektive bezeichnen will, wähle ich *valenzgebundenes Attribut* oder eben *nicht valenzgebundenes*. Geht es um sekundäre Attribute, spreche ich demgegenüber von *attributiven Ergänzungen* bzw. *attributiven*

Angaben. Dieser Bezeichnungsunterschied trägt dem strukturellen Unterschied Rechnung, dass attributive Ergänzungen und Angaben wie z. B. in

die ihn in seinem schwierigen Gesundheitszustand tief verunsichernde Entlassung seiner Frau

morphologisch und topologisch weitgehend übereinstimmen mit ihren *Satzglied*-Pendants in

Die Entlassung seiner Frau hat ihn in seinem schwierigen Gesundheitszustand tief verunsichert.

653   Demgegenüber gibt es bei einem valenzgebundenen Attribut wie meines Bruders in die Verhaftung meines Bruders erhebliche strukturelle Unterschiede gegenüber seinem Satzgliedpendant meines Bruder in Jemand hat meinen Bruder verhaftet, noch stärker bei seine in seine Verhaftung gegenüber ihn in Jemand hat ihn verhaftet.

Koppelt man valenzbezogene mit *morphologischen* Klassifikationsgesichtspunkten, entstehen entsprechend komplexere Termini: Für meines Bruders wähle ich *valenzgebundenes Genitiv-Attribut* oder *valenzgebundener attributiver Genitiv*, für seine *valenzgebundenes Pronomen;* für tief wähle ich *attributive Adjektivangabe,* für ihn *attributive Akkusativergänzung;* ich reserviere die Bezeichnungen Akkusativ*objekt* usw. also für die *Satzglied*-Klassifikation.

Nimmt man auch noch *semantische* Klassifikationsgesichtspunkte hinzu, dann empfehle ich, für tief statt solcher überkomplexer Bezeichnungen wie *attributive adjektivische Temporalangabe* lieber zweischrittige Bezeichnungen zu wählen wie *attributive Adjektivangabe mit modaler Bedeutung* oder aber die Bezeichnungen auf den Klassifikationsgesichtspunkt zu fokussieren, um den es gerade geht. Dies gilt erst recht für Grammatikunterricht: Ein Drängen auf Bezeichnungsvollständigkeit erfolgt fast immer auf begrifflich noch unsicherem Analyse-Terrain und ist à la longue ein mentales Verlustgeschäft.

Genitiv-Polyvalenz

654   Attributive Genitive sind ein morphologisches 'Standard-Format', das einer Vielzahl von syntaktisch-semantischen Funktionen dient. Dazu gehören eine Reihe nicht valenzgebundener Funktionen, die bereits weiter oben (→ 611) erläutert wurden – es sind die ersten drei der nachfolgenden Liste von Genitivattribut-Funktionen. Dazu gehören auch drei weitere, valenzgebundene Funktionen. Am Beispiel der Genitivattribute lässt sich daher der Unterschied zwischen valenzgebundenen und nicht valenzgebundenen Attributen verdeutlichen:

(a) *Genitivus possessivus* (von lateinisch possidere = besitzen): das Haus meiner Schwester / die Beine dieses Tisches / Goethes Italien;

(b) *Genitivus partitivus* (von lateinisch pars = Teil): ein Liter warmen Wassers;

(c) *Genitivus qualitatis* (von lateinisch qualitas = Beschaffenheit): Gemälde großer Schönheit

und

(d) *Genitivus explicativus* (von lateinisch explicare = erklären): die Kunst der Interpretation;

(e) *Genitivus subiectivus* (von lateinisch subiectivus = zum Subjekt gehörig) mit verschiedenen Varianten:

- *Genitivus agentis* (von lateinisch agere = handeln): der Sieg meiner Schwester / die eben veröffentlichte Untersuchung meiner Schwester;
- *Genitivus auctoris* (von lateinisch auctor = Urheber): der neue Roman Paulas;
- *Handlungstypik:* die Frechheit meiner kleinen Schwester;

(f) *Genitivus obiectivus* (von lateinisch obiectivus = das Gegenüberstehende / der Gegenstand): die Zerstörung Karthagos / der Zerstörer Karthagos.

Bei (a) und (b) bestehen zwischen dem Satzgliedkern (Haus usw.) und dem Genitivattribut *feste* Fügungs-Bedeutungen, die vom jeweiligen Satzgliedkern *unabhängig* sind. Die Genitivattribute in (a) und (b) sind *nicht* valenzgebunden. Diese aus dem bloßen Gegensatz zu *valenzgebunden* entstandene Bezeichnung kann ergänzt werden durch eine *positive* Bestimmung als *mustergebunden*. Damit greife ich zurück auf die Unterscheidung von valenzgebunden und mustergebunden bei den Komposita (→ Bd. 1: 601–605).

Das Bedeutungsmuster von (c) lässt sich durch eine Paraphrase verdeutlichen: X weist die Eigenschaft Y auf. Man kann als Paraphrase auch einen Satz mit Kopula wählen, dann entspräche der attributive Genitiv der dortigen Adjektivergänzung:

Die Gemälde *sind* (sehr) schön.

Nahezu spiegelbildlich zu (c) kann man (d) mit einem Satz paraphrasieren, in dem das Genitivattribut dem Subjekt und der Kopf einer 2. Nominativergänzung (= einem Prädikatsnomen) entspricht:

Interpretation ist eine Kunst.

Auch wenn hier das die Paraphrase tragende Verb (sein) nicht durch den Satzgliedkern vorgegeben ist, rechne ich dieses Genitivattribut zu den valenzgebundenen, weil es an bestimmte Subklassen von Nomen gebunden ist: Mit Kunst als Satzgliedkern ist dieser Attributtyp möglich, mit Holz o. ä. nicht (eine erste Hypothese dazu ist, dass die Satzgliedkerne 'bewertende' Nomen sein müssen).

Bei (e) und (f) sind die Verben für eine Paraphrase im Unterschied zu (c) und auch (d) bereits durch die Satzgliedkerne selbst vorgegeben, die darin zum *Prädikat* werden: Sieg → siegen (das Attribut meiner Schwester nimmt in dieser Paraphrase den Platz des Subjekts ein: Die Schwester siegt) bzw. Zerstörung → zerstören (das Attribut Karthagos nimmt in dieser Paraphrase den Platz des Akkusativobjekts ein: Jemand hat Karthago zerstört); auf solche Umformungen beziehen sich die Fachtermini *subjektiv* bzw. *objektiv*. Bei derartigen Paraphrasen werden also grundsätzlich Aktiv-Versionen verwendet; würde man eine Passiv-Paraphrase wählen wie Karthago ist zerstört worden, würde das Genitivattribut Karthagos als Genitivus *subiectivus* erscheinen.

Bei (e) kann man die dritte Variante auf eine prädikative Struktur beziehen:

Meine kleine Schwester ist frech.

Dass sie nicht unter (c) subsumiert, sondern in der Regel als Fall von Genitivus subiectivus gesehen wird, liegt daran, dass es hier um Frech-*Handeln* geht, nicht um eine Qualitäts-Markierung wie bei Bilder großer Schönheit. Aber über diese Klassifikationsentscheidung kann man streiten.

Während bei den Satzgliedern die Rollen *Agens* und *Patiens* syntaktisch klar verteilt – in aktivischen Sätzen in der Regel auf Subjekt und Akkusativobjekt – und morphologisch relativ deutlich voneinander unterscheidbar sind, teilen sie sich bei den Attributen dieselbe Kasusform Genitiv bzw. sie sind beide in Form eines Possessivums realisierbar. Diese Mehrfachbelegung ein und derselben Formate mit unterschiedlichen Funktionen führt zu Doppeldeutigkeiten, insbesondere bei den Nomen, die auf transitive Verben zurückgehen: Ein Genitiv in einem Satzglied wie

> Die letzte Untersuchung Pauls …

kann je nach Kontext ein *subiectivus* sein wie in

> … hat den Zusammenhang von Wortbildung und Attribuierung noch einmal klar herausgearbeitet.

(es sei denn, Paul ist von sehr fortgeschrittenen Neurophysiologen auf Hirnaktivitäten bei Wortbildungs- und Attribuierungshandlungen untersucht worden) oder ein *obiectivus* wie in

> … hat seinen schon vermuteten Krebs leider bestätigt.

(es sei denn, Paul ist misstrauisch gegenüber seinen Berufskollegen und zieht es vor, sich selbst zu untersuchen).

659 Ob die Lesart als Genitivus obiectivus oder als subiectivus die wahrscheinlichere Lesart ist, hängt *vorrangig* vom jeweiligen Bezugsnomen und den Valenzeigenschaften seiner (meist verbalen) Ableitungsbasis ab (nachrangig spielen dann auch die inhaltlichen Füllungen der Satzteile eine Rolle):

Viele -ung-Ableitungen von transitiven Verben – neben Entlassung z. B. auch Beschädigung, Erhaltung, Benachrichtigung, Ermordung – legen vorrangig die Lesart obiectivus nahe. So wird

> Die Ermordung Pauls …

von Probanden ausschließlich mit einem Genitivus obiectivus vervollständigt.

Für eine Lesart als Genitivus subiectivus müsste man zu einer Konversion von morden wechseln (das heute nahezu ausschließlich *intransitiv* gebraucht wird):

> Der Mord Pauls … an X …

Viele weitere ung-Ableitungen transitiver Verben lassen sich demgegenüber aber – wie das oben angeführte Beispiel die Untersuchung Pauls – *gleichermaßen* als subiectivus *oder* obiectivus lesen.

660 Man kann Fortsetzungs-Tests machen, indem man Probanden einen begonnenen Satz wie z. B.

> Die Untersuchung Maiers …

spontan vervollständigen lässt und diese Vervollständigungen dann auf die Verteilung der Häufigkeiten eines Genitivus subiectivus bzw. obiectivus untersucht. Gibt man dabei einen Wissenschaftskontext vor, liegt die Wahl eines subiectivus nahe, etwa

> Die Untersuchung Meiers … ist in den Linguistischen Berichten erschienen.

Gibt man einen sportmedizinischen Kontext vor, ist die Wahl eines obiectivus wahrscheinlicher:

> Die Untersuchung Meiers … hat den Verdacht auf Kreuzbandriss bestätigt.

Gibt man dabei für das valenztragende Nomen *Pluralform* vor, z. B.

> Die Untersuchungen Meiers …,

begünstigt dies vermutlich die Wahl eines subiectivus. Der *Numerus* könnte also ein morphologischer Indikator für die Lesart als subiectivus oder obiectivus sein: Viele Doppeldeutigkeiten verschwinden, wenn das Bezugsnomen im Plural steht. Entsprechend ist das folgende Beispiel nur als subiectivus zu verstehen:

Die Entlassungen Pauls ... brachten ihm den Ruf eines harten Chefs ein.

Im Singular wäre die Lesart als obiectivus naheliegender:

Die Entlassung Pauls ...

Hier handelt es sich um indirekt *inhaltsbezogene* Hintergründe, nicht um *syntaktische* Bedingungen für die Entscheidung für eine Lesart.

Auch in folgendem Fall steuert eine spezifische *inhaltliche* Füllung der beiden Konstituenten die Lesart von ung-Ableitungen transitiver Verben als subiectivus bzw. obiectivus:

Die Zubereitung *Pauls* ... wurde als gelungenste eingestuft.

Ein solches Beispiel kann – von schlechten Erfahrungen mit Menschenfressern einmal abgesehen – nur als subiectivus gelesen werden, bei einer inhaltlichen Füllung des Genitivs wie

die Zubereitung *des Salats*

nur als obiectivus.

Insgesamt kann man bei Genitivattributen zu -ung-Ableitungen von transitiven Verben also von einer Dominanz der Bedeutung als *obiectivus* ausgehen.

Für das Possessivum gelten grundsätzlich gleiche Überlegungen: Die Konstruktion mit attributivem Genitiv (in Mittel- oder Nachfeld) und die Konstruktion mit Possessivum sind äquivalent: 661

die Ermordung Pauls / Pauls Ermordung – seine Ermordung;
der Mord Pauls / Pauls Mord – sein Mord.

Bei *intransitiver* Verbbasis ist für *alle* Ableitungstypen – also vor allem *der lexikalischen Konversionen* wie Flucht oder Lauf, aber auch einer Reihe von -ung-Derivaten – die Lesart für ein Genitivattribut (oder ein äquivalentes Possessivum) als *subiectivus* syntaktisch vorgegeben: 662

der Sieg Paulas (bzw. ihr Sieg);
der Mord Pauls (bzw. sein Mord);
die Fahrt meines Bruders (bzw. seine Fahrt);
die Bewerbung Paulas (bzw. ihre Bewerbung).

Das ist logisch, weil das solchen Ableitungen zugrunde liegende Verb keine Akkusativergänzung hergibt.

Umgekehrt ist genauso klar, dass es für die Genitivattribute (bzw. Possessiva) zu sog. *Nomina agentis* wie Verfolger oder Mörder nur die Lesart als *obiectivus* geben kann:

der Mörder Pauls / Pauls Mörder (bzw. sein Mörder).

Hier steht für die Bedeutung des Genitivattributs (bzw. des Possessivums) das Subjekt des zugrunde liegenden Verbs nicht zur Verfügung – es ist in das Nomen agentis abgeleitet worden: *Jemand* mordet Paul → *der Mörder* Pauls.

663 Was sollen wir – nach dem Ergebnis, dass bei Nomen, die aus intransitiven Verben abgeleitet worden sind (wie Dienst von dienen), das Genitivattribut bzw. das Possessivattribut nur als subiectivus aufgefasst werden kann – dann aber von Herrn Meyers Grammatikkompetenz halten in folgendem Auszug aus seiner Ballade „Die Füße im Feuer":

> Der Reiter lauert aus den Augenwinkeln: „Herr,
> Ihr seid ein kluger Mann und voll Besonnenheit
> Und wißt, daß ich dem größten König eigen bin.
> Lebt wohl. Auf Nimmerwiedersehn!" Der andre spricht:
> „Du sagst's! Dem größten König eigen! Heute ward
> *Sein Dienst* mir schwer ... Gemordet hast du teuflisch mir
> Mein Weib! Und lebst! ... Mein ist die Rache, redet Gott."

Hier ist im Possessivum sein nicht etwa (wie aus heutiger, synchroner Sicht erwartbar) das dienende Subjekt kodiert (Der König dient ...), sondern – und das macht dieses Beispiel doppelt interessant – der Dienstempfänger, also die semantische Rolle 'Rezipient': Jemand dient dem König. Eine solche Dativergänzung wird aber – jedenfalls im Gegenwartsdeutschen – als Attribut grundsätzlich präpositional realisiert – also: der Dienst an ihm.

Wir kennen zwar solche Konstruktionen mit Possessivum wie Ich stehe in seinem Dienst/im Dienst der Königin, doch hat Dienst hier die Bedeutung von Anstellung; im Possessivum (bzw. im Genitivattribut) ist die einstellende Instanz genannt und damit indirekt auch die Person, der mein Dienst nutzt.

Mit dieser Frage hatte auch Adelung schon zu tun:

> Der Dienst des Königes, der Dienst meines Herren erfordert es.
> Es hat jemand diesen Ausdruck getadelt, weil der König oder der Herr hier nicht die wirkende Ursache, sondern der Gegenstand sey. Aber wer hat denn gesagt, daß der Genitiv nur allein die erstere ausdrucken könne? Gottesdienst, Bilderdienst, die Ehre Gottes, der Nutzen des Königes und tausend ähnliche Ausdrücke beweisen das Gegentheil.

Die vier von ihm angebotenen Beispiele sind nicht wirklich überzeugend. Auf der Suche nach weiteren Belegen für diese zweifache Lesart findet man aber einige eindeutige Belege für diesen bei Meyer gewählten Gebrauch, hier zwei 'hochrangige Belege':

> Vnser Vieh sol mit vns gehen / vnd nicht eine Klawe da hinden bleiben / Denn von dem Vnsern werden wir nemen zum Dienst vnsers Gottes des HERRN /
>
> (2 Mos 10,26, zitiert nach der Lutherbibel 1545)

> Wenn es in Ihrer fürstlichen Macht steht, das Gesetz für mich zu erbitten, so schenken Sie mir das Leben. Es soll ihrem Dienste von nun an gewidmet sein. [...]
>
> (Aus Schillers Erzählung „Verbrecher aus verlorener Ehre. Eine wahre Geschichte")

664 Ich präsentiere – nach dieser literarisch-grammatischen Erfrischung – noch einen etwas anders akzentuierten Zugang zu dem gleichen Thema 'Bedeutung von valenzgebundenen Genitivattributen': Wenn man die bisher in meinen Überlegungen vor-

genommene Beschränkung auf Aktiv-Paraphrasen aufgibt und mit aktiv- und passivförmigen Umformungen gleichermaßen arbeitet, dann kann man die Unterscheidung der semantisch-logischen Kategorie *Rolle* (hier: Agens – Patiens) und die der grammatischen Kodierung (hier: Subjekt – Akkusativobjekt) folgendermaßen kombinieren:

Im Genitivattribut (bzw. im Possessivum) zu deverbalen Bezugsnomen ist *vorrangig* die Rolle des *Patiens* kodiert, weniger häufig die des Agens. In beiden Fällen kann man das Genitivattribut durch eine Paraphrasierung auf ein grammatisches Subjekt beziehen – bei patienswertigen Genitivattributen mithilfe einer Passivparaphrase, bei agenswertigen mithilfe einer Aktiv-Paraphrase:

die Untersuchung Pauls ...
= Paul ist ... untersucht worden.

oder

= Paul hat ... untersucht.

Natürlich gibt es auch einige deverbale Nomen wie z. B. Verfassung oder Dichtung, die dem weiter oben zugrunde gelegten transparenten Ableitungs-Muster *nicht* folgen. Solche Nomen sind auto-nom. Bei Wortbildungsprozessen gibt es eben kein 'imperatives grammatisches Mandat'.

> *Aus der Leistungsnachweisarbeit einer spanischen Studentin:*
> Für uns ist die Verfassung einer solchen Arbeit besonders schwer ...

Morphologische Entsprechungen zwischen Satzglied und Attribut

Adjektive haben meistens Valenzen aus *eigener* semantischer Kraft (scharf auf X). Adjektive, die von Nomen abgeleitet sind, übernehmen deren Valenzen:

Gier auf X → gierig auf X.

Von den Nomen haben nur relativ wenige Valenzen aus *eigener* lexikalischer Kraft; zu diesen gehört vermutlich Lust, vielleicht auch Gier, dem aber möglicherweise das Verb gieren zugrunde liegt. Nomen übernehmen die Option auf attributive Ergänzungen überwiegend von *Verben*, aus denen sie abgeleitet sind

glauben an X → der Glaube an X,

seltener auch von *Adjektiven:*

jemandem dankbar sein → Dankbarkeit gegenüber jemandem.

Dabei übernehmen die deverbalen nominalen Valenzträger bei *präpositionalen* Ergänzungen in der Regel auch deren syntaktische Charakteristik (z. B. Er freute sich über die warme Sonne → Seine Freude über die warme Sonne). Bei den anderen Ergänzungen hingegen werden systematisch *andere* morphologische Formate zugeteilt, zum Beispiel bei Dativergänzungen:

>   Er schenkt ihm etwas.
> → *sein ihm Geschenk / *sein Geschenk ihm;
> → sein Geschenk an ihn.

666 Warum ist der lexikalischen Konversion Geschenk gerade diese Präposition zugeteilt? Eine Hypothese: Die hier gewählte Präposition ist eine im übertragenen Sinn *direktionale* (mit Akkusativ); sie entspricht der eines bedeutungsähnlichen Verbs, nämlich sich wenden an jemanden. Und diese Adressierung des Rezipienten einer Handlung kommt der Grundbedeutung von Dativobjekten relativ nahe.

Wenn es zu Verben mit Dativergänzung ein bedeutungsähnliches Verb mit Präpositionalergänzung gibt – zu jemandem trauen z. B. auf jemanden vertrauen –, wird dieses gewählt: das Vertrauen auf X. Damit bleibt aber die grundsätzlichere Frage offen: Warum werden Dativergänzungen nicht als Dativattribute kodiert, also unter Erhaltung ihrer morphologischen Kontur, warum heißt es also zu

> Sie hat uns etwas geschenkt.

nicht ihr Geschenk uns, sondern ihr Geschenk an uns? Und entsprechend für die Umwandlung von Akkusativergänzungen zu Attributen: warum zu Sie hat ihn entlassen nicht ihre Entlassung ihn, sondern ihre Entlassung von ihm?

Zunächst ein Blick auf solche Attribute zu Köpfen anderer Wortarten: Zu *Adjektiven* gibt es valenzgebundene Dativattribute wie ein mir liebes Buch. Bei den *sekundären* Attributen im Gefolge von (primären) partizipialen bzw. adjektivischen Attributen gibt es attributive Dativ- und Akkusativergänzungen, auch sie stehen in deren Vorfeld:

> die mir geschenkten Bücher / die uns vertraute Umgebung;
> die ihn unterstützenden Schwiegereltern.

Auch bei *syntaktischen* Konversionen sind – bedingt – im Vorfeld valenzgebundene Dativ- und Akkusativattribute möglich:

> Ihr uns Entlassen hatte auch etwas Versöhnliches.

Bei einer -ung-Suffigierung – also einem 'echten' Nomen – muss statt dieses Akkusativattributs ein Präpositionalattribut im *Nachfeld* oder ein Possessivum im Vorfeld stehen:

> ihre Entlassung von uns / unsere Entlassung durch sie.

Eine vorsichtige Hypothese (die ich bislang sprachgeschichtlich nicht verfolgt habe) ist, dass Dativ- und Akkusativattribute zwar im Vorfeld – also bei adjektivischen und verbalen Köpfen (= Partizip und syntaktische Konversionen von Verben) – möglich sind, nicht aber im Nachfeld; Nomen nehmen im Nachfeld nur Genitivattribute und Präpositionalattribute zu sich. Dass im Nachfeld von Nomen Genitivattribute stehen können, Dativ- und Akkusativattribute aber nicht, könnte mit der schwachen Kasus-Kennzeichnung von Dativ- und Akkusativformen und der vergleichsweise starken von Genitivformen zusammenhängen. Und auch Genitivattribute im Nachfeld müssen hinreichend kasusmarkiert sein und notfalls kasusverdeutlichende Attribute zu sich nehmen (= Genitivregel). – Diese Hypothese arbeitet also mit den unterschiedlichen Felder-Optionen von einerseits Adjektiv / Partizip und andererseits Nomen. Sie ist freilich erst schwach ausgebaut.

667 Ich stelle im Folgenden das Formen-Inventar zusammen, das die attributiven Ergänzungen für die Umwandlung ihrer Satzglied-Pendants zur Verfügung stellen:

Satzglieder:	Subjekt	Akk.-Obj.	Dat.-Obj.	Gen.-Obj.	Präp.-Erg. (Präp.-Obj./Adv.-Erg.)
	↓	↓	↓	↓	↓
Attribute:	Poss.-Pr. Gen.-At. präp. At. (von/durch)	Poss.-Pr. präp. At. (von)	präp. At.	präp. At.	= bleiben unverändert

Wenn bei einer Nominalisierung ein (ehemaliges) Subjekt *und* ein (ehemaliges) Akkusativobjekt in Attribute überführt werden, dann gibt es mehrere Kombinationsmöglichkeiten, die von den beiden Stellungsfeldern, also im Vorfeld (= VF) oder im Nachfeld (= NF) des Bezugsnomens, unterschiedlichen Gebrauch machen (da Possessivpronomen nur im Vorfeld und Präpositionalgruppen nur im Nachfeld stehen können, sind zu ihnen keine Klammerhinweise vermerkt):

↓	↓	
Gen.-A. (VF) +	Gen.-A. (NF)	Pauls Entlassung des Geschäftsführers erzeugte Unruhe.
Poss.-Pr. +	Gen.-A. (NF)	Seine Entlassung des Geschäftsführers ...
präp. A +	Gen.-A. (VF/NF)	Die Entlassung des Geschäftsführers durch Paul ...
präp. A ....+	Poss.-Pr.	Seine Entlassung durch Paul ...

Einige Kommentare zu diesen Satzglied-Attribut-Umformungsbeziehungen:

(Fast) alle Genitivanschlüsse kann man auch als präpositionale Anschlüsse mit von realisieren.

Bei Nomen, die auf intransitive Verben zurückgehen, ist die Kodierung des Agens nur mit von möglich:

Paulas Geschrei;
→ das Geschrei von Paula / *... durch Paula.

Das Subjekt kann man statt eines Genitivs auch präpositional mit von kodieren (und den *Genitiv* der Kodierung des *Patiens* vorbehalten):

Paula hat N. N. entlassen.
→ Paulas zahllose Entlassungen der letzten Wochen;
→ Die zahllosen Entlassungen von Paula haben in der Firma für böses Blut gesorgt.

Und wenn der präpositionale Anschluss mit von bereits für die Patiens-Rolle gebraucht wird, kann man für die Subjektrolle auf den präpositionalen Anschluss mit durch ausweichen, der Agens-spezifisch ist (während der Anschluss mit von offener ist):

Paula hat meinen Bruder entlassen.
→ Paulas Entlassung meines Bruders;
→ Paulas Entlassung von meinem Bruder;
→ die Entlassung von meinem Bruder durch Paula.

Freilich muss für die Agens-Rolle durch gewählt werden, wenn die *Patiens*-Rolle im *Genitiv* kodiert ist (obwohl dann also von noch 'frei' wäre):

Paula hat meinen Bruder entlassen.
→ die Entlassung *meines Bruders* durch Paula / *von Paula.

Die beiden präpositionalen Anschlussmittel von und durch sind also keine gleichrangigen komplementären Optionen, stehen aber auch nicht in einem klaren Inklusions-Verhältnis.

Obligatorische valenzgebundene Attribute

669 Bei den *primären* Attributen gibt es einzelne *Nomen*, die ein valenzgebundenes Attribut vorsehen, das obligatorisch ist (d. h. nicht weglassbar, ohne dass der Attributrest grammatisch inkorrekt wird). So kann in

> Über die Berücksichtigung seines Antrags wird morgen entschieden.

das Attribut seines Antrags nur bedingt weggelassen werden; bei Nominalisierungen wie Beim Verlassen des Bahnsteigs ... ist das Attribut obligatorisch, ein Wegfall würde zu einem ungrammatischen Ausdruck führen.

670 Nicht so eindeutig zu beantworten ist hingegen die Frage, ob es auch Adjektive gibt, die obligatorische Attribute verlangen können. Zwar gibt es einzelne Fälle wie

> eine mir liebe Konzerteinspielung,

bei denen das Dativattribut mir nicht weggelassen werden kann, ohne dass das Bezugsadjektiv liebe in eine nicht beabsichtigte andere Bedeutung umkippt:

> eine liebe Konzerteinspielung (= eine nette, harmlose Konzerteinspielung);

das kann aber ein mit der Polysemie dieses einzelnen Lexems lieb gegebener Sonderfall sein. Bei ein mir bekannter Chirurg stufe ich das Dativattribut mir zwar als valenzgebunden ein, aber als *fakultativ*.

671 Bei den *sekundären* Attributen zu attributiven Partizipien finden wir demgegenüber zahlreiche obligatorische attributive Ergänzungen, immer dann nämlich, wenn die zugrunde liegenden Verben obligatorische Valenzen vorsehen. In einem Beispiel wie

> Ich habe den Besen in den Flur gestellt.

sieht das Verb stellen drei Valenzen vor, darunter eine *obligatorische* Direktionalergänzung (in die Ecke). Die muss auch bei der Umformung in ein Attribut erhalten bleiben:

→ *der von mir gestellte Besen;
→ der (von mir) in den Flur gestellte Besen.

Der Ausdruck

> der von mir gestellte Besen

ist zwar auch korrekt, hat aber eine andere Bedeutung: stellen bedeutet hier zur Verfügung stellen, dieses Verb ist transitiv, das Agens muss aufgeführt werden (hier durch das Präpositionalattribut von mir).

Syntaktische Kodierung bei Satzgliedern, Attributen und Wortbildungen

672 Während für die syntaktische Kodierung der semantischen Rollen (Agens, Patiens usw.) auf der Ebene der Satzglieder relativ differenzierte Formate zur Verfügung stehen (Subjekt, Genitiv-, Dativ- und Akkusativobjekt, Präpositionalobjekt), sind diese Formoptionen bei den primären Attributen *wenig differenziert*, ihre Verwendung *sehr offen:* Es steht von den vier Kasus bei den Satzgliedern nur der Kasus Genitiv zur Verfügung sowie das Possessivum; für die Kodierung der Agens-Rolle gibt es dabei vier Optionen: Genitivattribut, Präpositionalattribut in zwei Varianten (mit von und mit durch) und das Possessivum; das Genitivattribut wird außer für Patiens- und Agens-Kodierung auch noch für mehrere nicht valenzgebundene Funktionen (partitivus usw.) benutzt.

Bezieht man in die Betrachtung dieser Umformungs-Möglichkeiten auch die *Wortbildung* mit ein, dann steht hier für die Kodierung von Agens *und* Patiens nur ein *einziges* syntaktisches Format zur Verfügung, nämlich das *Bestimmungswort* in Determinativkomposita:

Die Professoren haben sich am letzten Montag versammelt.
→ die Professorenversammlung (= 'determinans subiectivus');
Jemand beseitigt den Müll. / Der Müll wird beseitigt.
→ die Müllbeseitigung (= 'determinans obiectivus').

Nur Agens *oder* Patiens kann innerhalb eines Kompositums mühelos realisiert werden; weitere Rollen werden in der Regel, gewissermaßen über Amtshilfe, durch Attribute übernommen:

Die Müllbeseitigung durch die privaten Firmen ….

Wenn man dieses attributive Agens in das Kompositum zu integrieren versuchte, etwa durch Privatfirmenmüllbeseitigung, dann würde dieses – wenn es überhaupt als korrekt akzeptiert würde – als Äquivalent zu einer semantischen Rolle 'Possessiv' gelesen:

Die Beseitigung des Mülls von Privatfirmen (= des Mülls, den Privatfirmen produzieren).

Auch ein Versuch wie Professorenversammlungsregelung zu Jemand regelt, wie sich die Professoren versammeln (sollen) ist grenzwertig.

Möglich sind demgegenüber gestufte Patiens-Kodierungen wie Bibliotheksrenovierungsbeschluss zu

Die Renovierung der Bibliothek wurde beschlossen.

Hier ist das Patiens Die Renovierung als Subjekt eines Passiv-Satzes kodiert, das Patiens die Bibliothek (vgl. Die Bibliothek wurde renoviert) als Genitivus obiectivus.

Parallel zum 'Kodierungs-Instrument' Komposition gibt es -er-Derivation, die ein Nomen agentis erzeugt; diese Derivation ist auf die Agens-Rolle begrenzt: Jemand berät unsere Firma → der Berater unserer Firma. Dieses Wortbildungsverfahren liefert auch für Kompositionen die Agens-Kodierungen; durch Kombination beider Verfahren erhält man ziemlich viele mögliche Agens-Patiens-Kodierungen wie z. B.

der Kundenbetreuer (= jemand, der Kunden betreut);
der Straßenkehrer (= jemand, der Straßen kehrt).

In dieser Kombination sind dann auch gestaffelte Agens-/Patiens-Kodierungen möglich mit zwei Agens-Rollen

die Kundenbetreuerversammlung (= die Kundenbetreuer, die die Kunden betreuen, versammeln sich)

oder zwei Patiens-Rollen:

die Straßenkehrerbetreuung (= jemand betreut die Straßenkehrer, die die Straßen kehren).

Mit dem Blick auf alle drei Ebenen – Satzglieder, Attribute, Wortbildungsprodukte – kann man sagen: Je weniger komponentenreich die syntaktische Ebene ist, auf der operiert wird, desto enger wird das Tableau alternativer syntaktischer Formate, zwischen denen differenzierend / spezifizierend gewählt werden kann. Und je 'schmaler' die morphologische Grundausstattung einer syntaktischen Ebene ist, desto flexibler und multifunktionaler müssen diese gegebenen morphologischen Mittel genutzt werden.

Wenn man die Metapher von der *Argumentvererbung* ernst nimmt, dann ist man natürlich enttäuscht, dass ein valenzgebundenes Attribut (wie seine in seine Beratung der Kunden) nicht das gleiche 'schöne Gesicht' hat wie der 'Papa' (= Er in Er berät die Kunden) und entsprechend dann bei der Umformung von Beratung der Kunden zum Rektionskompositum Kundenberatung 'mutiert'. Ich finde diese Metapher zu biologistisch und spreche lieber von *Äquivalenzen* zwischen den Kodierungen auf den Ebenen von Satzgliedern, Attributen und Wortbildungsprodukten statt von direkter *Abstammung*.

Im Übrigen gibt es ja auch bei dem syntaktisch reichen Gebilde 'Satz' zahlreiche Doppelbelegungen ein und derselben syntaktischen Formate: Nominalgruppen im Genitiv, Dativ und Akkusativ werden für Ergänzungen wie auch für Angaben herangezogen (= adverbiale Genitive/Akkusative und sog. freie Dative), präpositionale Wortgruppen stehen für Präpositionalobjekte, für präpositionale Adverbialergänzungen und für präpositionale Angaben zur Verfügung.

Insofern halte ich die Unterscheidung von valenzgebundenen und nicht valenzgebundenen Bausteinen auf allen drei Ebenen für sinnvoll; sie zeigt sich syntaktisch am deutlichsten bei den Satzgliedern, weniger deutlich bei den Attributen und noch weniger bei den Wortbildungsprodukten. Beide Arten von Konstituenten identifizieren wir aber meistens routiniert mit semantisch-logischen Operationen.

Und für die restlichen Identifizierungsprobleme werden wir reichlich entschädigt durch den Sprach-Witz, den wir mit solchen Mehrdeutigkeiten – freiwillig oder unfreiwillig – produzieren.

9 Äquivalenzen zwischen Attribut und Satzglied

Zumindest in schulischen Grammatiken und Lehrwerken werden die eben angesprochenen Äquivalenzbeziehungen zwischen den Ebenen der Teilsatzbeziehungen, der Satzglieder, der Attribute und der Beziehungen innerhalb eines komplexen Wortes kaum berücksichtigt. Wenn man diese Äquivalenzen einschätzen und dann um so beweglicher nutzen kann, ergeben sich sehr variable Möglichkeiten einer Ver-Textung von Sachverhalten. Die unterschiedlichen 'syntaktischen Instrumente' können dann unter Aspekten wie Kürze – Länge, Eindeutigkeit, Leichtverständlichkeit, Anschlusseignung, stilistischer Variation usw. genutzt werden. Damit entsteht zugleich ein besseres Gespür für die Mach-Art literarischer und pragmatischer Textarten.

Zu diesen Äquivalenzen führe ich hier noch einige Aspekte aus.

Die Beziehung zwischen Attribut und Kopf kann der zwischen Satzglied und Prädikat eines einfachen Satzes äquivalent sein:

> seine Freude über meinen Besuch ... = Er freut sich über meinen Besuch.

Nominalisierung (Er *freut* sich ... – Seine *Freude*) und Partizipialisierung (Die Kinder, die sich freuen, ... – Die sich *freuenden* Kinder ...) spielen bei diesen Umformungsmöglichkeiten eine große Rolle.

Attributive Partizipien können alle diejenigen Attribute zu sich nehmen, die das entsprechende Prädikat in seinem Stellenplan als mögliche Ergänzungen und Angaben (außer dem Subjekt) vorsieht. So kann z. B. in den Ausgangssatz

> Der Hund fraß Kuchen.

eine Aussage wie

> Der Hund liegt nun schon seit Stunden mit heftigem Schnarchen hinter dem Ofen.

über das attributive Partizip liegend eingebaut werden:

> Der nun schon seit Stunden mit heftigem Schnarchen hinter dem Ofen liegende Hund fraß Kuchen.

Komplexe Sachverhalte kann man attributfrei als *Folge* von einfachen Sätzen darstellen:

> (1) Er *besuchte* sie gestern. (2) Das *freute* sie. (3) Das *überraschte* ihn. (4) Darüber wunderte sie sich.

Auf dem Weg zu einem einzigen Satz kann man diese vier einfachen Sätze etappenweise in Teilsätze eines komplexen Satzes umwandeln:

> (1–2) Es freute sie, dass er sie gestern besuchte.
> (1–3) Es überraschte ihn, dass es sie freute, dass er sie gestern besuchte.
> (1–4) Sie wunderte sich darüber, dass es ihn überraschte, dass es sie freute, dass er sie gestern besuchte.

680 Man kann diese Teilsätze aber auch etappenweise als Attribute in einen (einfachen) Satz einbauen:

> (1–2) Sein gestriger *Besuch* freute sie.
> (1–3) Ihre *Freude* über seinen gestrigen *Besuch* überraschte ihn.
> (1–4) Über seine *Überraschung* über ihre *Freude* über seinen gestrigen *Besuch* wunderte sie sich.

Beide Umformungen 'entprozessualisieren' die Ausgangs-Satzfolge: Was vorher als Stationengang durch vier Geschehens-Abschnitte angeboten wurde, wird jetzt zusammengezogen in einen historisch abstrakten komplexen Sachverhalt. Zugleich entfällt die Möglichkeit, die Aufmerksamkeit des Lesers von Satz zu Satz umzulenken auf das jeweils nächste rhematische Element. Von diesem vierschrittigen erzählerischen Gang bleibt als Rhema nur 'ihre Verwunderung'.

681 Die Kehrseite komplexer Formulierungen sind Verstehensprobleme.

Komplexe Formulierungen entstehen dabei bereits durch mehrere primäre Attribute, z. B. durch rekursiv eingebettete Genitiv-Attribute wie in

> Die Untersuchung der Ermordung der Frau des besten Freundes des Präsidenten der IHG ...

oder durch mehrfache (und teilweise rekursiv eingebettete) Präpositional-Attribute:

> Ihr Streit mit ihrer Freundin aus Hamburg über den geplanten Ausflug am nächsten Sonntag zu dem Maar hinter Koblenz ...

682 Stilistische Empfehlungen richten sich vor allem gegen die *Verschachtelung* präpositionaler Wortgruppen im Gefolge von Partizipien bzw. partizipial ergänzbaren Adjektiven. Im folgenden Beispiel sind in ein präpositionales Satzglied zwei präpositionale Attribute stufenweise eingebaut:

> Er kümmerte sich nicht um den an einen mit Stöcken gestützten Baum gehefteten Zettel.

Wenn nur das *Attribut* präpositional eingeleitet ist, gibt es in der Regel keine Probleme (und keine darauf bezogen stilistischen Ratschläge):

> Er sah den an einen Baum gehefteten Zettel nicht.

Mit einer stufenweisen Mehrfacheinbettung entstehen zwei Probleme: Zum einen sind Mehrfacheinbettungen grundsätzlich verstehenserschwerend, weil die Informationen hierarchisch geordnet sind und in dieser Struktur erkannt werden müssen. Zum andern erschweren speziell solche Einlagerungen von attributiven *Präposition*algruppen in andere *Präposition*algruppen die Rezeption, weil die Kasus-Ansprüche der einzelnen Präpositionen nicht mehr auf Anhieb zu überschauen sind: ... um den an einen mit ... Wenig geübte Schreiber setzen hier – vermutlich als Sortierhilfe gemeinte – regelwidrige und daher gerade *des*orientierende Kommas:

> (*)Er kümmerte sich nicht um den, an einen Baum gehefteten, Zettel.
> (*)Er kümmerte sich nicht um den, an einen, mit Stöcken gestützten, Baum gehefteten, Zettel.

683 Zwar könnte man sich auf § 78 der Amtlichen Regeln

> Oft liegt es im Ermessen des Schreibenden, ob er etwas mit Komma als Zusatz oder Nachtrag kennzeichnen will oder nicht.

berufen und argumentieren, man wolle mit den paarigen Kommas eben die ineinandergepackten Präpositionalgruppen sauber voneinander abgrenzen und dadurch das Verstehen *erleichtern*. Kommas sind aber – auch weil im Unterschied zu den paarigen Klammern das eröffnende und das schließende Komma graphisch nicht unterschieden sind – kein besonders geeignetes Mittel für die Verdeutlichung solcher Schachtelungen. Eher kann man die zwiebelförmige Struktur dieser Attribut-Staffelung mithilfe von Klammern und / oder paarigen Gedankenstrichen entwirren helfen:

Er kümmerte sich nicht um den – an einen (mit Stöcken gestützten) Baum gehefteten – Zettel.
Am besten aber formuliert man um, z. B. in folgende 'Mischung':
Er kümmerte sich nicht um den Zettel, der an einen – mit Stöcken gestützten – Baum geheftet war. / ..., der an einen stockgestützten Baum geheftet war.

Die Verstehensprobleme wachsen, wenn komplexe Attributstrukturen mit komplexen Wortbildungsprodukten gemischt werden:

Aus einer Offenlegungsschrift des Deutschen Patent- und Markenamts:
Eine Bogendruckmaschine enthält einen Bedruckungsabschnitt zur Bedruckung von von einem Bogenzuführungsabschnitt zugeführten Papierbögen und einen Oberflächenbehandlungsabschnitt zur Behandlung von Oberflächen der Papierbögen durch entsprechendes Aufpressen von Transferfolien auf die in dem Bedruckungsabschnitt bedruckten Papierbögen.

(„Der Spiegel" 10/2008, S. 206 – „Hohlspiegel")

Die Komplexität erhöht sich weiter durch *sekundäre* Attribute im Gefolge von Partizipialisierungen:

Die in einem kurzen Telefonat am heutigen Vormittag der Geschäftsführung unseres Instituts durch eine Mitarbeiterin des Rektors übermittelte Information über die nach langen Verhandlungen jetzt doch vom Ministerium beschlossene Kürzung der Mittel für die Einstellung von studentischen Hilfskräften für Lehraufgaben im Grundstudium um die Hälfte des uns im Vorjahr zugeteilten Betrags löste großen Ärger aus.

Das komplexe Satzglied setzt sich zusammen aus drei Gruppen sekundärer Attribute im Gefolge von attributiven Partizipien (wobei die dritte Gruppe in die zweite integriert ist):

in einem kurzen Telefonat am heutigen Vormittag der Geschäftsführung unseres Instituts durch eine Mitarbeiterin des Rektors *übermittelte;*
nach langen Verhandlungen jetzt doch vom Ministerium *beschlossene;*
uns im Vorjahr *zugeteilten.*

Das Satzglied enthält zudem einige valenzhaltige Nomen, die ihrerseits eine Gruppe von primären (valenzgebundenen und nicht valenzgebundenen) Subattributen importieren und dabei morphologisch und topologisch steuern:

Information über die Kürzung;
Kürzung der Mittel um die Hälfte;
Mittel für die Einstellung;
Einstellung von Hilfskräften für Lehraufgaben.

Das Satzglied enthält darüber hinaus eine Reihe prototypischer *primärer* Attribute zu Nomen:

einem kurzen Telefonat;
einem Telefonat am Vormittag;
heutigen Vormittag;
der Geschäftsführung unseres Instituts;
eine Mitarbeiterin des Rektors;
langen Verhandlungen;

studentischen Hilfskräften;
Lehraufgaben im Grundstudium;
die Hälfte des Betrags.

686 Insbesondere die partizipialen Attribute werden von wenig geübten Lesern als Trojanische Pferde und damit als verstehens-feindlich erlebt. Anders ausgedrückt (um die Parteinahme für die Griechen oder die Trojaner zu vermeiden): Wie im Bild von der Hydra erlebt der Leser, dass jedes Attribut, das er mühselig verstanden hat, selbst wieder Köpfe weiterer Subattribute enthält.

687 Im folgenden Beispiel wird eine ganze Geschichte durch einen Attribut-Komplex in ein einziges Satzglied integriert (selbstgemacht, stilistisch teilweise ziemlich jammervoll!):

Unser vor zehn Jahren von eigentlich ziemlich guten Freunden noch aus den siebziger Jahren mit einem ganz süß von ihnen selber mit ziemlichem Aufwand renovierten Bauernhof ein paar Kilometer hinter München für überraschend wenig Geld erworbener und anschließend nach fast sechswöchigem sehr teurem Aufenthalt in einer uns von einem guten Bekannten meines Mannes empfohlenen Hundeschule hier in der Aachener Region hervorragend gehorchender und uns dann lange Zeit wirklich durchgängig erfreuender Hund mit dem vor allem für unsere vier Kinder doch sehr bedauerlichen und eigentlich nie so recht verdauten jähen und wegen Geschwüren in den letzten Wochen dann doch eher schmerzhaften Tod im vergangenen beruflich wie auch privat für mich an sich ganz erfreulichen Monat und der schließlich gestern sehr feierlich vollzogenen und freilich auch sehr teuren Bestattung in einem ganz schicken kleinen Separee unseres Familiengrabs auf dem Waldfriedhof hieß übrigens Paul.

Dass Attribute wie in diesem (sehr künstlichen) Beispiel fast ganz allein die ganze Erzähl-Arbeit leisten müssen, ist nicht ihre Funktion. Sie sind nur *eine* interessante Instrumentengruppe im Orchester.

Fehlen sie demgegenüber fast ganz wie im nachfolgenden (sehr kunstvollen) Beispiel, entsteht – im Zusammenspiel mit weiteren poetischen Mitteln, insbesondere einem 'ein-tönigen' Satzmuster – eine auffällig 'karge' Klangfarbe:

Herta Müller

Mutter, Vater und der Kleine

Viele Grüße von der sonnigen Schwarzmeerküste. Wir sind gut angekommen. Das Wetter ist schön. Das Essen ist gut. Die Kantine ist unten im Hotel, und der Strand ist gleich neben dem Hotel.
  Und Mutter kann die Lockenwickler nicht zu Hause lassen, und Vaters Schlafanzug und Mutters Morgenrock und Mutters Hausschuhe mit den seidenen Quasten auch nicht.
Vater ist der einzige, der im Anzug und mit Krawatte in der Kantine sitzt. Doch Mutter will's nicht anders.
  Das fertige Essen steht auf dem Tisch, dampft und dampft, und die Kellnerin ist wieder mal freundlich zu Vater, und das bestimmt nicht zufällig. Und Mutter welkt das Gesicht, Mutter tropft die Nase. Mutter schwillt eine Ader am Hals, Mutter fällt eine Haarsträhne in die Augen, Mutter zittert der Mund, Mutter senkt den Löffel tief in die Suppe hinein.
  Vater zuckt die Schultern, Vater schaut weiter auf die Kellnerin und vertropft die Suppe auf dem Weg zum Mund, spitzt dennoch die Lippen vor dem leeren Löffel und schlürft und steckt den Löffel bis zum Stiel in den Mund. Vater schwitzt auf der Stirn.
  Und schon hat der Kleine das Glas umgekippt. Das Wasser tropft durch Mutters Kleid zu

Boden, schon hat er sich den Löffel in den Schuh gesteckt, schon hat er die Blumen aus der Vase zerpflückt und über den grünen Salat gestreut.

Vater reißt die Geduld, Vaters Augen werden milchig und eiskalt, und Mutters Augen werden dick und heiß. Es ist schließlich auch dein Kind, genauso wie es meines ist. Mutter, Vater und der Kleine gehen am Bierstand vorbei.

Vater verlangsamt den Schritt, und Mutter sagt, daß Biertrinken nicht in Frage kommt, nein, davon kann gar nicht die Rede sein.

Und Vater haßt das vom Sonnenbrand schon am ersten Tag krebsrot verbrannte Kind und hat Mutters schlürfenden Gang hinter sich, weiß, ohne sich umzudrehn, daß ihr auch diese Schuhe zu eng sind, daß auch daraus ihr Fleisch hervorquillt, wie aus allen anderen, daß keine Schuhe der Welt breit genug für ihre Füße sind, für ihren kleinen Zeh, der immer gekrümmt und wundgerieben bandagiert ist.

Mutter zerrt das Kind neben sich her und sagt einen Satz vor sich hin, der so lang ist wie der Weg, daß Kellnerinnen Huren sind, verdorbene Geschöpfe, armselige Dinger, die es zu nichts bringen auf dieser Welt. Der Kleine weint und läßt sich im Gehen hängen und zu Boden fallen, und Mutters Fingerspuren leuchten röter auf seinen Wangen als der Sonnenbrand.

Mutter findet die Zimmerschlüssel nicht und stülpt die Handtasche um, und Vater ekelt es vor ihrer speckigen Brieftasche, ihrem ewig zerknüllten Geld, ihrem klebrigen Kamm, ihren ewig nassen Taschentüchern.

Da sind die Schlüssel endlich in Vaters Rocktasche, und Mutters Augen werden naß, Mutter krümmt sich und weint.

Und das Licht zuckt, und die Tür klemmt, und der Lift stockt. Vater vergißt das Kind im Lift. Mutter hämmert mit beiden Händen ein auf die Zimmertür.

Nachmittags gibt's das Mittagsschläfchen.

Vater schwitzt und schnarcht, Vater liegt auf dem Bauch, Vater vergräbt sein Gesicht und befleckt im Traum das Kissen mit Speichel. Der Kleine zerrt an der Decke, wühlt mit den Füßen, runzelt die Stirn und sagt im Traum das Gedicht von der Abschlußfeier im Kindergarten auf. Mutter liegt wach und starr in der schlechtgewaschenen Bettwäsche, unter der schlechtgeweißten Zimmerdecke, hinter den schlechtgewaschenen Fensterscheiben. Auf dem Stuhl liegt ihre Handarbeit.

Mutter strickt einen Arm. Mutter strickt einen Rücken, Mutter strickt einen Kragen, Mutter strickt ein Knopfloch in den Kragen.

Mutter schreibt eine Ansichtskarte: Hier sieht man das Hotel, in dem wir wohnen. Unser Fenster habe ich mit einem Kreuzchen angezeichnet. Das andere Kreuz unten im Sand zeigt den Platz, wo wir immer Sonnenbad machen.

Wir gehen schon frühmorgens los, damit wir die ersten sind, damit uns kein anderer den Platz besetzt.

(aus: „Niederungen" – Original 1982)

Kommentare zu den Materialien

Im Folgenden kommentiere ich die in die Kapitel *Satzformen*, *Satzglieder* und *Attribute* eingebauten themengebundenen kleinen Texte – poetische Texte bzw. Textausschnitte, Witze und Witziges, Pannen, Werbungsbeispiele und Textauszüge verschiedener Herkunft – in knapper Form unter dem sie betreffenden grammatischen Fokus.

Einige der abgedruckten Texte habe ich unterwegs bereits angesprochen – sie bleiben hier ausgespart. Einige oder viele der Beispiele brauchten – je nach grammatischer 'Professionalität' der Lesenden – vermutlich keine Kommentierung; ich erläutere sie hier dennoch kurz, gewissermaßen vorsorglich. Einige bleiben ganz unkommentiert.

Ich gebe die Absatznummer und die Überschrift oder ein Stich-Wort an; dann kann man – zumal wenn mehr als ein Textchen auf einer Seite steht – den betreffenden Kommentar schnell identifizieren.

Was man mit diesen oder ähnlichen Textchen – über die eigene Gaudi und Anregung hinaus – ev. im Deutschunterricht Sinnvolles machen kann, mögen die Lesenden selber entscheiden. Ich gebe hier also keine sprach*didaktisch* orientierten Empfehlungen.

Wenn Sie – als Leserin, als Leser – selber weitere oder aus Ihrer Sicht bessere 'Leckerbissen' entdecken oder schon haben, würde ich mich über Text-Geschenke von Ihnen sehr freuen.

Materialien im Kapitel *Satzformen*

1 – Opernsängerin: Das Stich-Wort alternde ruft ein heißes Thema auf: Selbstbild – Fremdbild bei 'abstiegsbedrohten' Künstlern. Die doppeldeutige Antwort des Verehrers bietet zwei extrem gegensätzliche Lesarten an: brutale Abwertung eines absprungbereiten Zynikers oder Wohltat eines Ko-Illusionisten. Diese beiden gegenläufigen Lesarten sind nur durch Intonationsmuster gesteuert: Wenn nur nie einen Akzent trägt = Abwertung. Wenn nie einen Nebenakzent und besser den Hauptakzent trägt (und hohe Stimmlage erhält) = beruhigendes Kompliment; zu dieser zweiten Lesart gehört u. a. auch ein 'euphorischer' Gesichtsausdruck. Im schriftlichen Sprachgebrauch – auf den dieser Witz angewiesen ist, weil sonst die Pointe entzaubert würde – würde man die zweite Lesart dadurch begünstigen, dass man den Verehrer z. B. sagen lässt „*Im Gegenteil*, meine Gnädigste, ..." (das ist auch die Version, in der ich den Witz kenne).

16 – Moritz: Busch wählt hier eine abweichende Satzgliedstellung: Die Adverbialergänzung aus der Tasche steht – zusätzlich zum Subjekt – im Vorfeld (= nach der nebenordnenden Konjunktion aber, die vor dem Vorfeld platziert ist). Diese Umstellung ist auch als eine der *rhetorischen Figuren* unter der Bezeichnung Hyperbaton (griechisch = Umgestelltes) bekannt. Sie nützt hier der Erfüllung des Reim-Zwangs und zeigt zugleich – so vermute ich – den absichtsvoll naturwüchsigen Charme der Verskunst Buschs vor (= nicht, dass er nicht glatter gekonnt hätte!).

24 – L'infinito: Rilke operiert – wie alle Übersetzer – zwischen der besonderen Stellung der italienischen Vorlage (die ihrerseits vermutlich bewusst und kunstvoll mit den Stellungsvorgaben des Italienischen umgeht) einerseits und den Vorgaben der deutschen Sprache, in die er den Text von Leopardi übersetzt. 'Sein' Relativsatz (..., das fast ...) bietet eine interessante Stellung: Akkusativobjekt und Präpositionalobjekt sind ausgeklammert; zudem sind sie gegenüber der üblichen Reihenfolge dieser beiden Satzglieder vertauscht – bei unmarkierter Stellung stehen Präpositionalobjekte in Nebensätzen prädikatsnäher als Akkusativobjekte (..., das <u>den Blick</u> vom fernen Aufruhn der Himmel ausschließt).

26 – Matthias: An diesen Belegen ist viel zu entdecken (auch Schülerinnen und Schüler in der Sekundarstufe I können daran schon einiges an sprachreflexiven Entdeckungen machen). Ein paar Hinweise: Beispiel (1) zeigt, wie der Erwachsene dem Kind *Vereindeutigungen* (z. B. „... Mann Leiter." – „Ist der Mann die Leiter hochgeklettert, ja?") und *Vervollständigungen* anbietet (z. B. „Leiter" – „Eine Leiter") und dadurch für die externe Anregung des Spracherwerbsprozesses sorgt. Erst in Beispiel (2) – also 2 Monate später – verwendet das Kind systematisch Verben und Ergänzungen; dabei

wird die Thema-Rhema-Verteilung vorrangig durch Betontheit markiert, nur selten durch Vorfeldstellung (z. B. Turm bauen). In Beispiel (3) werden die Verben bereits öfters flektiert (is/ mags/angeht), in Beispiel (2) war das erst einmal der Fall (teuer is). In (2) verwendet das Kind Äußerungen mit zwei Konstituenten, in (3) vorrangig mit drei; dabei lassen sich schon Subjekt-Akkusativobjekt-Verb-Strukturen erkennen (z. B. Matti das haben).

31 – Rind: Hier geht es nicht um eine schießwütige Kuh, sondern das Rind ist selber das Schuss-Opfer. Die markierte Satzgliedfolge Akkusativobjekt – Finitum – Subjekt löst dieses Missverstehen aus. Was die Journalisten zu dieser markierten Reihenfolge bewegt hat, kann man nur vermuten: Sollte das Rind topikalisiert werden? Oder entspricht diese Reihenfolge dem Sachverhalts-Ablauf: Rind – Hubschrauber – 'bumm'?

32 – Polizei: Von unserem Betriebswissen her sind beide Lesarten plausibel: dass sich Polizisten von einer Diebin haben 'umgarnen' lassen wie auch, dass die Polizei einer Fahrraddiebin erfolgreich eine Falle gestellt hat. Ausgelöst wird diese Doppeldeutigkeit durch eine markierte Stellung (= Dativobjekt im Vorfeld, Subjekt im Mittelfeld/Nachfeld), auf die man nicht vom Kontext vorbereitet worden ist, weil es sich um eine Schlagzeile handelt.

33 – Interpretinnen: Im ersten Absatz liegt reguläre Satzgliedreihenfolge vor: Subjekt (sie) bzw. temporales Adverbiale (Nach der Reifeprüfung) im Vorfeld. Im zweiten Absatz werden dann aber in allen drei Sätzen markierte Satzgliedstellungen gewählt, ohne dass dies der Thema-Rhema-Abfolge entspräche: In den beiden ersten Sätzen stehen Akkusativobjekte im Vorfeld, obwohl diese Objekte gerade nicht die relevanten Informationen enthalten; im dritten Satz wird der rhemahaltige zweitabhängige Satzteil (= Bei Uraufführungen ...) ins Vorfeld gestellt, so dass die vergleichsweise schwächste Information – dass sie dort *mitgewirkt* hat – am Satzende zu stehen kommt. Zwei Hypothesen, was diese in meiner Einschätzung dysfunktionalen Stellungsentscheidungen ausgelöst hat: zum einen vielleicht der irrige Druck, stilistische Abwechslung bieten zu sollen, zum andern vielleicht der Versuch, durch die Vorfeldbesetzungen so etwas wie eine Stichwort-Gliederung zu erreichen (Konzerte – Tourneen – Uraufführungen).

41 – Altersheim: Hier liegt im Relativsatz (..., die ihre Kinder ...) sehr wahrscheinlich *Normal*stellung vor: die ist Subjekt, ihre Kinder ist Akkusativobjekt. Da wir aber von unserem Vorwissen ausgehen, dass man seine alten Eltern im Altersheim besucht (wenn man schon deren Versorgungsprobleme nicht besser gelöst kriegt), lesen wir mit hoher Wahrscheinlichkeit in diesen Relativsatz eine *markierte* Stellung hinein: Wir nehmen die als Akkusativobjekt und ihre Kinder als Subjekt. Erst durch die Überlegung, warum im „Hohlspiegel" dieses Zitat denn überhaupt aufgegriffen wird, entdecken wir, dass wir damit das Pfiffige dieser Aussage beseitigt haben, dass es gerade an die Normalstellung gebunden ist: dass nämlich die selber schon gebrechlichen Kinder von ihren rüstigen knapp hundertjährigen Eltern besucht werden, nicht umgekehrt.

90 – Pfötkes: In der zweiten Äußerung der Verkäuferin findet sich eine solche spiegelbildliche Wiederholung: ich *sach* – *sach* ich (= sarich); der r-Laut zwischen der Finitumkurzform sa und dem Pronomen ich ist ein Aussprache glättender Übergangskonsonant. – Der Rest: just for grammatical (and social) fun.

91 – Signor Veneranda: Mit der rituellen Formel „Entschuldige, hast du ...?" eröffnet man in der Regel ein Hilf*ersuchen*, hier wird sie von Signor Veneranda aber als Auskunftsfrage verwendet, der dann ein unerbetenes Hilf*sangebot* folgt. Durch diese nicht-konventionelle Verwendung von Äußerungsformaten entstehen schrittweise Missverständnisse und dann oft eskalierende kommunikative Konflikte. Das ist das übliche Muster dieser Art von Erzählungen Manzonis, von denen er hunderte verfasst hat. Veneranda ist darin der kommunikative Sonderling, der sich auf die sprachliche Richtigkeit dessen beruft, was er sagt, und insofern recht-haberisch die Konflikte eher verschärft als sie zu begrenzen sucht. Auch der grammatische Fragesatz „... was soll ich mit dem?", der von Pljuschkin als Distanzierung/Ablehnung verwendet wird, wird von Veneranda wörtlich genommen: als Auskunfts*frage*, auf die er mit einer dazu passenden *Antwort* – einem unerbetenen Handlungsvorschlag – reagiert.

110 – Zigarette: Eine Wissens*kontroll*-Frage des Leutnants wird vom Rekruten (strategisch oder versehentlich?) als *rhetorische* Frage missverstanden, die die Erlaubnis zum Rauchen enthält; der Rekrut (offenbar Raucher) pflichtet dieser Sicht verständlicherweise bei.

111 – Fliege: Die Äußerung des Gasts ist ein fragesatzförmiger Vorwurf (der auf Entschuldigung bzw. Rechtfertigung zielt); der Ober missversteht sie (strategisch?) als Wissens-Frage.

121 – Taxi: Eine Äußerung wie Hallo Taxi! ist üblicherweise keine Begrüßung, sondern ein Ausruf, der als Aufmerksamkeitsersuchen dient und zugleich die Aufforderung an den Taxifahrer beinhaltet, sich zur Verfügung zu stellen. Der Taxifahrer behandelt dieses Kontakt- und Aufforderungs-

signal als Gruß (und grüßt zurück) und fährt – so wie der Witz angelegt ist – weiter. Dazu kommt die witzig befremdliche Anredeform „Hallo Fußgänger!" – sobald man über diesen Witz räsoniert, leuchtet sie ein: Wenn denn der Taxifahrer den Ausruf des Passanten wörtlich als Begrüßung nimmt, dann ist Fußgänger genauso *rollen*bezogen (un-)passend wie die 'Anrede' Taxi es war.

135 – einen kleinen Klaren: Eine *diagnostisch* gemeinte Frage des Arztes wird vom Patienten als indirektes *Angebot* und Frage nach einem *Wunsch* verstanden. Dieses Verständnis des Patienten passt an sich nur zu einer Äußerung wie Trinken Sie *was*? oder Möchten Sie *was* trinken? Und es passt insgesamt nicht zu dem interaktionellen Rahmen Arzt-Patient-Beziehung, der nur sehr begrenzt dem Muster von Gastgeber – Gast folgt.

135 – Hai: Die in der Satzart Aussagesatz geäußerte Information des Patienten zielt *auch* auf Mitgefühl. Der Arzt nimmt sie als bloße Sachverhalts*auskunft* und bestätigt sie in dieser Funktion.

Materialien im Kapitel *Satzglieder*

138 – verschluckt: Der Bildwitz nutzt den Unterschied zwischen lexikalisch reflexiven Verben (sich verschlucken) und nicht reflexiven Verben wie jemanden waschen, die diese Ergänzung im Einzelfall auch reflexiv besetzen können (Er wusch sich). Der Witz zwingt uns durch seine Bildinformation (= die Sprechblase des verschwundenen Kindes) auch für verschlucken eine solche nicht reflexive Lesart auf: Das Kind hat offenbar *sich selber* verschluckt (was technisch nicht ganz einfach sein dürfte, aber je nun – es ist ein Witz). Wir springen zwischen der unvertrauten Bild- und der vertrauten Sprachinformation – und damit zwischen den beiden Lesarten – hin und her.

150 – Unterhosen: Der (mäßige) Witz spielt mit der strukturellen Doppeldeutigkeit von lange – der Verkäufer nimmt es als attributives Adjektiv zu Unterhosen (= Möchten Sie lange Unterhosen?); der Käufer Pohlemann (offenbar als Serien-Figur etabliert und als kommunikativ eher begrenzt konzipiert) versteht lange als temporales Adverbiale (= Möchten Sie die Unterhosen [für] lange?).

161 – Gesätz: Brillante Mach-Art, weil eine maximale Wirkung mit minimalem Aufwand erzielt wird. Der erste Satz des Artikel 20 Abs. 2 des Grundgesetzes wird durch einen willentlichen Punkt vor dem Verbzusatz des trennbaren Verbs ausgehen (also aus) in sein Gegenteil verkehrt: Alle Staatsgewalt geht vom Volke bedeutet: Sie verlässt es, sie schwindet. Und das Resümee: Aus.

Zwei Vermutungen zu der überraschenden Überschrift Gesätz: Zum einen könnte Gesätz auf die Struktur des Rosenkranzgebetes anspielen (= ein Gesätz umfasst ein Vaterunser, zehn Ave Maria und ein Ehre sei dem Vater; fünf Gesätze bilden einen Rosenkranz, zu einem vollständigen Rosenkranzgebet gehören drei Rosenkränze): Ist mit dieser Anspielung also vielleicht gemeint, dass von Politikern immer wieder aufs Neue 'gebetsmühlenartig' beteuert wird, die Macht liege noch beim Volke? Zum andern: Sprachhistorisch kann Gesetz auf das Verb setzen zurückgehen oder – als Kollektivbildung – auf den Nomen Satz (= die sprachliche Fixierung ist die Voraussetzung für Gesetze): Ist das Gesetz also nur noch ein Haufen von Sätzen – also 'leere Worte'?

167 – zur Ausgleichung bringen: Dies ist ein klassischer Fall von Funktionsverbgefüge, bei dem kein semantischer Vorzug gegenüber dem Verb ausgleichen zu erkennen ist: ..., dasjenige ... bei der Auseinandersetzung untereinander auszugleichen, ... Ein zweites Funktionsverbgefüge ist zur Erbfolge gelangen; hier wäre eine Ersetzung durch erben nicht so mühelos möglich.

Achtung: Erblasser ist nicht von er-blässen abgeleitet, auch wenn das von der Gesichtsfarbe her gut nachvollziehbar wäre, sondern von èrb-lassen (= ein Erbe (hinter)lassen).

173 – Passiv: Ich finde die Aufgabenformulierung ... steht die Form ... im Passiv problematisch; ich fände angemessener: ... ist die Form ... Teil einer Passivkonstruktion. Denn die Verbform selber ist nicht passivisch geprägt, sondern das Prädikat, zu dem sie gehört. – Ob auch die Schülerinnen und Schüler mit dieser Formulierung Probleme hatten, kann ich nicht einschätzen.

177 – küssen: Im SEB-Slogan wird das Nomen Konto, Plural: Konten, analog zu küssen in ein modal erweitertes Prädikat eingespannt; dadurch wird es als *Verb* benutzt (freilich noch groß geschrieben – vielleicht, damit man merkt, dass es um professionelle Konto-Betreuung geht). Die indische Bank übernimmt das Muster: Auch hier wird die Pluralform des Nomens (Zinsen) als Verbform benutzt – hier freilich bereits klein geschrieben.

Liest man auch die NetCologne-Werbung auf der Spur der Vorlagen (dann wäre der Ortsname als Verb benutzt)? Oder nimmt man es eher als Ellipse von Wir können Aachen ... verkabeln / ...?

184 – Egozentriker: Wenn man ein lexikalisch reflexives Verb wie z. B. sich verschlucken nach der *Person* konjugieren müsste, würde man auch das Reflexivum mit nach dieser Kategorie flektieren: Ich

verschlucke mich – du verschluckst dich – er / sie / es verschluckt sich – usw. Bei einem *nicht* reflexiven Verb wie jemanden lieben hat man die Option, eine ev. reflexiv besetzte Ergänzung konstant zu lassen oder mit zu flektieren: Ich liebe mich, du liebst dich, er – usw. Für den Egozentriker ist die Option klar: Er flektiert so, dass er im Mittelpunkt der Zuwendung der anderen bleibt: Ich liebe mich – du liebst mich – usw.

187 — mich heiraten: Im Italienischen ist heiraten ein lexikalisch reflexives Verb: sposarsi (im Italienischen wird in der *Infinitivform* das Reflexivum si an das Verb angefügt). Italienische Deutschlernende konstruieren einen deutschen Satz wie Ich heirate daher erst einmal analog zum Italienischen: Mi sposo → *Ich heirate mich. Die Dozentin greift bei Paolas Formulierungen zunächst nicht ein – es handelt sich um eine *kommunikationsorientierte* Unterrichtsphase (mit der grammatischen Auflage, Nebensätze mit der Konjunktion weil zu verwenden). Als auch Lisa das deutsche Verb fälschlich reflexiv konstruiert, interveniert sie dann aber – zunächst mit einer indirekten Aufforderung zur Selbstkorrektur: Sie macht eine 'Wiedervorlage' mit akzentuierter Fehlerstelle (sie heiraten SICH?); als Lisa daraufhin nicht initiativ wird (und auch sonst niemand), bietet sie selber die Korrektur an, und zwar in mehrfach entschärfter Version: im Modus Lachen (das auf der Tonbandaufnahme klar nicht-entwertend klingt), in höflicher Form (bitte) und die ungrammatische Konstruktion als einen bloßen Performanzfehler hinstellend (erinnern Sie sich ... daran, dass ...).

194 — Wein: In der Äußerung des Gasts sind einen Wein und zum Essen *zwei* Satzglieder. In der Antwort des Obers wird rückwirkend zum Essen als Attribut zu Wein umgedeutet (sozusagen Esswein); darauf bezieht sich dann seine Antwort mit Wein zum Trinken als ein *einziges* Satzglied (= das Gegenstück Trinkwein).

199 — das ist was: Eines von vielen vergleichbaren Gedichten, die mit semantischen (und poetischen?) Effekten von Reihenfolge-Änderungen experimentieren. Aus dem aussagesatzförmigen Titel wird in der 2. Zeile ein Ergänzungs- und in der 3. ein Entscheidungsfragesatz. Hm.

237 — Andere versprechen: Lada verwendet die beiden Verben versprechen und garantieren in einer Version, bei der – außer dem Subjekt – alle weiteren Valenzen getilgt sind. Die Autofirma fokussiert auf diese etwas valenzbrutale Art die *Zuverlässigkeit* ihrer Produkte bzw. ihres Service (und macht damit selber nur ein Versprechen).

240 — mit einer Gabel: Busch koppelt in dieser Zeile zwei Satzglieder unterschiedlicher semantischer Gruppen, nämlich mit einer Gabel als *instrumentales* und mit Müh' als *modales* Adverbiale. Das ist grammatisch nicht zulässig (= diese Probe-Kopplung wird in der Grammatikforschung geradezu als Test auf Kategorien-Gleichheit verwendet), es ist aber vergnüglich.

247 — Adverbiale: Die Ausführung legt den Fehlschluss nahe, nicht auf dem Stuhl (bzw. auf den Stuhl) sei das Adverbiale, sondern nur die Dativgruppe dem Stuhl (bzw. die Akkusativgruppe den Stuhl). Die Erläuterung müsste also heißen: „Bei Adverbialen des Ortes / der Richtung verlangt die jeweilige Präposition manchmal den Dativ (= Ort: ...) und manchmal den Akkusativ (= Richtung: ...)." So wie es hier im Original steht, ist die grammatische Desensibilisierung, die das Sprachbuch durch diese begriffliche Unsauberkeit bei den Lernenden auslöst, vermutlich mindestens so hoch wie der Wissenszuwachs durch die Befassung mit den sog. Wechselpräpositionen.

249 — mitti Füße: Hier ein paar Hinweise zu den regionalsprachlichen Besonderheiten: mitti Füße – übergeneralisierter Akkusativ statt Dativ; geh am Telefon – übergeneralisierter Dativ bei richtungsweisenden Präpositionen; du blöden Hund – übergeneralisierter Akkusativ statt Nominativ; in Bett, auf Klo – Weglassen des Artikels im Präpositionalgefüge; auf den Oppa sein Schoß – sog. Possessorkonstruktion mit Akkusativ; Ich bin am Arbeiten – Verlaufsform mit am; da weiß ich nichts von – Klammerbildung durch Aufspaltung der Pronominaladverbien.

252 — erobern: Abgesehen von dem vergnüglichen Verb-Irrtum erobern statt z. B. erwerben ist die Valenzstruktur zu bedanken interessant: Ich bedanke Sie. Vermutlich liegt hier die Kreuzung des Simplex Ich danke Ihnen und des reflexiven Präfixverbs Ich bedanke mich bei Ihnen zugrunde.

254 — Sie wußte: Das Verb wissen wird hier ohne Besetzung der obligatorischen Valenz (also ohne Akkusativobjekt) verwendet: Sie wußte. Die poetologische Funktion dieser Formabweichung könnte die sein, die sich im Kontext auch andeutet: Sie spiegelt den Zustand 'bedingungslosen' Wissens (vgl. ..., ein eigentümlicher Frieden senkte sich auf sie herab. Sie wußte). Ob dieser valenztheoretische Kniff auf das schwedische Original Mankells zurückgeht oder – wohl eher – eine Initiative des Übersetzers Wolfgang Butt ist, weiß ich (noch) nicht.

259 — begierig: Einer der (vielen) schulischen Merkverse, die den Lernenden deklaratives Wissen anbieten (ohne damit auch sprachreflexive Kompetenz zu entwickeln).

259 — begierig II: Einer der (wenigen) nachschulischen Versversuche, Grammatikerfahrungen lebensweltlich einzubetten und damit zu verarbeiten?

262 – Befassung: Bei der Derivation Befassung werden beide obligatorische Valenzen des zugrunde liegenden Verbs befassen (nämlich Jemand befasst sich mit etwas) übernommen; das Reflexivum sich wird getilgt.

264 – Tischbein: Eine Hamburger Super-Syllepsis: Hier liegt eine Syllepsis *mit zusätzlicher Teilsatzstauchung* vor; man kann sie am besten so entzerren: Er wurde mit einem Tischbein auf den Kopf und dadurch in die Flucht geschlagen. Das Verb schlagen wird hier also einmal standardmäßig (jemanden x-wohin schlagen) und einmal als Teil einer idiomatischen Konstruktion (jemanden in die Flucht schlagen) verwendet. In diesem speziellen Fall ist pfiffigerweise dieser Unterschied zwischen wörtlicher und idiomatischer Verwendung *aufgehoben*.

263 – Gib's ihm / Gib's mir: No comment!

270 – Mensch sein (und weniger): In Goethes Faust wird sein regulär als Kopula verwendet (= hier darf ich's [= Mensch] sein). In der Werbung für das Einfamilienhaus in Göethenix (die sich – entweder raffiniert oder aber nur ungenau – auf die poetische Vorlage bezieht) wird sein als Vollverb verwendet, ohne dass es zusätzlich zum Subjekt eine weitere Ergänzung hätte. Seine Bedeutung wird dadurch ausdifferenziert und intensiviert zu existieren, leben, Zuflucht finden (was immer halt für den Produzenten bzw. den Rezipienten ein Eigenheim bedeutet). Eine zweite Analyseoption wäre, dass neben dem Subjekt noch eine Adverbialergänzung (hier) vorliegt: Jemand ist x-wo. Sie ist nach meiner Einschätzung weniger wahrscheinlich: Zu faust-dick ist die Strukturvorlage.

276 – Es geht: Das Verb gehen in der hier verwendeten Bedeutung eröffnet regulär zwei Valenzen sowie die Stelle für ein sog. formales Subjekt (formal, insofern hier kein Agens oder eine sonstige semantische Rolle kodiert ist): Es geht jemandem wie. In der *Frage* wird bereits eine dieser beiden Valenzen – die des Dativobjekts – weggelassen; das ist unproblematisch in einer dialogischen Situation, in der der Gesprächspartner routinemäßig sich selbst als den Gemeinten annimmt. In der *Antwort* wird auch die andere Valenz (x-wie = gut bzw. schlecht o. Ä.) weggelassen; dies ist dann möglich, wenn die Antwort auf ein 'weder gut noch schlecht' hinausliefe; diese konturlose Information kann – durchaus kooperativ – erspart werden.

276 – Wir bringen: Alle drei Verben werden nur mit Subjekt, also ohne weitere obligatorische Valenzen benutzt: bringen ohne Dativ- und Akkusativobjekt, holen und füllen ohne Akkusativobjekt. Dadurch wird – abgesehen von der grundsätzlichen Bindung der Aufmerksamkeit an diese grammatisch defekten Konstruktionen – die Rollenzuständigkeit bei der Containerbenutzung in minimalistischer Weise erklärt; und dieser reduzierte sprachliche Aufwand entspricht dem reduzierten Aufwand, den dieser Containerservice verspricht: Der Benutzer kippt seinen Abfall rein – den Rest erledigt das Unternehmen.

276 – Theater: Der Slogan bricht mitten in dem konjunktional zugeordneten Satzteil ab, nach dem konjunktionalen Kopf. Gegenüber einer Slogan-Version X ist anders (die es ebenfalls gibt) wirkt der Abbruch innerhalb des begonnenen Satzteils stärker aufmerksamkeitsbindend und löst weiterführende Aktivitäten beim Rezipienten aus: Der komplettiert die begonnene Konstruktion (… als Kino, … als Fernsehen, …) und tut damit etwas Erwünschtes: Er befasst sich näher mit dem Theater seiner Stadt.

283 – Patrouille: Holz geht hier verstörend mit Sprache um; zum einen mit semantischer Dramatisierung: Unbelebte Nomen werden mit Agens voraussetzenden Verben zusammengespannt: Steine feinden, Fenster grinsen, Äste würgen usw.; zum andern mit syntaktischen Verletzungen der üblichen Valenzeigenschaften: grinsen wird transitiv verwendet (Akkusativobjekt Verrat); das Präfixverb anfeinden wird auf ein seit dem 17. Jahrhundert nicht mehr zur Verfügung stehendes Verb feinden reduziert, das *intransitiv* verwendet wird. Holz (der selber im Zweiten Weltkrieg bei einem Angriff umkam), hat eine ganze Reihe dieser eindringlichen 'Kriegsgedichte' verfasst.

297 – Ast: Das Verb brechen gibt innerhalb der idiomatischen Konstruktion einen Streit vom Zaun brechen für die Subjekt-Ergänzung die Charakteristik +*human* vor; die Besetzung durch Ast ist insofern semantisch nicht korrekt. Da es sich hier um eine Überschrift handelt, kann es sich um eine Verkürzung handeln, z. B. von Wegen eines Astes brach N. N. einen Streit vom Zaun. Vielleicht ging es auch genau um das leidige Ärgernis, dass ein Ast über den Zaun in das Grundstück des Nachbarn ragt, dorthin immer seine Blätter abwirft oder gebrochen ist.

303 – Rechtschreibung: Interessant ist hier (abgesehen von dem Flüchtigkeitsfehler deuschen Rechtschreibung) die nicht berücksichtigte Kongruenz zwischen dem Subjekt Vereinfachungen und dem zugehörigen Finitum wird. Ich vermute, dass im Kurzzeitgedächtnis der schreibenden Person – aber offenbar auch in dem der Korrektur lesenden – das Subjekt überlagert wird durch das singularische Subjekt des *nachfolgenden* Teilsatzes: die Neuregelung. Auch die passt inhaltlich zu den Rechtschreibunterricht günstig beeinflussen wird. Zudem folgen dem Subjekt Vereinfachungen anschließend lauter *Singularformen* von Nomen.

Im letzten Absatz hat offenbar eine inhaltliche Fehlorientierung den dortigen Kongruenzfehler ausgelöst: Mental hätte die Pluralform die Vereinfachungen hier besser gepasst, zumal das dem ersten Absatz entsprochen hätte. Insofern ist das Prädikat irrtümlich in den Plural gesetzt worden (sind).

Je nun!

330 – Schnaps: Für mir gibt es zwei Lesarten – zum einen als Dativus *adhortativus* (das ist die von der Dame gemeinte Funktion), zum andern als Dativus *commodi* (das unterstellt der Bettler und reagiert entsprechend).

336 – Rose: Die *syntaktisch* naheliegende Lesart ist: Jemand stiehlt jemandem etwas. Also: Alle drei Ergänzungen sind besetzt, keine zusätzlichen Angaben. Die *Beziehungs*stichwörter Ich ... dir ... Rose rufen vermutlich eine zweite Lesart auf: Der Dativ ist jetzt ein Dativus commodi (dir = für dich). Die fakultative Dativergänzung von stehlen (= das Klau-Opfer) ist ausgeblendet.

336 – schlage mich: Der Vater nimmt naheliegender Weise an, die Kasusfrage seines Kindes sei auf die reguläre Ergänzung zum Verb jemanden schlagen fokussiert, und geht davon aus, dass die vorgelegte Auswahl-Alternative mir oder mich nur der Verdeutlichung der Frage diene; daher klagt er vorwurfsvoll den Akkusativ ein. Das Kind hat (nichtsahnend oder trickreich) den Dativus commodi fokussiert (von dem es nicht sicher weiß oder zu wissen behauptet, ob es ein '*Accusativus commodi*' sein müsse); es testet also vor seiner tatsächlichen Äußerung bereits Komponenten der geplanten zukünftigen Äußerung (das ist – unter familien-kommunikativer Perspektive – natürlich auch sehr interessant).

343 – beraten: Hier ist der Reporter oder die Reporterin offenbar zwischen zwei Valenzmuster des Verbs beraten geraten: *jemanden (zu / in einer Sache) beraten* gegenüber *sich (mit jemandem) über eine Sache beraten*. Die vermutlich intendierte Aussage Der Ausschuss soll sich über das Unwetter beraten ist wahrscheinlich durch die Nähe von beraten zu bereden, besprechen und erörtern in ein *transitives* Valenzmuster geraten, bei dem nun überraschenderweise das *Unwetter* als Nutznießer der Beratung erscheint.

Entsprechend das nachfolgende Beispiel.

373 – Anna: Vermutlich hat die Studentin routinemäßig die Frageprobe verwendet: An wen hat Sascha gedacht? Anna = Akkusativobjekt. Wegen der engen Bindung der Präposition an das Verb und der semantischen Neutralität dieser Präpositionen sehen Studierende (und Schüler) oft nur den von der Präposition ausgelösten Kasus und ordnen den von der Präposition regierten Kasus daher wie diese Studentin als eigenes Satzglied (hier: kasusentsprechend als Akkusativobjekt) ein.

384 – Brücke: Es sind drei Lesarten denkbar:

(1) unter einer Hängebrücke als *Präpositionalobjekt* zu einem von vorstellen abhängigen Stellenplan Jemand stellt sich Y unter X vor.

(2) als *Adverbialangabe*, und zwar in zwei Satzglied-Beziehungen: (2a) Jemand stellt sich x-wo (= unter einer Brücke) Y vor. Inhaltsgebundene Paraphrase wäre z. B.: Wenn *ich* unter einer Brücke bin, stelle ich mir (immer) vor, dass ich ein Penner wäre. (2b) Jemand stellt sich Y x-wo (seiend) vor. Inhaltsgebundene Paraphrase wäre z. B.: Ich stelle mir vor, dass unter einer Brücke Müll ist. Formgebundene Paraphrase wäre: Was (,) stellst Du Dir vor(,) ist unter einer Hängebrücke?

Die vom Lehrer gemeinte Lesart ist (1), die von dem Schüler (absichtlich / versehentlich) dem Lehrer unterstellte Lesart ist (2b).

388 – Frage: Die Präposition an ist in den beiden ersten Teilsätzen ein semantisch bedeutungsvoller, austauschbarer Teil einer lokalen *Adverbialangabe* (jemand stirbt x-wo; x-wo = im Bett, neben der Heizung, an der Ostfront, in Afghanistan). Im dritten Teilsatz ist sie ein semantisch blasser, *nicht* austauschbarer Teil eines *Präpositionalobjekts* zum valenzhaltigen Verb sterben: Jemand stirbt an etwas.

Dieses Valenzmuster sieht an der Stelle des etwas regulär eine Krankheit vor. Werden damit (rückwirkend) die beiden Weltkriege als gesellschaftliche Krankheit (vielleicht als Irrsinn?) definiert? Oder zeigt es das Sicherheits*gefühl* von jemandem, der noch nie einen Krieg im *eigenen* Land erlebt hat und daher ganz selbstverständlich damit rechnet, an einer *Krankheit* zu sterben?

420 – dreifacher Salto: Auch wenn sie die 'Flying Brusnikins' heißen, schaffen sie es nicht mit einem noch so tollen Sprung von St. Petersburg nach Berlin. Die unfreiwillige Doppeldeutigkeit entsteht durch die semantische Mehrdeutigkeit der Präposition mit: Gemeint ist mit der Attraktion Dreifach-Salto, meinbar ist aber auch: mithilfe eines dreifachen Saltos; also: präpositionale Modalangabe der Gruppe *Begleitumstand* oder der Gruppe *instrumental*.

428 – in vollen Zügen: Die Präpositionalgruppe kann zwei Bedeutungen tragen – eine *modale* (Paraphrase: hemmungslos und mit Vergnügen) und eine *lokale* (Paraphrase: Immer wenn die Züge überfüllt sind,

nehme ich zur Beruhigung und Stärkung Ritter Sport). Ob die Deutsche Bahn gewusst hat, was sie tat, als sie ihre Reklameflächen auf den Bahnsteigen an dieses Unternehmen vergab?

428 – Neurodermitis: *Beabsichtigt* ist vermutlich eine Aussage wie Pflegt Problem-Haut mit einem Problemschweregrad bis hin zu Neurodermitis. Neurodermitis wäre *dabei* Attribut; bis ... zu eine komplexe graduierende Präposition (ob sie hier kasusneutral ist, kann man anhand der nicht flektierbaren Krankheits-Bezeichnung nicht erkennen); hin ist Verstärker zu bis. Eine andere, kürzere Paraphrase wäre: Pflegt selbst Neurodermitis (*hier* erschiene Neurodermitis in der Rolle eines Akkusativobjekts).

Eine konkurrierende Lesart (die die Konkurrenz entdecken müsste!) ist: Das Medikament pflegt, bis man schließlich (davon) Neurodermitis kriegt. Dann wäre bis (hin) zu Neurodermitis eine Direktionalangabe.

Kneipp selber verwendet eine etwas andere, etwas eindeutigere Konstruktion: Der intensiv rückfettende und feuchtigkeitsspendende Intensivbalsam ist die Basispflege für irritierte und gereizte Hautpartien in Gesicht und Körper bei sehr trockener Haut bis hin zur Neurodermitis.

429 – vor Gott: Wir lesen das präpositionale Adverbiale vor dem Hintergrund der vielen von uns vertrauten Aussage „Vor Gott sind alle Menschen gleich" als übertragen *lokal*. Durch die unerwartete Kontrastierung mit nach ihm müssen wir für vor Gott eine neue, zum Ganzen passende Aussage finden. Das kann nur eine *temporale* Lesart sein, die nun überraschend auf eine religionskritische Aussage zielt: dass erst diese (oder alle?) Religionen 'Klassenunterschiede' etabliert haben (zumindest den in Gläubige und Ungläubige). Interessant hätte auch der Kontrast vor Gott – hinter Gott werden können; dann wäre wohl eine kirchenkritische Aussage dabei herausgekommen oder eine Kritik an den Gläubigen, die Kritik nämlich daran, dass solche 'edlen' Aussagen nur Lippenbekenntnisse seien, der tatsächliche Umgang miteinander aber von Konkurrenz und Missgunst geprägt sei.

430 – ICE: Für den zentralen Sachverhalt – den Auffahrunfall – ist die Information über eine Zugverspätung vermutlich völlig irrelevant. Da man aber grundsätzlich mit der Relevanz des Gesagten rechnet (und rechnen darf), liest man diese Teilaussage mit zehn Minuten Verspätung, als sei der Unfall fest geplant gewesen und die Bahn inzwischen nun auch bei Unfällen nicht mehr pünktlich. Die vermutlich beabsichtigte Bedeutung dieser Präpositionalangabe – als modal, Variante *Begleitumstand* – wird in folgender Umformung deutlich: Der ICE war gegen 14 Uhr auf einen Prellbock geprallt (er hatte zu dieser Zeit zehn Minuten Verspätung). Verletzt wurde niemand.

430 – mit einer Gans: Die modale Präpositionalangabe mit einer Gans ist doppeldeutig: Sie kann zur Gruppe *Begleitperson* gehören (man feiert *mit Freunden*) oder *instrumental* gemeint sein (man feiert *mit einer Flasche Champagner*). Auch das dazu gehörende Bild ist in sich nicht ganz eindeutig: Die Gans ist ziemlich tot, liegt aber dem Fuchs, den man dort sitzen sieht, so hingegossen über den Knien, dass beide Lesarten Resonanz erhalten.

431 – Nimm dir Zeit: Hier wechselt der pronominale Dativ dir seine Bedeutung von Dativus commodi zu Dativus incommodi bzw. Pertinenz-Dativ. Zudem ist sich das Leben nehmen weitgehend idiomatisiert, während sich Zeit nehmen eher als spezielle Realisierung einer offenen Valenzstruktur etwas nehmen angesehen werden kann mit dem Dativus commodi als zusätzlicher Dativangabe (andere Besetzungen dieser offenen Struktur wären z. B. Nimm dir ein gutes Buch / Nimm dir noch was vom Rührei!). Insofern kann man es auch als Fall von Zeugma / Syllepse ansehen: als grammatisch grenzwertige Kopplung von zwei Teilsätzen an ein und dasselbe Verb, das dabei jeweils eine (etwas) andere Bedeutung hat.

434 – Tante Mathilde: In der Äußerung der Tante ist die Präpositionalgruppe in dieser schmutzigen Hose dem Subjekt Du *zugeordnetes* modales Satzglied. Der Neffe versteht diese Präpositionalgruppe demgegenüber als *nicht* zugeordnete Adverbialangabe und korrigiert die Tante entsprechend.

437 – in kaltem Wasser: Die Pointe dieses Witzes liegt darin, dass die Zuordnung des lokalen Adverbiale in kaltem Wasser weder morphologisch noch topologisch eindeutig vorgegeben ist; der Beipackzettel zielt auf Zuordnung zum Akkusativobjekt (die Medizin), das Ehepaar rechnet mit der Zuordnung zum Subjekt (mein Mann).

439 – schöner als: Wie bei dem Slogan Theater ist anders als werden auch hier die Konjunktionalgruppen direkt nach dem konjunktionalen Kopf als gekappt. Die Zielrichtung ist hier aber möglicherweise eine andere: Hier könnte eine Rolle spielen, dass *direkt* vergleichende Werbung (also z. B. schöner als Air Berlin o. ä.) nur im Ausnahmefall zulässig ist; insofern lässt man hier vielleicht lieber den Kunden die unerlaubte Werbung fortsetzen.

443 – Jungs: Die Funktion dieser Komparativform ist nicht eindeutig: Sie kann *konkret vergleichend* gemeint sein (mit einem durch den Kontext gelieferten Bezugspunkt ... als Mädchen) oder *gene-*

ralisiert vergleichend in der Bedeutung Jungs sterben ziemlich häufig. Kontext dieser Schlagzeile waren vermutlich Statistiken über das deutlich höhere Mortalitätsrisiko von männlichen Föten, von Jungen in den ersten Lebensmonaten (Todesursache: der sog. plötzliche Kindstod) o. Ä.

453 — Nägel: Hier soll schwarz ein modales Adverbiale sein (in der Bedeutung: ohne Arbeitserlaubnis); es kann aber auch gelesen werden als resultatives Prädikativum in der Bedeutung ..., bis sie schwarz waren.

458 — Deutschland: Beides sind Beispiele für ein resultativ erweitertes Verb: Mit sparen liegt ein *transitives* Verb vor; die fakultative Akkusativobjektstelle ist unbesetzt; auf ihr parkt das Reflexivum sich, also das implizite Subjekt der x-ist-y-Struktur: Deutschland ist (dann) reich. Mit quatschen liegt ein (von idiomatischen Wendungen wie Blödsinn quatschen abgesehen) *intransitives* Verb vor, hier muss also eine *zusätzliche* Akkusativstelle nachgerüstet werden, sie dient als syntaktischer Parkplatz für das implizite Subjekt der x-ist-y-Struktur: Deutschland ist (dann) leer.

466 — Zeigefinger: Die Witz-Pointe operiert genau mit diesem Unterschied aus Teilsatz- und Satzteil-Negation:

Die Aussage der Mutter sieht nicht als *satz*bezogene Negation vor; man kann ihre Aussageabsicht paraphrasieren mit Mit dem Zeigefinger in der Nase bohren – das tut man nicht!

Hans behandelt nicht demgegenüber als *satzteil*bezogene Negation; seine Aussageabsicht kann man paraphrasieren mit In der Nase bohren – das tut man nicht mit dem Zeigefinger.

Mit dieser Rückfrage behandelt Hans die Äußerung seiner Mutter nicht als bedingungs*unabhängig* formuliertes Nasebohr-*Verbot*, sondern funktioniert sie zu einer *verfahrens*kritischen Bewertung um und bittet um eine Verfahrens-Empfehlung.

Sorry, der Witz lässt mich noch nicht los: Würde man im Mittelfeld die Reihenfolge wechseln zu Man bohrt mit dem Zeigefinger nicht in der Nase, bliebe die Pointe nur erhalten, wenn man Hans rückfragen ließe: Wo denn sonst? In mündlicher Kommunikation ist dieser Witz nicht aktiviert: Die Lesarten sind eindeutig durch die Akzentverteilung identifizierbar – die Version der Mutter sieht den Hauptakzent auf bòhrt (und einen möglichen Nebenakzent auf Nàse) vor, die Version von Hans sieht den Hauptakzent auf Zèigefinger vor.

472 — Natürlich künstlich: natürlich wird hier in zwei Bedeutungen und in jeweils anderer Satzglied-Rolle verwendet: Zum einen ist es in beiden Rückfragen von A (= Zeile 3 und 5) ein *Adjektiv* (= Gegenbegriff zu künstlich), das hier als Prädikativum verwendet wird; zum andern ist es in der ersten und dritten Antwort von B (= Zeilen 2 und 6) ein Kommentar*adverb* (= in der Bedeutung von selbstverständlich) und hat die Funktion eines Aussagestatus kommentierenden Satzteils (= 'Spezialist'), mit dem die Aussage (= die Blumen sind künstlich) als 'unstrittig' kommentiert wird.

Man kann den Witz komplettieren und dadurch die Machart des Missverständnisses transparent machen (und damit natürlich den Witz zerstören):

A: Sind diese Blumen künstlich?

B: Natürlich [sind sie künstlich].

A: [Sie sind] natürlich?

B: Nein, [sie sind] künstlich.

A: Ja zum Donnerwetter, sind sie nun natürlich oder künstlich?

B: [Sie sind] natürlich künstlich!

Üblicherweise würde man statt künstlich ein anderes Adjektiv nehmen: echt (Sind diese Blumen echt?) – dann käme es gar nicht zu dem witzigen Wortspiel.

474 — ICE II: Zwar stehen Aussagen kommentierende Adverbialien wie voraussichtlich häufig unmittelbar *vor* ihrem Skopus, sie können aber auch nach ihm stehen – in beiden Fällen trägt der Skopus den Hauptakzent. – Nach dem dramatischen Vorlauf war für mehrere Reisende nicht auf Anhieb klar, ob sich dieses Adverbiale auf den *Zeitpunkt* des Ankommens oder auf das (wann auch immer) Ankommen *insgesamt* bezog. Es gab spontanes Gelächter.

477 — mit Sicherheit: Diese Präpositionalgruppe hat zwei Lesarten (und die soll sie vermutlich auch haben) – zum einen als *Aussagen kommentierendes* Adverbiale (als Spezialist) in der Bedeutung garantiert, zum andern als *instrumentale* Modalangabe in der Bedeutung von durch / mithilfe von Sicherheit. Man könnte beide Lesarten *nebeneinander* präsentieren: Wir machen Sie mit Sicherheit stark: mit Sicherheit. Oder: Mit Sicherheit machen wir Sie mit Sicherheit stark. Dann wäre der Pfiff des Werbeslogans erst einmal beseitigt, dafür entstünde Verwirrung.

478 — Abtönungspartikeln: In diesem kleinen Abschnitt zu den Abtönungspartikeln sind grammatische Kröten: Zum einen suggeriert der Hinweis besonders wenn man sie betont, dass alle Abtönungspartikeln wahlweise auch betont und damit zugleich intensiviert werden könnten; das ist falsch: Es gibt grundsätzlich *nicht* betonbare wie eben und denn; und es gibt Abtönungspartikeln wie bloß

und nur, die in spezifischen pragmatischen Kontexten (bloß in Drohungen) betont werden *müssen*, in anderen nicht betont werden *können* (Was hat er bloß?). Zum Zweiten: eh und vor allem echt gilt nicht als Abtönungspartikel – eh in der Bedeutung von ohnehin (z. B. in Das hilft eh / ohnehin nichts!) ist zwar *mittelfeld*gebunden, damit aber noch nicht automatisch eine Abtönungspartikel; und echt ist eine Substandard-Alternative zu dem Bewertungs-Spezialisten tatsächlich. Und drittens finde ich es unangemessen, dass Abtönungspartikeln hier als Wörtchen bezeichnet werden; dies ist eine Verniedlichungsstrategie, die aus der Tradition stammt, Abtönungspartikeln als „kleine" Wörter zu bagatellisieren, weil man ihre *große* Bedeutung noch nicht verstanden hatte. Mir ist kein Sprachbuch bekannt, das die ebenfalls sehr kurzen Personalpronomina ich, du, er, sie, es usw. als „Wörtchen" bezeichnen würde. Die Verwendung des Verkleinerungs-Suffixes hängt also nicht (primär) an der Wortform-Kürze dieser Lexeme, sondern ist eine Verharmlosungs-Strategie.

Materialien im Kapitel *Attribute*

489 – Taliban: Es handelt sich nicht um einen ersten großen Erfolg Obamas in Afghanistan, sondern um eine syntaktisch nicht eindeutige Satzgliedgrenze: für die Nato ist wohl leider ein präpositionales Attribut zu 36 Tanklastwagen (vermutlich fiel bei der Kürzung einer Nachrichtenmeldung zu einer Schlagzeile ein Partizip wie bestimmte weg: 36 Tanklastwagen, die für die NATO bestimmt waren oder 36 für die Nato bestimmte Tanklastwagen. Die zweite Lesart ist, dass die Taliban diesen riskanten Service für die Nato übernommen haben.

492 – vor dem Spiegel: Das soziale Thema ist hier wohl, dass ein ich – an einem der klassischen Orte für Selbstreflexion – sich angestrengt die gespürte Unzufriedenheit (vielleicht mit dem geduldig Anpasslerischen in sich?) wegzudefinieren versucht durch eine Umdeutung seines Routinelebens zu sozial nützlichem Handeln.

Das grammatische Thema ist hier ganz sicher der stufenweise Innenausbau des Prädikatsnomens (bzw. Gleichsetzungsnominativs bzw. der zweiten Nominativergänzung) ein mensch bis hin zu einer komplexen Attributladung, die im letzten Satz dann ex- oder implodiert zu ein nützlicher IDIOT. Man kann den schrittweisen Einbau der Attributtypen sehr schön verfolgen: zunächst ein attributives Adjektiv nützlicher, dann ein attributives Partizip stehender, das seinerseits ein sekundäres Attribut mit einschleppt: die attributive Direktionalergänzung im öffentlichen leben. Danach ein unflektiertes Adjektiv (voll) als attributive Modalangabe zu stehender und zugleich ein Attributzwilling (und gesellschaftlichen) zu öffentlichen. Dann noch ein weiteres Partizip (nützender) 'mit Anhang' (= eine attributive Dativergänzung: der allgemeinheit). Das reicht (und es reichte offenbar auch dem ich).

498 – Mafiosi: Es geht um die Mafiosi auf *der Liste* des Innenministeriums, nicht um die Mafiosi *im* Innenministerium selber (oder?). Das Attribut des Innenministeriums in Rom, das die Zugehörigkeit bzw. Quelle der Liste angibt, muss nah an seinem Bezugsdruck (= Liste) stehen; sonst dient es sich ersatzweise dem Attribut der ... Mafiosi als Attribut zweiter Stufe an.

509 – PKW: Prüfungsfragen werden wie hier oft zu komplex, stark komprimierend und – schon um Platz zu sparen – ohne Gliederungshilfen formuliert. Das erschwert es dem Leser erheblich, sich schnell zu orientieren: Die Grenzen zwischen den Satzgliedern sind hier nicht auf den ersten Blick klar; die auf den ersten Blick *temporale* Konjunktion wann erweist sich nachträglich als *konditional* gemeint: bei welcher Länge. Kommen dann noch (Mehrfach-)Komposita (wie das von mir für die Anmoderation gebildete Ungetüm) hinzu, verschärft sich das Problem noch. Probieren Sie mal eine Umformung aus!

510 – mit Marmelade: Der Witz spielt mit der strukturellen Mehrdeutigkeit von Präpositionalgruppen. Die Frage von B bezieht sich auf den Status Satzglied: mit Absicht ist ein modales Adverbiale, das auch z. B. von einem Adjektiv wie versehentlich besetzt sein könnte. A bezieht seine Antwort auf den Status Attribut (ein Brot mit Marmelade). Üblicherweise würde B, wenn er nach dem Brotbelag fragt, den Satzgliedkopf wiederholen bzw. pronominal vertreten lassen: ein Brot mit X? bzw. Eines mit X? Aber dann wäre der Witz halt gar nicht erst zustande gekommen.

519 – In lieblicher Bläue: Auffällig ist die grammatisch gesehen regelwidrige Verschiebung des Genitivattributs des Menschen ins Nachfeld des Nebensatzes: ..., weil [...] die Bildsamkeit herauskommt des Menschen. Diese rhetorische Figur des Hyperbaton (von griechisch hyperbaton = Umgestelltes) ist eines der Mittel, um den betroffenen Aussageteilen besondere Aufmerksamkeit zu sichern: So wie zunächst das Prädikativum abgesondert ins Vorfeld gestellt wird, wird nun das Attribut von seinem Kopf (nämlich Bildsamkeit) 'abgesondert'. Weiter gehende poetologische Hypothesen zur

Funktion dieser topologischen Auffälligkeit habe ich (derzeit) keine. Eine andere interessante Stellung ist die in der ersten Zeile: ... blühet mit dem metallnen Dache der Kirchturm. Hier kann man zwei unterschiedliche syntaktische Konstruktionen annehmen: zum einen eine Umstellung des Präpositionalattributs mit dem metallnen Dache ins *Vorfeld* des Bezugnomens der Kirchturm, zum andern – in meiner Sicht wahrscheinlicher – mit dem metallnen Dache als ein gewissermaßen *instrumentales* Adverbiale: Das Metalldach ist es, das den Eindruck des Blühens auslöst: 'Der Kirchturm blüht mit seinem Dach'. – Es finden sich zahlreiche weitere topologische Kostbarkeiten.

536 – Männer: Hier werden zwei attributive Genitive – in der Rolle eines Genitivus subiectivus und eines Genitivus obiectivus – kombiniert; dies ist ungrammatisch. Möglich wäre stattdessen, das Agens *präpositional* zu realisieren: ... die Beurteilung ihres eigenen Geschlechts durch die Männer. Oder man wählt einen verwandten nominalen Valenzträger, der eine der beiden Valenzen von vornherein präpositional vorsieht: ...die *Aussagen* der Männer *über ihr eigenes Geschlecht*.

539 – Heiterkeit: Wie bei dem letzten Beispiel von Hölderlin ist auch hier das Genitivattribut ins Nachfeld des Relativnebensatzes abgespalten: ..., der zwischen den drei Säulen wehet des Gartens.

542 – Ferienspaß total: Es geht hier nur um diese Überschrift und das im Nachfeld stehende unflektierte Adjektiv. Ansonsten genießen Sie die Beschreibung der Idylle!

544 – Der Schatten: Ein Beispiel einer rekursiven Einbettung eines Genitivattributs (= wie diese Formulierung auch).

545 – Dies ist der Titel einer 1969 bei Suhrkamp erschienenen Textsammlung von Peter Handke. Im Innentext – vermutlich von Handke selber verfasst – heißt es zur Mach-Art dieser Texte und damit zugleich auch zu dieser Überschrift:

> Die Texte dieses Bandes haben in der Regel gemeinsam, daß sie ein grammatisches Modell benutzen und dieses mit Sätzen, die nach dem Modell formuliert sind, verwirklichen. Die Sätze sind jeweils Beispiele, *Satzspiele*. Weil jeder Satz ein Beispiel für das Modell ist, ergibt sich jeder Text in der Regel als eine Anordnung von syntaktisch ähnlichen Sätzen, die zwar, einzeln genommen, Beschreibungen sind, durch die *Reihung* jedoch das Modell erkenntlich machen und auf diese Weise sowohl *beschreiben* als auch die Beschreibung als Beispiel einer vorgefaßten sprachlichen Struktur, als *Satz* zeigen: jeder Satz hat eine Geschichte: Ergebnis ist, daß die satzweise Beschreibung der Außenwelt sich zugleich als Beschreibung der Innenwelt, des Bewußtseins des Autors erweist, und umgekehrt und wieder umgekehrt.

Gerade der letzte Satz (... *und umgekehrt und wieder umgekehrt*) verweist auf die potentiell unendliche wechselseitige Spiegelung von Außen- und Innenwelt; syntaktisch ist dieser wechselseitige Bezug als rekursive Einbettung eines jeweils tiefer eingebetteten Attributs umgesetzt.

546 – Entwurf einer Verordnung: Zunächst mache ich die Unter- und Nebenordnungen durch eine graphische Schreibung deutlicher:

Entwurf
einer Verordnung
über das Wahlverfahren
zur Aufstellung
des Vorschlags
der Versammlung   für die Wahl
der Beschäftigten   von Beschäftigten   als Mitglieder   und ihrer Stellvertreter
des Eigenbetriebs   des Werksausschusses

Das Attribut zur Aufstellung sieht also zwei valenzgebundene Subattribute vor: das Genitivattribut der Versammlung der ... und das Präpositionalattribut für die Wahl von ... Das Kopfnomen in diesem zweiten Attribut, nämlich Wahl, sieht ein Subattribut für die Patiens-Rolle vor; es ist hier präpositional realisiert (von Beschäftigten als ...); diesem Subattribut ist ein prädikatives Attribut konjunktional zugeordnet (= daher steht es auf derselben Stufe): als Mitglieder des ... Schwierigkeiten macht (mir jedenfalls) die mit und angekoppelte Mehrfachbesetzung ihrer Stellvertreter: Ist dieser Attributzwilling Beschäftigten oder Mitglieder beigeordnet? Werden also Beschäftigte zu *Mitgliedern und deren Stellvertretern* gewählt? Oder werden *Beschäftigte ... und ihre Stellvertreter* gewählt? Sachlich leuchtet mir die erste Version ein, dann wäre aber der Kasus von ihrer falsch, es müsste ihre Stellvertreter heißen. Im zweiten Fall würde der Kasus passen: An die Wahl schließt zunächst ein *präpositionales* Format (von Beschäftigten) an, dann ein *genitivisches* (ihrer Stellvertreter). Brauchen also Landtagsabgeordnete eine grammatische Grundausbildung (denn sie erhielten seinerzeit den mit dieser Überschrift versehenen Entwurf zugesandt)? Oder brauchen die mit dem Entwurf befassten ministerialen Juristen eine Schulung 'Verständlich schreiben'?

551 – Jakobsmuschel: Wie wird es denn nun schmecken: Wo steckt der Ricotta? Und wo landet die Paellasauce?

Gemeint (ich habs zur empirischen Validierung eigens gegessen, und zwar nicht auf Verlagskosten) war mit Ricotta und Rucola gefüllte Nudeltaschen, und das Ganze – also Gefisch und Genudel – in Paellasauce angerichtet. Vielleicht hätte auch das *grammatisch* angekündigte Gericht gut geschmeckt (also z. B. Fisch und gefüllte Nudeln gemeinsam in einer mit Paellasauce traktierten Ricotta-Rucola-Mischung). Die syntaktische *Unterordnung* von gefüllten und mit Ricotta und Rucola verlangt hier auch deren räumliche Nähe, und zwar in der Reihenfolge, wie sie auch ein entsprechendes Prädikat verlangen würde:
Sie waren mit Ricotta und Rucola gefüllt / ..., die mit Ricotta und Rucola gefüllt waren.

Das Gericht hätte also angekündigt werden können als
Variation aus Jakobsmuschel und Babysteinbutt auf mit Ricotta und Rucola gefüllten Nudeltaschen in Paellasauce.

Nicht sehr elegant. Also ev. umformen zu
Variation aus Jacobsmuschel und Babysteinbutt auf Nudeltaschen mit Ricotta-Rucola-Füllung in Paellasauce.

Auch so bleiben der grammatisch-kulinarischen Phantasie noch allerlei Spiel-Räume.

559 – Probanden: Das Attribut im Kernspintomographen ist ranggleich zum Attribut zum Kaufverhalten; es kann aber, zumal es diesem *folgt*, missverstanden werden als *Sub*attribut zu ihm: Dann ginge es um das Kaufverhalten im Kernspintomographen (= vielleicht eine neue Shopping-Initiative, um die Scheu vor diesen Diagnosegroßapparaturen zu nehmen).

570 – Himmelfahrtstag: Den Müllbergen gleich, zwischen denen – in der Darstellung durch Holz – die Berliner, mitten im Krieg, das bisschen mögliche Naturromantik in den Parks am Himmelfahrtstag suchen, türmt Holz selber Attributberge aus Adjektiven und Partizipien zu den drei Bezugsnomen Konservenbüchsen, Stullenpapier und Eierschalen. Diese Attribute sind ihrerseits unter Wortbildungsaspekten spannende zusätzliche Reflexionsanlässe (z. B. ausverzehrten).

575 – relevanten: Hier ist für Lehramtsanwärter ein valenzgebundenes Subattribut zu relevante. Es wird in dem zitierten Gebrauch 'nachgereicht'. Ich stufe diese Stellung als grammatisch unzulässig ein: Valenzgebundene *Attribute* können nicht an der langen Leine mitgeführt werden; es müsste daher heißen Diese für Lehramtsanwärter relevante Frage. Bei *zweitabhängigen* Satzteilen ist das demgegenüber möglich: ..., weil er *sauer auf mich* war. / ..., weil er *sauer* war *auf mich*.

577 – Spanien: Die Präpositionalgruppe von Ministerpräsident Zapatero ist hier als Subattribut zum Attribut der Sozialistischen Partei gedacht. Syntaktisch möglich ist eine zweite Lesart (und die ist offenbar der Spiegel-Redaktion als erste in den Sinn gekommen): Die Präpositionalgruppe ist ein eigenes Satzglied und kodiert das Agens; dann hätte Zapatero selber innerparteiliche 'Säuberungen' vorgenommen. Eindeutig wäre hier der Genitivanschluss gewesen: des Ministerpräsidenten Zapatero (gut, dass wir ihn haben, den Genitiv).

583 – Gobi: Von dem ersten Mann ist die Frage nach der Wüste Gobi geographisch-geologisch gemeint (dies zeigt die Großschreibung von Wüste). Gobi ist attributives Nomen zu Wüste. Der andere Mann missversteht W/wüste als attributives Adjektiv zu Gobi und Gobi dabei als fremdsprachlichen weiblichen Vornamen (außer der Witz wird im bayrischen oder sächsischen Sprachraum angesiedelt und Gobi ist schlicht die regionale Aussprachform von Gabi – dafür gibt es aber keine Hinweise im Witztext). Er assoziiert vermutlich eine Prostituierte; und indem er empört die Unterstellung abwehrt, er habe mit Prostituierten zu tun, bestätigt er gerade diese (von niemandem erhobene) Unterstellung: Selbstentlarvung.

584 – Erneuerung: Da die Zahl nicht als Zahl*wort* geschrieben ist (vgl. Erneuerung zweier Brückenabschnitte), liegt ein *unmarkierter* Genitiv-Plural vor. Der ist, entsprechend der sog. Genitivregel, nicht korrekt.

591 – Rausschmiss: Abgesehen von dem offenbar nicht so ganz effizienten Management in der *Sache* liegt hier auch ein interessant-grenzwertiges *Attribut*-Management vor: Ergebnis ist ein komplexes Satzglied, das mithilfe eingelagerter attributiver Partizipien (verlängerten / abgetretenen) mit weiteren, sekundären Attributen im Schlepptau (kurz davor / danach dann auch) eine kleine Geschichte zu erzählen vermag. (Man vergisst darüber fast, dass es sich bei dem Zitat um ein prädikatloses Gebilde handelt.)

596 – Hortensie: Man erwartet eine flektierte Form des attributiven Partizips rührend (also: rührendes) – analog zu Sie zog das kleine Schwarze an. Zwei Hypothesen dazu: Die eine argumentiert mit dem Zwitter-Status der syntaktischen Konversion Blaues; das konvertierte Adjektiv wird hier *als* Nomen *benutzt*, verhält sich aber morphologisch zugleich wie ein *Adjektiv* (→ Bd. 1: 752–756). Also ist das attributive Partizip II rührend letztlich ein Attribut zu einem *Adjektiv*, und dann *muss* es unflektiert bleiben (Es ist rührend blau). Die andere, 'langweiligere' Hypothese: Blaues wird zwar

als Nomen behandelt, aber um des durchgängig jambischen Rhythmus willen wird das Flexionsmorphem -es weggelassen, weil es einen *Daktylus* (rüh-ren-des Blàu-es) in dem ansonsten durchgängig *jambischen* Versmaß erzeugen würde. – Interessant ist auch die Präfixbildung verneuen (statt erneuern).

601 – jemand Nettes: Für den Anfragenden war offenbar bereits klar, dass Nettes groß geschrieben wird (es ist eine syntaktische Konversion zum Adjektiv nett), und er wollte wissen, ob diese Konstruktion standardsprachlich korrekt ist. Gemessen daran ist die gut (?) gemeinte Antwort *rechtschreiblich* ein Rückschritt und bezogen auf die erbetene *standard*sprachliche Prüfung Fehlanzeige. Insofern ist die Wunschformel bei der Verabschiedung nicht ganz richtig adressiert.

664 – Verfassung: Hier ist die *prozessuale* Lesart (wie sie bei Entlassung oder Verfolgung möglich ist) *semantisch* blockiert: Verfassung ist bereits mit der Bedeutung Grundgesetz fest belegt. Dieses Beispiel wurde schon in Bd. 1 verwendet.

684 – Bogendruckmaschine: Hier ist in das valenzgebundene präpositionale Attribut von ... Papierbögen ein partizipiales Subattribut (zugeführten) eingebaut, von dem wiederum ein sekundäres Attribut (von einem Bogenzuführungsabschnitt) abhängt, das ebenfalls aus einer Präpositionalgruppe zur Präposition von besteht. Auf diese Weise kommen die beiden identischen Präpositionen nebeneinander zu stehen (so dass man zunächst denken könnte, es liege ein Schreibirrtum vor). Auch sonst ist diese vergleichsweise gewalttätige Art, Eindeutigkeit zu erreichen, mit erheblichen Verstehensproblemen für Nicht-Profis erkauft – wie viele solcher Patentformulierungen.

Quellen

Bei den folgenden Quellenangaben sind immer die Seitenzahlen der genauen Fundstellen angegeben. Gedichte ohne Titel werden anhand des Gedichtanfangs in eckigen Klammern und Anführungszeichen vermerkt. Anonyme Texte sind unter ihrem Titel alphabetisch eingeordnet.

Adelung, Johann Christoph: Grammatisch-kritisches Wörterbuch der Hochdeutschen Mundart, […] Mit D. W. Soltau's Beyträgen, revidirt und berichtiget von Franz Xaver Schönberger […] gedruckt bey Anton Pichler, Wien 1808, Band 1, Sp. 1487
Bibeltext: 2 Mos 10,26 – Luther 1545: http://www.bibel-online.net/bibel_4/02.2-mose/10.html
Busch, Wilhelm: Der hinterlistige Heinrich, aus: Wilhelm Busch: Historisch-Kritische Gesamtausgabe (in vier Bänden), Band 1. Vollmer Verlag, Wiesbaden 1960, S. 264
Busch, Wilhelm: Max und Moritz, aus: Wilhelm Busch: Historisch-kritische Gesamtausgabe (in vier Bänden), Band 1. Vollmer Verlag, Wiesbaden 1960, S. 363
Deutsche Rechtschreibung. Regeln und Wörterverzeichnis. Entsprechend den Empfehlungen des Rats für deutsche Rechtschreibung. Überarbeitete Fassung des amtlichen Regelwerks 2004. Zitiert nach der Textversion der Website des Rats für deutsche Rechtschreibung: http://www.rechtschreibrat.com (Stand 26.3.2009)
Drei Reiter am Tor, aus: Achim von Arnim und Clemens von Brentano (Hgg.): Des Knaben Wunderhorn (vollständige Ausgabe nach dem Text der Erstausgabe von 1806/1808). Wissenschaftliche Buchgesellschaft, Darmstadt 1963, S. 171
Erhardt, Volker: Auch der Kannibale schätzt den Menschen am höchsten. Aphorismen, Projekte-Verlag, Halle 2006, S. 5
Goethe, Johann Wolfgang: Faust – Eine Tragödie, aus: Johann Wolfgang Goethe: Sämtliche Werke. Briefe, Tagebücher und Gespräche (vierzig Bände), I. Abteilung, Band 7/1. Deutscher Klassiker Verlag, Frankfurt a. M. 1994, S. 52
Goethe, Johann Wolfgang: Heidenröslein, aus: Johann Wolfgang Goethe: Sämtliche Werke. Briefe, Tagebücher und Gespräche (vierzig Bände), I. Abteilung, Band 2. Deutscher Klassiker Verlag, Frankfurt a. M. 1988, S. 14
Grimm, Jacob / Grimm, Wilhelm: Deutsches Wörterbuch (16 Bände in 32 Teilbänden). S. Hirzel Verlag, Leipzig 1854–1971, Band 2, Sp. 556 (http://germazope.uni-trier.de/Projects/WBB/woerterbuecher/dwb/wbgui?lemid=GA00001)
Harig, Ludwig: das ist was, aus: Rudolf Otto Wiemer (Hg.): bundes deutsch – lyrik zur sache grammatik. Peter Hammer Verlag, Wuppertal 1974, S. 115
Henningsen, Jürgen: Gesätz, aus: Rudolf Otto Wiemer (Hg.): bundes deutsch – lyrik zur sache grammatik. Peter Hammer Verlag, Wuppertal 1974, S. 144
Henrich, Karl-Heinz: Happter Pfötkes im Angebot?, aus: Karl-Heinz Henrich: Ruhrdeutsch – die Sprache des Reviers (= Kauderwelsch Bd. 146). REISE KNOW-HOW Verlag Peter Rump, Bielefeld 2001, S. 67–69
Heyde, Anke v. d. / Linde, Boris v. d.: Gesprächstechniken für Führungskräfte. Methoden und Übungen zur erfolgreichen Gesprächsführung. Haufe Mediengruppe, München 2007, S. 30
Hölderlin, Friedrich: Abendphantasie, aus: Friedrich Hölderlin: Sämtliche Werke und Briefe (drei Bände), Band 1. Deutscher Klassiker Verlag, Frankfurt a. M. 1992, S. 218
Holz, Arno: Berliner Himmelfahrtstag, aus: Arno Holz: Werke (in sieben Bänden), Band 1. Luchterhand Verlag, Neuwied und Berlin 1961, S. 359
Janosch [Horst Eckert]: Oh, wie schön ist Panama, Beltz & Gelberg, Weinheim / Basel 2004, S. 18
Kafka, Franz: Eine kaiserliche Botschaft, aus: Franz Kafka: Gesammelte Werke in zwölf Bänden, Bd. 1. Fischer Taschenbuch Verlag, Frankfurt a. M. 1994, S. 221
Kirsch, Sarah: Meine Worte gehorchen mir nicht, aus: Sarah Kirsch: Hundert Gedichte. Langewiesche-Brandt Verlag, Ebenhausen bei München 1985, S. 80
Kleist, Heinrich von: Das Käthchen von Heilbronn, aus: Heinrich von Kleist: Sämtliche Werke und Briefe in vier Bänden, Bd. 2. Deutscher Klassiker Verlag, Frankfurt a. M. 1987, S. 406

Köhler, Otto (jr.): vor dem spiegel, aus: Rudolf Otto Wiemer (Hg.): bundes deutsch – lyrik zur sache grammatik. Peter Hammer Verlag, Wuppertal 1974, S. 102

Kudrun, nach der Ausgabe von Karl Bartsch hrsg. von Karl Stackmann. Niemeyer Verlag, Tübingen 2000, S. 110

Leopardi, Giacomo: L'infinito (übers. von Rainer Maria Rilke), aus: Corona, 8. Jahr (1938), Heft 1, S. 26

Mankell, Henning: Kennedys Hirn. Aus dem Schwedischen von Wolfgang Butt, Paul Zsolnay Verlag, Wien, 2006, S. 72

Manzoni, Carlo: Der Pinsel, aus: Manzoni, Carlo: „Signor Veneranda sieht rot", Langen-Müller Verlag, München 1960, S. 41

Mark Twain: A Connecticut Yankee in King Arthur's Court. Harper & Row Publishers, New York und Evanston, 1917, S. 204

Mark Twain: Ein Yankee aus Connecticut an König Artus' Hof (übers. von Lore Krüger), aus: Mark Twain: Gesammelte Werke in fünf Bänden, Band IV. Wissenschaftliche Buchgesellschaft, Darmstadt 1967, S. 415

Die Merseburger Zaubersprüche, hrsg. von Siegfried Berger. Halle 1939, S. 10

Meyer, Conrad Ferdinand: Die Füße im Feuer, aus: Conrad Ferdinand Meyer: Sämtliche Werke – Historisch Kritische Ausgabe (in 15 Bänden), Erster Band. Benteli-Verlag, Bern 1963, S. 382–84

Müller, Herta: Mutter, Vater und der Kleine, aus: Herta Müller: Niederungen. Rotbuch Verlag, Berlin 1988. S. 135–137 (Originaltitel: Niederungen, Bukarest 1982)

Musäus, Johann Karl August: Stumme Liebe, aus: Johann Karl August Musäus: Volksmährchen der Deutschen, Vierter Theil. Gotha 1786, S. 5

Das Nibelungenlied nach der Hs C, hrsg. von Ursula Henning. Niemeyer Verlag, Tübingen 1977, S. 2

Paul, Hermann: Mittelhochdeutsche Grammatik. Niemeyer Verlag, Tübingen ^{23}1989, S. 352

Rilke, Rainer Maria: Blaue Hortensie, aus: Rainer Maria Rilke: Sämtliche Werke (in sechs Bänden), Erster Band. Insel Verlag, Frankfurt a. M. 1987, S. 519

Schenkel, Andrea Maria: Kalteis. Edition Nautilus / Verlag Lutz Schulenburg, Hamburg 2007, S. 127

Schiller, Friedrich: Der Verbrecher aus verlorener Ehre, aus: Friedrich Schiller: Schillers Werke – Nationalausgabe, Sechzehnter Band. Hermann Böhlaus Nachfolger Verlag, Weimar 1954, S. 25

Stramm, August: Patrouille, aus: August Stramm: Das Werk. Limes Verlag, Wiesbaden 1963, S. 86

Törne, Volker von: Frage, aus: Rudolf Otto Wiemer (Hg.): bundes deutsch – lyrik zur sache grammatik. Peter Hammer Verlag, Wuppertal 1974, S. 119

Ulrich, Wilfried: Der Witz im Deutschunterricht. Georg Westermann Verlag, Braunschweig 1980, S. 152. Quellenangabe: Quick 52/1974

Waiblinger, Friedrich: Phaeton. Lehmannsche Verlagsbuchhandlung, Dresden 1920 (Neudruck), S. 259; 261

Walther von der Vogelweide: [„Under der linden"], aus: Walther von der Vogelweide: Werke. Wissenschaftliche Buchgesellschaft, Darmstadt 1972, S. 98

Weiss, Peter: Der Schatten des Körpers des Kutschers. Suhrkamp Verlag, Frankfurt a. M. 1960

Register

Als Fundstellen werden die jeweiligen Absatz-Nummern angegeben. Auf besonders geeignete Textstellen wird durch Kursivdruck einer oder mehrerer Absatz-Nummern verwiesen.

Bei alternativen Fachtermini, die ich im Text zwar anspreche, aber nicht weiter benutze, wird – ausschließlich (= → 99) oder zusätzlich (= ansonsten → 99) auf die von mir verwendeten Fachtermini verwiesen.

Komplex aufgebaute Fachtermini (z. B. Rektionsattribut) finden sich oft nicht als eigener Eintrag, sondern als Subeintrag unter dem Oberbegriff (hier: Attribut).

Weitere Fachtermini, die in diesem Band zwar benutzt, aber nicht erläutert werden, finden sich in dem Gesamtregister, das online auf der Homepage des Verlags zur Verfügung steht.

Bei einigen dieser Fachtermini wird bereits im Text auf die entsprechenden Absatznummern in einem der beiden Parallelbände verwiesen.

Adjektivgruppe 241, 243
Adressat *288*, 293 f.
Adverbgruppe 245
Adverbiale 66, 236, 278, 365, 371, 380, *412 f.*, 413–417, *418–423*, 483 f.
– Adjektiv-Adverbiale 418
– Adverb-Adverbiale 418
– direktionales Adverbiale 21, 63
– kasusgeprägtes Adverbiale 418
– konjunktionales Adverbiale 418
– präpositionales Adverbiale 418
adverbialer Akkusativ 360
adverbialer Genitiv 325
Agens 288, 293, 343, 658, 673 f.
Angabe 142 f., 236, 238 f., 365, 371, 380, 483
– Adjektivangabe 225 (Tabelle), 243
  – prädikative Adjektivangabe 225 (Tabelle), 243
  – resultative Adjektivangabe 225 (Tabelle), 243
– Adverbangabe 225 (Tabelle), 245
– Adverbialangabe 278, 412
– Akkusativangabe 225 (Tabelle)
  – prädikative Akkusativangabe 225 (Tabelle), 242
  – resultative Akkusativangabe 225 (Tabelle), 242
– attributive Angabe 652
– Dativangabe 225 (Tabelle), 242, 293 f., 329
  – prädikative Dativangabe 225 (Tabelle), 242
– Genitivangabe 225 (Tabelle), 242
  – prädikative Genitivangabe 225 (Tabelle), 242
– Konjunktionalangabe 225 (Tabelle), 248
  – prädikative Konjunktionalangabe 225 (Tabelle), 248
– Nominativangabe, prädikative 225 (Tabelle), 242
– Präpositionalangabe 225 (Tabelle), 379
  – prädikative Präpositionalangabe 225 (Tabelle), 246
  – resultative Präpositionalangabe 225 (Tabelle)
– zugeordnete Angabe 225 (Tabelle), 437
  – konjunktional zugeordnete Angabe 437, *440–443*
  – prädikativ zugeordnete Angabe 438, *444–451*
    – resultative prädikativ zugeordnete Angabe 439, *452–458*
  – präpositional zugeordnete Angabe 437
  – pronominal zugeordnete Angabe 437
Apokoinu 85–91
Argument 287
Attribut 378, 435, *490–495*, 498, 509, 519–543, 544 f., *576 f.*, 592–606, *607*, 632, 665–668, 675, 677–687
– Adjektiv-Attribut 608 f., 634–639
– Adverb-Attribut 612
– attributives Nomen 610
– Genitiv-Attribut 611, 654–664, 667, 681
– konjunktional zugeordnetes Attribut 615
– nicht valenzgebundenes Attribut *608–615*, 652, 654–664
– Partikel-Attribut 613
– Präpositional-Attribut 614, 667
– primäres Attribut 492, *608–616*, 672, 681
– Rektionsattribut 650 f.
– sekundäres Attribut 492, 533, *590 f.*, *617–621*, 622–631, 671, 685
– valenzgebundenes Attribut 491, 572, *616*, 650–653, 654–664, 669–671

Aufforderungssatz 92, 96, 97, 102, 104, 114–118, 121
Ausrufesatz 96, 102, 104 f., 122–125
Aussagen-Form 629
Aussagen-Status 630
Aussagesatz 96, 97, 102, 104, 107 f., 112, 119
Äußerung 137 f.

Befehlssatz 96 (ansonsten → *Aufforderungssatz*)
Bewertung 469 f., 628

Comment 34

Dativus adhortativus 328–330, 342
Dativus commodi 336, 339–342, 431
Dativus ethicus 331, 342
Dativus incommodi 337, 340–342, 431
Dativus iudicativus 332, 342
Deklarativsatz 96 (ansonsten → *Aussagesatz*)
Dependenz 155, 251
Desiderativsatz 96 (ansonsten → *Wunschsatz*)
direktional (Adverbiale) 422
direktional (Valenz) 288
Direktionale 21 (→ *direktionales Adverbiale*)

Einbettungstiefe 547–550
Ellipse 120, 275–277
Empfänger 431
Enklise 321
Ergänzung 140, 236, 365, 371, 380, 483
 - Adjektivergänzung 141, 225 (Tabelle), 389, 393, 398
   - prädikative Adjektivergänzung 225 (Tabelle), 243
   - adverbiale Adjektivergänzung 225 (Tabelle), 243, 389
 - Adverbergänzung 141, 245, 390
   - adverbiale Adverbergänzung 225 (Tabelle)
 - Adverbialergänzung 141, 278–280, 299, 366, 380, 412, 667
 - Akkusativergänzung (→ *Akkusativobjekt*)
   - prädikative Akkusativergänzung 225 (Tabelle), 242, 351, 393
   - zweite Akkusativergänzung 347 (ansonsten → *zweites Akkusativobjekt*)
 - attributive Ergänzung 652
 - Dativergänzung (→ *Dativobjekt*)
 - fakultative Ergänzung 237
 - Genitivergänzung, prädikative 393
 - Konjunktionalergänzung 391, 393, 398
   - adverbiale Konjunktionalergänzung 225 (Tabelle), 248, 391, 393
   - prädikative Konjunktionalergänzung 225 (Tabelle), 248
 - Nomenergänzung 398
 - Nominativergänzung, prädikative 141, 225 (Tabelle), 242, 309–314

- obligatorische Ergänzung 237
- prädikative Ergänzung 392–399, 444
- Präpositionalergänzung 361, 379, 393, 398, 667
  - adverbiale Präpositionalergänzung 225 (Tabelle), 246, 361
  - prädikative Präpositionalergänzung 225 (Tabelle), 246, 361
- Pronomenergänzung, prädikative 225 (Tabelle)
Ersatzinfinitiv 175
Evaluation 468, 627
Exklamativsatz 96 (ansonsten → *Ausrufesatz*)
Experiencer 326

F–1 (→ *Finitum-Erststellung*)
F–2 (→ *Finitum-Zweitstellung*)
fakultativ 263–283
final 142, 422, 427
Finitum-Endstellung (→ *Finitum-Letztstellung*)
Finitum-Erststellung 6, 102 f.,
F-L (→ *Finitum-Letztstellung*)
Finitum-Letztstellung 6, 14, 105
Finitum-Zweitstellung 6, 14, 104
Fokus 34
Fokussierung 467, 626
Fragesatz 96, 102, 104, 109–111, 119
- Alternativfragesatz 96
- Entscheidungsfragesatz 96, 97, 102
- Ergänzungsfragesatz 96, 97, 104
Fragment 47
Funktionsverb 167
Funktionsverbgefüge 167

Genitivregel 323
Genitivus agentis 654
Genitivus auctoris 654
Genitivus explicativus 654, 656 f.
Genitivus obiectivus 654, 657, 659 f., 662
Genitivus partitivus 611, 654 f.
Genitivus possessivus 611, 654 f.
Genitivus qualitatis 611, 654–657
Genitivus subiectivus 654, 657, 659 f., 662 f.
Gleichsetzungsakkusativ 225 (Tabelle), 352 (ansonsten → *prädikative Akkusativergänzung*)
Gleichsetzungsnominativ 225 (Tabelle), 310, 312 (ansonsten → *prädikative Nominativergänzung*)
Graduierung 625
Grammatikalität 25 f., 30
Grundstellung 39, 48 f.

Handlungstypik 654
Hintergrund 34

Imperativsatz 96 (ansonsten → *Aufforderungssatz*)

Instanz *432*
Interrogativsatz 96 (ansonsten → *Fragesatz*)
Intonation 1, 81
intransitive Verben 184

Kausal 142, *422, 427*
Kern 154, 500 (ansonsten → *Kopf*)
KG (→ *Konjunktionalgruppe*)
Klassifizierung 155
Klitikon 321
Kommareglung 43, *560–570, 682* f.
konditional 142, *422, 427*
konfrontierend *433*
Kongruenz *499*
Konjunktionalgruppe *248, 504–506, 511,* 576
Konjunktionalklammer 13
Konjunktionalphase (→ *Konjunktionalgruppe*)
Konnektor 24
konsekutiv 142, *422, 427*
Konstituenz 155
Kontrastierung *80–84*
konzessiv 142, *422, 427*
Koordination, syntaktische *554–559, 571–575*
Koordinationstest *424–426*
Kopf 154, 241, 500, 544, 678
KP (→ *Konjunktionalphrase*)
Kürzung 46

lokal 142, *422, 428*
lokativ 288

markiert 27 f.
Markiertheit *27–30*
Mittelfeld (Satz) *15* f., 48, *56–68*, 139
Mittelfeld (Satzglied) 520, *525–534*, 536
modal 142, *422, 430*

Nachfeld (Satz) *15* f., *69–79*, 139
Nachfeld (Satzglied) 520, 528, *535–539*
Negation *622–624*
NG (→ *Nominalgruppe*)
Nomengruppe 241 (ansonsten → *Nominalgruppe*)
Nominalgruppe 154, 241, 242, 500, *505–507,* 576
Nominalphrase 154 (ansonsten → *Nominalgruppe*)
Nominalsatz 188 f.
NP (→ *Nominalphrase*)

Objekt 31–33, 39, 62, 140, 236, 365, 371, 380
– Akkusativobjekt 61, 63, 66, 225 (Tabelle), 240, 242, 293, *343–346*, 667
  – nominales Akkusativobjekt 58
  – pronominales Akkusativobjekt 59 f.
  – zweites Akkusativobjekt 225 (Tabelle), 242, *347–359*
– Dativobjekt 61, 63, 66, 68, 225 (Tabelle), 240, 242, 293 f., *326* f., 667

– nominales Dativobjekt 58, 60
– pronominales Dativobjekt 59 f.
– Genitivobjekt 61, 225 (Tabelle), 242, *322–324*, 667
– Präpositionalobjekt 61, 66, 225 (Tabelle), 246, 279, 297, 361, *363–365*, *372–378*, 380, *381–384*, 667
Objektprädikativ 352 (ansonsten → *zweites Akkusativobjekt*)
obligatorisch *263–283*
Optativsatz 96 (ansonsten → *Wunschsatz*)

Partizipialgruppe 243
Passiv
– Rezipientenpassiv 173
– Sein-Passiv 168
– Zustandspassiv 168 f.
Patiens 288, 293, 658, 673 f.
Pertinenz-Dativ *338–342*, 431
PG (→ *Präpositionalgruppe*)
Phrase 152
PP (→ *Präpositionalphrase*)
Prädikat 5, 39, *139, 157–160*, 678
– einteiliges Prädikat 20 f., *161*
– mehrteiliges Prädikat *161–167*
Prädikativ 236
Prädikatsklammer 12, *163*
Prädikatsnomen 310, 311 (ansonsten → *prädikative Nominativergänzung*)
Präpositionalgruppe 241, *246* f., *372* f., 378, *385–388*, 503, *505* f., 510, 576
Präpositionalkasus 362
Präpositionalphrase (→ *Präpositionalgruppe*)
Priming 38
Proben
– Ersatzprobe *515*
– Frageprobe *196–199*, 517
– Koordinationsprobe (→ *Koordinationstest*)
– Umstellprobe *200–202*, 215
– Vorfeldprobe *202–214*
– Weglassprobe *516*
Proklise 321
Pronomengruppe 241, 244
– prädikative Pronomengruppe 225 (Tabelle), 244
Pronominalgruppe 241, 242
Proverb *193* f.

reflexive Verben *178–183*
Reihenfolge 2–4, 63, 67
Rektion *499*
Restriktivität *231–234, 640–649*
Rezipient 288
reziproke Verben 180, *185–187*
Rhema 34, 63

Satz 137–139, 151
Satzart 93, 95–100, 135
Satzbaustein 152, 496 f.
Satzform 2, 93
Satzfunktion 94
Satzglied 63, 65 f., 136, 154, 158, 235–237, 241, 249, 378, 489, 518, 665–668, 675, 677–687
– diskontinuierliches Satzglied 212 f.
– Satzglied-Splitting 210 ff.
– zugeordnetes Satzglied 435 f.
Satzklammer 8–11
– linke Satzklammer 15
– rechte Satzklammer 15
Satzmodus 94 f., 98, 135
Satzteil 152, 225 (Tabelle)
Satztyp 93 (ansonsten → Satzart)
Segmentierung 155
Spezialist 459, 462, 621
– Aussagen-Spezialist 461 f., 471–477
– Dialog-Spezialist 461 f., 478–480, 631
– Sachverhalts-Spezialist 460 f., 463–470
Stellungsfelder 14–19, 20–24
Stellvertretung 431
Subjekt 31–33, 39, 57, 62, 66, 72, 140, 225 (Tabelle), 236, 242, 293, 302, 303–307, 667 f.
Subjektprädikativ 310, 313 (ansonsten → *prädikative Nominativergänzung*)

Subordination, (syntaktische) 552 f., 559
Syllepse 264, 425

temporal 142, 422, 429
Thema 34, 63
Thema-Rhema 34, 49
Topic 34

Umstandsbestimmung 142 (ansonsten → *Angabe*)
unmarkiert 27 f.

Valenz 235 f., 250–262, 284–301
Verb-Erststellung (→ *Finitum-Erststellung*)
Verbklammer 12
Verb-Letztstellung (→ *Finitum-Letztstellung*)
Verb-Zweitstellung (→ *Finitum-Zweitstellung*)
Vorfeld (Satz) 15 f., 46 f., 48 f., 53–55, 139, 205–211
Vorfeld (Satzglied) 520, 521–524, 528
Vorvorfeld 15, 17, 42

Wortstellung 4 (ansonsten → *Reihenfolge*)
Wunschsatz 96, 102, 104 f., 126

Zeugma 264 (ansonsten → *Syllepse*)
zweitabhängige Satzteile 225 (Tabelle), 400–411

www.ingramcontent.com/pod-product-compliance
Lightning Source LLC
Chambersburg PA
CBHW081328230426
43667CB00018B/2863